R統計軟體與多變量分析 第二版

含JASP及jamovi

陳正昌、林曉芳 著

五南圖書出版公司 印行

序

多變量統計分析（Multivariate Statistical Analysis）簡稱多變量分析，為統計學的一支，現今已是應用統計分析中的重要骨幹。部分多變量分析方法，也是目前熱門的機器學習、資料探勘及巨量資料常用的技術。量化研究一直在研究方法學中占有重要地位，且搭配統計軟體的推陳出新，多變量分析方法的學習以及統計軟體的應用知能，已是現代量化研究者的基本能力。當今量化研究分析工具中，R 統計軟體扮演著舉足輕重的角色，相較於其他費用昂貴的統計軟體而言，免費且不斷更新與公開分享的 R 統計軟體無疑是當代量化研究分析工具的寵兒。然而，對於不熟悉統計分析語法撰寫的研究者而言，在入門時難免覺得困難，本書即是您利用 R 統計軟體進行多變量分析的最佳入門利器。本書提供兩大內容，一為各多變量分析理論之介紹，另一則為搭配各理論之 R 統計軟體的詳細操作說明，深入淺出的內容，帶領讀者輕鬆進行多變量統計分析。

多變量分析的各類方法看似獨立，其實各理論之間，都有關聯性或有相類似之概念。本書共有 15 章，除了一般多變量使用者常用的統計分析方法之外，再加上進階的結構方程模式應用。第 1 章是「多變量統計與 R 統計軟體」，介紹多變量分析之意涵，簡介 R 統計軟體基本語法，並說明基於 R 開發的 JASP 及 jamovi 軟體。第 2 章為「多元迴歸分析」，介紹多元迴歸分析理論與操作，探討迴歸模型該如何建立與判斷的原則與方法。第 3 章為「邏輯斯迴歸分析」，探討依變項為類別變項的方法，與區別分析有類似精神。第 4 章為「典型相關分析」，此法可視為多元迴歸分析的延伸，依變項從一個延伸至多個。第 5 章為「區別分析」，亦是探討依變項為類別變項的分類方法。第 6 章為「多變量平均數之檢驗」，探討當依變項有數個時的平均數差異檢定方法。第 7 章為「多變量變異數分析」，延伸單變量變異數分析的觀念，應用在多個依變項時的檢定法。第 8 章、第 9 章分別為「主成分分析」與「探索性因素分析」，皆是探討資料精簡的方法。第 10 章為「集群分析」，此為對觀察值進行分類的方法，可輔以區別分析結果進行討論與驗證。第 11 章為「徑路分析」，此方法可視為多元迴歸分析的延伸，亦可視為結構方程模式的簡單版。第 12 章為「驗證性因素分析」，屬於結構方程模型中的測量模型，近十餘年來非常熱門的統計方法之一。第 13 章為「結構方程模型」，包含前兩章所述的測量模式，還有結構模式，可說是驗證性因素分析與徑路分析的綜合版。第 14 章為「偏最小平方結構方程模型」，這是近年來逐漸受到重視的統計分析方法，與共變數本位的結構方程模型同為第二代統計技術。最後一章，第 15 章為「多層次模型」，亦為新興統計分析方法之一，主要用於有巢套性質的資料。期待上述之多變量分析方法能提供授課教師、修課學生，以及自學多變量分析與 R 統計軟體之讀者，對多變量分析學習能有完整的了解。

此次改版，除了修改些許錯誤及補充部分內容外，主要加入 JASP 及 jamovi 兩套基於 R 開發的軟體之介紹。這兩套軟體使用選單方式進行分析，並可以即時得到類似 SPSS 的報表，非常適合初學者。

這本書能夠再版，首先，要感謝讀者的支持；其次，要感謝五南出版社的侯家嵐主編，因為她的鼓勵與促成，這本書才終於有機會問世；同時，謝謝五南行政團隊的投入，讓本書得以順利出版。最後，謝謝家人給我們最大的包容，全力支持我們投入學術研究之路，能無後顧之憂地把時間放在撰書與研究工作；另一方面，也要謝謝自己的身心，有健康的身體，以及正向積極的毅力與決心，才能堅持到底完成這項任務。

期待本書能協助對多變量分析理論、量化研究有興趣的精進者，以及正在撰寫研究論文，需要使用 R 統計軟體的研究生與研究者都有實質的幫助。本書雖經再三校對，仍不免有疏漏、錯誤或不確實之處，責任由作者全部負責，在此由衷祈求學界先進及專家學者們，能夠不吝指教，不勝感激。由於 R 的程式套件不斷更新，使用語法也常有改變，如果書中所介紹的部分指令無法運行，還請讀者自行上網查詢；如果有更精簡的分析指令，也請來信與我們分享、討論。書中所用資料及指令，請在五南出版社網頁下載。

陳正昌、林曉芳

2024 年 5 月

目錄

序 I

1 多變量分析與 R 統計軟體簡介 1

1.1 多變量分析方法簡介 3
1.2 R 統計軟體的特點及限制 5
1.3 R 統計軟體的初步使用 6
1.4 資料的讀入與儲存 11
1.5 以矩陣進行典型相關分析 12
1.6 以矩陣進行多變量變異數分析 14
1.7 以選單進行分析 15
1.8 本書所用程式套件 16
1.9 JASP 與 jamovi 簡介 17

2 多元迴歸分析 19

2.1 迴歸的意義 21
2.2 簡單迴歸 23
2.3 多個預測變數的多元迴歸模型 32
2.4 虛擬變數的多元迴歸分析 41
2.5 預測變數的選擇 46
2.6 樣本數之決定 50
2.7 迴歸診斷 50
2.8 使用 JASP 分析 50

2.9 使用 jamovi 分析 53
2.10 分析結論 54

3 邏輯斯迴歸分析 55

3.1 邏輯斯迴歸分析適用時機 57
3.2 邏輯斯迴歸分析的通式 57
3.3 邏輯斯迴歸分析模型檢定 61
3.4 預測的準確性 70
3.5 邏輯斯迴歸分析係數的解釋 75
3.6 使用 JASP 分析 79
3.7 使用 jamovi 分析 83
3.8 分析結論 84

4 典型相關分析 87

4.1 典型相關分析之概念 89
4.2 典型加權係數及典型相關係數 90
4.3 典型負荷量與平均解釋量 96
4.4 交叉負荷量與重疊量數 99
4.5 整體檢定與維度縮減檢定 103
4.6 效果量 104
4.7 典型函數的解釋 105
4.8 典型相關分析的基本假設 106
4.9 使用 JASP 分析 107
4.10 分析結論 110

5 區別分析 111

5.1 區別分析的理論基礎 113

5.2 區別分析的基本假定 116
5.3 區別分析的步驟 118
5.4 二次方區別分析 138
5.5 區別分析與集群分析之異同 139
5.6 區別分析與典型相關之異同 139
5.7 使用 jamovi 分析 139
5.8 分析結論 142

6 多變量平均數之檢驗 143

6.1 單變量與多變量的差異 145
6.2 使用多變量分析的理由 145
6.3 多變量單一樣本平均數差異檢驗 146
6.4 多變量獨立樣本平均數差異檢驗 148
6.5 多變量相依樣本平均數差異檢驗 152
6.6 分析結論 154

7 多變量變異數分析 155

7.1 單因子多變量分析基本統計概念 157
7.2 多變量變異數分析（MANOVA）之基本假設 158
7.3 單因子獨立樣本多變量變異數檢定方法 159
7.4 後續分析 163
7.5 效果量 167
7.6 使用 JASP 分析 169
7.7 使用 jamovi 分析 171
7.8 分析結論 174

8 主成分分析 175

8.1 主成分分析之功能 177
8.2 主成分分析與因素分析的比較 178
8.3 主成分分析的求解 180
8.4 使用 JASP 分析 186
8.5 使用 jamovi 分析 188
8.6 分析結論 190

9 探索性因素分析 191

9.1 因素分析之基本概念 193
9.2 因素分析之意涵 194
9.3 因素分析之步驟 196
9.4 使用 JASP 分析 209
9.5 使用 jamovi 分析 214
9.6 分析結論 215

10 集群分析 217

10.1 集群分析概說 219
10.2 集群分析的意義及目的 219
10.3 相異性及相似性的計算 220
10.4 集群分析之方法 223
10.5 集群分析與其他方法之比較 238
10.6 使用 jamovi 分析 238
10.7 分析結論 243

11 徑路分析 245

11.1 前言 247

11.2 徑路分析的基本假定 247
11.3 徑路分析的重要步驟 248
11.4 使用變異數－共變數矩陣進行分析 268
11.5 使用 JASP 分析 269
11.6 使用 jamovi 分析 271
11.7 分析結論 275

12 驗證性因素分析 277

12.1 發展理論模型 279
12.2 評估模型的辨認 286
12.3 進行參數估計 288
12.4 評鑑模型的適配度 294
12.5 進行模型修正 306
12.6 二階驗證性因素分析 307
12.7 使用 JASP 分析 312
12.8 使用 jamovi 分析 318
12.9 分析結論 322

13 結構方程模型 323

13.1 結構方程模型的特點 325
13.2 結構方程模型＝驗證性因素分析＋徑路分析 325
13.3 結構方程模型分析步驟 328
13.4 使用 JASP 分析 340
13.5 使用 jamovi 分析 344
13.6 分析結論 347

14 偏最小平方結構方程模型 349

14.1 兩種結構方程模型 351
14.2 PLS-SEM 的特點 353
14.3 PLS-SEM 的分析步驟 354
14.4 使用 seminr 程式套件 378
14.5 使用 matrixpls 程式套件 380
14.6 使用 JASP 分析 384
14.7 分析結論 388

15 多層次模型 389

15.1 多層次資料適用時機 391
15.2 簡單迴歸分析 392
15.3 兩個縣市之簡單迴歸分析 396
15.4 二十個縣市之簡單迴歸分析 398
15.5 二層次模型 400
15.6 二層次模型及其次模型 402
15.7 多層次模型的估計 408
15.8 模型的評估 409
15.9 估計值檢定 413
15.10 樣本數的決定 415
15.11 分析步驟 415
15.12 使用 jamovi 分析 429
15.13 使用 JASP 分析 436
15.14 總結 438

參考書目 439

第 1 章

多變量分析與 R 統計軟體簡介

1.1 多變量分析方法簡介

在進行量化研究（quantitative research）時，常不會僅限於單變量（univariate）或雙變量（bivariate）的分析，許多時候要使用多變量分析（multivariate analysis）的方法。對「多變量」一詞，學者有不同的定義。嚴格而言，多變量分析是用來同時分析兩個以上依變數的觀察資料的方法，它將依變數視為彼此有關的融合體，同時加以考量，而不是彼此無關而分離的單獨變數（林清山，1988）。寬鬆而言，多變量分析是用來探討多個變數間的單一關係或是多組關係的技術（Hair et al., 2019），因此，多變量分析方法可大略定義為：**同時分析三個以上變數間關係的方法**。所以，超過一個自變數，或者超過一個依變數，或是兩者兼具的統計方法，都屬於多變量統計分析。

隨著個人電腦的快速普及與統計軟體的持續發展，加上目前多數統計軟體的操作都相當容易，多變量統計已逐漸成為資料分析時，不可或缺的工具。而近年來日益受到重視的資料探勘或機器學習，有許多技術也與多變量統計方法有關。另一方面，由於前述的條件，使得許多以往較為複雜的多變量方法（如：結構方程模型及多層次模型），也普遍被使用。然而，如何選擇適當的方法加以善用，則需要特別留心，否則常會導致錯誤的結論。

在決定分析方法之前，研究者應先了解研究變數的性質。變數一般分成四類：**名義變數**（nominal variable，或譯為**名目變數**）、**次序變數**（ordinal variable，或譯為**順序變數**）、**等距變數**（interval variable，或譯為**區間變數**），及**比率變數**（ratio variable，或譯為**等比變數**）。前兩者為**非計量性變數**（nonmetric variable），無法進行數學之四則運算，為**質的變數**（qualitative variable，或稱**定性變數**）；後二者為**計量性變數**（metric variable），是**量的變數**（quantitative variable，或稱**定量變數**）。

其次，應了解變數是屬於**自變數**（independent variable）或**依變數**（dependent variable），若不區分是自變數或依變數，則屬於**相依變數**（interdependent variable）。

依據上述的分類，可以將常用的多變量分析方法整理成表 1-1。

表 1-1　多變量分析方法分類

<table>
<tr><th colspan="2" rowspan="2"></th><th colspan="3">依變數</th></tr>
<tr><th>無依變數</th><th>非計量</th><th>計量</th></tr>
<tr><td rowspan="2">自變數</td><td>非計量</td><td>對數線性模型
多元尺度法
潛在類別分析</td><td>邏輯對數線性模型</td><td>Hotelling T^2
多變量變異數分析</td></tr>
<tr><td>計量</td><td>主成分分析
因素分析
集群分析
多元尺度法</td><td>邏輯斯迴歸分析
區別分析</td><td>多元迴歸分析
多變量迴歸分析
典型相關分析
結構方程模型
偏最小平方結構方程模型</td></tr>
</table>

如果自變數及依變數都是計量的變數，適用的統計方法有多元迴歸分析（見本書第 2 章）、多變量迴歸分析、典型相關分析（第 4 章）、結構方程模型（第 13 章）。多元迴歸分析主要在使用一組計量（或非計量）變數加以組合，以對另一個計量變數進行預測。典型相關分析是分別針對兩組計量變數加以組合，以求得組合因素的相關。結構方程模型（也包含第 11 章徑路分析）則在探討多個計量變數間的因果關係，偏最小平方結構方程模型（簡稱 PLS-SEM，見本書第 14 章）也有類似的功能。

假使自變數是計量變數，而依變數為非計量變數，適用的統計方法有邏輯斯迴歸分析（第 3 章）及區別分析（第 5 章）。區別分析常用於分類，是使用一組計量（或非計量）變數加以組合，以對另一個非計量變數加以預測，此常用於觀察體的分類。進行區別分析時，如果資料違反統計假定，邏輯斯迴歸分析是可行的替代方法，邏輯斯迴歸分析常用於醫學的研究。

要比較各組間多個計量變數平均數的差異，Hotelling T^2（第 6 章）及多變量變異數分析（簡稱 MANOVA，見本書第 7 章）是常用的方法。Hotelling T^2 適用於一組或兩組之間多個計量依變數平均數的比較，如果自變數是三組（水準）以上，或是有兩個以上非計量的自變數（二因子以上），則應使用多變量變異數分析。

如果變數都是計量變數，但不區分自變數或依變數（稱為相依變數），則可用的統計方法有主成分分析（第 8 章）、因素分析（第 9 章及第 12 章）、集群分析（第 10

章），及多元尺度法（簡稱 MDS）。主成分分析是針對一組計量變數加以線性組合，以達到精簡的目的。因素分析則在探討一組計量變數的潛在因素或結構，可以針對變數加以分類。集群分析是使用一組計量（或非計量）變數，對觀察體（也可用於變數，但較少使用）加以分類。MDS 之目的在發掘一組變數（可為計量或非計量）背後之隱藏結構，希望在主要元素所構成的構面圖來表達出資料所隱藏的內涵。

當變數都是非計量變數時，如果是相依變數，可以使用對數線性模型、MDS，及潛在類別分析。對數線性模型在探討一組非計量變數的關係，分析時並沒有自變數及依變數之分，如果依變數也同樣是非計量變數，則應使用邏輯（logit）對數線性模型。潛在類別分析在探討一組非計量變數的潛在因素或結構（亦為非計量性質），類似於計量變數的因素分析，此方法可參見邱皓政（2008）的專書。

1.2 R 統計軟體的特點及限制

進行多變量分析，不可避免地要使用統計軟體，而 SAS、SPSS、STATA 是目前多數研究者採用的綜合性統計軟體。如果要使用專門的統計功能，則 Amos、HLM、Lisrel、Mplus、SmartPLS 擁有較多的使用者。不過，這些軟體都需要付費，且要價不菲，個人除了有研究經費支持外，只能由研究機構及學校單位購買。

R 是商業統計軟體外的另一個選擇，因為它有以下的優勢。

1.2.1 R 的特點

1. R 完全免費，可以直接從網路下載，且定期更新版本。
2. R 有許多使用者分享程式套件，幾乎囊括了在其他軟體中尚不可用的先進統計方法，且不定期更新。
3. R 涵蓋了各式各樣的資料分析技術，幾乎任何類型的資料分析工作都可以在 R 中完成。
4. R 具有強大且彈性的繪圖功能。
5. R 可以讀入各種類型的資料。除了其他統計軟體的資料檔外，R 也可以讀取文本文件、資料管理系統，以及網頁、媒體、線上資料。

6. R 可在 Windows、Mac OS X、Linux 等平臺運行，幾乎所有電腦都可以使用。

1.2.2 R 的限制

然而，R 也有一些限制。

1. R 雖然可以配合 R commander 利用選單進行分析，然而，多數統計方法並未納入，此時，就需要自行撰寫指令（命令）。因此，要使用 R 需要有一定的程式設計概念，這也增加了使用的難度。
2. R 的程式套件眾多，是其優點，也是限制。至本書撰寫時，網路上的程式套件超過 2 萬，如何從中選擇，對初學者是一難題。
3. 不同版本的程式套件，有時會有不同的結果，或不相容的情形。使用時，最好選擇最新的 R 及程式套件版本，且在論文中註明所使用的版本。

1.3 R 統計軟體的初步使用

1.3.1 R 的安裝

在 CRAN（Comprehensive R Archive Network）網站 https://www.r-project.org/ 上可以下載 Windows、Mac OS X、Linux 等三個作業系統的新版 R。

在 Windows 系統中，下載完成後，雙擊執行檔（.exe）就可以進行安裝。啟動的介面如圖 1-1（本書使用 R 4.4.0 版，並在 4.5.0 Beta 版複核，讀者可以使用網站上的最新版本），R 會配合 Windows 系統的語言，自動顯示對應的介面。

R 的提示符號為 >，在提示符號後，可以直接輸入命令（指令），並按 Enter 鍵。如果要一次輸入多個命令，可以在命令間加上分號（；）。圖 1-2 共有 3 個命令：第 1 個命令計算 1+2*3/4，得到結果為 2.5。第 2、3 命令分別計算 2^{10} 及 $\sqrt[3]{27}$，結果分別為 1024 及 3。

RStudio 也是免費軟體，配合 R 軟體使用，提供快速的指令輸入及說明，並有檔案、圖形、程式套件、命令歷史等整合功能（見第 8 頁圖 1-3），大幅降低了 R 的使用難度。

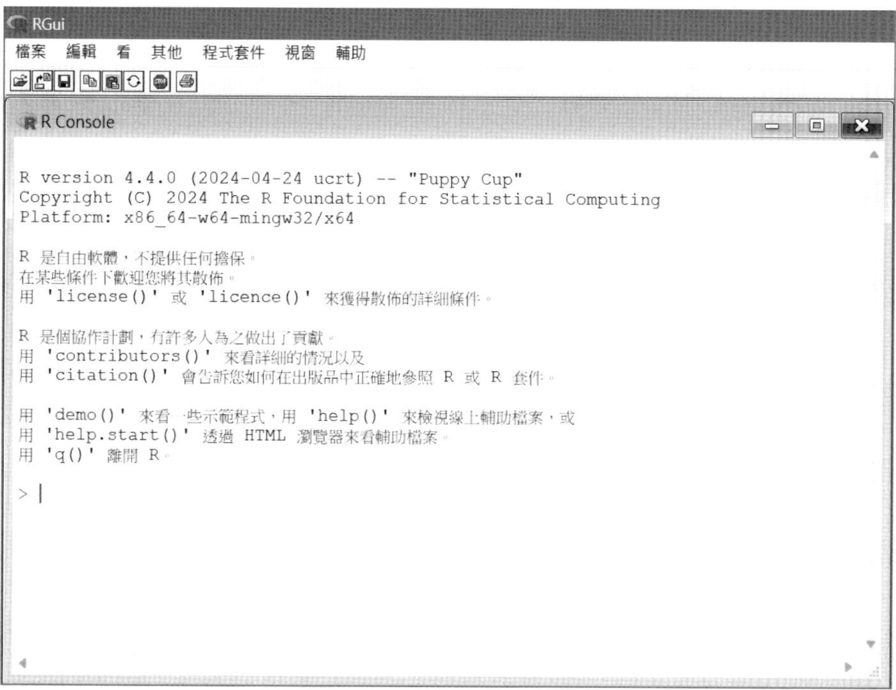

圖 1-1　R 初始畫面

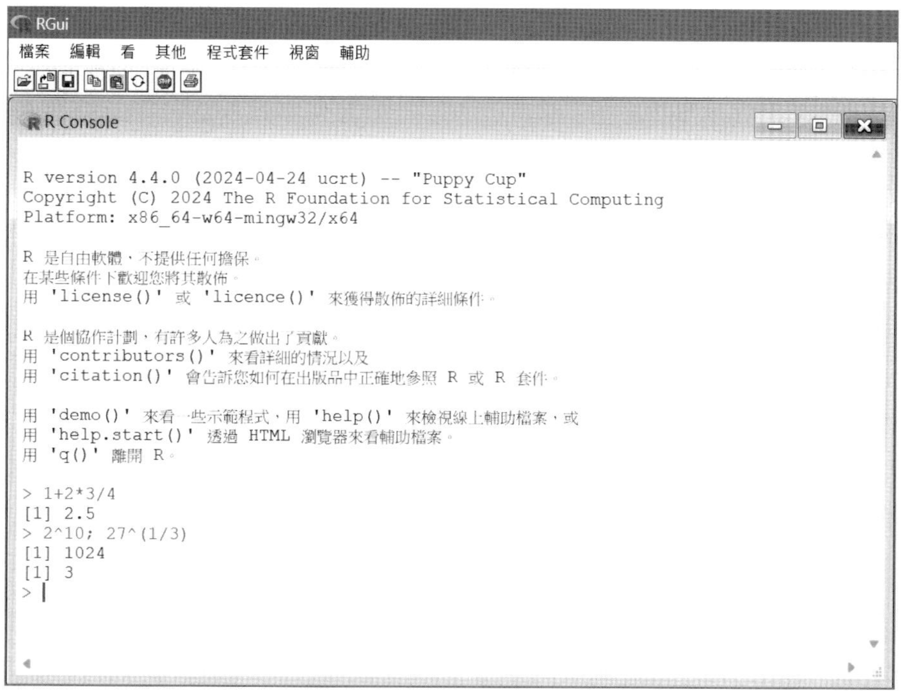

圖 1-2　輸入指令

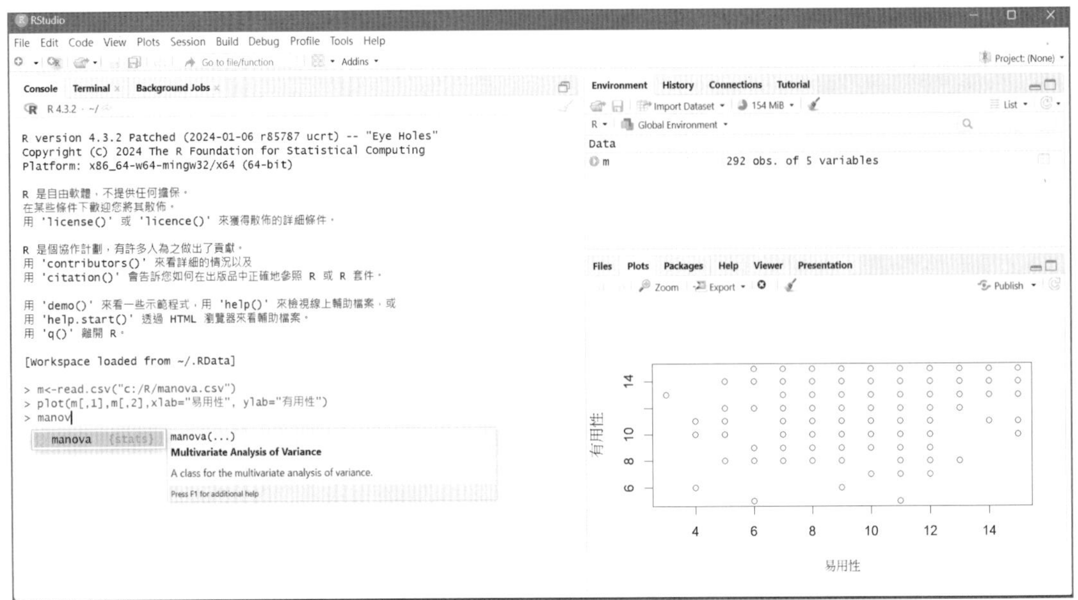

圖 1-3　RStudio 介面

1.3.2　為物件賦值並運算

R 以物件（object）進行運算，因此在運算前，需要為物件賦值。賦值的符號可以簡寫為「=」，不過，一般較建議使用「<-」。賦值的符號也可以使用「->」，表示將符號左側的值置入右側的物件中。

物件可以是一個值、向量、矩陣，或資料框架（data frame）。命令稿 1-1 中有 3 個指令，分別說明如下。

1. 第 1 個指令將 5 賦值給物件 x。留意，R 有大小寫區別，因此物件 x 與 X 不同。
2. 第 2 個指令將 1、2、3、4 賦值給物件 y。
3. 第 3 個指令將 data 物件〔要先設定或讀入資料，例如，data <- read.csv("c:/R/manova.csv")〕的第 1～4 行賦值給物件 z。

命令稿 1-1　為物件賦值

```
> x<-5
> c(1,2,3,4)->y
> z<-data[,1:4]
```

賦值後，就可以對物件進行運算或繪圖。命令稿 1-2 有 5 個指令，寫成 3 列，分別說明如下：

1. 第 1 個指令直接計算 x*y，將 5 分別乘以 1、2、3、4，結果為 5、10、15、20。
2. 第 2 ~ 4 個指令使用 sum()、mean()、sd() 函數，計算 y 物件的總和、平均數，及標準差。結果分別為 10、2.5，及 1.290994。
3. 第 5 個指令以 plot() 函數，使用 z 物件中的 E 及 U 兩變數繪製散布圖，x 軸與 y 軸的標題分別命名為「易用性」及「有用性」。

命令稿 1-2　物件運算及繪圖

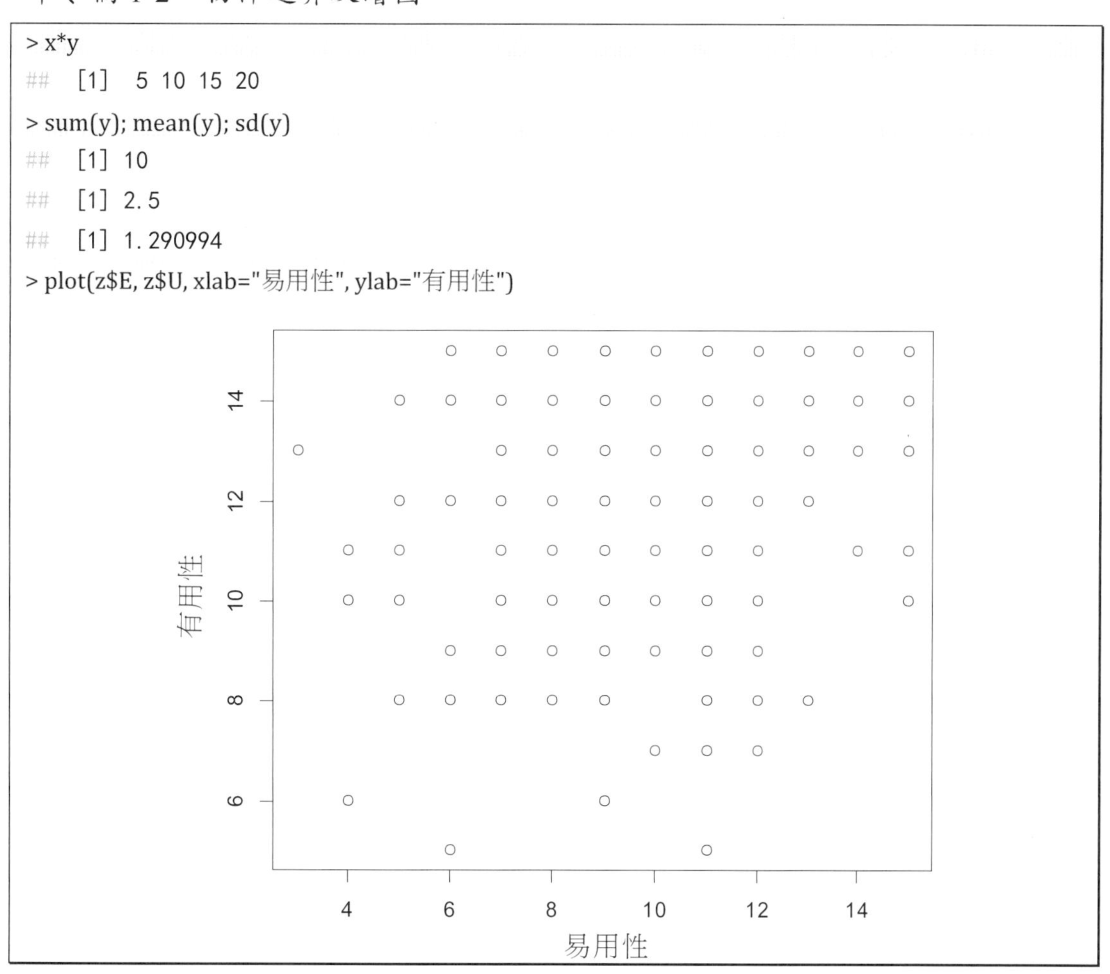

```
> x*y
##  [1]  5 10 15 20
> sum(y); mean(y); sd(y)
##  [1] 10
##  [1] 2.5
##  [1] 1.290994
> plot(z$E, z$U, xlab="易用性", ylab="有用性")
```

1.3.3 查看 R 的輔助文件

使用 R 的函數如有疑問，可以輸入「?」或「help」取得輔助文件，如果不確定出處，可用「??」尋得相關的說明。命令稿 1-3 有 3 個指令，分別說明如下：

1. 第 1、2 個指令都在列出 plot() 函數的使用方法。
2. 第 3 個指令則是列出有「plot」關鍵字的所有輔助文件，共計 1 千多個。

命令稿 1-3　查看 R 的輔助文件

```
> ?plot
> help(plot)
> ??plot
```

1.3.4 程式套件的安裝和載入

R 安裝完成後，會自帶 base、datasets、utils、grDevices、graphics、stats、methods 等基本的程式套件，提供簡易分析功能。如果需要更專門的統計方法或多變量統計，就要自行安裝適合的程式套件（package），並調用該程式套件。相關的程式套件，可以在 https://cran.r-project.org/web/packages/available_packages_by_name.html 中找到。

命令稿 1-4 有 5 個指令，分別說明如下：

1. 第 1 個指令安裝 car（Companion to Applied Regression）程式套件。安裝時需指定 CRAN 的鏡射網站，內定為 0-Cloud，臺灣的使用者，可以選擇臺灣大學網站。
2. 第 2 個指令使用 library() 載入 car 程式套件。
3. 第 3 個指令同時安裝 lavaan（Latent Variable Analysis）及 candisc（Visualizing Generalized Canonical Discriminant and Canonical Correlation Analysis）程式套件。
4. 第 4 個指令查詢 lavaan 輔助說明文件。
5. 第 5 個指令查詢已經安裝的程式套件。

命令稿 1-4　程式套件的安裝和載入

```
> install.packages("car")
> library(car)
```

```
> install.packages("lavaan", "candisc")
> help(package="lavaan")
> library()
```

1.4　資料的讀入與儲存

要在 R 中分析資料，可以直接在提示符號後輸入數據，不過，如果數據太多，則相當不方便。R 雖然也提供資料編輯器，但是功能較陽春。比較方便的方式是讀取使用其他軟體（建議使用 Excel 或 Windows 的記事本）建立的資料檔。

R 內附的 utils 程式套件可以讀取以空格或其他符號分隔的文件檔，如果要讀取 SPSS、SAS、或 STATA 的資料檔，則應安裝 foreign 或 haven 等程式套件。由於 foreign 的 read.spss() 函數只能讀取變數名稱是英文的 SPSS 資料，如果變數名稱為中文，則建議改用 haven 程式套件的 read_spss() 函數。如果是 Excel 的 xlsx 資料檔，可以使用 openxlsx 或 xlsx 程式套件。如果是 R 本身的資料格式，則用 load 直接讀取。

命令稿 1-5 有 10 個指令，分別說明如下：

1. 第 1 個指令以 read.table() 函數讀取以空格分隔的 ASCII 純文字格式檔，文件第 1 列含變數名稱，讀入後存在 Rdata.txt 物件（使用 UTF-8 編碼方式）。如果變數是中文或是有空格的英文，應在變數前後加上 ""。檔案的位置在 C 磁碟的 R 資料夾，名稱為 Rdata.txt，因此寫為 "C:/R/Rdata.txt"。如果使用反斜線，則改為 "C:\\R\\Rdata.txt"。
2. 第 2 個指令以 read.csv 讀取以逗號（,）分隔的 csv 格式資料檔（可以使用 Excel 建立，並使用 UTF-8 編碼方式），讀入後存在 Rdata.csv 物件。本列指令也可以寫成：

   Rdata.csv<-read.table("C:/R/Rdata.csv", header=TRUE, sep=",")
3. 第 3 個指令載入 haven 程式套件以讀取 SPSS、SAS、STATA 格式的資料檔。
4. 第 4 個指令以 read.spss() 函數讀取 SPSS 格式資料檔，讀入後存在 Rdata.SPSS 物件。
5. 第 5 個指令以 read.sas() 函數讀取 SAS 第 8 版之前的資料檔，讀入後存在 Rdata.SAS 物件。

6. 第 6 個指令以 read.dta() 函數讀取 STATA 第 15 版之前的資料檔，讀入後存在 Rdata.STATA 物件。
7. 第 7 個指令載入 openxlsx 程式套件以讀取 Excel 格式資料檔。
8. 第 8 個指令以 read.xlsx() 函數讀取 Excel 格式資料檔，讀入後存在 Rdata.Excel 物件。
9. 第 9 個指令以 save() 函數將 Rdata.txt 物件的資料儲存到 C 磁碟的 R 資料夾，名稱為 Rdata.RData（也可以命名為 Rdata.Rda）。
10. 第 10 個指令以 load() 函數讀入 Rdata.RData。由於在第 9 個指令是將 Rdata.txt 資料框架存成 RData，因此讀入後的物件名稱自動設為 Rdata.txt。
11. 為了後續分析時指定名稱方便，第 11 個指令再把 Rdata.txt 資料再存入 Rda 物件。

命令稿 1-5　資料的讀入與儲存

```
> Rdata.txt<-read.table("C:/R/Rdata.txt", header=TRUE)
> Rdata.csv<-read.csv("C:/R/Rdata.csv")
> library(haven)
> Rdata.SPSS<-read_spss(file="C:/R/Rdata.sav")
> Rdata.SAS<-read_sas(file="C:/R/Rdata.sas7bdat")
> Rdata.STATA<-read_dta(file="C:/R/Rdata.dta")
> library(openxlsx)
> Rdata.Excel<-read.xlsx("C:/R/RData.xlsx")
> save(Rdata.txt, file="C:/R/Rdata.RData")
> load(file="C:/R/Rdata.RData");
> Rda <- Rdata.txt
```

1.5　以矩陣進行典型相關分析

多變量分析常會以矩陣進行運算，以下使用矩陣進行典型相關分析，讀者可以與本書第 4 章對照。

命令稿 1-6 有 10 個指令，分別說明如下：

1. 第 1 個指令以 read.csv() 函數讀入 C 磁碟 R 資料夾的 cancorr.csv 資料，並存入 cancorr 物件，資料中有 U1 ~ U3 及 A1 ~ A4 共 7 個變數。
2. 第 2 個指令以 cor() 函數計算 cancorr 資料的相關矩陣，並存入 R 物件中。
3. 第 3 個指令將 R 矩陣的 1 ~ 3 列及 1 ~ 3 行存入 Rxx 物件，此為 U1 ~ U3 之間的相關矩陣。
4. 第 4 個指令將 R 矩陣的 1 ~ 3 列及 4 ~ 7 行存入 Rxy 物件，此為 U1 ~ U3 與 A1 ~ A4 間的相關矩陣。
5. 第 5 個指令將 R 矩陣的 4 ~ 7 列及 4 ~ 7 行存入 Ryy 物件，此為 A1 ~ A4 之間的相關矩陣。
6. 第 6 個指令將 R 矩陣的 4 ~ 7 列及 1 ~ 3 行存入 Ryx 物件，此為 A1 ~ A4 與 U1 ~ U3 間的相關矩陣。此指令也可以簡化為：Ryx=t(Rxy)，表示將 Rxy 矩陣轉置。
7. 第 7 個指令以 eigen() 解 $R_{xx}^{-1}R_{xy}R_{yy}^{-1}R_{yx}$ 矩陣的特徵值（eigen value）及特徵向量（eigen vector），並將特徵值$values 存入 UE 物件。矩陣相乘使用%*%，反矩陣則以 solve() 函數求得。
8. 第 8 個指令將 UE 中的特徵值取平方根，就是典型相關的平方（ρ^2），再以 round() 函數取到小數第 4 位，得到 3 個典型相關，分別為 0.7281、0.2038、0.0067。
9. 第 9 個指令載入 yacca 程式套件。
10. 第 10 個指令以 cca() 函數對 cancorr 物件中的 1 ~ 3 行及 4 ~ 7 行進行典型相關分析，將分析所得的典型相關係數$corr 用 round() 函數取到小數第 4 位，結果與第 8 個指令相同。

命令稿 1-6　以矩陣進行典型相關分析

```
> cancorr<-read.csv("C:/R/cancorr.csv")
> R<-cor(cancorr)
> Rxx<-R[1:3,1:3]
> Rxy<-R[1:3,4:7]
> Ryy<-R[4:7,4:7]
> Ryx<-R[4:7,1:3]
> UE<-eigen(solve(Rxx)%*%Rxy%*%solve(Ryy)%*%Ryx)$values
> round(UE^.5, 4)
```

```
## [1] 0.7281 0.2038 0.0067
> library(yacca)
> round(cca(cancorr[,1:3],cancorr[,4:7])$corr, 4)
##     CV 1   CV 2   CV 3
##  0.7281 0.2038 0.0067
```

1.6 以矩陣進行多變量變異數分析

接著再以矩陣進行多變量變異數分析，讀者可以與本書第 7 章對照。

命令稿 1-7 有 17 個指令，分別說明如下：

1. 第 1 個指令以 read.csv() 函數讀入 C 磁碟 R 資料夾的 manova.csv 資料，並存入 manova 物件。資料框架的前 4 行為依變數 E、U、A、B，第 5 行為自變數 F。
2. 第 2 ~ 4 個指令以 subset() 函數分別取 manova 物件中 F 等於 1 ~ 3 的資料存入 m1 ~ m3 物件。留意，等號要寫為「==」。
3. 第 5 ~ 7 個指令以 cov() 函數計算 m1 ~ m3 中第 1 ~ 4 行變數的共變數矩陣，分別存入 cov1 ~ cov3 物件。
4. 第 8 ~ 10 個指令將 cov1 ~ cov3 分別乘以 $n_i - 1$，得到 SSCP 矩陣，存入 ss1 ~ ss3 物件。
5. 第 11 個指令將 ss1 ~ ss3 相加，得到聯合組內 SSCP 矩陣，存入 ssw。
6. 第 12 個指令以 cov() 函數計算 manova 物件中 1 ~ 4 行變數的共變數矩陣，存入 covt 物件，此為全體之共變數矩陣。
7. 第 13 個指令將 covt 乘以 $n - 1$，得到全體 SSCP 矩陣，存入 sst 物件。
8. 第 14 個指令以 det() 函數分別計算 ssw 及 sst 的行列式值，相除之後得到 0.5165631，此即為 Wilks' Λ。
9. 第 15 個指令以 as.matrix() 函數將 manova 物件轉為矩陣，存入 m 物件。
10. 第 16 個指令以 manova() 函數進行多變量變異數分析，依變數為 m 矩陣的 1 ~ 4 行（變數 E、U、A、B），自變數為 m 矩陣的第 5 行（變數 F），由於 F 為數值，故以 as.factor() 函數轉為因素，分析結果存入 fit 物件。

11. 第 17 個指令以 summary() 函數列出 fit 物件的摘要，並列出 Wilks 檢定結果，得到 Wilks' Λ 值為 0.51656，與第 14 個指令的結果相同。

命令稿 1-7　以矩陣進行多變量變異數分析

```
> manova<-read.csv("C:/R/manova.csv")
> m1<-subset(manova, F==1)
> m2<-subset(manova, F==2)
> m3<-subset(manova, F==3)
> cov1<-cov(m1[,1:4])
> cov2<-cov(m2[,1:4])
> cov3<-cov(m3[,1:4])
> ss1<-cov1*(length(m1[,5])-1)
> ss2<-cov2*(length(m2[,5])-1)
> ss3<-cov3*(length(m3[,5])-1)
> ssw<-ss1+ss2+ss3
> covt<-cov(manova[,1:4])
> sst<-covt*(length(manova[,5])-1)
> det(ssw)/det(sst)
##  [1] 0.5165631
> m<-as.matrix(manova)
> fit <- manova(m[,1:4] ~ as.factor(m[,5]))
> summary(fit, test="W")
##                   Df   Wilks approx F num Df den Df    Pr(>F)
##  as.factor(m[, 5])   2 0.51656   27.982      8    572 < 2.2e-16 ***
##  Residuals         289
##  ---
##  Signif. codes:  0 '***' 0.001 '**' 0.01 '*' 0.05 '.' 0.1 ' ' 1
```

1.7　以選單進行分析

R 也可使用選單進行分析，分析要先安裝 Rcmdr 程式套件，並輸入 library(Rcmdr) 進入 R Commander 介面。圖 1-4 是多變量方法之因子分析的結果，得到 4 個變數的因子負荷量分別為 0.756、0.862、0.811、0.595，唯一性分別為 0.429、0.257、0.341、0.646，是由 1 減因子負荷量的平方而得。詳細的因子分析，請見本書第 9 章。

本章只簡要說明 R 的介面及操作方法，詳細的說明可參考陳正昌、賈俊平(2019)及賈俊平(2017)的專書。此外，網路上也有許多資源可供參考，只要詳加研讀、多加練習，一定可以很快就熟悉 R 軟體的操作。

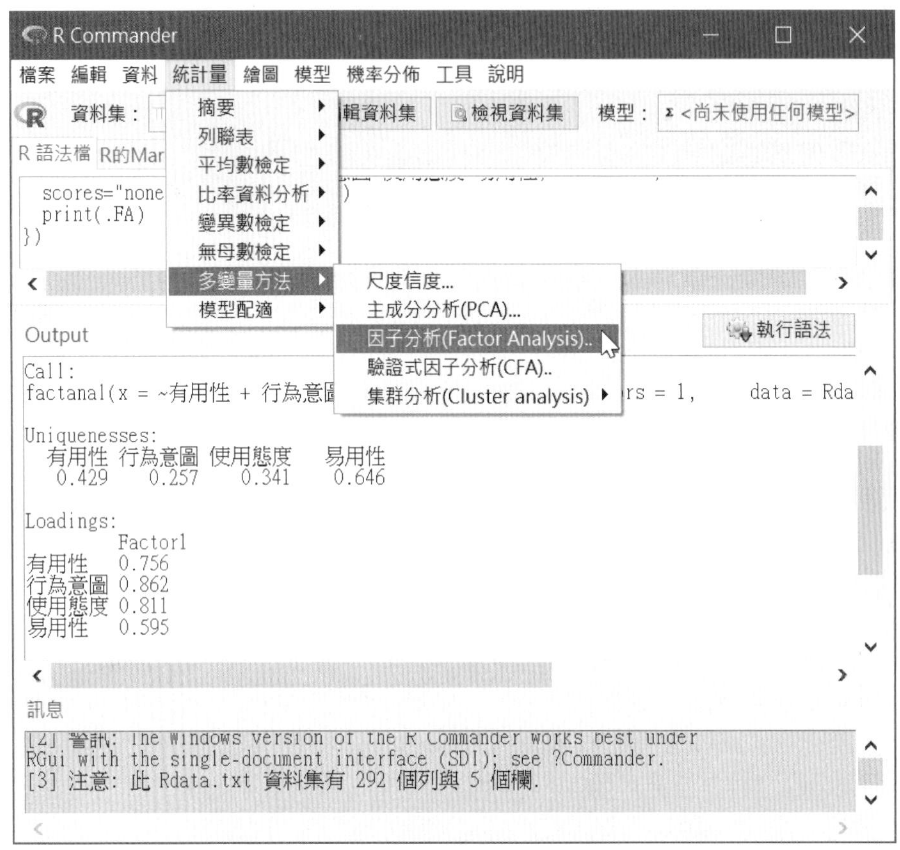

圖 1-4　以選單進行因子分析

1.8　本書所用程式套件

本書所用程式套件如表 1-2，建議讀者先行安裝，以便沒有網路時也可以調用。其中部分程式套件已從 R 網站中移除，須另外從 https://cran.r-project.org/src/contrib/Archive 中下載，再使用選單中「程式套件」的「用本機的檔案來安裝程式套件」安裝。

表 1-2 本書所用程式套件

biotools	blorr	candisc	car	cluster
DescTools	DFA.CANCOR	DiscriMiner *	GPArotation	haven
heplots	HoRM	ICSNP	informationValue *	lavaan
lm.beta	lme4	MASS	matrixpls *	nlme
openxlsx	plspm	pscl	Psych	Rmisc
rrcov	seminr	semPlot	sjstats	yacca

* 無法直接安裝

1.9 JASP 與 jamovi 簡介

JASP 及 jamovi 是基於 R 所設計的選單式自由統計軟體，兩者都提供常用的多變量及機器學習方法。

JASP 是由荷蘭阿姆斯特丹大學 Eric-Jan Wagenmakers 教授的團隊，開發的自由軟體，以 R 語言為核心，兼重古典統計（Frequentist）與貝氏統計（Bayesian），採用選單及即時分析的方式，只要選擇所需選項，即可產生與 SPSS 極為相似的報表。

Jamovi 是由 Jonathon Love 主導開發的自由軟體，同樣以 R 為核心，不過，他的目標是以提供較多統計方法，相對比較不重視貝氏統計。Jamovi 的優點是提供擴充模組，古典統計的功能較 JASP 強大。Jamovi 也提供 jmv 程式套件，可在 R 統計軟體中安裝，進行多樣的統計分析。

這兩套軟體具有以下優點：

1. 基於 R 軟體，完全免費。
2. 使用選單方式操作，不需要學習複雜的指令。
3. 勾選需要的分析選項後，可以即時得到結果，不必等待。
4. 分析所得報表為表格式，方便直接複製到論文中。
5. 有多種的擴充套件，滿足不同的分析需求。

圖 1-5 是使用 JASP 進行驗證性因素分析所得結果，與第 12 章的圖 12-11 一致。

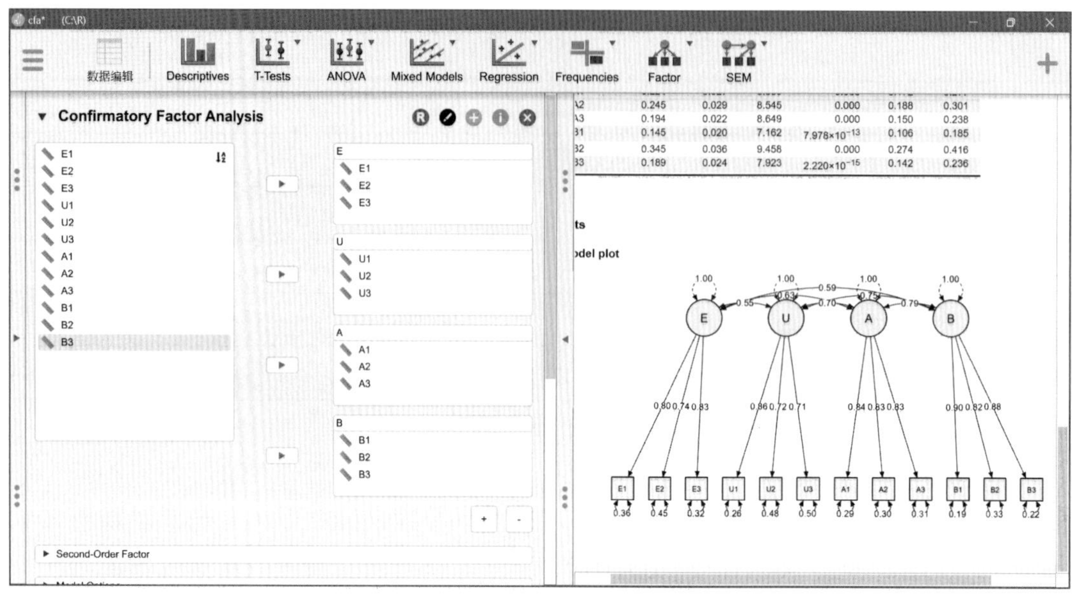

圖 1-5　JASP 操作畫面

圖 1-6 是使用 jamovi 配合 lavaan 指令，進行結構方程模型分析（只設定測量模型）所得結果，與圖 1-5 及第 12 章的圖 12-11 一致。

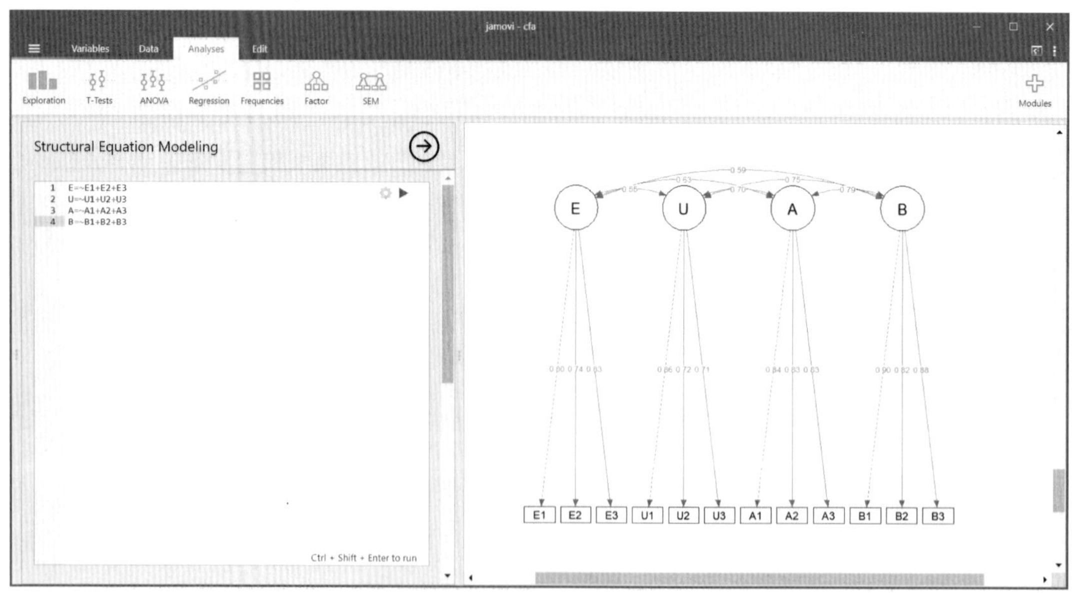

圖 1-6　jamovi 操作畫面

第 2 章

多元迴歸分析

迴歸分析（regression analysis）在研究一個或多個自變數對依變數的影響情況，它多用於預測、估計與解釋的統計方法；所謂的預測、估計即是以一個或多個預測變數來描述一個特定效標變數的分析方法（陳順宇，2000）。迴歸分析也是機器學習的一種監督式學習（supervised learning）技術，旨在由訓練資料中學到或建立一個模型，並依此模型推測新的實例。

迴歸分析適用於自變數（independent variable，又稱為**預測變數**，predictor）及依變數（dependent variable，又稱為**效標變數**，criterion）均為計量的變數（含等距變數及比率變數）的分析。如果自變數及依變數各為一個，稱為**簡單迴歸**；如果有多個自變數，一個依變數，稱為**多元迴歸**或**複迴歸**（multiple regression）；如果自變數及依變數均為多個，則是**多變量多元迴歸**（multivariate multiple regression）。

假使自變數是定性的變數（如為名義變數或次序變數），應將該變數轉換為**虛擬變數**（dummy variable）；如果依變數是二類的名義變數，通常會進行二分的**邏輯斯迴歸分析**（binary logistic regression analysis）或 probit **機率迴歸分析**；假使依變數是多類別的名義變數，通常會進行**區別分析**（discriminant）或**多項式邏輯斯迴歸分析**（multinomial logistic regression analysis）；如果依變數是次序變數，則可進行**次序性邏輯斯或機率迴歸分析**。

2.1 迴歸的意義

1885 年 Francis Galton（1982-1911）與 Karl Pearson（1857-1936）在其「Regression towards Mediocrity in hereditary Stature」研究中，發現身高高的父母，其子女之平均身高低於父母的平均身高；反之，身高矮的父母，其子女之平均身高高於父母的平均身高，發現子代有趨向全體平均身高的現象，當時以「regression」一詞表示這樣的效應，表示兩極端身高會「迴歸」到平均數的現象。

圖 2-1 散布圖的 X 軸是父母身高，以（父親身高 ＋ 母親身高 × 1.08）/ 2 代表（因為父親平均身高是母親的 1.08 倍）。Y 軸是子女身高，如果是男性以原始身高代表，女性則乘以 1.08 倍。圖中的虛線代表父母身高與子女身高相同，斜率為 1；直線則是迴歸線，斜率為 0.73。由於迴歸線的斜率小於 1，所以子代的身高不會等於父母

的身高。而兩線相交的地方是（175.82, 175.85），父母身高超過 175.82 公分（平均數），則子代平均身高比其父母矮；反之，父母身高不到 175.82 公分，子代平均身高會比其父母高。

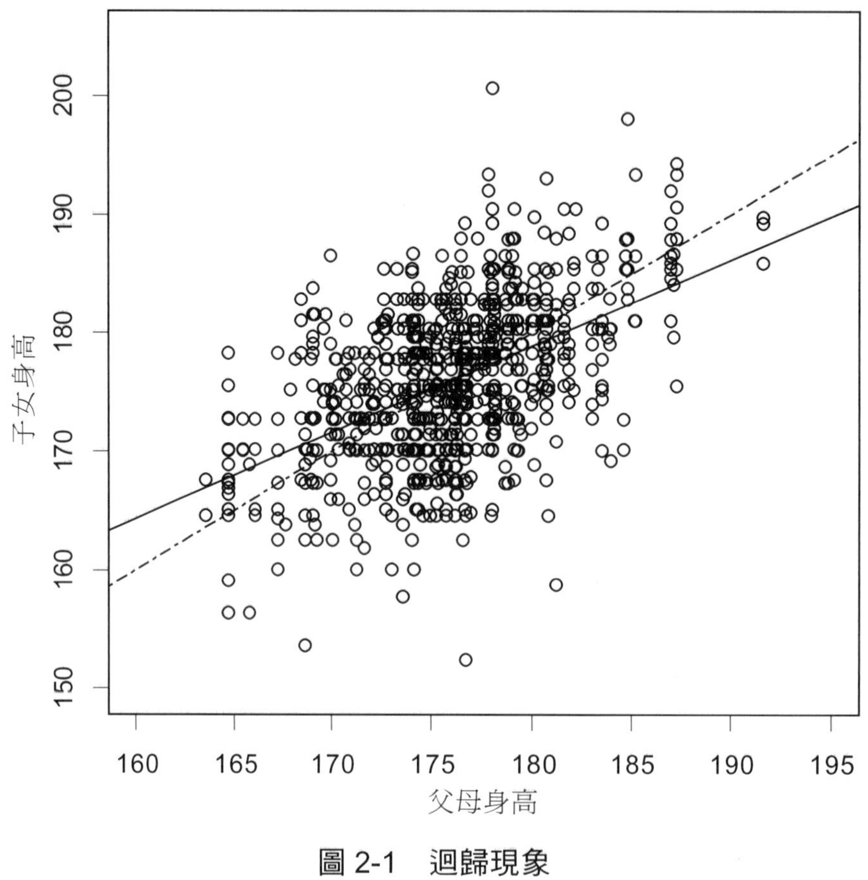

圖 2-1　迴歸現象

迴歸分析與**變異數分析**（analysis of variance）是研究者經常使用的統計方法。而迴歸分析主要的用途有二：一為**解釋**，二為**預測**。解釋的功能主要在於說明預測變數與效果變數間的**關聯強度**及**關聯方向**；預測的功能則是使用迴歸方程式，利用已知的自變數來預測未知的依變數。例如：研究者可以利用高中生在學校的各科畢業成績為預測變數，而以其大學入學成績為效標變數，來建立迴歸方程式，以解釋哪些科目對大學入學成績最有預測作用，及其總預測效果如何。如果其他條件相同，則可利用今年度尚未參加大學入學考試的高中應屆畢業生的各科畢業成績，以預測他們參加入學考試的成績。實務上，兩種取向並未嚴格區分，經常合併使用。

2.2　簡單迴歸

為了確認兩個變數間的關係，可以透過如圖 2-2 的散布圖。由圖中可看出圓點大致呈左下到右上分布，因此兩個變數間有正相關。計算其相關係數值 Pearson $r = 0.70$。

許多時候，研究者還會想進一步了解，是否能用其中一個自變數 X（對智慧型手機的使用態度）預測依變數 Y（行為意圖），此時，就會使用迴歸分析。當只有一個自變數且為線性關係模型，稱為簡單迴歸分析，它是多元迴歸分析的基礎。

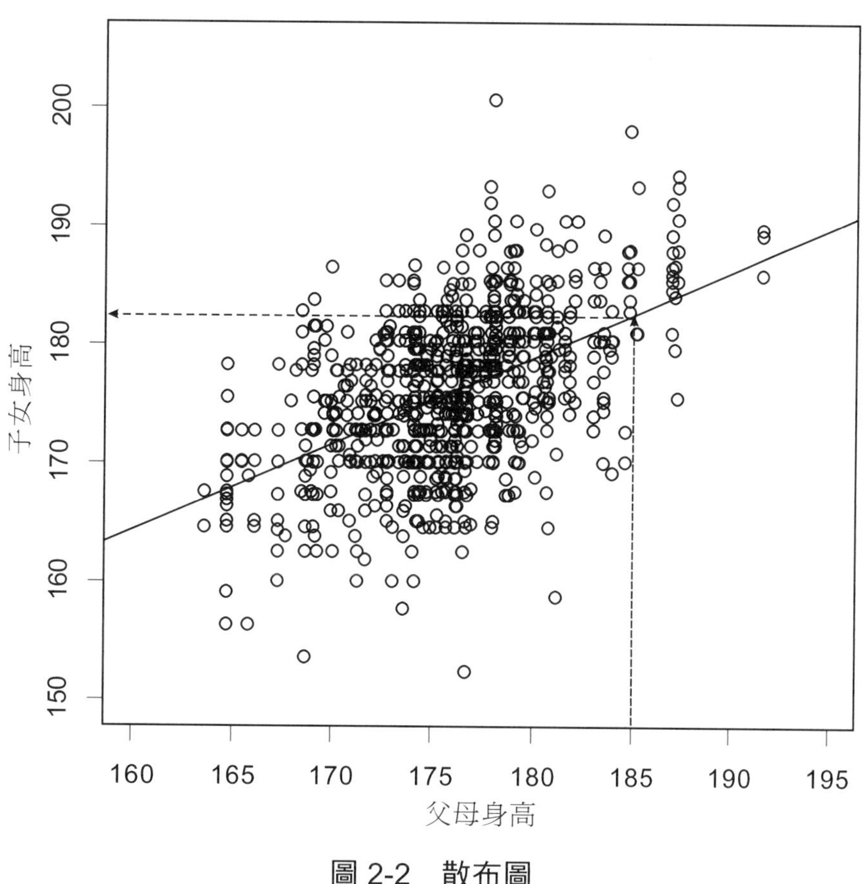

圖 2-2　散布圖

2.2.1　未標準化迴歸係數

簡單線性迴歸模型可以表示為：

$$y_i = \beta_0 + \beta_1 x_i + \varepsilon_i \qquad \text{公式 2-1}$$

其中，

1. y_i 是第 i 名個體在依變數 Y 的值，Y 是隨機變數。
2. x_i 是第 i 名個體在自變數 X 的值，X 的值是已知的，不是隨機變數。
3. β_0 與 β_1 是模型的參數，通常是未知的，它反映了由 x 的變化而引起 y 的變化。
4. ε 是隨機誤差，也是隨機變數，代表不能由 x 解釋 y 的其他因素，ε 的平均數 $E(\varepsilon)=0$，變異數 $\sigma_\varepsilon^2=\sigma^2$（謝宇，2013）。

公式 2-1 是以母體參數表示，在樣本中公式改為：

$$Y = b_0 + b_1 X + e \qquad \text{公式 2-2}$$

在 X 與 Y 的散布圖中，我們希望找到一條適配直線（如圖 2-3 粗直線），使其具有最佳不偏估計式（best linear unbiased estimator, BLUE）的特性。這條直線即簡單迴歸方程式，公式為：

$$\hat{Y} = b_0 + b_1 X \qquad \text{公式 2-3}$$

其中 b_0 是**常數項**（constant），又稱為**截距**（intercept），b_1 是迴歸的**原始加權係數**，又稱為**斜率**（slope），$\hat{Y}$ 是由 X 所預測的數值，與真正的 Y 變數有差距，差距（**殘差**，residual）$e=Y-\hat{Y}$。在圖中至少有 7 名個體的 X = 10，使用迴歸模型預測，得到 $\hat{Y}$ = 11.15，但是，他們真正的 Y 值從 6 ~ 15 都有，因此會有殘差。

迴歸分析經常使用**普通最小平方法**（ordinary least squares method, OLS）將殘差的平方和 $\sum_{i=1}^{n} e_i^2$ 最小化以求解，求解後：

$$b_1 = \frac{CP_{XY}}{SS_X} = \frac{S_{XY}}{S_X^2} = r_{XY}\frac{S_Y}{S_X} \qquad \text{公式 2-4}$$

$$b_0 = \bar{Y} - b_1\bar{X} \qquad \text{公式 2-5}$$

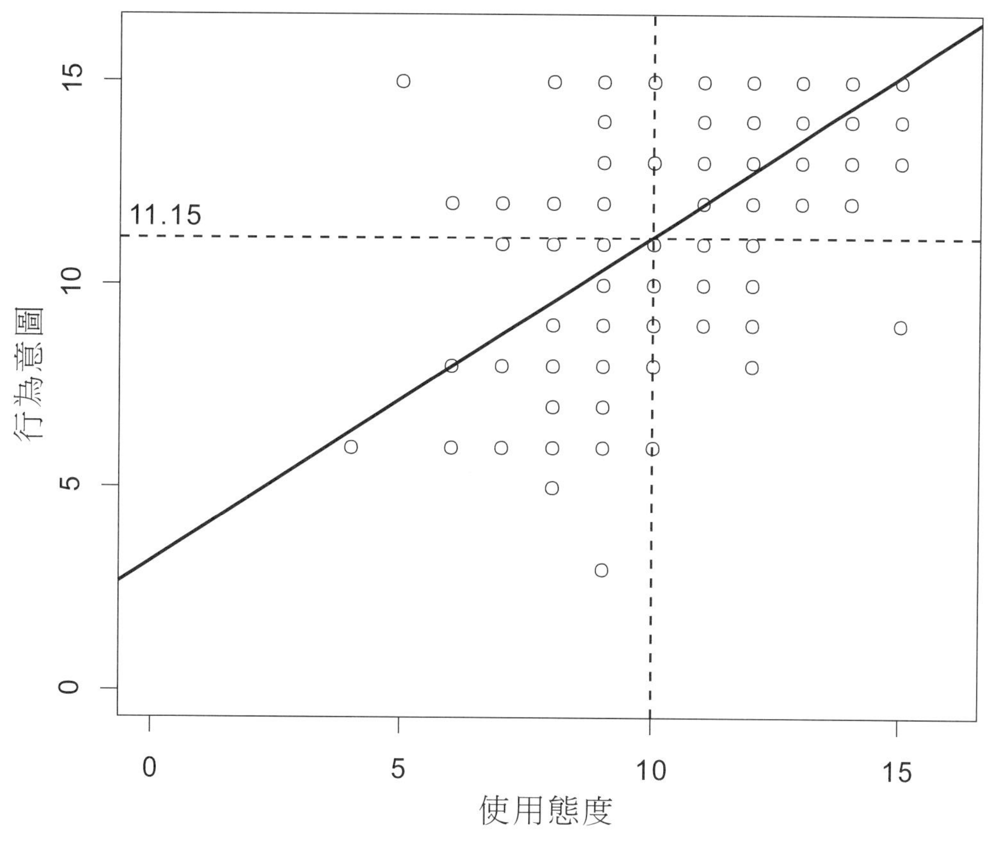

圖 2-3　簡單迴歸適配線

使用 R 進行分析

命令稿 2-1 中共有 4 個指令，分別說明如下：

1. 第 1 個指令讀入 C 碟中 R 資料夾下的 tam292.csv 數據檔，存入 tam 物件。（注：資料可自行設定存放路徑）
2. 由於 tam 資料框架中的變數太多，為了簡化，只選擇第 19 ~ 22 行共 4 個變數，存入 reg 物件。
3. 第 3 個指令以 lm() 函數設定 m1 模型，~ 前為效標變數 B（行為意圖），~ 後為預測變數 A（使用態度），數據來自 reg 物件。如果寫成 (m1<−lm(B~A, data=reg)) 則可以同時列出 m1 簡要內容。
4. 第 4 個指令列出 m1 簡要內容，如果要列出詳細內容，可以寫成：summary(m1)。

分析後得到迴歸模型為：

$$B = 3.1885 + 0.7964 \times A$$

當變數 A = 0 時，變數 B = 3.1885；A 每增加 1 分，B 增加 0.7964 分。

命令稿 2-1　簡單迴歸

```
> tam<-read.csv("C:/R/tam292.csv")
> reg<-cbind(tam[,19:22] )
> m1<-lm(B~A, data=reg)
> m1
##
## Call:
## lm(formula = B ~ A, data = reg)
##
## Coefficients:
## (Intercept)            A
##      3.1885       0.7964
```

2.2.2　平移後未標準化迴歸係數

截距 b_0 是預測變數 X 等於 0 時所求得的 $\hat{Y}$ 值，然而，許多研究中，X 變數並不會等於 0。例如：以父母身高預測子女身高，父母身高不可能等於 0，因此截距並無意義。此時，可以把 X 變數減去其平均數（平移或中心化，centering），再進行迴歸分析，求得的截距就是依變數 Y 的平均數，而斜率則不變。

使用 R 進行分析

命令稿 2-2 中有 4 個指令，分別說明如下：

1. 第 1 個指令以 scale() 函數將 reg 物件中的 A 變數減去平均數，得到 AC 變數。括號引數 scale=F，表示只將變數減去平均數，不除以標準差。
2. 第 2 個指令以 lm() 函數設定 m2 模型，預測變數改為 AC。
3. m2 模型為：$B = 12.4589 + 0.7964 \times AC$。斜率與 m1 模型相同，截距 12.4589 會等於 Y 變數的平均數。指令 2、3 可以合寫為 (m2<−lm(B~AC, data=reg))。

4. 第 4 個指令以 mean() 函數計算 Y 變數的平均數，結果為 12.4589，等於迴歸模型中的截距。

命令稿 2-2　簡單迴歸——自變數平移

```
> reg$AC<-scale(reg$A, scale=F)
> m2<-lm(B~AC, data=reg)
> m2
##
## Call:
## lm(formula = B ~ AC, data = reg)
##
## Coefficients:
## (Intercept)          AC
##     12.4589      0.7964
> mean(reg$B)
## [1] 12.4589
```

2.2.3 標準化迴歸係數

迴歸分析使用的變數，單位經常不同。即使相同的構念，也會因為測量工具不同，而有不同的分數。為了同一研究中不同變數或是不同研究中相同構念的比較，可以分別將 X、Y 變數化為 Z 分數（平均數為 0，標準差為 1），此時：

$$b_1 = r_{XY}\frac{S_Y}{S_X} = r_{XY}\frac{1}{1} = r_{XY}$$

$$b_0 = \overline{Y} - b_1\overline{X} = 0 - 0 = 0$$

求得的迴歸方程式為 $Z_{\hat{Y}} = b_1^* Z_X$，b_1^* 為**標準化加權係數**估計值，在簡單迴歸中，$b_1^* = r_{XY}$。一般而言，原始的迴歸方程式比較適合直接使用，而標準化迴歸方程式常用在比較預測變數的重要性（前提是沒有嚴重的共線性問題）。美國心理學會（Wilkinson et al., 1999）建議：一般情形下，原始及標準化迴歸係數都要呈現在研究結果中。不過，如果是純粹應用性的研究，只要列出原始係數；而純粹理論性的研究，則只要列出標準化係數。

使用 R 進行分析

命令稿 2-3 中有 6 個指令，分別說明如後：

1. 第 1 個指令使用 scale() 函數將 reg 物件中的 A 變數標準化，存入 reg 物件中，命名為 ZA。
2. 第 2 個指令以同樣的方式將 B 變數標準化，存入 reg 物件中，命名為 ZB。
3. 第 3 個指令以 lm() 函數建立線性模型，依變數為 ZB，自變數為 ZA，結果存於 m3 物件。
4. 列出 m3 結果。截距雖然顯示為 2.478e-16（2.478×10^{-16}），實際上為 0，斜率為 0.7039（7.039×10^{-1}）。
5. 如果要簡化，則使用第 5 個指令以 round() 函數將 m3 物件中的係數 $coefficients 取到小數第 6 位（位數可自訂），分別為 0 及 0.703861。
6. 第 6 個指令以 cor() 函數計算 reg 物件中 B 及 A 兩變數的相關，為 0.703861，與標準化迴歸係數相同。

命令稿 2-3　簡單迴歸——標準化

```
> reg$ZA<-scale(reg$A)
> reg$ZB<-scale(reg$B)
> m3<-lm(ZB~ZA, data=reg)
> m3
##
## Call:
## lm(formula = ZB ~ ZA, data = reg)
##
## Coefficients:
## (Intercept)           ZA
##   2.478e-16    7.039e-01
> round(m3$coefficients, 6)
## (Intercept)          ZA
##    0.000000    0.703861
> cor(reg$B, reg$A)
## [1] 0.703861
```

2.2.4 整體檢定——*F* 檢定

迴歸分析會比照變異數分析將 *SS*（離均差平方和，sum of squares）拆解，並做成摘要表（表 2-1）。

表 2-1 變異數分析摘要表

變異來源	*SS*	*df*	*MS*	*F*	*p*
迴歸	$\Sigma(\hat{Y}-\bar{Y})^2$	k	*SS* 迴歸/*df* 迴歸	*MS* 迴歸/*MS* 殘差	pf(F, df1, df2, lower=F)
殘差	$\Sigma(Y-\hat{Y})^2$	n−k−1	*SS* 殘差/*df* 殘差		
總和	$\Sigma(Y-\bar{Y})^2$	n−1	*SS* 總和/*df* 總和= *Y* 的變異數		

當研究者不知道預測變數 *X* 而想預測 *Y*，最好的方法就是使用 $\bar{Y}$，因為 $\Sigma(Y-\bar{Y})=0$，而 $\Sigma(Y-\bar{Y})^2 \Rightarrow \min$，$\Sigma(Y-\bar{Y})^2$ 就是 *Y* 變數的離均差平方和（SS_Y），一般稱為 SS_{total}。SS_{total} 的自由度是樣本數 *n* 減 1。

如果知道 *X* 而想預測 *Y*，最好的方法就是使用模型所得預測值 $\hat{Y}$（因為 $\hat{Y}=b_0+b_1X_1$），$\Sigma(\hat{Y}-\bar{Y})^2$ 表示使用 $\hat{Y}$ 而不用 $\bar{Y}$ 預測 *Y* 而減少的錯誤，$SS_{reg}=\Sigma(\hat{Y}-\bar{Y})^2$。$SS_{reg}$ 的自由度是預測變數數目 *k*。

殘差平方和 $\Sigma e^2=\Sigma(Y-\hat{Y})^2$，是使用迴歸方程式不能預測到 *Y* 的部分，也就是知道 *X* 而預測 *Y*，但仍不能減少的錯誤，$SS_{res}=\Sigma(Y-\hat{Y})^2$。$SS_{res}$ 的自由度是 $n-k-1$。

計算後會得到 $SS_{total}=SS_{reg}+SS_{res}$，同樣地，$df_{total}=df_{reg}+df_{res}$，把 *SS* 除以各自的自由度就是 *MS*（mean square，平均平方和），而計算所得 $F=MS_{reg}/MS_{res}$。計算所得的 *F* 如果大於或等於 *F* 分配的臨界值〔用 qf(α, df1, df2, lower=F) 計算，如 qf(.05, 1, 290, lower=F) 等於 3.874〕或是 $p \le \alpha$，則應拒絕 H_0，表示自變數可以顯著預測依變數，這也是迴歸分析的整體檢定。

使用 R 進行分析

命令稿 2-4 有 2 個指令，分別說明如下：

1. 第 1 個指令先以 lm() 建立線性模型，存入 m1 物件。資料來自 reg 物件，依變數為 B，自變數為 A。

2. 第 2 個指令再以 anova() 函數列出 m1 的 SS，分別是 953.44 及 971.07，$F(1, 290) = 284.74$，$p < 0.001$，因此至少有一個自變數（在此模型只有 A）可以顯著預測依變數 B。

命令稿 2-4　變異數分析摘要表

```
> m1<-lm(B~A, data=reg)
> anova(m1)
## Analysis of Variance Table
##
## Response: B
##            Df Sum Sq Mean Sq F value    Pr(>F)
## A           1 953.44  953.44  284.74 < 2.2e-16 ***
## Residuals 290 971.07    3.35
## ---
## Signif. codes:  0 '***' 0.001 '**' 0.01 '*' 0.05 '.' 0.1 ' ' 1
```

2.2.5　個別檢定——t 檢定

個別係數的檢定採用 t 檢定（$H_0: \beta_1 = 0$），將斜率減去假設母體的斜率（通常是 0）除以斜率的標準誤，就可得到 t 值：

$$t_1 = \frac{b_1 - \beta_1}{se(b)}$$

計算所得 t 值如果大於或等於臨界值 t 值，或是 $p \le \alpha$，就表示斜率顯著不為 0。

使用 R 進行分析

命令稿 2-5 中先以 summary() 函數列出模型 m1 的摘要，斜率為 0.7964，它的標準誤為：

$$se(b) = \sqrt{\frac{MS_{res}}{SS_X}} = \sqrt{\frac{3.35}{1503.243}} = 0.0472$$

計算所得 t 值為：

$$t = \frac{0.7964 - 0}{0.0472} = 16.874$$

P 值小於 0.001，因此斜率顯示不為 0，也就是預測變數 A 可以顯著預測 B 變數。截距的 t 檢定為：

$$t_0 = \frac{b_0 - \beta_0}{\sqrt{MS_{res}\left(\frac{1}{N} + \frac{\bar{X}^2}{SS_X}\right)}} = \frac{3.1885 - 0}{0.5597} = 5.696$$

由於截距要在所有預測變數都為 0 時，才有意義，因此，研究者通常比較不關心截距的檢定。

第 2 個指令以 var() 函數計算 A 變數的變異數，再乘以 $n-1$ 即為 SS_X，結果為 1503.243。

命令稿 2-5　係數檢定

```
> summary(m1)
##
## Call:
## lm(formula = b ~ a, data = reg)
##
## Residuals:
##     Min      1Q  Median      3Q     Max
## -7.3561 -0.7453 -0.1345  1.2547  7.8295
##
## Coefficients:
##             Estimate Std. Error t value Pr(>|t|)
## (Intercept)   3.1885     0.5597   5.696    3e-08 ***
## a             0.7964     0.0472  16.874   <2e-16 ***
## ---
## Signif. codes:  0 '***' 0.001 '**' 0.01 '*' 0.05 '.' 0.1 ' ' 1
##
## Residual standard error: 1.83 on 290 degrees of freedom
## Multiple R-squared:  0.4954,    Adjusted R-squared:  0.4937
## F-statistic: 284.7 on 1 and 290 DF,  p-value: < 2.2e-16
> var(reg$A)*(length(reg$A)-1)
## [1] 1503.243
```

2.2.6 效果量 R^2

在計算迴歸的**效果量**（effect size）時，一般會使用**消減錯誤比例**（proportional reduction in error, PRE）。$PRE = \frac{E_1 - E_2}{E_1}$，$E_1$ 是不知道 X 變數而直接預測 Y 變數時的錯誤，也就是 SS_{total}；E_2 是知道 X 而預測 Y 的錯誤，也就是 SS_{res}，因此迴歸分析的效果量公式為：

$$R^2 = PRE = \frac{SS_{total} - SS_{res}}{SS_{total}} = \frac{SS_{reg}}{SS_{total}} = 1 - \frac{SS_{res}}{SS_{total}}$$

R^2 稱為**決定係數**（coefficient of determination），是預測變數對依變數的解釋力，也是 Y 的實際值與預測值 $\hat{Y}$ 之 Pearson 相關 $r_{Y\hat{Y}}$ 的平方。如果要應用到不同的群體時，R^2 會有縮減（shrinkage）現象，一般統計軟體常用公式 2-6 計算調整 R^2：

$$\hat{R}^2 = 1 - (1 - R^2)\frac{N-1}{N-k-1} \qquad \text{公式 2-6}$$

在命令稿 2-4 中，迴歸及殘差的 SS 分別為 953.44 與 971.07，因此 R^2 為：

$$R^2 = \frac{953.44}{953.44 + 971.07} = 0.4954$$

調整 R^2 為：

$$\hat{R}^2 = 1 - (1 - 0.4954)\frac{292-1}{292-1-1} = 0.4937$$

以上計算結果均與命令稿 2-5 中的 R-squared 相同。

2.3 多個預測變數的多元迴歸模型

建立迴歸模型時，很少只用一個自變數，而會使用兩個以上的自變數，以更準確預測依變數，此時稱為**多元迴歸分析**（或**複迴歸分析**）。

以下概要說明多元迴歸分析相關概念。

2.3.1 迴歸係數之求解

多元迴歸分析主要在建立以下的模型：

$$\hat{Y} = b_0 + b_1 X_1 + b_2 X_2 + \cdots + b_k X_k$$

一般統計軟體在進行多元迴歸分析時，是以矩陣形式運算，其原始係數解為：

$$\mathbf{b} = (\mathbf{X}^{\mathrm{T}}\mathbf{X})^{-1}\mathbf{X}^{\mathrm{T}}\mathbf{Y}$$

標準化係數使用 $\mathbf{R}^{-1}\mathbf{r}$ 求得，其中 $\mathbf{R}^{-1}$ 是自變數間的相關矩陣，$\mathbf{r}$ 是自變數與依變數間的相關矩陣（行向量）。

使用 R 進行分析

命令稿 2-6 共有 6 個指令，分別說明如下：

1. 第 1 個指令以行合併函數 cbind() 將常數 1 及 reg 中的 1 ~ 3 行合併成 X 物件，其中包含 E（認知易用性）、U（認知有用性）、A（使用態度）三個自變數。
2. 第 2 個指令將 X 物件轉為矩陣。
3. 第 3 個指令將 reg 物件的第 4 行存為 Y 物件，為依變數 B。
4. 第 4 個指令在解 $(\mathbf{X}^{\mathrm{T}}\mathbf{X})^{-1}\mathbf{X}^{\mathrm{T}}\mathbf{Y}$，其中轉置矩陣的函數為 t()，solve() 函數在求反矩陣，%*%為矩陣相乘運算符號。求解後置於 Beta 物件。
5. 第 5 個指令列出 Beta 物件內容，得到多元迴歸模型為：
   $B = 0.7748435 + 0.1167639 \times E + 0.3697811 \times U + 0.5056607 \times A$
6. 如果要計算標準化的係數，可以先使用 scale() 函數將原始資料標準化為 sreg，再重複步驟 1 ~ 5 即可。其中第 1 個指令不加常數項，reg 物件改為 sreg。

命令稿 2-6　以矩陣解原始係數

```
> X<-cbind(1, reg[, 1:3])
> X <- as.matrix(X)
> Y<-reg[,4]
> Beta<- solve(t(X) %*% X) %*% t(X) %*% Y
```

```
> Beta
##           [,1]
##   1 0.7748435
##   E 0.1167639
##   U 0.3697811
##   A 0.5056607
> sreg<-scale(reg)
```

命令稿 2-7 有 2 個指令，分別說明如下：

1. 第 1 個指令先以 lm() 函數設定線性模型 m4，自變數為 E、U、A，依變數為 B，資料來自 reg 物件。
2. 第 2 個指令再以 summary() 列出摘要，係數與命令稿 2-6 相同，各斜率均顯著不等於 0，截距則與 0 沒有不同。

命令稿 2-7　以 lm() 函數解原始係數

```
> m4<-lm(B~E+U+A, data=reg)
> summary(m4)
##
## Call:
## lm(formula = B ~ E + U + A, data = reg)
##
## Residuals:
##     Min      1Q  Median      3Q     Max
## -7.0745 -0.8176 -0.0511  1.0926  4.5557
##
## Coefficients:
##             Estimate Std. Error t value Pr(>|t|)
## (Intercept)  0.77484    0.58780   1.318  0.18848
## E            0.11676    0.04195   2.783  0.00574 **
## U            0.36978    0.05543   6.671  1.3e-10 ***
## A            0.50566    0.05590   9.046  < 2e-16 ***
## ---
## Signif. codes:  0 '***' 0.001 '**' 0.01 '*' 0.05 '.' 0.1 ' ' 1
##
## Residual standard error: 1.656 on 288 degrees of freedom
## Multiple R-squared:  0.5895,    Adjusted R-squared:  0.5852
## F-statistic: 137.8 on 3 and 288 DF,  p-value: < 2.2e-16
```

2.3.2 整體檢定

整體檢定在同時檢定所有預測變數是否能顯著預測依變數，它的統計假設為：

$$H_0: \beta_1 = \beta_2 = \beta_3 = \cdots = \beta_k = 0$$

H_1：至少有一個 β 不等於 0

使用 R 進行分析

在 R 中如果直接以 anova() 函數列出模型摘要，並無法進行整體檢定。我們可以透過 update() 比較只含常數項 1 之模型與完整模型，間接進行整體檢定。

命令稿 2-8 中列出的 SS_{total} 為 1924.51，SS_{res} 為 709.06，SS_{reg} 為 1134.5，$F(3, 288) = 137.85$，$p < 0.001$，結果與命令稿 2-7 最後一列相同，因此 3 個迴歸係數中，至少有 1 個不等於 0。

命令稿 2-8　整體檢定

```
> anova(update(m4, ~1), m4)
## Analysis of Variance Table
##
## Model 1: B ~ 1
## Model 2: B ~ E + U + A
##   Res.Df     RSS Df Sum of Sq      F    Pr(>F)
## 1    291 1924.51
## 2    288  790.06  3    1134.5 137.85 < 2.2e-16 ***
## ---
## Signif. codes:  0 '***' 0.001 '**' 0.01 '*' 0.05 '.' 0.1 ' ' 1
```

2.3.3 個別檢定

個別檢定在檢定控制了其他變數後，某個預測變數是否能顯著預測依變數。它的統計假設為：

$$H_0: \beta_k = 0$$

$$H_1: \beta_k \neq 0$$

在 R 中，直接使用 summary(模型) 即可列出模型中個別係數的檢定。由命令稿

2-7 中看出：3 個迴歸係數的 p 值均小於 0.01，因此均顯著不等於 0。

使用 R 進行分析

個別係數的檢定，也可以透過係數的信賴區間來判斷。命令稿 2-9 以 confint() 函數列出模型 m4 中的係數信賴區間，內定為 level=0.95，如果要改變區間大小，可以另外設定。由結果可看出：除了截距外，其他係數的 95%信賴區間都不包含 0，因此與 0 有顯著不同。

命令稿 2-9　係數的信賴區間

```
> confint(m4)
##                   2.5 %     97.5 %
## (Intercept) -0.38208003 1.9317670
## e            0.03419524 0.1993325
## u            0.26067730 0.4788849
## a            0.39564160 0.6156798
```

2.3.4　標準化迴歸係數

由於 lm() 函數只提供未標準化迴歸係數，如果要計算標準化迴歸係數，可以使用 lm.beta 程式套件，或是使用 scalc() 函數先將每個變數標準化。

使用 R 進行分析

命令稿 2-10 有 3 個指令，分別說明如下：

1. 第 1 個指令載入 lm.beta 程式套件。
2. 第 2 個指令以 lm.beta() 函數將 m4 模型標準化後存在 m4.1 物件。
3. 第 3 個指令以 summary() 函數列出模型 m4.1 摘要。Standardized 這一行即為標準化迴歸係數。
4. 第 4 個指令是以 scale() 函數先將每個變數標準化後，再進行線性迴歸分析。

命令稿 2-10　標準化係數

```
> library(lm.beta)
> m4.1<-lm.beta(m4)
```

```
> summary(m4.1)
## Call:
## lm(formula = B ~ E + U + A, data = reg)
##
## Residuals:
##     Min      1Q  Median      3Q     Max
## -7.0745 -0.8176 -0.0511  1.0926  4.5557
##
## Coefficients:
##             Estimate Standardized Std. Error t value Pr(>|t|)
## (Intercept)  0.77484      0.00000    0.58780   1.318  0.18848
## E            0.11676      0.12459    0.04195   2.783  0.00574 **
## U            0.36978      0.32596    0.05543   6.671  1.3e-10 ***
## A            0.50566      0.44690    0.05590   9.046  < 2e-16 ***
## ---
## Signif. codes:  0 '***' 0.001 '**' 0.01 '*' 0.05 '.' 0.1 ' ' 1
##
## Residual standard error: 1.656 on 288 degrees of freedom
## Multiple R-squared:  0.5895,	Adjusted R-squared:  0.5852
## F-statistic: 137.8 on 3 and 288 DF,  p-value: < 2.2e-16
> lm(scale(B)~scale(E)+scale(U)+scale(A), data=reg)
```

2.3.5 繪製迴歸係數圖

迴歸係數通常不需要以圖表示，如果要像第 11 ~ 14 章繪製迴歸係數圖，除了使用 lavaan 程式套件外，也可以使用 psych 程式套件進行。

使用 R 進行分析

命令稿 2-11 有 7 個指令，分別說明如下：

1. 第 1 個指令載入 psych 程式套件。
2. 第 2 個指令以 setCor() 函數設定迴歸模型，語法與 lm() 相似，~ 前是效標變數，~ 後是預測變數，如果要以原始係數繪出，設定 std=FALSE。分析後將結果存在 m4.1 物件，此時，會立即繪出模式圖，係數設定為小數後 2 位，分別是 0.12、0.37、0.51。預測變數間的雙向箭頭代表關聯程度，未標準化時為共變數。如果要改變小數位，可再以第 5 個指令設定。

3. 第 3 個指令列出 m4.1 模型，報表中包含原始迴歸係數、係數標準誤、t 值、p 值、95%信賴區間、VIF 值、R^2、$\hat{R}^2$。
4. 第 4 個指令列出 m4.2 模型，3 個變數的 VIF 值分別為 1.41、1.68、1.71，均未大於 10，代表 3 個自變數的多元共線性問題並不嚴重。
5. 第 5 個指令設定 std=TRUE（也是默認的設定），將結果存於 m4.2 物件。標準化係數分別為 0.12、0.33、0.45。預測變數間為 Pearson 相關係數，介於 0.47 ~ 0.60 間，顯示共線性問題不嚴重。
6. 第 6 個指令以 lmCor.diagram() 函數將 m4.1 物件（原始迴歸係數）繪出，設定小數位為 3。
7. 第 7 個指令以 lmCor.diagram() 函數將 m4.2 物件（標準化迴歸係數）繪出，設定小數位為 3。

命令稿 2-11　繪製迴歸係數圖

```
> library(psych)
> m4.1<-setCor(B~E+U+A, data=reg, std=FALSE)
```

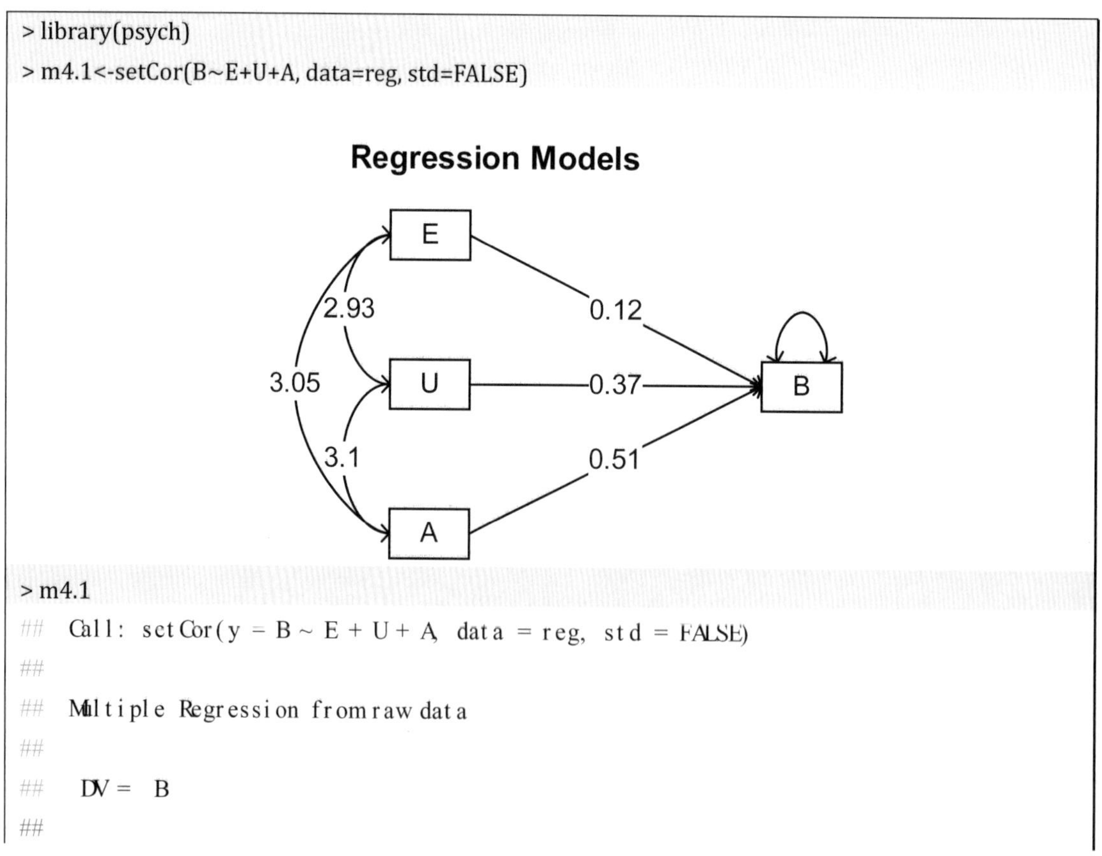


```
> m4.1
## Call: setCor(y = B ~ E + U + A, data = reg, std = FALSE)
##
## Multiple Regression from raw data
##
## DV = B
##
```

```
##                slope   se     t       p lower.ci upper.ci   VIF
## (Intercept)   0.77 0.59 1.32 1.9e-01    -0.38     1.93 36.78
## E             0.12 0.04 2.78 5.7e-03     0.03     0.20 22.37
## U             0.37 0.06 6.67 1.3e-10     0.26     0.48 51.47
## A             0.51 0.06 9.05 2.3e-17     0.40     0.62 46.78
##
## Residual Standard Error =  1.66  with  288  degrees of freedom
##
##  Multiple Regression
##      R   R2  Ruw R2uw Shrunken R2 SE of R2 overall F df1 df2        p
## B 0.77 0.59 0.69 0.48        0.59     0.04    137.85   3 288 2.19e-55
> m4.2<-setCor(B~E+U+A, data=reg, std=TRUE)
```

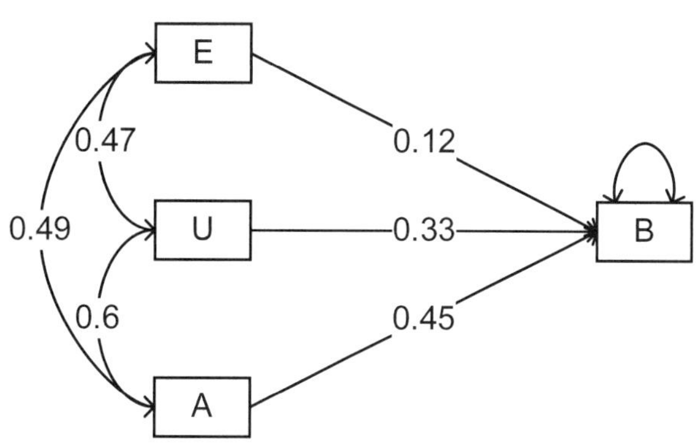


```
> m4.2
## Call: setCor(y = B ~ E + U + A, data = reg, std = TRUE)
##
## Multiple Regression from raw data
##
##  DV =  B
##               slope   se     t       p lower.ci upper.ci  VIF
## (Intercept)   0.00 0.04 0.00 1.0e+00    -0.07     0.07 1.00
## E             0.12 0.04 2.78 5.7e-03     0.04     0.21 1.41
## U             0.33 0.05 6.67 1.3e-10     0.23     0.42 1.68
## A             0.45 0.05 9.05 2.3e-17     0.35     0.54 1.71
[□□□□□□]
> lmCor.diagram(m4.1,digits=3)
> lmCor.diagram(m4.2,digits=3)
```

2.3.6 效果量 R^2

由命令稿 2-7 可看出：3 個預測變數對依變數的解釋力 $R^2 = 0.5895 = 58.95\%$，調整後 R^2 為：

$$\hat{R}^2 = 1-(1-0.5895)\frac{292-1}{292-3-1} = 0.5852 = 58.52\%$$

依據 Cohen（1988）的經驗法則，多元迴歸分析 R^2 值之小、中、大的效果量分別是 0.02、0.13，及 0.26，本範例為大的效果量。

使用 R 進行分析

命令稿 2-12 有 6 個指令，分別說明如下：

1. 第 1 個指令以 predict() 函數將 m4 的預測值存入 reg 物件中，命名為 predB。
2. 第 2 個指令以 residuals() 函數將 m4 的預測值存入 reg 物件中，命名為 resB。
3. 第 3 個指令以 cor() 函數計算 reg 物件中 B 及 predB 的積差相關，得到 $r = 0.7678$，此即為 B 與 E、U、A 三個變數的多元相關 R。
4. 第 4 個指令計算多元相關的平方，得到 $R^2 = 0.5895$，就是決定係數。
5. 第 5 個指令計算 $\sqrt{1-R^2} = 0.6407224$，此稱為疏離係數（coefficient of alienation），它是依變數 B 與殘差的相關係數。
6. 第 6 個指令以 cor() 函數計算依變數 B 與殘差的相關，得到 0.6407224，與指令 5 的結果一致。

命令稿 2-12　計算 R^2 及疏離係數

```
> reg$predB<-predict(m4)
> reg$resB<-residuals(m4)
> cor(reg$B, reg$predB)
##  [1]  0. 7677726
> cor(reg$B, reg$predB)^2
##  [1]  0. 5894748
> (1-cor(reg$B, reg$predB)^2)^.5
##  [1]  0. 6407224
> cor(reg$B, reg$resB)
##  [1]  0. 6407224
```

2.4　虛擬變數的多元迴歸分析

在多元迴歸分析中，預測變數的性質通常是**等距變數**或**比率變數**（二者合稱**計量性資料**）。當預測變數為**名義變數**或**次序變數**之**非計量性資料**時，不可以直接投入分析，必須轉換成**虛擬變數**，以 0、1 代表。轉換成虛擬變數時，虛擬變數的數目必須是**水準**（level）數減 1，以避免**線性相依**（linearly dependent）的情形。

2.4.1　兩個類別的預測變數

假設研究者想以受訪者的「性別」，預測他對智慧型手機的「行為意圖」。分析時可以把「女性」編碼為 0，「男性」編碼為 1（相反亦可），再設定線性模型即可。

使用 R 進行分析

命令稿 2-13 中先以 lm() 函數設定模型 m5，依變數為 B，自變數為 GENDER，再以 summary() 函數列出 m5 摘要，得到迴歸模型為：

$$B = 12.2381 + 0.6260 \times GENDER$$

由於女性編碼為 0，因此代入迴歸模型後得到「行為意圖」分數為：

$$B = 12.2381 + 0.6260 \times 0 = 12.2381$$

可知，截距代表女性的「行為意圖」平均分數，此時女性是參照組。而男性代碼為 1，代入迴歸模型後得到「行為意圖」分數為：

$$B = 12.2381 + 0.6260 \times 1 = 12.8641$$

因此男性對使用智慧型手機的「行為意圖」平均分數為 12.8641，兩性的「行為意圖」平均分數相差 0.6260 分。模型中斜率的 t 值為 1.998，$p = 0.0467$，所以受訪者的「性別」可以顯著預測他對智慧型手機的「行為意圖」。不過，R^2 僅有 0.01357，並不高。

命令稿 2-13　以性別為預測變數的迴歸分析

```
> m5<-lm(B~GENDER, data=tam)
> summary(m5)
```

```
##
## Call:
## lm(formula = B ~ GENDER, data = tam)
##
## Residuals:
##     Min      1Q  Median      3Q     Max
## -9.2381 -1.2381  0.1359  2.1359  2.7619
##
## Coefficients:
##             Estimate Std. Error t value Pr(>|t|)
## (Intercept)  12.2381     0.1861  65.758   <2e-16 ***
## GENDER        0.6260     0.3134   1.998   0.0467 *
## ---
## Signif. codes:  0 '***' 0.001 '**' 0.01 '*' 0.05 '.' 0.1 ' ' 1
##
## Residual standard error: 2.559 on 290 degrees of freedom
## Multiple R-squared:  0.01357,	Adjusted R-squared:  0.01017
## F-statistic: 3.991 on 1 and 290 DF,  p-value: 0.04668
```

事實上，同樣的數據，也可以進行兩個獨立樣本平均數 t 檢定。命令稿 2-14 中以 t.test() 函數進行 t 檢定，依變數為 B，自變數為 GENDER，假定兩組變異數相等。由結果中可看出：

1. 女性的「行為意圖」平均數為 12.23810，男性為 12.86408，與前面的計算結果相同。
2. $t(290) = -1.9977$，$p = 0.04668$，其中 p 值與命令稿 2-13 的 Pr(>|t|)相同，t 值則正負相反，但數值相同，這是因為在 t 檢定中分子是以女性的平均數減去男性的平均數，所以結果為負。把 -1.9977 取平方，會等於命令稿 2-13 最後一列的 F 值 3.991。

命令稿 2-14　獨立樣本 t 檢定

```
> t.test(B~GENDER, var.equal=T, data=tam)
##
##         Two Sample t-test
##
```

```
## data:  B by GENDER
## t = -1.9977, df = 290, p-value = 0.04668
## alternative hypothesis: true difference in means is not equal to 0
## 95 percent confidence interval:
##  -1.242718230 -0.009246633
## sample estimates:
## mean in group 0 mean in group 1
##        12.23810        12.86408
```

由於性別是二分變數，而「行為意圖」是計量變數，兩個變數可以計算點二系列相關。命令稿 2-15 中先以 cor() 函數計算 tam 物件中的 B 與 GENDER 之相關，得到點二系列相關 $r_{pb}=0.1165$（也是 Pearson's r）。其次，以 cor.test() 函數進行檢定，得到 $t(290)=1.9977$，$p=0.04668$，與命令稿 2-13 中的 t 及 p 一致。最後計算 r_{pb} 平方，數值為 0.01357，這就是命令稿 2-13 中 R^2。

命令稿 2-15　相關係數

```
> cor(tam$B, tam$GENDER)
## [1] 0.1165093
> cor.test(tam$B, tam$GENDER)
##
##         Pearson's product-moment correlation
##
## data:  tam$B and tam$GENDER
## t = 1.9977, df = 290, p-value = 0.04668
## alternative hypothesis: true correlation is not equal to 0
## 95 percent confidence interval:
##  0.001748792 0.228240794
## sample estimates:
##       cor
## 0.1165093
> cor(tam$B, tam$GENDER)^2
## [1] 0.01357441
```

2.4.2　三個以上類別的預測變數

如果以受訪者的「年齡層」，預測他對智慧型手機的「行為意圖」。由於有 4 個年齡層，因此須以 3 個虛擬變數代表，茲以表 2-2 表示之：

表 2-2　虛擬變數的轉換

		虛擬變數		
		factor(AGE)2 ：20-29 歲	factor(AGE)3 ：30-39 歲	factor(AGE)4 ：40 歲以上
原變項	1：19 歲以下	0	0	0
	2：20-29 歲	1	0	0
	3：30-39 歲	0	1	0
	4：40 歲以上	0	0	1

由上表可看出：原來以 1 代表 19 歲以下的受訪者，設定為參照組，經轉換後在 3 個虛擬變數的數值分別是 0、0、0。第 2 組在 3 個虛擬變數的數值分別是 1、0、0。其他兩組轉碼如表所示。經過這樣的轉換後，即可將年齡層當成預測變數。

使用 R 進行分析

命令稿 2-16 中以 lm() 函數設定迴歸模型 m6，依變數為 B，預測為 AGE，加上 factor，直接轉成 3 個虛擬變數。整體檢定 $F(3, 288) = 0.508$，$p = 0.677$，「年齡層」無法預測受訪者的「行為意圖」。迴歸方程式為：

$$B = 12.43939 + (-0.02192) \times \text{factor(AGE)2} + 0.25940 \times \text{factor(AGE)3} + (-0.33939) \times \text{factor(AGE)4}$$

由模型可看出：

1. 年齡層為 1 的受訪者（參照組），「行為意圖」的平均數為 12.43939。
2. 年齡層為 2 的受訪者，「行為意圖」的平均數比第 1 組低 0.02192，12.43939 − 0.02192 = 12.41747。
3. 年齡層為 3 的受訪者，「行為意圖」的平均數比第 1 組高 0.25940，12.43939 + 0.25940 = 12.69879。
4. 年齡層為 4 的受訪者，「行為意圖」的平均數比第 1 組低 0.33939，12.43939 − 0.33939 = 12.10000。
5. 各組「行為意圖」的平均數與第 1 組相比，都未達 0.05 顯著水準之差異。

命令稿 2-16 以年齡層為預測變數的迴歸分析

```
> m6<-lm(B~factor(AGE), data=tam)
> anova(m6)
## Analysis of Variance Table
 
## Response: B
##               Df  Sum Sq Mean Sq F value Pr(>F)
## factor(AGE)    3   10.13  3.3770   0.508  0.677
## Residuals    288 1914.38  6.6471
> summary(m6)
##
## Call:
## lm(formula = B ~ factor(AGE), data = tam)
##
## Residuals:
##     Min      1Q  Median      3Q     Max
## -9.6988 -1.1000  0.5606  2.3012  2.9000
##
## Coefficients:
##              Estimate Std. Error t value Pr(>|t|)
## (Intercept)  12.43939    0.31736  39.197   <2e-16 ***
## factor(AGE)2 -0.02192    0.40651  -0.054    0.957
## factor(AGE)3  0.25940    0.42521   0.610    0.542
## factor(AGE)4 -0.33939    0.51662  -0.657    0.512
## ---
## Signif. codes:  0 '***' 0.001 '**' 0.01 '*' 0.05 '.' 0.1 ' ' 1
##
## Residual standard error: 2.578 on 288 degrees of freedom
## Multiple R-squared:  0.005264,  Adjusted R-squared:  -0.005098
## F-statistic: 0.508 on 3 and 288 DF,  p-value: 0.677
```

同樣的數據，也可以使用變異數分析。命令稿 2-17 有 4 個指令，分別說明如下：

1. 第 1 個指令以 aov() 函數設定 anova 模型 fit1，依變數為 B，自變數為 AGE，由於 AGE 為數值，因此以 as.factor() 函數設定為因子。
2. 第 2 個指令以 summary() 函數列出 fit1 的結果，$F(3, 288) = 0.508$，$p = 0.677$，與命令稿 2-16 中 m6 的結果相同。

3. 第 3 個指令載入 Rmisc 程式套件。
4. 第 4 個指令以 summarySE() 函數列出 AGE 各組之 B 變數的各項統計量，其平均數與前面計算的結果相同。

由上述的分析可以得知：變異數分析是迴歸分析的特例。將變異數分析的自變數轉為虛擬變數，當成迴歸分析的預測變數，最後分析結果是一致的。

命令稿 2-17　變異數分析

```
> fit1<-aov(B~as.factor(AGE), data=tam)
> summary(fit1)
##                  Df Sum Sq Mean Sq F value Pr(>F)
## as.factor(AGE)    3   10.1   3.377   0.508  0.677
## Residuals       288 1914.4   6.647
> library(Rmisc)
> summarySE(m="B", g="AGE", data=tam)
##   AGE   N        B       sd        se        ci
## 1   1  66 12.43939 2.572809 0.3166909 0.6324754
## 2   2 103 12.41748 2.471501 0.2435243 0.4830292
## 3   3  83 12.69880 2.783816 0.3055635 0.6078632
## 4   4  40 12.10000 2.405123 0.3802833 0.7691956
```

2.5　預測變數的選擇

多元迴歸模型根據目的的不同，可大致分成三種模型建立方式：同時迴歸分析（simultaneous regression）、逐步迴歸分析（stepwise regression）、與階層式迴歸分析（hierarchical regression）。以下分別簡要論述之。

2.5.1　解釋型迴歸分析——同時迴歸分析

解釋型迴歸分析的目的是釐清研究者關心變數間的關係，以及如何對於依變數的變異提出一套最合理最有解釋力的迴歸模型（邱皓政，2011a）。理論的重要性不僅決定變數的選擇與安排，也影響研究結果的解釋，故在建立迴歸方程式時，除非預測變數間的共線性問題過高，否則每一個預測變數皆會保留在模型中，並不會將未達顯著的變數排除在外。

本章前面所述的分析方法，都是同時迴歸分析，不再說明 R 語法。

2.5.2 預測型迴歸分析——逐步迴歸分析

逐步迴歸方法是指以最少的變數來達成對依變數最大的預測力。此法是利用各解釋變數與依變數的相關的相對強弱，來決定哪些解釋變數應納入迴歸方程式中，而非依理論的觀點來取捨變數（邱皓政，2011a）。預測型迴歸分析不是以變數的關係的釐清為目的，而是以建立最佳方程式為目標。逐步迴歸分析方法有三種：向前法、向後法、與逐步法。向前法是依次納入淨進入 *F* 值最大的變數，一直到沒有符合條件的變數為止。向後法則先將所有變數納入迴歸方程式，然後依次剔除淨退出 *F* 值最大的變數，一直到沒有符合條件的變數為止。逐步法則兼用向前法與向後法反覆進行，一直到沒有變數被選取或剔除為止，它是最常被使用的方法。

然而，學者（Edirisooriya, 1995; Thompson, 1995b）也指出逐步迴歸的許多問題：1.更換研究樣本後，選取的預測變數就可能不同；2.進入迴歸模型中的預測變數不見得是最重要的變數；3.變數進入的順序不代表重要性的順序，因此在應用時宜更加留意。

使用 R 進行分析

命令稿 2-18 先設定只有常數項 1 之 m7.0 模型，再設定含 3 個預測變數的完整模型 m7.f，接著用 step() 函數以 both 法（雙向，也就是逐步迴歸）從 m7.0 到 m7.f 進行逐步迴歸分析，並將結果存在 m7.s 模型。

由結果可看出，預測變數依序加入 A、U、E，最後的 AIC 為 298.64（愈小模型愈好）。如果要檢視最後結果，可以使用 summary(m7.s) 列出模型摘要。

命令稿 2-18 逐步迴歸分析

```
> m7.0<-lm(B~1, data=reg)
> m7.f<-lm(B~1+E+U+A, data=reg)
> m7.s<-step(m7.0, scope=list(upper=m7.f), direction="both")
##
##
```

```
## Start:  AIC=552.62
## B ~ 1
##
##         Df Sum of Sq     RSS    AIC
## + A      1    953.44  971.07 354.88
## + U      1    821.78 1102.72 392.00
## + E      1    475.23 1449.28 471.80
## <none>               1924.51 552.62
##
## Step:  AIC=354.88
## B ~ A
##
##         Df Sum of Sq     RSS    AIC
## + U      1    159.76  811.31 304.39
## + E      1     58.93  912.13 338.60
## <none>                971.07 354.88
## - A      1    953.44 1924.51 552.62
##
## Step:  AIC=304.39
## B ~ A + U
##
##         Df Sum of Sq     RSS    AIC
## + E      1    21.252  790.06 298.64
## <none>                811.31 304.39
## - U      1   159.756  971.07 354.88
## - A      1   291.412 1102.72 392.00
##
## Step:  AIC=298.64
## B ~ A + U + E
##
##         Df Sum of Sq     RSS    AIC
## <none>                790.06 298.64
## - E      1    21.252  811.31 304.39
## - U      1   122.076  912.13 338.60
## - A      1   224.493 1014.55 369.67
> summary(m7.s)
```

2.5.3 階層迴歸分析

階層迴歸分析類似逐步迴歸分析作法，一樣是分成好幾個步驟，逐步進行迴歸分析。但與逐步迴歸分析不同的是，逐步迴歸分析是由 F 統計量作為預測變數取捨的依據，而階層迴歸分析則是研究者根據理論或研究需要所設定（邱皓政，2011a）。具體言之，在進行預測變數進入迴歸模型的篩選時，有時預測變數的投入是有先後次序關係的，必須依據次序來進行分析。因此，階層迴歸分析的重要任務即是分階段投入變數來進行迴歸分析，且變數投入次序的規劃，必須有理論基礎，並非研究者可自由決定或由電腦自行篩選。

使用 R 進行分析

命令稿 2-19 中先以 lm() 函數設定階層模型，m8.0 只含常數項 1，後面依據科技接受模型（TAM）的順序加上 E、U、A。設定後再以 anova 比較各模型，F 值均達 0.05 顯著水準，表示後一個模型都比前一個模型好。由第 1 個 m8.0 模型中得到 SS_{total} 為 1924.51，加入其他預測變數後 SS_{reg} 分別增加 475.23、434.73、224.49，將它們分別除以 1924.51 後即為增加的 R^2 ，各為 0.247、0.226、0.117。

命令稿 2-19　階層迴歸分析

```
> m8.0<-lm(B~1, data=reg)
> m8.1<-lm(B~1+E, data=reg)
> m8.2<-lm(B~1+E+U, data=reg)
> m8.3<-lm(B~1+E+U+A, data=reg)
> anova(m8.0, m8.1, m8.2, m8.3)
## Analysis of Variance Table
##
## Model 1: B ~ 1
## Model 2: B ~ 1 + E
## Model 3: B ~ 1 + E + U
## Model 4: B ~ 1 + E + U + A
##   Res.Df     RSS Df Sum of Sq       F    Pr(>F)
## 1    291 1924.51
## 2    290 1449.28  1    475.23 173.234 < 2.2e-16 ***
## 3    289 1014.55  1    434.73 158.472 < 2.2e-16 ***
## 4    288  790.06  1    224.49  81.834 < 2.2e-16 ***
## ---
## Signif. codes:  0 '***' 0.001 '**' 0.01 '*' 0.05 '.' 0.1 ' ' 1
```

```
> 475.23/1924.51
##  [1] 0.2469356
> 434.73/1924.51
##  [1] 0.2258913
> 224.49/1924.51
##  [1] 0.1166479
```

2.6 樣本數之決定

進行多元迴歸分析時，每個自變數最少要有 5 個樣本，而且最好有 15～20 個樣本；如果使用逐步法，則更要增加到 50 個樣本，如此迴歸分析的結果才具有類推性，也才可以適用到不同的樣本上（Hair et al., 2019）。

2.7 迴歸診斷

在迴歸診斷方面，大致可分成三部分：1.**殘差**的檢定；2.**離群值**（outlier）及**具影響力觀察值**（influential observation）的檢出；3.**共線性**的檢定。

此部分較為專業，不在本書說明，讀者可參閱陳正昌（2011a）的另一篇著作。

2.8 使用 JASP 分析

在 JASP 中，讀入 reg.csv 資料檔後，在 Regression（迴歸分析）中選擇 Linear Regression（線性迴歸）。接著，將 B 變數選至 Dependent Variable（依變數）中，E、U、A 三個變數選至 Covariates（共變量）中，此時，預設的分析方法是 Enter（圖 2-4）。

在 Statistics（統計量）中，除了已勾選的 Estimates（估計值）及 Model fit（模型適配度外），可再勾選 Confidence intervals（信賴區間）（圖 2-5）。

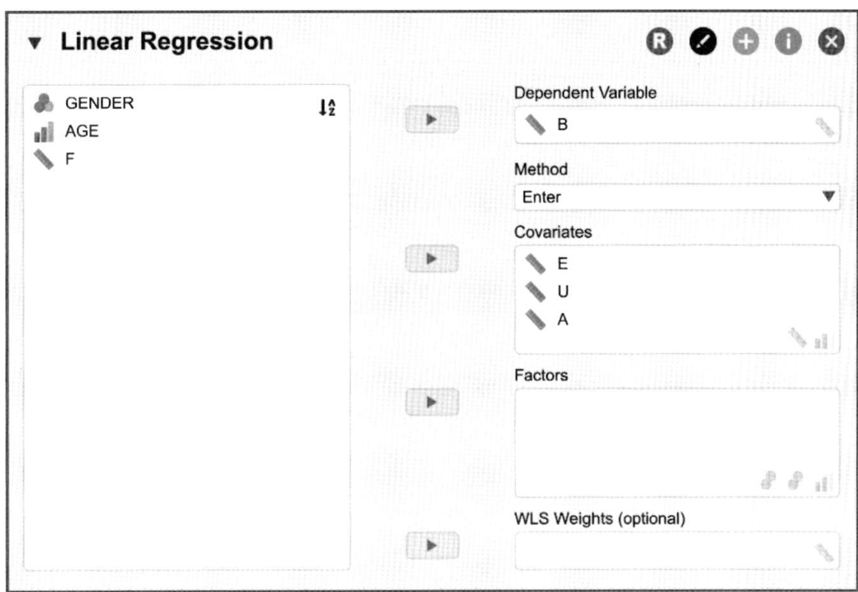

圖 2-4　選擇分析變數——JASP

Statistics

Regression Coefficients

- [x] Estimates
- [ ] From 5000 bootstraps
- [x] Confidence intervals 95.0 %
- [ ] Covariance matrix
- [ ] Vovk-Sellke maximum p-ratio
- [x] Model fit
- [ ] R squared change
- [ ] Descriptives
- [ ] Part and partial correlations
- [ ] Collinearity diagnostics

Residuals

- [ ] Statistics
- [ ] Durbin-Watson
- [ ] Casewise diagnostics
  - Standard residual > 3
  - Cook's distance > 1
  - All

圖 2-5　選擇統計量——JASP

分析後得到 3 個報表。報表 2-1 為模型摘要，$R^2 = .589$，調整後 $R^2 = .585$，RMSE 是迴歸的估計標準誤，為 1.656，代表使用 3 個自變數預測 B 變數，平均會有 1.656 分的差距。此分析的統計假設為 $H_0 : R^2 = 0$ ， $H_1 : R^2 > 0$ 。

報表 2-1　Model Summary - B

Model	R	R^2	Adjusted R^2	RMSE
H_0	0.000	0.000	0.000	2.572
H_1	0.768	0.589	0.585	1.656

報表 2-2 是變異數分析摘要表，為整體檢定，$F(3,288) = 137.847$，$p < .001$，3 個預測變數可以聯合預測依變數 B。

報表 2-2　ANOVA

Model		Sum of Squares	df	Mean Square	F	p
H_1	Regression	1134.448	3	378.149	137.847	2.188×10^{-55}
	Residual	790.059	288	2.743		
	Total	1924.507	291			

Note. The intercept model is omitted, as no meaningful information can be shown.

報表 2-3 是迴歸係數，也包含個別變數的檢定。其中，Unstandardized 一欄是未標準化係數，它們除以 Standard Error（標準誤）之後即為 t 值。如果 t 的絕對值大於 1.968〔使用 qt(1-.05/2, 288) 計算而得〕，p 值小於 .05，或是 95% CI（信賴區間）不含 0，就表示迴歸係數顯著不為 0。Standardized 一欄是標準化係數，分別為 0.125、0.326、0.447。

報表 2-3　Coefficients

Model		Unstandardized	Standard Error	Standardized	t	p	95% CI Lower	95% CI Upper
H_0	(Intercept)	12.459	0.150		82.786	2.640×10^{-204}	12.163	12.755
H_1	(Intercept)	0.775	0.588		1.318	0.188	-0.382	1.932
	E	0.117	0.042	0.125	2.783	0.006	0.034	0.199
	U	0.370	0.055	0.326	6.671	1.300×10^{-10}	0.261	0.479
	A	0.506	0.056	0.447	9.046	2.258×10^{-17}	0.396	0.616

2.9 使用 jamovi 分析

在 jamovi 中，讀入 reg.csv 資料檔後，在 Regression（迴歸分析）中選擇 Linear Regression（線性迴歸）。接著，將 B 變數選至 Dependent Variable（依變數）中，E、U、A 三個變數選至 Covariates（共變量）中（圖 2-6）。

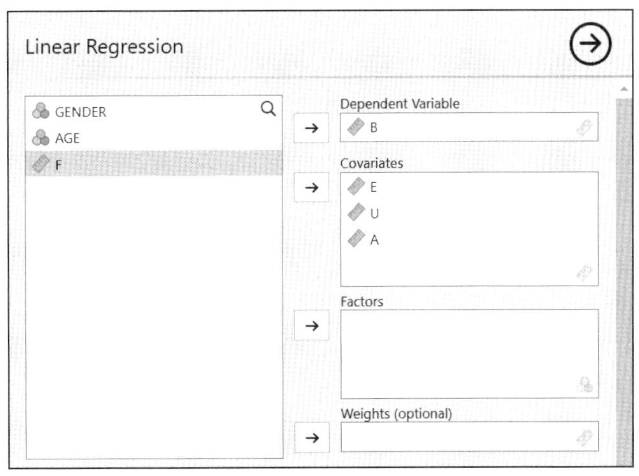

圖 2-6　選擇分析變數——jamovi

在 Model Fit（模型適配）中勾選需要的 Fit Measures（適配量數）及 Overall Model Test（整體模型檢定）（圖 2-7）。

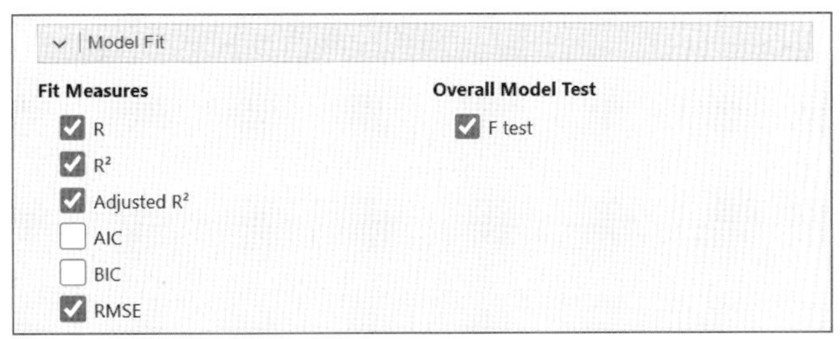

圖 2-7　選擇適配量數——jamovi

在 Model Coefficient（模型係數）中，勾選 Omnibus Test（綜合檢定）、Estimate（估計值）的 Confidence interval（信賴區間），及 Standardized Estimate（標準化估計值）（圖 2-8）。

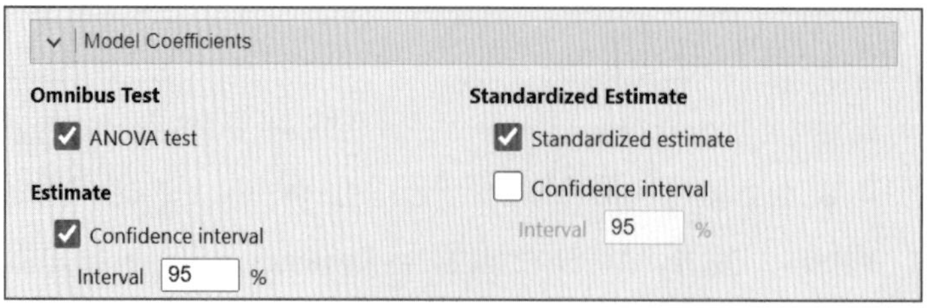

Model Coefficients

Omnibus Test
- [x] ANOVA test

Estimate
- [x] Confidence interval

Interval 95 %

Standardized Estimate
- [x] Standardized estimate
- [ ] Confidence interval

Interval 95 %

圖 2-8　選擇模型係數——jamovi

分析後得到 3 個報表，其中 2 個與 JASP 相似，此處只呈現 Omnibus ANOVA Test（綜合的變異數分析檢定）。Sum of Squares（SS）一欄是移除某一變數後，*SS* 的改變量。例如：E 變數的 *SS* 是以三個變數同時進入後的迴歸 *SS*（為 1134.448，見報表 2-2）減去只含 U、A 二變數的迴歸 *SS*（為 1113.196，另外分析而得，不呈現報表），1134.448 − 1113.196 = 21.252。Mean Square（MS）為 SS / df，F 為每個變數的 *MS* 除以 Residuals（殘差）的 *MS*。當 $df = 1$ 時，$F = t^2$，因此，此處的 F 會等於報表 2-3 中 t 的平方，而兩個報表中的 p 值相同，都小於 .01。

報表 2-4　Omnibus ANOVA Test

	Sum of Squares	df	Mean Square	F	p
E	21.252	1	21.252	7.747	0.006
U	122.076	1	122.076	44.500	< .001
A	224.493	1	224.493	81.834	< .001
Residuals	790.059	288	2.743		

Note. Type 3 sum of squares

2.10　分析結論

以對智慧型手機的認知易用性（E）、認知有用性（U）、使用態度（A）對行為意圖（B）進行多元迴歸分析。整體效果是顯著的，$F(3, 288) = 137.85$，$p < .001$，$R^2 = .59$，$\hat{R}^2 = .59$。個別變數分析，三個自變數均可顯著預測依變數，原始迴歸係數分別為 0.12、0.37、0.51，標準化係數分別為 0.12、0.33、0.45，p 均小於 0.01。

第 3 章

邏輯斯迴歸分析

邏輯斯迴歸（logistic regression）是醫學研究經常使用的分析方法，它也屬於機器學習中監督式學習的分類技術，旨在利用現有數據對分類變數建立迴歸方程，並以此對新的數據進行分類。

3.1 邏輯斯迴歸分析適用時機

進行**線性迴歸分析**時，依變數（或稱依變項、反應變數）必須是**計量性資料**。如果依變數是**非計量性資料**，而且是**二分變數**（binary variable 或是 dichotomous variable），如男與女、有與無、購買與不買、及格與不及格，分別以 1 及 0 代表，此時使用一般線性迴歸分析所預測的依變數有可能超過 1，也就不再適用。**邏輯斯迴歸**分析（或譯為**邏吉式迴歸分析**、**邏輯迴歸分析**）適用於依變數（效標變數，criterion variable）為名義變數，預測變數（predictor variable，自變數，有時也稱為共變量）為連續變數情況。它是針對二元依變數（1 或 0）用以預測事件發生的**勝算比**（odds ratio, OR），可解決傳統線性迴歸模型中，不能處理依變數是類別變數的缺點。在邏輯斯曲線（logistic curve）中有一個臨界遞增的 S 型函數，適用於分析機率模型，而根據類別變數，產生輸出變數，其值可為 0 或 1，常代表選擇中的「是」與「否」。

多元迴歸分析的資料必須符合常態性分佈假設，通常係數估計方法為最小平方法（ordinary least square, OLS）；邏輯斯迴歸分析的資料必須符合 S 型的機率分配，也稱為 Logit 分佈，常用的估計方法為最大概似法（maximum likelihood estimation, MLE）。

3.2 邏輯斯迴歸分析的通式

在多元線性迴歸中，以 X 預測 Y 的通式是：

$$E(Y|X)=\hat{Y}=b_0+b_1X_1+b_2X_2+b_3X_3+\cdots\cdots+b_kX_k \quad \text{公式 3-1}$$

而在多元邏輯斯迴歸中，以 X 預測 Y 的通式則是：

$$E(Y=1|X)=\pi(X)=\frac{e^{b_0+b_1X_1+b_2X_2+b_3X_3+\cdots\cdots+b_kX_k}}{1+e^{b_0+b_1X_1+b_2X_2+b_3X_3+\cdots\cdots+b_kX_k}} \quad \text{公式 3-2}$$

$\pi(X)$ 是使用 X 來預測 Y 為 1 的機率，使用最大概似法估計所得的結果可用 $\hat{\pi}(X)$ 或 $p(X)$ 代表。

公式 3-2 也可以寫成以下的形式：

$$\pi(X)=\frac{1}{1+e^{-(b_0+b_1X_1+b_2X_2+b_3X_3+\cdots\cdots+b_kX_k)}} \qquad \text{公式 3-3}$$

把 $\pi(X)$ 除以 $1-\pi(X)$ 稱為**勝算**（odds），勝算取自然對數後為：

$$\ln\left(\frac{\pi(X)}{1-\pi(X)}\right)=b_0+b_1X_1+b_2X_2+b_3X_3+\cdots\cdots+b_kX_k \qquad \text{公式 3-4}$$

所以，在邏輯斯迴歸分析中，自變數的線性組合，代表的是勝算的自然對數，而邏輯斯迴歸的係數，代表個別自變數相鄰一個單位間，依變數是 1 與 0 勝算的比率（即**勝算比**）。以表 3-1 之 2 × 2 交叉表各細格的比例為例，由表中可看出：

$$OR=\frac{p(Y\mid X=1)/1-p(Y\mid X=1)}{p(Y\mid X=0)/1-p(Y\mid X=0)}=\frac{\dfrac{1}{1+e^{-(b_0+b_1)}}\Big/\dfrac{1}{1+e^{(b_0+b_1)}}}{\dfrac{1}{1+e^{-(b_0)}}\Big/\dfrac{1}{1+e^{(b_0)}}}=e^{b_1} \qquad \text{公式 3-5}$$

亦即，取指數後的加權係數 Exp(b) 代表 X = 1 組的勝算與 X = 0 組的勝算之勝算比。

表 3-1　各細格比例之計算公式

依變數 (Y)	自變數 (X)	
	X = 1	X = 0
Y = 1	$p(1)=\frac{1}{1+e^{-(b_0+b_1)}}$	$p(0)=\frac{1}{1+e^{-(b_0)}}$
Y = 0	$1-p(1)=\frac{1}{1+e^{(b_0+b_1)}}$	$1-p(0)=\frac{1}{1+e^{(b_0)}}$
總和	1.0	1.0

使用 R 進行分析

命令稿 3-1 中有 7 個指令，旨在使用交叉表計算勝算比，分別說明如下：

1. 第 1 個指令先讀入 C 磁碟 R 資料夾下的 logit.csv，並存入 lr 物件。
2. 第 2 個指令以 xtabs() 函數將 lr 資料中的 F 變數（是否經常用智慧型手機，「是」為 1，「否」為 0）及 GENDER（性別，「男」為 1，「女」為 0）分別置於列及行存入 tab 物件。
3. 第 3 個指令列出 tab 物件的內容。
4. 第 4 個指令以維度 2（性別於「行」）計算比例，再計算維度 1（列）的總和，得到 $p(Y \mid X=1)=0.8349515$， $p(Y \mid X=0)=0.7301587$。
5. 第 5 ~ 6 個指令代入數值計算勝算比 OR，並列出 OR 值。

$$OR=\frac{0.8349515/(1-0.8349515)}{0.7301587/(1-0.7301587)}=1.869566$$

6. 第 7 個指令將 OR 取自然對數，得到 0.6257064。

命令稿 3-1　計算勝算比

```
> lr<-read.csv("C:/R/logit.csv")
> tab<-xtabs(~F+GENDER, data=lr)
> tab
##        GENDER
##    F       0    1
##      0    51   17
##      1   138   86
> addmargins(prop.table(tab, 2), 1)
##
##                  0          1
##      0     0.2698413 0.1650485
##      1     0.7301587 0.8349515
##      Sum   1.0000000 1.0000000
> OR<-(0.8349515/(1-0.8349515))/(0.7301587/(1-0.7301587))
> OR
##   [1] 1.869566
> log(OR)
##   [1] 0.6257064
```

命令稿 3-2 旨在進行邏輯斯迴歸，並與命令稿 3-1 對照，指令分別說明如下：

1. 第 1 個指令以 glm()（generalized linear model，廣義線性模型）函數，使用 lr 物件中的資料，建立 m1 模型。其依變數為 F，自變數為 GENDER（男為 1，女為 0），族系為 binomial（二項），連結為 logit（對數），其中 (link="logit") 可省略。
2. 第 2 個指令列出 m1 結果，模型為：0.9954 + 0.6257 × GENDER，模型中係數為 0.6257，就是勝算比的自然對數值。
3. 第 3 個指令將 0.6257 取指數，得到 1.869554，就是自變數相隔一個單位間（男 1 與女 0）的勝算比。與命令稿 3-1 的 OR 相同。
4. 第 4 個指令先以 m1 模型進行預測，設定資料框架為性別 =1，結果存入 pb 物件。
5. 第 5 個指令列出 pb 數值，由輸出結果可看出，如果性別 =1，則計算結果等於 1.621134，將它代入公式 3-2 得到（使用指令 6 計算）：

$$p(X) = \frac{e^{1.621134}}{1+e^{1.621134}} = 0.8349515$$

此即為性別 =1，且經常使用智慧型手機的比例（見命令稿 3-1 中 1 與 1 交叉細格的比例）。把 $p(X)$ 數值代入公式 3-4 得到（使用指令 7 計算）：

$$\ln\left(\frac{p(X)}{1-p(X)}\right) = \ln\left(\frac{0.8349515}{1-0.8349515}\right) = 1.621134 = 0.9954 + 0.6257 \times 1$$

綜言之，在邏輯斯迴歸分析中，自變數的線性組合，就是依變數勝算的自然對數。

命令稿 3-2　以性別預測是否經常使用智慧型手機

```
> m1<-glm(F~GENDER, data=lr, family=binomial(link="logit"))
> m1
##
## Call:  glm(formula = F ~ GENDER, family = binomial(link = "logit"),
##     data = lr)
##
##
```

```
## Coefficients:
## (Intercept)       GENDER
##      0.9954       0.6257
##
## Degrees of Freedom: 291 Total (i.e. Null);  290 Residual
## Null Deviance:      317
## Residual Deviance: 312.7        AIC: 316.7
> exp(0.6257)
## [1] 1.869554
> pb<-predict(m1, data.frame(GENDER=1))
> pb
##        1
## 1.621134
> exp(pb)/(1+exp(pb))
##         1
## 0.8349515
> log(0.8349515/(1-0.8349515))
## [1] 1.621134
```

3.3 邏輯斯迴歸分析模型檢定

在檢定係數是否顯著時，邏輯斯迴歸也與一般迴歸分析相同。包含兩部分：一是檢定整個模型是否顯著，旨在檢定所有自變數是否可以聯合預測依變數，如果不顯著，則停止分析。二是在整體檢定顯著後，接著檢定個別係數是否顯著，也就是檢定哪一個自變數對依變數有顯著的預測效果。以下針對「整體模型檢定」及「個別係數檢定」二種檢定說明之。

3.3.1 整體模型檢定

整體檢定在檢定所有自變數是否可以顯著預測依變數，常用的方法有二。

3.3.1.1 χ^2 檢定

此方法是藉由比較兩個模型的負 2 倍自然對數概似值（*LL* 值）的差異，

$$\chi^2 = -(-2LL_F - (-2LL_0)) = -2LL_0 - (-2LL_F) \quad \text{公式 3-6}$$

其中 LL_0 是沒有投入任何自變數（除常數項外）時概似值的自然對數，而 LL_F 是投入自變數後概似值的自然對數。此時，兩個模型的$-2LL$ 差異會形成自由度為 k（k 為自變數個數）的χ^2分配，如果兩者的$-2LL$ 達到顯著差異，表示投入自變數（不含常數項）後，的確有顯著增加的解釋力。LL 值的概念類似線性迴歸中的殘差平方和，如果$-2LL$ 愈大表示預測的適配度（goodness of fit）愈差。LL 的公式如下：

$$LL = \sum_{i=1}^{n}(y_i \ln(p_i) + (1-y_i)\ln(1-p_i)) \quad \text{公式 3-7}$$

使用 R 進行分析

命令稿 3-3 有 3 個指令，分別說明如下：

1. 第 1 個指令以 glm() 函數使用常數 1 預測變數 F，模型名為 m2.0。
2. 第 2 個指令加入 E、U、A 三個預測變數，模型名為 m2.f。
3. 第 3 個指令以 anova() 函數比較兩個模型的 Chisq（χ^2）值。兩個模型的$-2LL$ 值分別為 316.95 及 204.18，差值 χ^2 (3, N = 292) = 112.78，$p < 0.001$，因此三個自變數可以聯合預測受訪者是否常用智慧型手機。

命令稿 3-3　整體檢定——χ^2 檢定

```
> m2.0=glm(F~1,data=lr, family=binomial(link="logit"))
> m2.f=glm(F~E+U+A,data=lr, family=binomial(link="logit"))
> anova(m2.0, m2.f, test="Chisq")
##  Analysis of Deviance Table
##
##  Model 1: F ~ 1
##  Model 2: F ~ E + U + A
##    Resid. Df Resid. Dev Df Deviance  Pr(>Chi)
##  1       291     316.95
##  2       288     204.18  3   112.78 < 2.2e-16 ***
##  ---
##  Signif. codes:  0 '***' 0.001 '**' 0.01 '*' 0.05 '.' 0.1 ' ' 1
```

3.3.1.2 Hosmer-Lemeshow 檢定

由於χ^2檢定會受到樣本大小的影響，因此 Hosmer 及 Lemeshow（2013）的適配度檢定（稱不適配度較恰當）是另一種可行的選擇。Hosmer-Lemeshow 檢定，是根據預測機率值進行升冪排列，再將資料大約等分成 g 組（g 通常為 10）。因為依變數是二分變數，因此就會形成 $2\times$ g 的列聯表。如果分析結果適切的話，在實際值為 1 這一欄的觀察次數應該是由少到多排列，而實際值為 0 這一欄的觀察次數則應該由多到少排列。接著再使用$\sum\frac{(f_o-f_e)^2}{f_e}$計算$\chi^2$值（近似自由度為 $g-2$ 之χ^2分配）。Hosmer-Lemeshow 檢定計算所得的χ^2值如果不顯著，就表示模型的適配度相當不錯（接受虛無假設 H_0：模型與觀察資料適配）；反之，如果達到顯著，就表示模型的適配度不理想。

使用 R 進行分析

命令稿 3-4 先載入 blorr 程式套件，接著以 blr_test_hosmer_lemeshow() 函數進行 Hosmer-Lemeshow 檢定，括號中寫出模型即可。輸出結果先列出列聯表，檢定所得 χ^2 (8, N = 292) = 13.518，p = 0.0952，大於 0.05，因此接受虛無假設，所以由模型預測所得的值與觀察值可以適配。

命令稿 3-4　整體檢定——Hosmer-Lemeshow 檢定

```
> library(blorr)
> blr_test_hosmer_lemeshow(m2.f)
##            Partition for the Hosmer & Lemeshow Test
##  --------------------------------------------------------------
##                          def = 1                 def = 0
##  Group    Total    Observed    Expected    Observed    Expected
##  --------------------------------------------------------------
##    1       30         3           5.09        27         24.91
##    2       30        14          13.84        16         16.16
##    3       28        16          17.86        12         10.14
##    4       29        26          22.49         3          6.51
##    5       29        27          25.01         2          3.99
##    6       32        31          28.97         1          3.03
```

```
##    7     26      23      24.35      3       1.65
##    8     29      27      28.02      2       0.98
##    9     29      28      28.53      1       0.47
##   10     30      29      29.83      1       0.17
## ----------------------------------------------------------------
##
##      Goodness of Fit Test
## ------------------------------
## Chi-Square    DF    Pr > ChiSq
## ------------------------------
##  13.5184      8       0.0952
## ------------------------------
```

3.3.2 個別係數檢定

個別係數是否顯著的檢定，有五種常用的方式，分別說明如下。

3.3.2.1 *z* 檢定

如果樣本數很大，可以採用 *z* 檢定，將個別的迴歸係數除以標準誤，

$$z = b_k / se_{b_k} \qquad \text{公式 3-8}$$

當 $\alpha = 0.05$ 時，$|z|$ 如果大於 1.96，就達顯著。

使用 R 進行分析

命令稿 3-5 以 summary() 函數列出模型 m2.f 摘要，由輸出結果可以看出，三個係數的 *z* 值（z value）都大於 1.96，*p* 值（Pr(>|z|)）均小於 0.05（也都小於 0.01），因此三個自變數均可顯著預測依變數。

命令稿 3-5　個別係數檢定——z 檢定

```
> summary(m2.f)
##
## Call:
## glm(formula = F ~ E + U + A, family = binomial, data = lr)
##
##
```

```
## Deviance Residuals:
##      Min       1Q   Median       3Q      Max
## -3.2669   0.0982   0.2856   0.5305   2.1010
##
## Coefficients:
##              Estimate Std. Error z value Pr(>|z|)
## (Intercept) -9.86630    1.40032  -7.046 1.84e-12 ***
## E            0.29381    0.08108   3.624  0.00029 ***
## U            0.44348    0.09843   4.506 6.61e-06 ***
## A            0.27589    0.10068   2.740  0.00614 **
## ---
## Signif. codes:  0 '***' 0.001 '**' 0.01 '*' 0.05 '.' 0.1 ' ' 1
##
## (Dispersion parameter for binomial family taken to be 1)
##
##     Null deviance: 316.95  on 291  degrees of freedom
## Residual deviance: 204.18  on 288  degrees of freedom
## AIC: 212.18
##
## Number of Fisher Scoring iterations: 6
```

3.3.2.2　係數信賴區間

如果要計算個別的迴歸係數的信賴區間，可以使用以下公式：

$$b_k \pm z_{(\alpha/2)} \times se_{b_k}$$

公式 3-9

假使要計算 95%信賴區間，則是 $b_k \pm 1.96 \times se_{b_k}$，如果信賴區間不含 0，則表示該係數達 .05 顯著水準。

使用 R 進行分析

命令稿 3-6 以 confint 函數使用子集對數似然函數（profiled log-likelihood）計算模型 m2.f 的係數信賴區間，內定為 level = 0.95。由輸出結果可看出，所有係數的 95% 信賴區間都不含 0，因此與 0 有顯著差異。如果要使用標準誤計算信賴區間，則改用 confint.default 函數。

命令稿 3-6　個別係數檢定——信賴區間

```
> confint(m2.f)
## Waiting for profiling to be done...
##                    2.5 %     97.5 %
## (Intercept) -12.80999614 -7.2971826
## E             0.13970118  0.4592078
## U             0.25784963  0.6457826
## A             0.08055618  0.4763721
> confint.default(m2.f)
##                    2.5 %     97.5 %
## (Intercept) -12.61087181 -7.1217317
## E             0.13489711  0.4527255
## U             0.25056920  0.6363908
## A             0.07857118  0.4732124
```

3.3.2.3　Wald 檢定

常見的統計軟體，如 SPSS 及 SAS 都採用 Wald 檢定：

$$W = \left(b_k / se_{b_k}\right)^2 \qquad \text{公式 3-10}$$

Wald 檢定實際上就是 z 統計量的平方，在自由度為 1 時，其值會趨近於 χ^2 分配，因此，當 $\alpha = .05$ 時，W 如果大於 3.84，就達顯著。雖然 Wald 值很容易計算，但是在迴歸係數的絕對值很大時，這一係數的標準誤可能會被高估，導致 Wald 值變得比較小（也就不容易顯著），因此犯第二類型錯誤的機率就會增加，檢定也會比較保守（王濟川、郭志剛，2003；Tabachnick & Fidell, 2007）。

使用 R 進行分析

命令稿 3-7 先載入 car 程式套件，再以 Anova() 函數（第一字為大寫）對模型 m2.f 進行 Wald 檢定。輸出結果中的 Chisq 值就是命令稿 3-5 中 z 值的平方，均大於臨界值 3.841，p 值也與前面相同，均小於 0.05。

命令稿 3-7　個別係數檢定——Wald 檢定

```
> library(car)
> Anova(m2.f, type=3, test="Wald")
## Analysis of Deviance Table (Type III tests)
##
## Response: F
##             Df   Chisq Pr(>Chisq)
## (Intercept)  1 49.6428  1.844e-12 ***
## E            1 13.1313  0.0002904 ***
## U            1 20.3016  6.614e-06 ***
## A            1  7.5098  0.0061364 **
## ---
## Signif. codes:  0 '***' 0.001 '**' 0.01 '*' 0.05 '.' 0.1 ' ' 1
```

3.3.2.4　概似比檢定（巢套式迴歸）

如果發現迴歸係數的絕對值很大時，可以使用巢套式迴歸（nested regression）的概似比檢定（likelihood ratio test, LRT）代替。LRT 檢定首先將所有自變數加常數項（稱為完整模型，full model）投入進行分析，接著分別剔除一個自變數（此稱為縮減模型，reduced model），經由比較兩模型間的$-2LL$ 值差異，即可計算χ^2 值。如果χ^2 值顯著，表示該變數有顯著的解釋力。

使用 R 進行分析

命令稿 3-8 有 9 個指令，分別說明如下：

1. 第 1 ~ 3 個指令先分別設定 m2.e1 ~ m2.a1 三個模型，分別從完整模型中剔除 E、U、A 變數。
2. 第 4 ~ 6 個指令接著使用 anova() 函數（小寫）與 m2.f 模型進行 LRT 檢定（也可以改為 Chisq）。檢定後三個 χ^2 值分別為 14.504、23.612、7.695，p 值均小於 0.01，因此三個係數均顯著不等於 0。
3. 第 4 ~ 6 個指令也可以改用第 7 ~ 9 個指令的寫法，分別剔除 E、U、A 變數，所得的 χ^2 值分別為−14.504、−23.612、−7.695，只要改為正號即可。

命令稿 3-8　個別係數檢定——概似比檢定

```
> m2.e1=glm(F~U+A, lr, family=binomial)
> m2.u1=glm(F~E+A, lr, family=binomial)
> m2.a1=glm(F~E+U, lr, family=binomial)
> anova(m2.e1, m2.f, test="LRT")
## Analysis of Deviance Table
##
## Model 1: F ~ U + A
## Model 2: F ~ E + U + A
##   Resid. Df Resid. Dev Df Deviance  Pr(>Chi)
## 1       289     218.68
## 2       288     204.18  1   14.504 0.0001399 ***
## ---
## Signif. codes: 0 '***' 0.001 '**' 0.01 '*' 0.05 '.' 0.1 ' ' 1
> anova(m2.u1, m2.f, test="LRT")
## Analysis of Deviance Table
##
## Model 1: F ~ E + A
## Model 2: F ~ E + U + A
##   Resid. Df Resid. Dev Df Deviance  Pr(>Chi)
## 1       289     227.79
## 2       288     204.18  1   23.612 1.179e-06 ***
## ---
## Signif. codes: 0 '***' 0.001 '**' 0.01 '*' 0.05 '.' 0.1 ' ' 1
> anova(m2.a1, m2.f, test="LRT")
## Analysis of Deviance Table
##
## Model 1: F ~ E + U
## Model 2: F ~ E + U + A
##   Resid. Df Resid. Dev Df Deviance Pr(>Chi)
## 1       289     211.87
## 2       288     204.18  1    7.695 0.005537 **
## ---
## Signif. codes: 0 '***' 0.001 '**' 0.01 '*' 0.05 '.' 0.1 ' ' 1
> anova(m2.f, update(m2.f, ~U+A), test="LRT")
> anova(m2.f, update(m2.f, ~E+A), test="LRT")
> anova(m2.f, update(m2.f, ~E+U), test="LRT")
```

3.3.2.5 記分檢定（Rao's score test）

Rao 的記分檢定與 LTR 檢定相反，它先以常數項進行分析，接著分別加入一個自變數，並比較兩個模型的差異 χ^2 值，如果 χ^2 值顯著，表示加入的該變數有顯著解釋力。χ^2 值的公式如下，其中 X 是各個自變數，$\bar{Y}$ 是依變數的平均數，也是依變數中 1 的比例 p：

$$\chi^2 = \frac{\left(\sum X_i(Y_i - \bar{Y})^2\right)}{\bar{Y}(1-\bar{Y})\sum(X_i - \bar{X})^2} \qquad \text{公式 3-11}$$

使用 R 進行分析

命令稿 3-9 有 6 個指令，分別說明如下：

1. 第 1 ~ 3 個指令先設定 m2.e2 ~ m2.a2 三個模型，分別加入 E、U、A 等三個預測變數。
2. 第 4 ~ 6 個指令接著使用 anova() 函數與 m2.0 模型進行 Rao 的 score 檢定。檢定後三個 χ^2 值（報表中的 Rao）分別為 53.975、79.850、62.494，p 值均小於 0.001，因此三個係數均顯著不等於 0。

命令稿 3-9　個別係數檢定——記分檢定

```
> m2.e2=glm(F~E, lr, family=binomial)
> m2.u2=glm(F~U, lr, family=binomial)
> m2.a2=glm(F~A, lr, family=binomial)
> anova(m2.0, m2.e2, test="Rao")
## Analysis of Deviance Table
##
## Model 1: F ~ 1
## Model 2: F ~ E
##   Resid. Df Resid. Dev Df Deviance    Rao Pr(>Chi)
## 1       291     316.95
## 2       290     259.27  1   57.688 53.975 2.03e-13 ***
## ---
## Signif. codes:  0 ‘***’ 0.001 ‘**’ 0.01 ‘*’ 0.05 ‘.’ 0.1 ‘ ’ 1
> anova(m2.0, m2.u2, test="Rao")
```

```
## Analysis of Deviance Table
##
## Model 1: F ~ 1
## Model 2: F ~ U
##   Resid. Df Resid. Dev Df Deviance   Rao  Pr(>Chi)
## 1       291     316.95
## 2       290     234.16  1   82.791 79.85 < 2.2e-16 ***
## ---
## Signif. codes:  0 '***' 0.001 '**' 0.01 '*' 0.05 '.' 0.1 ' ' 1
> anova(m2.0, m2.a2, test="Rao")
## Analysis of Deviance Table
##
## Model 1: F ~ 1
## Model 2: F ~ A
##   Resid. Df Resid. Dev Df Deviance    Rao  Pr(>Chi)
## 1       291     316.95
## 2       290     250.42  1   66.537 62.494 2.672e-15 ***
## ---
## Signif. codes:  0 '***' 0.001 '**' 0.01 '*' 0.05 '.' 0.1 ' ' 1
```

3.4 預測的準確性

對於邏輯斯迴歸模型的預測準確性，通常有三種計算方法。

3.4.1 分類正確率交叉表

因為邏輯斯迴歸分析所得的預測值是機率值，所以會先以一個機率值為分割點劃分成 0 與 1（一般是以 0.5 為分割點，在 R 中可以設定最佳分割點），接著再與實際值比較，得到以下的交叉表（混淆矩陣，confusion matrix）：

預測值	實際值	
	0	1
0（機率值 ≤0.5）	A（真陰性）	C（假陰性）
1（機率值 >0.5）	B（假陽性）	D（真陽性）

在表中 A 與 D 是分類正確的觀察體數，B 與 C 是分類錯誤的觀察體數，整體預測的**正確率**（也稱**準確性**，accuracy）是 $(A+D)/(A+B+C+D)$，數值愈高，表示迴歸分析的效度愈高。不過這是內在效度，如果要應用在其他的樣本上，需要再經過交叉驗證的步驟。在表中，實際值為 1 而預測值也為 1 的人數為 D，占實際值為 1 總人數的 $D/(C+D)$，此稱為**敏感性**（sensitivity，或稱**召回率**，recall），它是實際為陽性（含真陽性及假陰性）中真陽性的比例。實際值為 0 而預測值也為 0 的人數為 A，占實際值為 0 總人數的 $A/(A+B)$，此稱為**特異性**（specificity），它是實際為陰性（含真陰性及假陽性）中真陰性的比例。敏感性及特異性是預測正確的比率。此外，還可以計算 $D/(B+D)$，稱為**精確性**（precision），是預測為陽性（含真陽與假陽）中真陽性的比例。

另一方面，預測值及實際值均為 1 的人數是 D，占預測值為 1 總人數的 $D/(B+D)$，此稱為**陽性預測值**（positive predictive value），它是預測為陽性（含假陽性及真陽性）中真陽性的比例。預測值及實際值均為 0 的人數是 A，占預測值為 0 總人數的 $A/(A+C)$，此稱為**陰性預測值**（negative predictive value），它是預測為陰性（含真陰性及假陰性）中真陰性的比例。

使用 R 進行分析

命令稿 3-10 的第 1 個指令使用 plogis() 及 predict() 將 lr 物件中 m2.f 模型所得的預測值轉為 0 ~ 1 間的機率再存成 predF 變數。

第 2 個指令載入 InformationValue 程式套件。

第 3 個指令以 confusionMatrix() 函數列出 lr 物件中 F（實際值）與 predF（預測值）的混淆矩陣，predF 分割點內定為 0.5（threshold = 0.5）。結果如下：

預測值	實際值	
	0	1
0（機率值 ≤0.5）	40 （A）	12 （C）
1（機率值 >0.5）	28 （B）	212 （D）

第 4 個指令以 misClassError() 函數計算 lr 物件中的錯誤分類率，實際值為 F，預測機率值為 predF，分割點為 0.5，得到的結果是 0.137，等於 13.7%，計算方法為：

(28 + 12) / (40 + 28 + 12 + 212) =0.137 = 13.7%

正確分類率（準確性）為 86.3%，計算方法為：

(40 + 212) / (40 + 28 + 12 + 212) =0.863 = 86.3%

分類正確率可用 1 減錯誤分類率而得，如第 5 個指令。也可以如第 9 個指令，使用 blorr 程式套件的 blr_rsq_count() 函數，直接列出結果。

第 6 個指令用 sensitivity() 函數以同樣的引數計算敏感性，結果為 0.946，計算方法為：

212 / (12 + 212) = 0.946 = 94.6%

第 7 個指令用 specificity() 函數以同樣的引數計算特異性，結果為 0.588，計算方法為：

40 / (40 + 28) = 0.588 = 58.8%

第 8 個指令用 precision() 函數以同樣的引數計算精確性，結果為 0.883，計算方法為：

28 / (28 + 212) = 0.883 = 88.3%

命令稿 3-10　計算分類正確率

```
> lr$predF <- plogis(predict(m2.f, lr))
> library(InformationValue)
> confusionMatrix(lr$F, lr$predF)
##      0   1
##   0 40  12
##   1 28 212
> misClassError(lr$F, lr$predF)
##   [1] 0.137
> 1-misClassError(lr$F, lr$predF)
##   [1] 0.863
> sensitivity(lr$F, lr$predF)
##   [1] 0.9464286
```

```
> specificity(lr$F, lr$predF)
## [1] 0.5882353
> precision(lr$F, lr$predF)
## [1] 0.8833333
> blr_rsq_count(m2.f)
## [1] 0.8630137
```

3.4.2 擬似 R^2（假 R^2，pseudo R-squared）

在一般線性迴歸中，我們會用決定係數 R^2 代表自變數對依變數變異量解釋的百分比。在邏輯斯迴歸中，則可以透過先前提到 L_0 與 L_F 兩個模型的 $-2LL$ 值的比較來計算 McFadden 的 ρ^2：

$$\rho^2 = \frac{-2LL_0 - (-2LL_F)}{-2LL_0} = 1 - \frac{-2LL_F}{-2LL_0} = 1 - \frac{LL_F}{LL_0} \quad \text{公式 3-12}$$

McFadden ρ^2 值最小是 0，最大為 1，但是在實際應用的情境中，一般不使用此公式，而採用 Cox-Snell 的 R^2：

$$R^2_{CS} = 1 - e^{\left(\frac{-2LL_F - (-2LL_0)}{n}\right)} \quad \text{公式 3-13}$$

然而 Cox-Snell 的 R^2 值最大不會等於 1，所以 Cragg 與 Uhler（或 Nagelkerke）提出調整的 R^2：

$$R^2_N = \frac{R^2_{CS}}{1 - e^{\left(\frac{2LL_0}{n}\right)}} \quad \text{公式 3-14}$$

經過調整之後，R^2 值最大就會是 1 了。

上述所有的擬似 R^2 指標，都只是代表自變數與依變數的關聯強度，不代表解釋的百分比，這是在使用時應該留意的。此類指標最好僅用在模型間的比較。

使用 R 進行分析

命令稿 3-11 先載入 pscl 程式套件，再以 pR2() 函數列出 m2.f 模型的各種擬似 R^2。輸出結果顯示：

1. L_F的 LL 值為−102.09。
2. L_0的 LL 值為−158.48。
3. 兩模型的−2LL 差值（χ^2）112.78。
4. McFadden ρ^2 值為 0.36。
5. Cox-Snell 的 R^2 值為 0.32。
6. Cragg-Uhler 的 R^2 值為 0.48。

如果使用 blorr 程式套件的 blr_model_fit_stats() 函數，可以得到更多的適配指標。

命令稿 3-11　計算擬似 R^2

```
> library(pscl)
> pR2(m2.f)
##          llh      llhNull          G2     McFadden         r2ML         r2CU
## -102.0885462 -158.4768707 112.7766489    0.3558142    0.3203800    0.4837728
##
> blr_model_fit_stats(m2.f)
##                               Model Fit Statistics
## ---------------------------------------------------------------------------------
## Log-Lik Intercept Only:      -158.477    Log-Lik Full Model:                -102.089
## Deviance(288):                204.177    LR(3):                              112.777
##                                          Prob > LR:                            0.000
## MCFadden's R2                   0.356    McFadden's Adj R2:                    0.331
## ML (Cox-Snell) R2:              0.320    Cragg-Uhler(Nagelkerke) R2:           0.484
## McKelvey & Zavoina's R2:        0.552    Efron's R2:                           0.424
## Count R2:                       0.863    Adj Count R2:                         0.412
## BIC:                          226.884    AIC:                                212.177
## ---------------------------------------------------------------------------------
```

3.4.3　預測機率與實際值的關聯

邏輯斯迴歸所得的預測值是以機率形式表示，其值介於 0 與 1 之間，而實際值則有 0 與 1 兩種情形。如果計算預測機率及實際值這兩個變數的關聯性，也可以當成是預測準確性的指標。

使用 R 進行分析

命令稿 3-12 使用 blorr 程式套件的 blr_regress() 函數列出模型 m2.f 的摘要，要比較的配對數是 15232，由 224 × 68 而得，224 是常使用智慧手機的人數，68 是不常使用智慧手機的人數。其中和諧（concordant）的比例為 0.8736，不和諧（discordant）的比例為 0.1233，等值結（tied）比例為 0.0032，四個統計量數計算方法如下：

$$\text{Somers' D} = (0.8736 - 0.1233) / 1 = 0.7503$$

$$\text{Gamma} = (0.8736 - 0.1233) / (0.8736 + 0.1233) = 0.7526$$

$$\text{Tau-a} = (0.8736 \times 15232 - 0.1233 \times 15232) / (292 \times 291 / 2) = 0.2690$$

$$c = 0.5 + \text{Somer's D} / 2 = 0.8751$$

以上四個量數都可以用來代表預測機率值與實際值的關聯程度，不過這些指標都不是從絕對值的角度來使用，而是用來比較不同模型之用（王濟川、郭志剛，2003）。

提醒讀者：在 0.3.0 版的 blorr（bayesian linear regression）程式套件中，Gamma 與 Somers' D 數值相反，解讀時要小心。

命令稿 3-12　計算預測機率與實際值的關聯量數

```
> blr_regress(m2.f)
##   Association of Predicted Probabilities and Observed Responses
##   ---------------------------------------------------------------
##   % Concordant          0.8736          Somers' D        0.7526
##   % Discordant          0.1233          Gamma            0.7503
##   % Tied                0.0032          Tau-a            0.2690
##   Pairs                 15232           c                0.8751
##   ---------------------------------------------------------------
```

3.5 邏輯斯迴歸分析係數的解釋

要解釋邏輯斯迴歸的係數，可以有以下三種方法（Pampel, 2000）。

3.5.1 以原始迴歸係數解釋

第一種方法是直接就迴歸係數加以解釋。此係數具有可加性，它代表的是自變數每一個單位量的變化，對依變數**勝算比之自然對數**的影響，不管自變數的值是小、中、大，每個單位量的變化對依變數的效果都是相同的。假如，個體對智慧型手機的認知易用性對他是否經常使用手機有影響，則認知易用性 1 與 2 分之差異，對依變數的效果，和 10 與 11 之差異對依變數的效果是相同的。如果此部分的係數是 0，表示自變數對依變數沒有影響。

使用 R 進行分析

命令稿 3-13 中有 8 個指令，分別說明如下：

1. 第 1 個指令先以 E 變數對 F 變數進行邏輯斯迴歸分析，模型名稱為 m1.e。
2. 第 2 個指令以 coef() 函數列出模型中的係數，常數項為−3.1057892，E 變數的加權係數為 0.4367366。
3. 第 3、4 個指令以 predict() 函數分別計算 E＝3 及 4 的預測值，各為−1.795579 及−1.358843。
4. 第 5 個指令計算差值為 0.436737，就是 E 變數的迴歸係數。
5. 第 6、7 個指令再以 predict() 函數分別計算 E = 10 及 11 的預測值，各為 1.261577 及 1.698314，
6. 第 8 個指令再計算差值，同樣是 0.436737。

命令稿 3-13　原始迴歸係數之解釋

```
> m1.e=glm(F~E, data=lr, family=binomial(link="logit"))
> coef(m1.e)
##  (Intercept)            E
##   -3.1057892    0.4367366
> predict(m1.e, data.frame(E=3))
##          1
## -1.795579
> predict(m1.e, data.frame(E=4))
##          1
## -1.358843
```

```
> -1.358843-(-1.795579)
##   [1] 0.436737
> predict(m1.e, data.frame(E=10))
         1
##   1.261577
> predict(m1.e, data.frame(E=11))
         1
##   1.698314
> 1.698314-1.261577
##   [1] 0.436737
```

3.5.2 將迴歸係數取指數

第二種方法是將迴歸係數取指數，針對勝算比加以解釋。它代表個別預測變數相鄰一個單位間，依變數是 1 與 0 勝算的比率（即**勝算比**）。如果轉換後的值是 1，表示自變數對依變數沒有影響；大於 1，表示增加勝算比；而小於 1，表示減少勝算比。

使用 R 進行分析

命令稿 3-14 中第 1 個指令包含 4 個部分：

1. 用 coef() 函數將 m1.e 中的係數存入 B 物件。
2. 將 m1.e 中的係數用 exp() 函數取指數存入 OR 物件。
3. 以 cbind() 函數將 B 及 OR 行合併。
4. 以 round() 函數將係數取至小數第 5 位。

輸出結果中可看出，變數 E 的迴歸係數為 0.43674，取指數後為 1.54765，就是勝算比 OR。

第 2 個指令設定 E = 10，以模型 m1.e 進行預測，得到依變數為 1 的機率值是 0.7792975，所以依變數為 0 的機率值是 1 − 0.7792975。

第 3 個指令計算 1 與 0 的勝算，得到 0.7792975 / (1 − 0.7792975) = 3.530986。亦即，如果個體對手機的認知易用性為 10 分，那麼他「是」經常使用手機者的機率為「不是」經常使用手機者的機率之 3.530986 倍。

第 4 個指令設定 E = 11，得到依變數為 1 的機率值是 0.8453144，所以依變數為 0 的機率值是 1 − 0.8453144。

第 5 個指令計算 1 與 0 的勝算，得到 0.8453144 / (1 − 0.8453144) = 5.464726。

第 6 個指令將 5.464726 / 3.530986，勝算比為 1.547649，就是取指數後的迴歸係數。

命令稿 3-14　勝算比之解釋

```
> round(cbind(B=coef(m1.e), OR=exp(coef(m1.e))) ,5)
##                      B       OR
##  (Intercept) -3.10579  0.04479
##  E            0.43674  1.54765
> plogis(predict(m1.e, data.frame(E=10)))
##          1
##  0.7792975
> 0.7792975/(1-0.7792975)
##  [1] 3.530986
> plogis(predict(m1.e, data.frame(E=11)))
##          1
##  0.8453144
> 0.8453144/(1-0.8453144)
##  [1] 5.464726
> 5.464726/3.530986
##  [1] 1.547649
```

3.5.3　以預測機率解釋

第三種方式是以 $\frac{1}{1+e^{-(b_0+b_1X_1+b_2X_2+b_3X_3+\cdots\cdots+b_kX_k)}}$ 計算依變數為 1 的機率來解釋。

使用 R 進行分析

命令稿 3-15 第 1 個指令設定 m1.e 模型中的 E 變數為 7，以 plogis() 函數計算預測值，計算結果為：

$$\frac{1}{1+e^{-(-3.10579+0.43674\times E)}}=0.4878442$$

亦即，當個體的認知易用性分數是 7 分時，他「是」經常使用智慧型手機者的機率是 0.4878，小於 0.5，「不是」經常使用者的機率是 1 − 0.4878 = 0.5122，因此，他比較不可能經常使用智慧型手機。如果個體的認知易用性分數是 8 分時，他「是」經常使用者的機率已變為 0.5958，接近六成（指令 2）。如果認知易用性分數是 15 分時，則機率已是 0.9690，接近 1 了（指令 3）。

命令稿 3-15　預測機率之解釋

```
> plogis(predict(m1.e, data.frame(E=7)))
##         1
##  0.4878442
> plogis(predict(m1.e, data.frame(E=8)))
##         1
##  0.5958262
> plogis(predict(m1.e, data.frame(E=15)))
##         1
##  0.9690895
```

3.6　使用 JASP 分析

在 JASP 中，讀入 logit.csv 資料檔後，在 Regression（迴歸分析）中選擇 Logistic Regression（邏輯斯迴歸）。接著，將二分變數 F 選至 Dependent Variable（依變數）中，E、U、A 三個變數選至 Covariates（共變量）中，此時，預設的分析方法是 Enter（圖 3-1）。

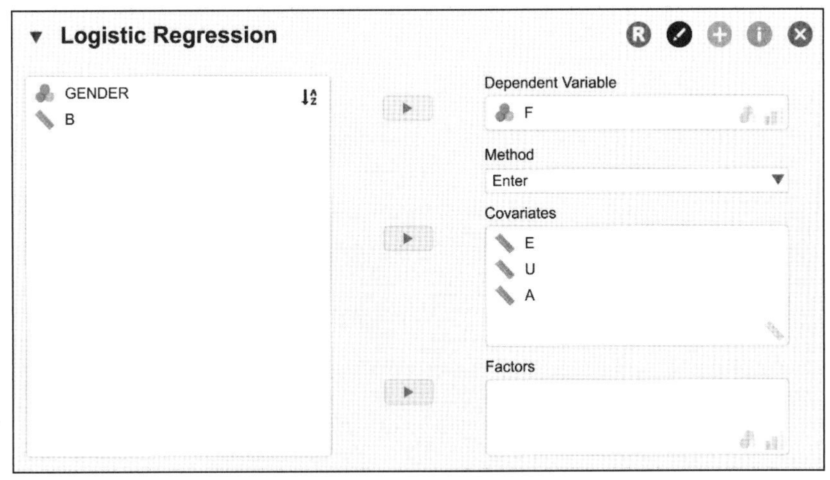

圖 3-1　選擇分析變數——JASP

在 Statistics（統計量）中，可依研究需要勾選必要的統計量（圖 3-2）。

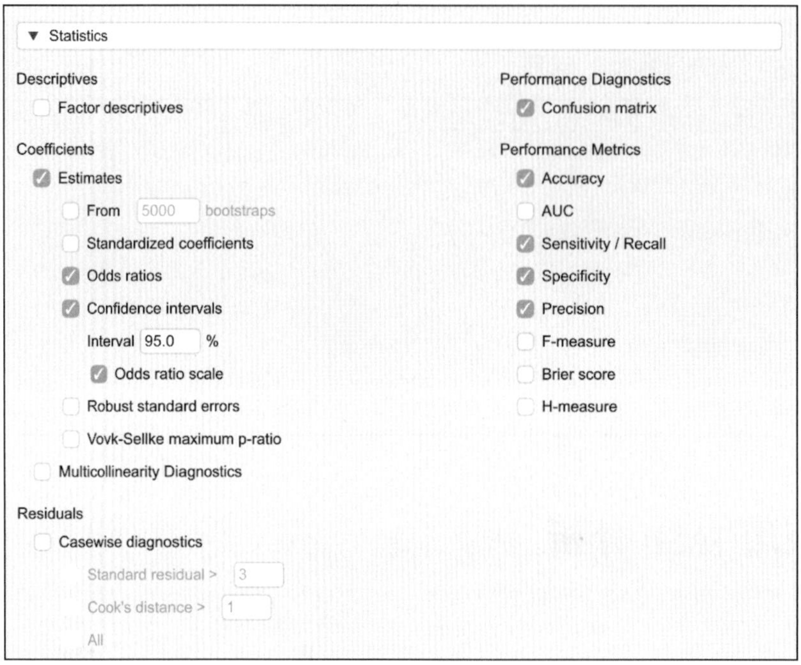

圖 3-2　選擇統計量——JASP

分析後得到 4 個報表，為方便解釋及版面編排，分拆成 6 個報表，簡要說明如後。

報表 3-1 為模型摘要，H_0 模型只含常數項，H_1 則加入三個預測變數，兩個模型的$-2LL$ 值分別為 316.95 及 204.177，差值 $\chi^2(3, N = 292) = 112.777$，$p < 0.001$，因此三個自變數可以聯合預測受訪者是否常用智慧型手機（變數 F）。

報表 3-1　Model Summary - F

Model	Deviance	AIC	BIC	df	X^2	p
H_0	316.954	318.954	322.63	291		
H_1	204.177	212.177	226.884	288	112.777	0.000

報表 3-2 也是模型摘要，此部分為類 R^2，McFadden、Nagelkerke、Cox & Snell 的 R^2 分別為 0.356、0.405、0.320，與命令稿 3-10 中相同。Tjur R^2 的公式為：

$$R^2_{Tjur} = \frac{1}{n_1}\sum \hat{\pi}(y=1) - \frac{1}{n_0}\sum \hat{\pi}(y=0)$$ 公式 3-15

其中 $\hat{\pi}$ 以三個自變數預測 F 變數後所得的機率值，n_1 是 F 變數實際為 1 的人數，n_0 是 F 變數實際為 0 的人數。Tjur R^2 就是 F 變數實際為 1 與 0 的平均預測機率之差值。將數值（另外計算，不列出）代入公式後為：

$$R^2_{Tjur} = \left(\frac{1}{224}\times 192.980\right) - \left(\frac{1}{68}\times 31.020\right) = 0.861 - 0.456 = 0.405$$

報表 3-2　Model Summary - F（續）

Model	McFadden R^2	Nagelkerke R^2	Tjur R^2	Cox & Snell R^2
H_0				
H_1	0.356	0.484	0.405	0.320

報表 3-3 是迴歸係數，其中 Estimate 是未標準化估計值，將它們除以 Standard Error（標準誤）就可以得到 z 值，z^2 為 Wald Statistic，p 值都小於 0.01，因此，三個變數都可以顯著預測變數 F。此處的結果與命令稿 3-5 一致。

報表 3-3　Coefficients

	Estimate	Standard Error	z	Wald Test		
				Wald Statistic	df	p
(Intercept)	-9.866	1.400	-7.046	49.643	1	1.844×10^{-12}
E	0.294	0.081	3.624	13.131	1	2.904×10^{-4}
U	0.443	0.098	4.506	20.302	1	6.614×10^{-6}
A	0.276	0.101	2.740	7.510	1	0.006

Note. F level '1' coded as class 1.

報表 3-4 也是迴歸係數，將 Estimate 取指數後，即為 Odds Ratio（勝算比），由 OR 值可知：

1. 變數 E（認知易用性）每增加 1 分，變數 F（經常使用智慧型手機）的勝算比就增加 34.2%（OR 為 1.342）。

2. 變數 U（認知有用性）每增加 1 分，變數 F 的勝算比就增加 55.8%（OR 為 1.558）。
3. 變數 A（使用態度）每增加 1 分，變數 F 的勝算比就增加 31.8%（OR 為 1.318）。

三個變數的 OR 之 95%信賴區間都不包含 1，且大於 1，表示它們都可以增加 F 變數的勝算比。此處的結果與命令稿 3-15 一致。

報表 3-4　Coefficients（續）

			95% Confidence interval (odds ratio scale)	
	Estimate	Odds Ratio	Lower bound	Upper bound
(Intercept)	-9.866	5.189×10^{-5}	0.000	0.001
E	0.294	1.342	1.144	1.573
U	0.443	1.558	1.285	1.890
A	0.276	1.318	1.082	1.605

Note. F level '1' coded as class 1.

報表 3-5 是混淆矩陣，實際值及預測值均為 0 的有 40 人，均為 1 的有 212 人，準確性為 (40 + 212) / (40 + 28 + 12 + 212) = 0.86301 = 86.301%。40 / (40+28) = 0.58821 = 58.824%，為特異性；212 / (12 + 212) = 0.94643 = 94.643%，為敏感性。212 / (28 + 212) = 0.88333 = 88.333%，為精確性。

報表 3-5　Confusion matrix

	Predicted		
Observed	0	1	% Correct
0	40	28	58.824
1	12	212	94.643
Overall % Correct			86.301

Note. The cut-off value is set to 0.5

報表 3-6 是性能指標，計算方法如報表 3-5 中所述。

報表 3-6 Performance metrics

	Value
Accuracy	0.863
Sensitivity	0.946
Specificity	0.588
Precision	0.883

3.7 使用 jamovi 分析

在 jamovi 中，讀入 logit.csv 資料檔後，在 Regression（迴歸分析）中選擇 2 Outcomes Regression（二元變數）。接著，將二分變數 F 選至 Dependent Variable（依變數）中，E、U、A 三個變數選至 Covariates（共變量）中（圖 3-3）。

在 Fit Measures（適配指標）、Omnibus Tests（綜合檢定）、Prediction（預測）中，勾選所需項目，其中 AIC 及 BIC 是比較不同模型所用，可以不勾選（圖 3-4）。

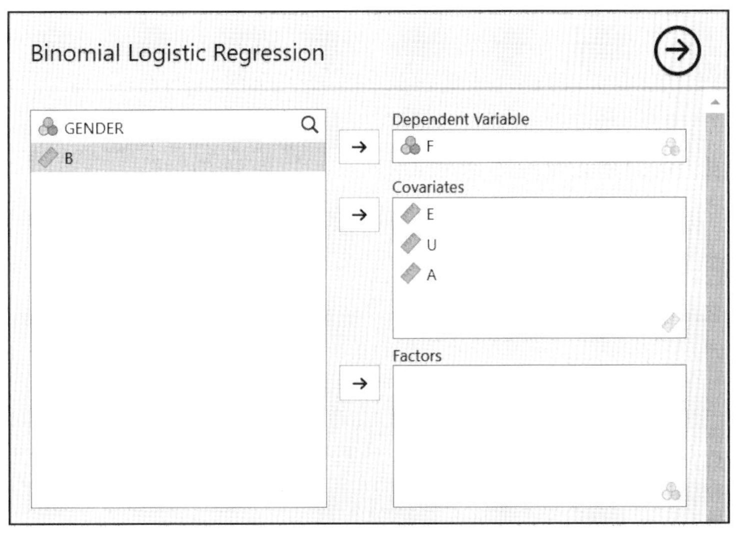

圖 3-3 選擇分析變數——jamovi

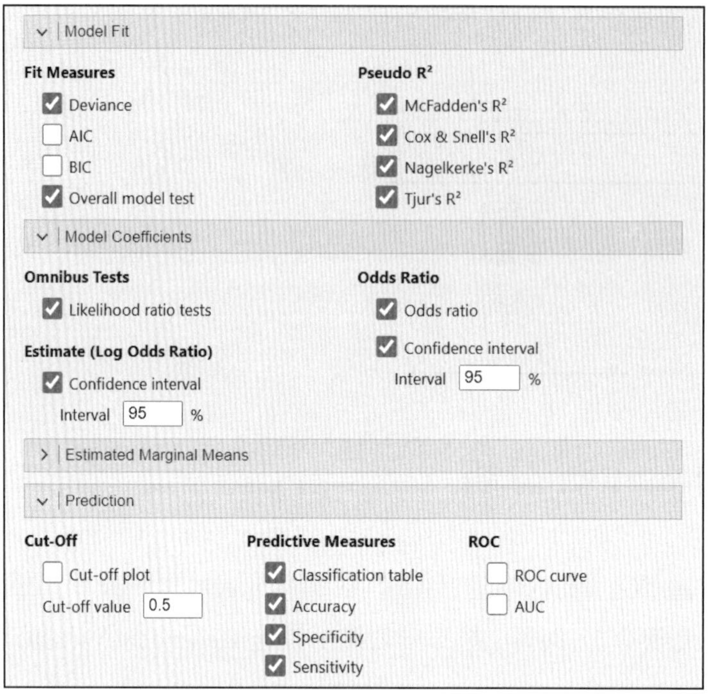

圖 3-4　模型適配、模型係數、預測——jamovi

分析後可得到 5 個報表，此處只呈現 JASP 缺少的報表。報表 3-7 是概似比檢定的結果，三個變數的 χ^2值分別 14.504、23.612、7.695，p 值均小於 .01，因此，三個變數均可顯著預測變數 F。此結果與命令稿 3-8 一致。

報表 3-7　Omnibus Likelihood Ratio Tests

Predictor	χ^2	df	p
E	14.504	1	< .001
U	23.612	1	< .001
A	7.695	1	0.006

3.8　分析結論

命令稿 3-15 先以 E、U、A 三個自變數對依變數 F 建立邏輯斯迴歸模型，再將模型的係數、係數的指數（勝算比），及勝算比 95%信賴區間合併列出。由輸出結果可知：

1. 三個自變數均能顯著預測個體是否經常使用智慧型手機，χ^2 (3, N = 292) = 112.78，$p < 0.001$，AIC = 212.18（分別由命令稿 3-3 及 3-5 得知）。
2. 當其他兩個變數保持恆定時：
   (1) 個體對智慧型手機的「認知易用性」每增加 1 分，他經常使用智慧型手機的勝算比就增加 34.15%（OR 為 1.3415）。
   (2) 個體對智慧型手機的「認知有用性」每增加 1 分，他經常使用智慧型手機的勝算比就增加 55.81%（OR 為 1.5581）。
   (3) 個體對智慧型手機的「使用態度」每增加 1 分，他經常使用智慧型手機的勝算比就增加 31.77%（OR 為 1.31771）。
3. 重新分類正確率為 86.3%，McFadden $\rho^2 = 0.36$，Cox-Snell $R^2 = 0.32$，Cragg-Uhler $R^2 = 0.48$（見命令稿 3-11）。
4. Somers' D = 0.75，Gamma = 0.75（見命令稿 3-12）

最後再補充：

命令稿 3-16 第 3 個指令設定 E=10、U=9、A=10，得到 F 的預測機率值為 0.4556293。第 4 個指令設定 E 與 A 維持不變，U 改為 10，則預測機率值為 0.565995。第 5 個指令把後者的勝算除以前者的勝算，得到勝算比 1.55812，就是自變數 U 的 OR。因此，**在邏輯斯迴歸中，加權係數的指數，代表自變數增加一個單位後，依變數的勝算比。**

命令稿 3-16　完整模型摘要

```
> m2.f=glm(F~E+U+A, data=lr, family=binomial(link="logit"))
> round(cbind(B=coef(m2.f),OR=exp(coef(m2.f)), exp(confint.default(m2.f))),5)
##                     B      OR    2.5 %   97.5 %
## (Intercept) -9.86630 0.00005 0.00000 0.00081
## E            0.29381 1.34153 1.14442 1.57259
## U            0.44348 1.55812 1.28476 1.88965
## A            0.27589 1.31771 1.08174 1.60514
> plogis(predict(m2.f, data.frame(E=10, U=9, A=10)))
##          1
## 0.4556293
```

```
> plogis(predict(m2.f, data.frame(E=10, U=10, A=10)))
##          1
##   0.565995
> (0.565995/(1-0.565995))/(0.4556293/(1-0.4556293))
##   [1] 1.55812
```

第 4 章
典型相關分析

4.1 典型相關分析之概念

典型相關分析（canonical correlation analysis, CCA），又稱為規則相關、正準相關，或正典相關，是由統計學家 Harold Hotelling（1895-1973）所提出，主要用來處理兩組計量性資料之間的直線相關。典型相關與**多變量多元迴歸**（multivariate multiple regression）類似，都適用於兩組均為多個量的變數的分析，不過典型相關的兩組變數不一定有自變數或依變數的區別，而多變量多元迴歸分析則須區別自變數與依變數。多元迴歸分析可以有數個自變數，僅有一個依變數，典型相關分析則是有數個自變數和數個依變數同時進行分析。

進行定量變數的關聯分析時，當只有一個變數對一個變數，稱為簡單相關（最常使用 Pearson 積差相關係數）；當有多個變數對一個變數時，我們稱為多元相關；當有多個變數（X_1、X_2、…、X_m）和多個變數（Y_1、Y_2、…、Y_n）探討相關時，即是本章所述之典型相關分析。表 4-1 是相關及迴歸分析的對照表。

表 4-1　相關及迴歸

變數數目	相　關	迴　歸
一對一	簡單相關	簡單迴歸
多對一	多元相關	多元迴歸
多對多	典型相關	多變量多元迴歸

典型相關分析的目的為：

1. 探討兩組變數（X 變數及 Y 變數）之間的關聯程度。
2. 針對 X 變數及 Y 變數找出數組加權，使兩組變數間之各線性組合（典型因素）的相關性達到最大，而各線性組合間則相互獨立。
3. 分析自變數和依變數各線性組合間之關係，並解釋典型函數中自變數對依變數的影響。

要掌握典型相關的概念，須了解以下六種係數或量數：

1. **典型加權係數**：由變數計算典型因素的加權係數，與主成分分析的概念相近。加權係數包含未標準化及標準化兩種。

2. **典型相關係數**：典型因素間的 Pearson 相關係數，平方後代表兩個典型因素的互相解釋量。
3. **典型負荷量**：典型因素與本身變數的相關，平方後代表典型因素對某個本身變數的解釋量。
4. **適切性係數**：典型因素對所有本身變數的平均解釋量，由典型負荷量平方後除以本身變數數目而得。
5. **交叉結構係數**：典型因素與對方變數的相關，平方後代表典型因素對某個對方變數的解釋量。
6. **重疊量數**：典型因素對對方所有變數的平均解釋量，由交叉結構係數平方後除以對方變數數目而得。

4.2　典型加權係數及典型相關係數

典型相關的主要過程，在於將兩組變數（分別為 X 與 Y 變數）乘上各自的**典型加權係數**，以得到線性組合後的**典型因素**（或稱**典型變量**、**典型變數**），並計算典型因素間的 Pearson 相關係數。如同迴歸分析一樣，加權係數有未標準化與標準化兩種，前者可以直接由原始分數求得典型因素，適用於測量單位明確的變數（如身高或體重）。如果是抽象的心理特質，由於測量單位不明確，或各研究間單位不一致，則使用標準化加權係數會較適宜。

在圖 4-1 中，先計算第一組 X 變數加權係數 b 以求得第 1 個典型因素 W_1，

$$W_1 = b_{11}X_1 + b_{12}X_2 + b_{13}X_3$$

並計算第二組 Y 變數加權係數 c 以求得第 1 個典型因素 V_1，

$$V_1 = c_{11}Y_1 + c_{12}Y_2 + c_{13}Y_3 + c_{14}Y_4$$

接著計算 W_1 及 V_1 這兩個典型因素間的簡單相關 $r_{W_1V_1}$，它就是 3 個 X 變數與 4 個 Y 變數間的第一對典型相關係數 ρ_1，

$$\rho_1 = r_{W_1V_1}$$

而且，加權係數 b 及 c 要限定在 $r_{W_1V_1}$ 達到最大的條件下求解。

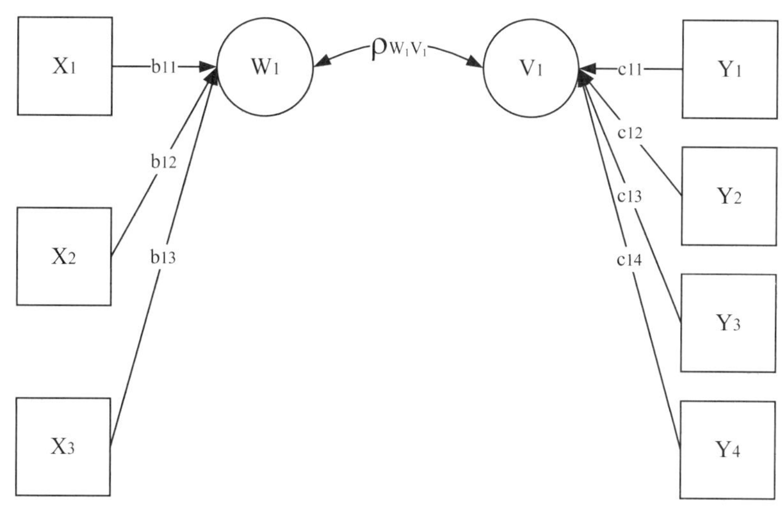

圖 4-1　第一對典型相關

其次，再以同樣的方式計算 W_2 及 V_2（圖 4-2），

$$W_2 = b_{21}X_1 + b_{22}X_2 + b_{23}X_3$$

$$V_2 = c_{21}Y_1 + c_{22}Y_2 + c_{23}Y_3 + c_{24}Y_4$$

此時要限定 $r_{W_1W_2} = 0$ 、 $r_{V_1V_2} = 0$ 、 $r_{W_1V_2} = 0$ 、 $r_{W_2V_1} = 0$ ，且 $r_{W_2V_2}$ 為最大。

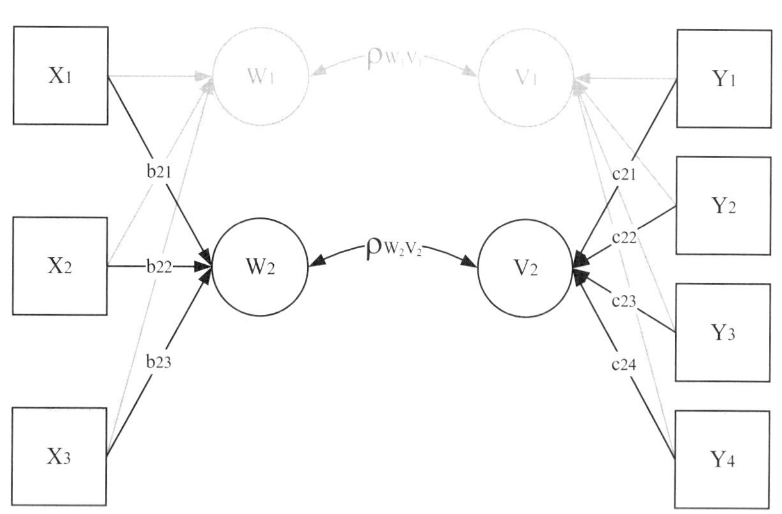

圖 4-2　第二對典型相關

最後，再以同樣的方式計算 W_3 及 V_3（圖 4-3），

$$W_3 = b_{31}X_1 + b_{32}X_2 + b_{33}X_3$$

$$V_3 = c_{31}Y_1 + c_{32}Y_2 + c_{33}Y_3 + c_{34}Y_4$$

此時還要再限定 $r_{W_1W_3} = 0$、$r_{W_2W_3} = 0$、$r_{V_1V_3} = 0$、$r_{V_2V_3} = 0$、$r_{W_3V_1} = 0$、$r_{W_3V_2} = 0$、$r_{W_1V_3} = 0$、$r_{W_2V_3} = 0$，且 $r_{W_3V_3}$ 為最大。

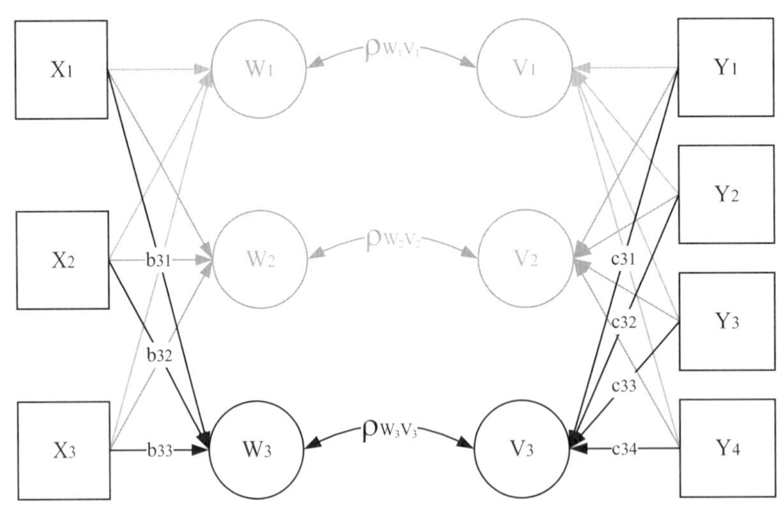

圖 4-3　第三對典型相關

兩組變數間，可以求得的典型相關數目是 X 變數數目與 Y 變數數目中較少者。上述的例子中，有 3 個 X，4 個 Y，因此可以求得 3 個典型相關係數 ρ。將典型相關係數取平方（ρ^2），就是兩個典型因素間互相的解釋量。

以下以 293 名受訪者在「智慧型手機使用情形」量表的調查結果為範例，說明典型相關的分析結果。其中 X 變數包含 U1 ~ U3 三個題目（認知有用性），Y 變數包含 A1 ~ A4 四個題目（使用態度），為 Likert 六點量表。題目如下：

U1：使用智慧型手機，能讓生活更便利。

U2：使用智慧型手機中的應用程式，可以解決許多問題。

U3：使用智慧型手機讓我更方便與朋友聯繫。

A1：智慧型手機是值得使用的。

A2：我對使用智慧型手機的態度是正面的。

A3：使用智慧型手機有許多好處。

A4：使用智慧型手機是個好主意。

使用 R 進行分析

命令稿 4-1 有 7 個指令，分別說明如下：

1. 第 1 個指令是從 C 磁碟的 R 資料夾中讀入 cancorr.csv 資料，並存於 cancorr 物件。
2. 第 2 個指令將 cancorr 物件的第 1 ~ 3 行存於 U 物件。
3. 第 3 個指令將 cancorr 物件的第 4 ~ 7 行存於 A 物件。
4. 第 4 個指令載入 yacca 程式套件。
5. 第 5 個指令使用 yacca 的 cca() 函數進行典型相關分析，並將結果存在 cc1 物件中。
6. 第 6 個指令列出 cc1 物件中的$corr（典型相關係數），分別是 0.7281、0.2038、0.0067。
7. 第 7 個指令列出 cc1 物件中的$corrsq（典型相關係數平方），分別是 0.5302、0.0415、0.00004（科學符號 4.485755e-05 代表 4.485755×10^{-5}）。第 1 對典型因素的相關為 0.7281，平方為 0.5302，彼此可以解釋 53.02%的變異量。第 3 對典型因素的相互解釋量幾乎等於 0。如果不使用科學符號表示，可以把指令改為：

   round(cc1$corrsq, 4)，引數 4 為小數位數，可依個人需要設定。
8. 第 8 個指令列出 cc1 物件中 X 變數（U1 ~ U3）對 W 典型因素的未標準化加權係數。由於原係數第 1 行均為負數，筆者將所有加權係數的正負號互換，所以正確指令為–(cc1$xcoef)。此不影響結果的解釋，且與 SAS 分析的結果相同。
9. 第 9 個指令列出 cc1 物件中 Y 變數（A1 ~ A4）對 V 典型因素的未標準化加權係數，同樣將正負號互換。

命令稿 4-1　典型相關及未標準化加權係數

```
> cancorr<-read.csv("C:/R/cancorr.csv")
> U<-cancorr[,1:3]
> A<-cancorr[,4:7]
> library(yacca)
> cc1<-cca(U,A)
> cc1$corr
##          CV 1        CV 2        CV 3
##   0.728140745 0.203809097 0.006697578
> round(cc1$corrsq, 4)
##           CV 1          CV 2          CV 3
##   5.301889e-01  4.153815e-02  4.485755e-05
> cc1$xcoef
##            CV 1        CV 2       CV 3
##   U1 0.6317145 -1.6372550  0.8048025
##   U2 0.3462300  0.2773847 -1.2350163
##   U3 0.3641377  1.1969146  0.5776321
> cc1$ycoef
##            CV 1        CV 2      CV 3
##   A1 0.2282573 -1.2764965  1.420534
##   A2 0.2365702  0.8547299  1.453755
##   A3 0.2831261 -1.7791209 -0.841466
##   A4 0.5885304  2.0103006 -1.968852
```

圖 4-4 是第一對典型相關及其未標準化加權係數。

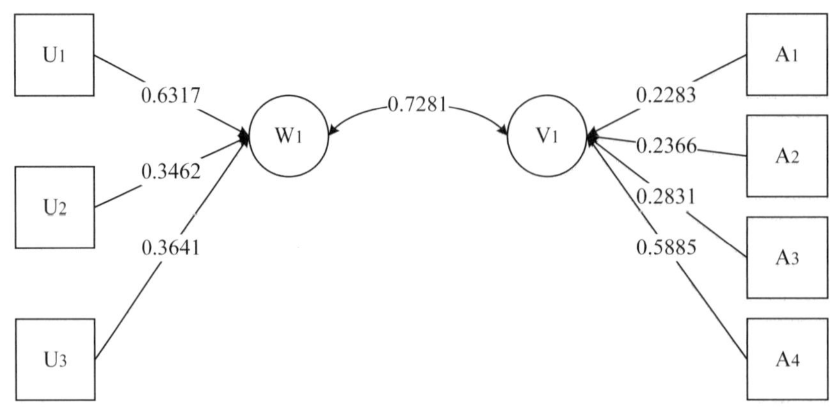

圖 4-4　第一對典型相關及未標準化加權係數

如果要列出標準化加權係數，則使用命令稿 4-2 的指令，分別說明如下：

1. 第 1 個指令載入 candisc 程式套件。
2. 第 2 個指令透過 R 內附的 cancor() 函數進行典型相關分析，並將結果存於 cc2 物件。
3. 指令 3 使用 cnadisc 的 coef() 函數計算 X 變數的標準化加權係數，此處同樣以–(coef(cc2, type = "x", stand = T)) 將係數的正負號互換過。
4. 指令 4 同樣使用 cnadisc 的 coef() 函數計算 Y 變數的標準化加權係數。

命令稿 4-2　標準化加權係數

```
> library(candisc)
> cc2 <- candisc::cancor(U, A)
> coef(cc2, type = "x", stand = T)
##          Xcan1      Xcan2      Xcan3
##  U1 0.4810292 -1.2467143 -0.6128299
##  U2 0.3446928  0.2761532  1.2295332
##  U3 0.3431186  1.1278253 -0.5442896
> coef(cc2, type = "y", stand = T)
##          Ycan1      Ycan2      Ycan3
##  A1 0.1869987 -1.0457637 -1.1637658
##  A2 0.2007783  0.7254136 -1.2338095
##  A3 0.2221576 -1.3960039  0.6602642
##  A4 0.4798614  1.6391093  1.6053143
```

圖 4-5 是第一對典型相關及其標準化加權係數。

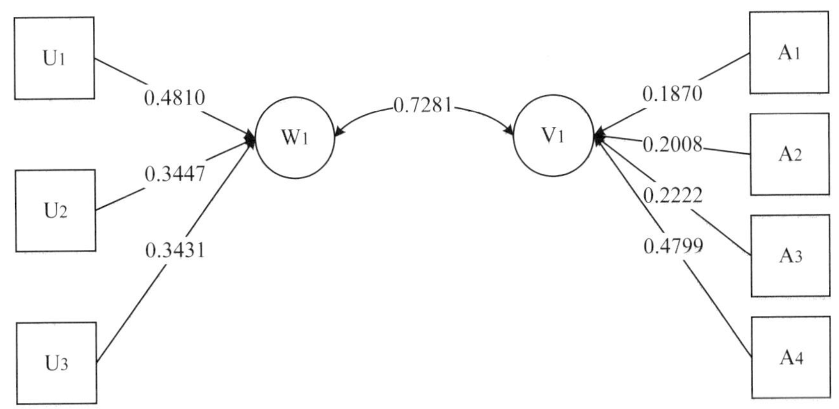

圖 4-5　第一對典型相關及標準化加權係數

4.3 典型負荷量與平均解釋量

典型因素與本身變數間的 Pearson 相關係數稱為**典型負荷量**（canonical loading，又稱為**典型結構係數**），圖 4-6 在呈現 W_1 因素與 3 個 X 變數的相關，及 V_1 因素與 4 個 Y 變數的相關，它們都是典型負荷量。

將 Pearson 相關係數取平方，是變數間的相互解釋量；而典型負荷量的平均平方和，就是典型因素對本身變數的平均解釋量（又稱為**適切性係數**，adequacy coefficient）。典型因素 W_1 對 3 個 X 變數的平均解釋量為：

$$\frac{r^2_{W_1X_1}+r^2_{W_1X_2}+r^2_{W_1X_3}}{3}$$

典型因素 V_1 對 4 個 Y 變數的平均解釋量為：

$$\frac{r^2_{V_1Y_1}+r^2_{V_1Y_2}+r^2_{V_1Y_3}+r^2_{V_1Y_4}}{4}$$

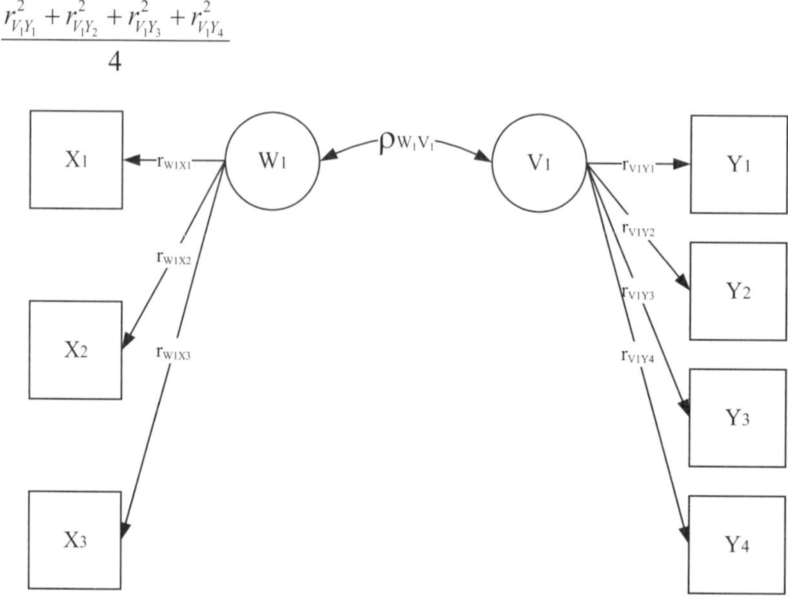

圖 4-6　典型負荷量

由於圖 4-6 中有 3 個 X 變數與 4 個 Y 變數，因此可以求得 3 對典型因素（W_1 與 V_1、W_2 與 V_2、W_3 與 V_3），其他兩對典型因素對各自變數的平均解釋量，也使用相同的計算方法。

使用 R 進行分析

命令稿 4-3 有 8 個指令，分別說明如下：

1. 第 1 個指令列出 cc1 物件中 X 變數（U1 ~ U3）與 W 典型因素的典型負荷量$xstructcorr，其中與 W_1 典型因素的係數分別為 0.9152、0.8156、0.8120，因此 W_1 可命名為對智慧型手機的「認知有用性」。（注：此處已將係數正負號轉換過。）
2. 第 2 個指令列出 X 變數（U1 ~ U3）與 W 典型因素的典型負荷量平方$xstructcorrsq，也就是 3 個 W 典型因素對每個 X 變數的個別解釋量，其中 W_1 典型因素對 3 個 X 變數的解釋量分別為 0.8376、0.6652、0.6593。
3. 第 3 個指令列出 3 個 W 典型因素對 X 變數的平均解釋量$xcanvad，其中，$W_1$ 典型因素對 X 變數的平均解釋量為 $(0.8376 + 0.6652 + 0.6593) / 3$，等於 0.7207。
4. 第 4 個指令列出 3 個 W 典型因素對每個 X 變數的總解釋量$xcancom，它是指令 2 結果中每一橫列的總和。由於 W 典型因素與 X 變數數目都是 3，因此解釋量都是 1。
5. 第 5 個指令列出 cc1 物件中 Y 變數（A1 ~ A4）與 V 典型因素的典型負荷量$ystructcorr，其中與 V_1 典型因素的係數分別為 0.9239、0.8498、0.8785、0.9616，因此 V_1 可命名為對智慧型手機的「使用態度」。（注：此處已將係數正負號轉換過。）
6. 第 6 個指令列出 Y 變數（A1 ~ A4）與 V 典型因素的典型負荷量平方$ystructcorrsq，也就是 3 個 V 典型因素對每個 Y 變數的個別解釋量，其中，V_1 典型因素對每個 Y 變數的個別解釋量分別為 0.8536、0.7222、0.7718、0.9247。
7. 第 7 個指令列出 3 個 V 典型因素對 Y 變數的平均解釋量$ycanvad，其中，$V_1$ 典型因素對 Y 變數的平均解釋量為 $(0.8536 + 0.7222 + 0.7718 + 0.9247) /4$，等於 0.8181。
8. 第 8 個指令列出 3 個 V 典型因素對每個 Y 變數的總解釋量$ycancom，它是指令 6 結果中每一橫列的總和。由於 V 典型因素只有 3 個，而 Y 變數有 4

個，因此解釋量都不足 1，分別為 0.8811、0.9028、0.9242、0.9847。

命令稿 4-3　典型負荷量與平均解釋量

```
> cc1$xstructcorr
##          CV 1        CV 2       CV 3
## U1 0.9152251 -0.36292581  0.1750651
## U2 0.8156242  0.03069347 -0.5777673
## U3 0.8119937  0.47796330  0.3349885
> cc1$xstructcorrsq
##          CV 1         CV 2      CV 3
## U1 0.8376371 0.1317151437 0.0306478
## U2 0.6652428 0.0009420892 0.3338151
## U3 0.6593338 0.2284489185 0.1122173
> cc1$xcanvad
##      CV 1      CV 2      CV 3
## 0.7207379 0.1203687 0.1588934
> cc1$xcancom
## U1 U2 U3
##  1  1  1
> cc1$ystructcorr
        CV 1       CV 2        CV 3
## A1 0.9239157 -0.1056942  0.12771414
## A2 0.8498115  0.1157616  0.40888869
## A3 0.8785291 -0.3793180 -0.09232479
## A4 0.9615971  0.1683624 -0.17810914
> cc1$ystructcorrsq
##          CV 1       CV 2        CV 3
## A1 0.8536203 0.01117126 0.016310902
## A2 0.7221795 0.01340075 0.167189958
## A3 0.7718135 0.14388217 0.008523868
## A4 0.9246690 0.02834590 0.031722867
> cc1$ycanvad
##       CV 1       CV 2       CV 3
## 0.81807057 0.04920002 0.05593690
> cc1$ycancom
##        A1        A2        A3        A4
## 0.8811024 0.9027702 0.9242195 0.9847378
```

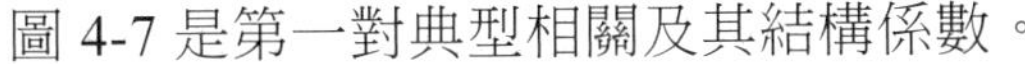
圖 4-7 是第一對典型相關及其結構係數。

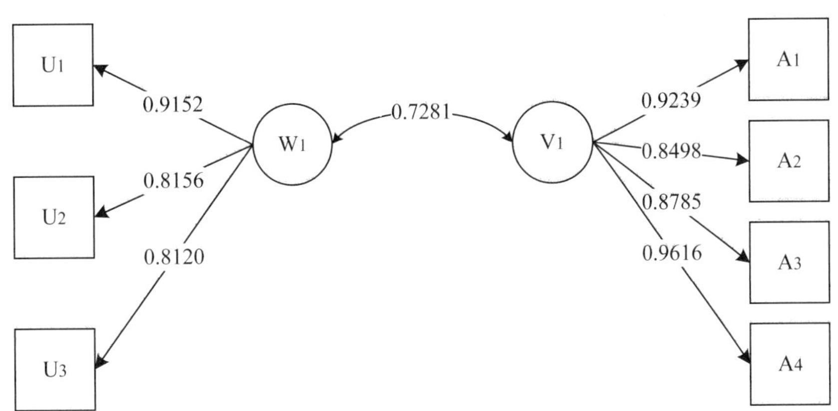

圖 4-7　第一對典型相關及結構係數

4.4　交叉負荷量與重疊量數

變數與另一側典型因素間的 Pearson 相關係數稱為**交叉負荷量**（cross loading，又稱為 index 係數），在呈現 W_1 典型因素與 4 個 Y 變數的相關，及 V_1 典型因素與 3 個 X 變數的相關，它們都是交叉負荷量。圖 4-8 中的交叉負荷量等於圖 4-6 中典型負荷量乘上典型相關係數，例如：

$$r_{W_1Y_1} = \rho_{W_1V_1} \times r_{V_1Y_1}$$

$$r_{V_1X_1} = \rho_{W_1V_1} \times r_{W_1X_1}$$

交叉負荷量的平均平方和，就是另一側典型因素對變數的平均解釋量（稱為**重疊量數**或**重疊係數**，redundancy coefficient）。典型因素 W_1 對 4 個 Y 變數的重疊量數為：

$$\frac{r_{W_1Y_1}^2 + r_{W_1Y_2}^2 + r_{W_1Y_3}^2 + r_{W_1Y_4}^2}{4}$$

而這也代表了 3 個 X 變數透過第一對典型因素對 4 個 Y 變數的平均解釋量。事實上，這也等於以 W_1 為自變數（以 $X_1 \sim X_3$ 使用典型加權係數所得的線性組合分數），

分別以 $Y_1 \sim Y_4$ 為依變數，進行 4 次簡單迴歸分析所得的平均 R^2。

典型因素 V_1 對 3 個 X 變數的重疊量數為：

$$\frac{r_{V_1X_1}^2 + r_{V_1X_2}^2 + r_{V_1X_3}^2}{3}$$

這也代表了 4 個 Y 變數透過第一對典型因素對 3 個 X 變數的平均解釋量。同樣地，這也是以 V_1 為自變數，分別以 $X_1 \sim X_3$ 為依變數，進行 3 次簡單迴歸分析所得的平均 R^2。

重疊量數也可以經由「平均解釋量」乘上「典型相關係數的平方」求得。由於典型因素對各自變數的平均解釋量不相等，因此重疊量數不是對稱的，也就是 X 變數對 Y 變數的解釋量，不等於 Y 變數對 X 變數的解釋量。

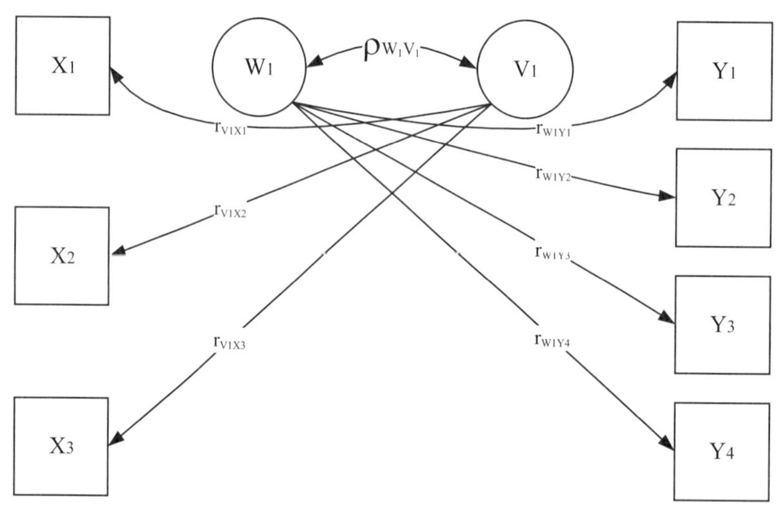

圖 4-8　交叉結構係數

使用 R 進行分析

命令稿 4-4 有 8 個指令，分別說明如下：

1. 第 1 個指令列出 cc1 物件中 X 變數（U1 ~ U3）與 V 典型因素的交叉結構係數$xcrosscorr，其中與 V_1 典型因素的係數分別為 0.6664、0.5939、0.5912。（注：此處已將係數正負號轉換過。）

2. 第 2 個指令列出 X 變數（U1 ~ U3）與 V 典型因素的典型負荷量平方 $xcrosscorrsq，也就是 3 個 V 典型因素對每個 X 變數的個別解釋量，其中，V_1 典型因素對 3 個 X 變數的解釋量分別為 0.4441、0.3527、0.3496。
3. 第 3 個指令列出 3 個 V 典型因素對 X 變數的平均解釋量$xvrd，其中，$V_1$ 典型因素對 X 變數的平均解釋量為 (0.4441 + 0.3527 + 0.3496) / 3，等於 0.3821。
4. 第 4 個指令列出 3 個 V 典型因素對 3 個 X 變數的總解釋量$xrd，它是指令 3 結果的總和，0.3821 + 0.0050 + 0.0000 = 0.3871。一般解釋為：4 個 Y 變數對 3 個 X 變數的總解釋量。
5. 第 5 個指令列出 cc1 物件中 Y 變數（A1 ~ A4）與 W 典型因素的交叉結構係數$ycrosscorr，其中與 W_1 典型因素的係數分別為 0.6727、0.6188、0.6397、0.7002。（注：此處已將係數正負號轉換過。）
6. 第 6 個指令列出 Y 變數（A1 ~ A4）與 W 典型因素的典型負荷量平方 $ycrosscorrsq，也就是 3 個 W 典型因素對每個 Y 變數的個別解釋量，其中，W_1 典型因素對每個 Y 變數的個別解釋量分別為 0.4526、0.3829、0.4092、0.4902。
7. 第 7 個指令列出 3 個 W 典型因素對 Y 變數的平均解釋量$yvrd，其中，$W_1$ 典型因素對 Y 變數的平均解釋量為 (0.4526 + 0.3829 + 0.4092 + 0.4902) / 4，等於 0.4337。
8. 第 8 個指令列出 3 個 W 典型因素對 4 個 Y 變數的總解釋量$yrd，它是指令 7 結果的總和，0.4337 + 0.0020 + 0.0000 = 0.4358。一般解釋為：3 個 X 變數對 4 個 Y 變數的總解釋量。

命令稿 4-4　交叉負荷量與重疊量數

```
> cc1$xcrosscorr
##          CV 1         CV 2         CV 3
## U1 0.6664127 -0.073967582  0.001172512
## U2 0.5938892  0.006255609 -0.003869642
## U3 0.5912457  0.097413269  0.002243612
##
```

```
> cc1$xcrosscorrsq
##           CV 1          CV 2          CV 3
##  U1 0.4441059 5.471203e-03 1.374785e-06
##  U2 0.3527044 3.913264e-05 1.497413e-05
##  U3 0.3495715 9.489345e-03 5.033793e-06
> cc1$xvrd     #可改為 round(cc1$xvrd, 7)
##       CV 1      CV 2      CV 3
##  0.3821273 0.0049999 0.0000071
> cc1$xrd
##  [1] 0.3871343
> cc1$ycrosscorr
##           CV 1        CV 2          CV 3
##  A1 0.6727407 -0.02154144  0.0008553754
##  A2 0.6187824  0.02359327  0.0027385639
##  A3 0.6396929 -0.07730846 -0.0006183525
##  A4 0.7001781  0.03431379 -0.0011928999
> cc1$ycrosscorrsq
##           CV 1         CV 2         CV 3
##  A1 0.4525800 0.0004640334 7.316671e-07
##  A2 0.3828916 0.0005566422 7.499732e-06
##  A3 0.4092070 0.0059765988 3.823598e-07
##  A4 0.4902493 0.0011774364 1.423010e-06
> cc1$yvrd     #可改為 round(cc1$yvrd, 7)
##       CV 1      CV 2      CV 3
##  0.4337320 0.0020437 0.0000025
> cc1$yrd
##  [1] 0.4357782
```

圖 4-9 是第一對典型相關及其交义結構係數。$U_1 \sim U_3$ 透過第一對典型因素對 $A_1 \sim A_4$ 的總解釋量為 0.4358，而 $A_1 \sim A_4$ 透過第一對典型因素對 $U_1 \sim U_3$ 的解釋量為 0.3821。

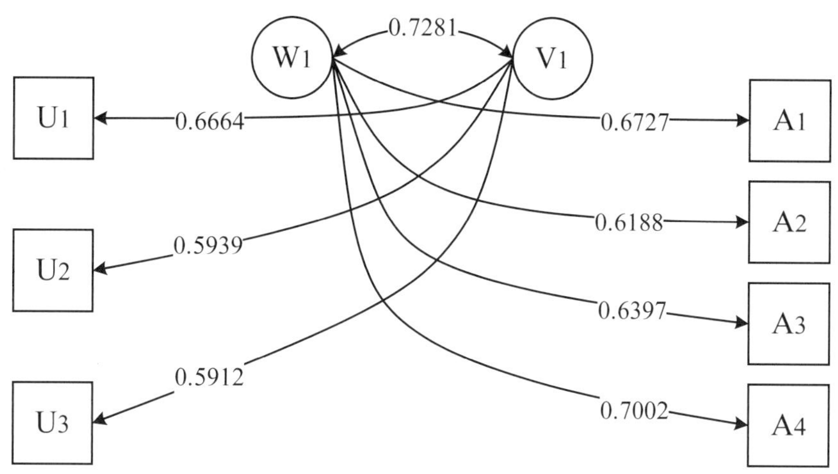

圖 4-9　第一對典型相關及交叉結構係數

4.5　整體檢定與維度縮減檢定

典型相關的顯著性主要有兩種：整體檢定與個別檢定。

整體檢定在於檢定兩組變數（X 變數與 Y 變數）是否有關聯，如果顯著，則繼續進行後續分析；如果不顯著，則停止分析。

個別檢定在針對個別典型相關進行檢定。不過，目前統計方法並不是針對每個典型相關係數進行檢定，而是採用維度縮減的方式。前述的例子中，3 個 X 變數與 4 個 Y 變數，最多可以計算 3 個典型相關係數。R 軟體首先檢定第 1 ~ 3 個典型相關係數是否不為 0，如果拒絕虛無假設，一般就認為第 1 個典型相關係數顯著不等於 0；接著檢定第 2 ~ 3 個典型相關係數是否不為 0，如果拒絕虛無假設，表示第 2 個典型相關係數顯著不等於 0；最後再單獨檢定第 3 個典型相關係數是否不為 0，如果拒絕虛無假設，表示第 3 個典型相關係數顯著不等於 0。其中第 1 ~ 3 個典型相關的檢定也就是整體檢定，且如果前一步驟的檢定不顯著，就不需要進行後一步驟的檢定。

使用 R 進行分析

命令稿 4-5 有 2 個指令，分別說明如下：

1. 第 1 個指令使用 F.test.cca() 函數對 cc1 物件的結果進行漸次性的顯著性檢

定。第 1 個檢驗所得 $F(12, 756.98) = 22.2039, p < 0.001$，因此典型相關 0.7281 顯著不等於 0。第 2 個檢驗所得 $F(6, 574) = 2.0532, p = 0.057$，典型相關 0.2038 與 0 沒有顯著差異。第 3 個檢驗未顯示 p 值，依理論應大於 0.057。

2. 第 2 個指令用 summary 列出 cc2 物件的摘要，此處僅顯示檢驗結果，其餘報表省略。第 1 個檢驗所得 Wilks' $\Lambda = 0.4503$，轉換為 F 值等於 22.2039，結果與 cc1 一致。

命令稿 4-5　顯著性檢驗

```
> F.test.cca(cc1)
##
##         F Test for Canonical Correlations (Rao's F Approximation)
##
##            Corr          F      Num df Den df Pr(>F)
## CV 1  0.7281407 22.2038732 12.0000000 756.98 <2e-16 ***
## CV 2  0.2038091  2.0532228  6.0000000 574.00  0.057 .
## CV 3  0.0066976         NA  2.0000000     NA     NA
## ---
## Signif. codes:  0 '***' 0.001 '**' 0.01 '*' 0.05 '.' 0.1 ' ' 1
> summary(cc2)
## Test of H0: The canonical correlations in the
## current row and all that follow are zero
##
##      CanR LR test stat approx F numDF  denDF Pr(> F)
## 1 0.72814      0.45028  22.2039     12 756.98  <2e-16 ***
## 2 0.20381      0.95842   2.0532      6 574.00   0.057 .
## 3 0.00670      0.99996               2
## ---
## Signif. codes:  0 '***' 0.001 '**' 0.01 '*' 0.05 '.' 0.1 ' ' 1
```

4.6　效果量

典型相關的效果量有三種：

1. 典型相關 ρ 就是兩個典型變數（W 與 V）間的 Pearson 相關，本身就是效果量。

2. ρ^2 代表兩個典型因素互相解釋變異量的百分比，概念上與 R^2 相同。
3. 重疊量數是平均解釋量乘上 ρ^2，代表 X 變數對 Y 變數的解釋量，或 Y 變數對 X 變數的解釋量，也是效果量。由於 W 對 X，或是 V 對 Y 的平均解釋量不相等，因此 Y 對 X，或 X 對 Y 的解釋量也不相等，所以重疊量數是不對稱的，分析時應多加留意。

使用 R 進行分析

命令稿 4-6 以 summary() 函數列出 cc1 物件中的摘要（此處僅保留效果量的結果），其中三對典型因素的互相解釋量為 0.5302、0.0415、0.0004，4 個 Y 對 3 個 X 的總解釋量為 0.3871，3 個 X 對 4 個 Y 的總解釋量為 0.4358。依 Cohen（1988）的經驗法則，R^2 的小、中、大效果量分別為 0.02、0.13、0.26，本範例為大的效果量。

命令稿 4-6　效果量

```
> summary(cc1)
##
## Shared Variance on Each Canonical Variate:
##
##          CV 1          CV 2          CV 3
## 5.301889e-01 4.153815e-02 4.485755e-05
##
## Aggregate Redundancy Coefficients (Total Variance
## Explained by All CVs, Across Sets):
##
##          X | Y: 0.3871343
##          Y | X: 0.4357782
```

4.7　典型函數的解釋

解釋典型函數的目的就是分析在典型相關中，每個原始變數的相對重要性。在解釋典型相關函數時，有兩種方法可供使用：典型加權與典型負荷量。

典型加權是變數對典型因素的加權係數，典型加權通常在 0.3 以上即具有顯著的解釋能力，然而變數之間可能會具有相關，故使用典型加權來解釋變數的貢獻程度其實是相當不妥。而且，典型加權也因為變數的不同而相當不穩定（吳萬益，2011），分析時應更加小心。

典型負荷量是觀察變數與典型因素間的相關。典型因素結構係數等於典型加權係數再乘上相關係數矩陣的累加和，所以除非變數間完全無關，否則兩者常會不一致。如果變數間有高度相關，則有可能會使典型因素結構係數與典型加權係數有極大的差異，甚至出現正負號相反的情形，在解釋時應多加留意。依據經驗法則，典型負荷量在 0.3 以上即代表此一變數對於各自之線性組合具有顯著解釋能力（Pedhazur, 1997），根據 Cohen（1988）對相關值大小的界定，大於等於 0.5 就屬於高相關，可依此來判定有意義的結構係數。

4.8 典型相關分析的基本假設

在進行典型相關分析時，必須先檢查資料是否符合下列基本假設：

1. 線性關係：X 變數與 Y 變數之間的相關必須是基於線性關係，若不是線性關係，則變數必須進行轉換，符合線性關係的假設才能進行典型相關分析。且 X 變數與 Y 變數間線性組合的簡單相關必須最大。
2. 多變量常態性：此項假定有兩個意涵：一是每個變數在各自的母群中須為常態分配；二是某一個變數在其他變數的組合數值中，也要呈常態分配。如果變數間符合多變量常態分配，則它們之間也會是線性關係（Green & Salkind, 2014）。如果樣本數夠大，則違反此項假定就不算太嚴重。
3. 變異數同質性：變異數若不同質，將會降低變數之間的相關性。
4. 檢查共線性問題：同一組變數的相關不可太高，如果相關太高就會有多元共線性，典型加權及負荷量係數就會不穩定，也將難以判定是哪一個變數的影響，進而導致結果解釋的困難或不正確，因此，需要在進行典型相關分析之前檢查共線性的問題。
5. X 變數與 Y 變數皆需為**計量性資料**（等距變數或比率變數）。

4.9 使用 JASP 分析

JASP 並沒有專門分析典型相關的套件，不過，第二代統計技術的變異數本位的偏最小平方結構方程模型（variance-based partial least squares structural equation modeling, PLS-SEM）（Fornell & Larcker, 1987; Hairs et al., 2017），也可以應用在典型相關分析。

在 JASP 中，讀入 cancorr.csv 資料檔後，在 SEM（結構方程模型）中選擇 Partial Least Squares SEM。圖 4-10 是 PLS-SEM 的整體徑路模型，外部模型（測量模型）是 U1 ~ U3 是認知有用性（U）的形成性指標，A1 ~ A4 是使用態度（A）的形成性指標，指令為：

```
U<~U1+U2+U3
A<~A1+A2+A3+A4
```

內部模型（結構模型）是認知有用性對使用態度有正向影響（或正向關聯），指令為：

```
A~U
```

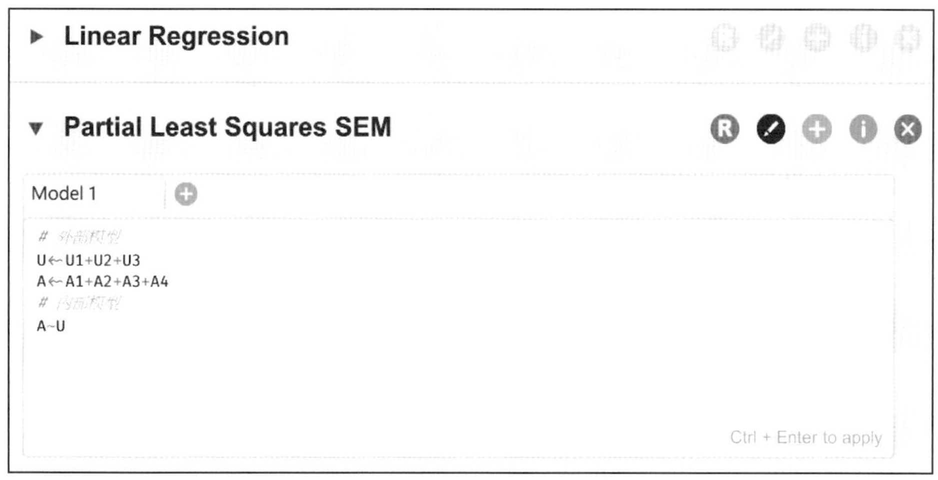

圖 4-10　選擇分析變數——JASP

此時，要在 Model 中將 Disattenuate composite correlation 取消勾選（圖 4-11），接著，按 Ctrl + Enter 鍵即可進行分析。

▼ Model
Ignore structural model
Disattenuate composite correlations
Approach correction factors Squared Euclidean distance
Grouping Variable <no choice>

圖 4-11　模型選項——JASP

分析後可以得到 5 個報表，此處僅呈現 3 個主要的報表。報表 4-1 是 Weights（加權係數），也就是第一對典型因素的標準化係數。

報表 4-1　Weights

Latent	Indicator	Estimate
U	U1	0.481
	U2	0.345
	U3	0.343
A	A1	0.187
	A2	0.201
	A3	0.222
	A4	0.480

報表 4-2 是 Factor Loadings（因素負荷量），也就是第一對典型因素的負荷量。

報表 4-2　Factor Loadings

Latent	Indicator	Estimate
U	U1	0.915
	U2	0.816
	U3	0.812
A	A1	0.924
	A2	0.850
	A3	0.879
	A4	0.962

報表 4-3 是 Regression Coefficients（迴歸係數），當各只有 1 個自變數與依變數時，它也是兩個變數的簡單相關，即為第一對典型因素的相關，也就是第一個典型相關係數。f^2的公式為：

$$f^2 = \frac{R^2}{1-R^2} = \frac{0.728^2}{1-0.728^2} = 1.129$$

報表 4-3　Regression Coefficients

Outcome	Predictor	Estimate	f²
A	U	0.728	1.129

最後，以分析結果的外部加權係數（標準化係數）繪圖如圖 4-12，而外部負荷量（結構係數）如圖 4-13，徑路係數為 0.728，R^2 為 0.530。

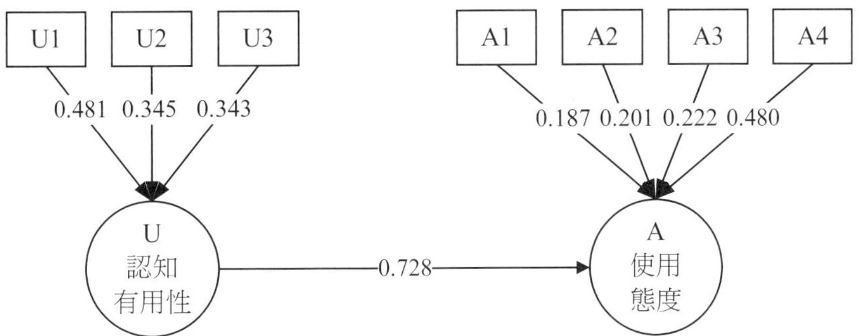

圖 4-12　外部加權係數

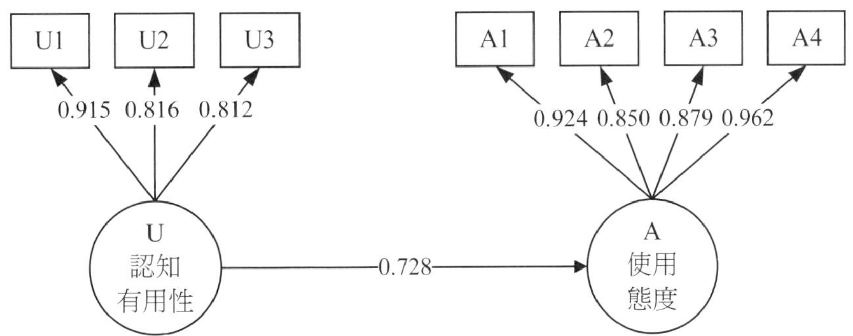

圖 4-13　外部負荷量

4.10 分析結論

對 293 名受訪者所做的研究，以智慧型手機為科技工具，認知有用性與使用態度有顯著相關，Wilks' Λ = 0.45，$F = (12, 756.98) = 22.21, p < .001$，其中第一個典型相關 $\rho = .728$，$\rho^2 = .530$。認知有用性透過第一對典型因素可以解釋使用態度 43.4% 的變異量。摘要如表 4-2。

表 4-2　典型相關分析摘要表

認知有用性	第一個典型因素			使用態度	第一個典型因素		
	未標準化係數	標準化係數	結構係數		未標準化係數	標準化係數	結構係數
U1	0.632	0.481	0.915	A1	0.228	0.187	0.924
U2	0.346	0.345	0.816	A2	0.237	0.201	0.850
U3	0.364	0.343	0.812	A3	0.283	0.222	0.879
				A4	0.589	0.480	0.962
適切性係數	0.721			0.818			
重疊量數	0.382			0.434			
典型相關	0.728						

第5章

區別分析

區別分析（Discriminate Analysis，又稱為**判定分析**），是由英國統計學家 Ronald Fisher（1890-1962）所發展的統計方法（Betz, 1987），常被用來進行觀察體的分類。如：醫師會根據各種檢查數據及臨床症狀，判斷就診者是否罹患了某種疾病；教師會根據學生各種表現，判斷他們比較適合就讀的科系。區別分析與集群分析都是進行分類的方法，也都是機器學習或資料探勘常用的技術，不過區別分析有分組變數，屬於監督式學習的分類技術，集群分析無分組變數，屬於非監督式學習。

區別分析的重要任務即是在已知的樣本分類中，建立判別標準（即找到區別函數，區別函數是自變數間的線性組合），以判定（預測）新樣本應歸類於哪一群體中。區別分析是 2 個或 2 個以上自變數的線性組合，這個線性組合對於先前定義好的群組，擁有最佳的區別能力。透過設定每個變數的權重，使得組間變異和組內變異達到最大。換言之，區別分析是用來了解依變數中類別（組別）的差異，並找到區別函數，以作為判斷未來新樣本加入時應該歸屬於哪一類別（組別）的分析方法，適用於依變數為間斷變數（一般而言是分組資料），自變數為連續變數（計量性資料）。其使用性很廣，例如：就行銷研究而言，利用客戶的性別、職業、教育程度等來區別客戶是否會購買此產品；就銀行貸款業務而言，根據貸款者的職業、收入、教育程度、資產、負債等變數來區別客戶是否有還款能力，以作為貸款與否的參考；就政治選舉研究而言，對已表態的選民，根據其年齡、教育程度、議題立場、政黨傾向等等變數進行區別分析，以作為未表態選民的投票意向預測；就醫藥研究而言，想了解有高血壓的兩群人，找出二者顯著不同的決定性變數，再利用這些變數來預測某一病人是否會得高血壓。進行區別分析的目的有三：

1. 利用自變數建立區別函數，以衡量群體間的差異。
2. 找出不同群體間最具區別能力的自變數。
3. 透過區別函數，進一步預測新樣本應歸屬於哪一個群體。

5.1 區別分析的理論基礎

區別分析與單因子多變量變異數分析、多元迴歸分析有密切關係。區別分析可分為預測取向與描述取向等兩種取向（Huberty, 1994；吳明隆、涂金堂，2006）。

5.1.1 預測取向區別分析

預測取向的區別分析（predictive discriminate analysis, PDA）發展較早，功用與迴歸分析一樣都在預測，其概念與迴歸分析有許多雷同之處，它的主要目的在計算一組預測變數（predictor variable，有時稱為**反應變數**，response variable）的線性組合，對一個**分組變數**（grouping variable）重新加以分類，並檢查其再分組的正確性，即主要用於預測與解釋。在迴歸分析中的依變數、效標變數（criterion variable）與自變數、預測變數通常都是計量資料，當效標變數為非計量資料且為二分變數時，可使用邏輯斯迴歸（logistic regression），如果依變數為非計量的多類別變數，而資料又違反統計假設時（如：多變量常態分配及變異數同質性），則可以使用多項式邏輯斯迴歸（multinomial logistic regression），然而此方法要設定參照組，解釋上較不方便，因此當依變數是多個類別的變數，而又能符合統計假設時，研究者大多傾向使用預測取向的區別分析。迴歸分析與區別分析都是在求一組自變數（預測變數）的線性組合，其加權值在迴歸分析中稱為「迴歸係數」，在區別分析中稱為「區別函數係數」（使用的線性組合為 Fisher 的線性分類函數），兩者也都有未標準化與標準化係數兩種。PDA 在變數的選取部分也與多元迴歸分析一樣，可以強迫將所有預測變數均投入分析，也可以採用逐步分析的方式，僅選擇較重要的變數進入模型。此外，多元迴歸分析會面臨的多元共線性問題，PDA 也有同樣的問題需要處理。PDA 的自變數是計量性資料，非計量的預測變數，在迴歸分析中可化為虛擬變數，在 PDA 中亦可用同樣的方式處理，而依變數是非計量資料。簡言之，PDA 的重點在於探討分類的正確率。

預測取向區別分析的目標有三：1.決定有效的估計，以得到最高的分類正確率；2.判斷分類正確率是否比隨機猜測來得高；3.如果有，好多少（Huberty & Olejnik, 2006; Klemmer, 2000）。

為了達到上述的目標，PDA 首先在求得線性分類函數（linear classification function, LCF）或其他分類方法，對現有觀察體重新進行分類的正確性（內在效度），並判斷此分類正確率比隨機猜測好多少。其次，如果研究者已經知道某一觀察體所有預測變數的數值，則可根據以往線性分類函數對其進行分類，等事件發生後，再驗證分類的正確性（外在效度）。例如：利用以往的高中生各科在校成績（計量資料）及其大學入學考試的結果分為「考取公立大學」、「考取私立大學」、「未考取」等三類

（非計量資料），來建立三個線性分類函數，在其他條件相等之下，再用今年度尚未參加學力測驗或大學指定科目考試的高中應屆畢業生的各科在校成績，以預測他們參加入學考試的結果，等正式放榜後再計算預測的正確性。

5.1.2 描述取向區別分析

描述取向區別分析（descriptive discriminate analysis, DDA）在於解釋或描述各組之間的差異（Dolenz, 1993; Henington, 1994），故主要探討問題有二：

1. 有多少構念（層面）可以用來表示群間的差異；
2. 這些構念是什麼（Huberty & Olejnik, 2006）。

其目標有三：

1. 選擇較少的反應變數，使其仍保有原先所有變數的分組效果；
2. 依對分組效果的貢獻將變數排序；
3. 解釋分組效果的結構（Klemmer, 2000）。

描述取向區別分析（DDA）與多變量變異數分析（multivariate analysis of variance, MANOVA）關係較為密切，在 DDA 中，分組變數被視為自變數，而反應變數則視為依變數（Buras, 1996），與 MANOVA 相同。兩者的基本原理與計算過程類似，都是在使組間變異量與組內變異量的比值極大化；兩者的差異在於 MANOVA 欲了解各組樣本在哪些依變數的平均數有顯著差異；而 DDA 則是透過觀察值在自變數的線性組合函數（使用的線性組合為線性區別函數），以了解觀察值在依變數的正確分類，並進一步了解究竟哪些自變數可以有效區分觀察值在自變數的分類。描述取向的區別分析主要在求得線性區別函數，與迴歸分析的模型相似，有原始（或未標準化）係數及標準化係數。不過，區別分析通常會計算單一預測變數與構念間的相關係數（稱為結構係數），而迴歸分析很少計算單一預測變數與線性組合分數（實際上就是效標變數的預測值）的相關係數。簡言之，DDA 的重點在於解釋或說明組別的差異情形。

5.1.3 兩種取向區別分析的比較

整理上述，PDA 的主要目的在於將觀察體分類到不同的組別，並著重其分類正確率；而 DDA 則在於描述不同組別間的差異情形（Huberty & Olejnik, 2006; Stevens, 2009; Whitaker, 1997）。在 PDA 中，加權係數通常對分類正確率的解釋沒有幫助，而重要的變數，常常被排除於函數之外，增加反應變數雖然可以得到較小的 Wilks' Λ 值，但是有時反而會減少分類正確率（Thompson, 1995a, 1998），而 DDA 則不會因為減少變數而增加區辨力（Buras, 1996）。

Huberty 及 Olejnik（2006）認為這兩種取向的區別分析共同之處很少，除了：

1. 它們都有多個反應變數（在此處係指計量變數）；
2. 它們都有多個組別的觀察體。

Huberty 及 Olejnik（2006）認為，DDA 與 PDA 的關係，近似多元相關分析（multiple correlation analysis, MCA）與多元迴歸分析（multiple regression analysis, MRA）的關係。也就是 DDA 近似 MCA，以關係的探討為目的；而 PDA 近似 MRA，以預測為目的。其關係可類比為 DDA : MCA :: PDA : MRA。多元迴歸分析中，主要在求一組計量資料（預測變數）的線性組合，以對另一個計量資料（效標變數）進行預測。線性組合的加權值稱為迴歸係數，有未標準化（原始）係數及標準化係數。在區別分析中，計量資料的線性組合有兩種：一是線性區別函數（linear discriminant function, LDF），在 DDA 中較常使用。區別分析中另外有 Fisher 的線性分類函數 (linear classification function, LCF)，在 PDA 中較常使用。它在計算反應變數的線性組合（數目等於分組變數的組數），依所得結果大小將觀察體重新分組，並比較原始組別及重新分類組別的正確率（hit rate）。

綜言之，在 PDA 中，一般會較著重 Fisher 的線性分類函數（LCF），而 DDA 則較著重線性區別函數（LDF）（Huberty & Olejnik, 2006）。關於 PDA 與 DDA 的差異，整理如表 5-1 所示。

5.2 區別分析的基本假定

區別分析有七個基本假定（Klecka, 1980, p.11）：

1. 分組變數有兩個或三個以上的水準（即組別）。
2. 觀察值個數（n）要比區別變數個數（k）至少多兩個。許多研究者建議：全部的觀察體最好是預測變數個數的 10~20 倍（最少也要有 5 倍）。為了更精確分類，最小組的觀察體數最好是預測變數的 5 倍以上（最好有 20 倍）。

表 5-1 兩種取向之區別分析

	預測取向 (PDA)	描述取向 (DDA)
目的	分類或預測組別成員	解釋或說明組別差異
預測變數的角色	反應變數（計量）	分組變數
效標變數的角色	分組變數	反應變數（計量）
待答問題	1. 個別組及全體的正確分類率是多少？ 2. 分類正確率是否比隨機猜測來得好？ 3. 分類正確率有比較好，是好多少？	1. 是否有與原始反應變數相同效果的次組合？ 2. 依對分組效果相對貢獻之次組合變數，所排定的合理順序是什麼？ 3. 對分組效果之結構的合理解釋是什麼？
主要使用統計	線性分類函數（LCF）、分類表	線性區別函數（LDF）、Wilks' Λ、結構係數
反應變數之組合	LCF	LDF
組合之數目	g	min (g − 1, p)
分析變數之構念	否	是
刪除反應變數	是	可能
反應變數排序	是	是
刪除或排序之依據	分類正確率	組別間差異
其他		主要用在 MANOVA 的追蹤分析，以解釋其後續效果

資料來源：

Applied MANOVA and discriminant analysis (2nd ed.), by C. J. Huberty & S. Olejnik, 2006, Hoboken, NJ: John Wiley.

"*Stepwise descriptive or predictive discriminant analysis: Don't even think about using it!*" by C. D. Klemmer, 2000, (ED438321).

3. 一個區別變數不能是其他區別變數的線性組合。
4. 每組至少有兩個觀察值。
5. 反應變數為等距或比率變數。與迴歸分析類似，如果預測變數是名義變數，也應化為虛擬變數。
6. 各類組間的組內變異數(共變數矩陣)應該都是相等，避免影響估計及結果，否則，區別函數就不能使各組的差異達到最大，會影響區別函數的估計及分類的結果。然而，如果樣本數不多，而各組內共變數矩陣差異性也不大，則使用一般區別分析仍是恰當的。可利用 Box's *M* 作檢查。

7. 各組區別變數之間具有多變量常態分配，即每組都是從多變量常態分配的母體中抽取出來。不過，隨著樣本數增加，這個假設經常會違反。如果資料嚴重違反多變量常態分配的假設，可以改用邏輯斯迴歸或是無母數的區別分析。

5.3 區別分析的步驟

區別分析大致可包含六個步驟，不過，PDA 與 DDA 取向則各有不同，讀者可視分析需要，採用其中的部分步驟。R 常用的 MASS 程式套件之 lda() 函數分析結果較簡要，只含各組形心、先驗機率（prior probability）、區別函數係數，及各函數解釋量，並未涵蓋所有步驟。本書兼用 candisc、DFA.CANCOR、DiscriMiner、biotools 等程式套件。

5.3.1 選擇分析的變數

變數的選擇可根據理論蒐集具有區別能力之自變數，或利用逐步區別分析方法找出具較佳區辨力的變數。逐步區別分析的概念與多元迴歸分析一樣，可以將全部變數強迫選入模型中，也可以利用逐步的方式，僅選擇有達顯著的變數進入模型。但根據 Klemmer（2000）及 Thompson（1995b）的建議，逐步法不是選擇重要變數的好方法。而且，應留意：變數進入的順序不代表相對的重要性。

5.3.2 整體檢驗及維度縮減檢驗

區別分析的檢驗與第 4 章的典型相關類似，有整體檢驗及維度縮減檢驗，前者在檢驗所有區別函數是否顯著，也就是各群之間的平均數向量是否有差異，後者在檢驗哪一個區別函數具有顯著的區別效果。

整體檢驗可使用第 7 章中介紹的 Wilk's Λ 或其他三種檢驗，方法是先進行多變量變異數分析（MANOVA），分析各群的平均數是否有顯著差異。維度縮減檢驗則是依次減少一個區別函數，以檢驗個別函數，詳細過程請見第 4 章典型相關分析。

使用 R 進行分析

命令稿 5-1 有 11 個指令，分別說明如下：

1. 第 1 個指令讀入 C 磁碟 R 資料夾下的 manova.csv 數據檔，存入 da 物件。本數據檔與第 7 章的 MANOVA 相同，以便相互對照。
2. 第 2 個指令載入 MASS 程式套件。
3. 第 3 個指令以 lda() 函數使用 da 資料進行線性區別分析，並存入 da1 物件。括號中，~ 前為分組變數 F，~ 後為反應變數（計量性資料），如果省略為 “.” ，表示除了變數 F 外，其他變數都納入。如果 da 資料集當中的變數很多，最好明確寫成 F~E+U+A+B。
4. 第 4 個指令列出 da1 物件中的$means，為分組變數 F 各組之反應變數 E、U、A、B 的平均數。整體而言，第 3 組的 4 個平均數都最高，第 1 組的平均數最低。
5. 第 5 個指令以 as.matrix() 函數將 manova 物件轉為矩陣，存入 m 物件。
6. 第 6 個指令以 manova() 函數進行 MANOVA，依變數為 M 物件的 1～4 行。變數名稱分別為 E（認知易用性）、U（認知有用性）、A（使用態度）、B（行為意圖）。自變數為 M 物件的第 5 行（變數 F，實際使用頻率，分為低中高三個等級），並轉為 factor。分析結果存入 fit 物件。
7. 第 7 個指令以 summary() 函數列出 fit 物件的 Wilks 檢定結果，$\Lambda = 0.51656$，轉為 $F(8, 572) = 27.982$，$p < .001$。因此，不同智慧型手機使用頻率間（變數 F），四個變數 E、U、A、B 之平均數有顯著差異。
8. 第 8 個指令載入 candisc 程式套件。
9. 第 9 個指令以 lm() 函數建立模型存入物件 da.mod，依變數是 E、U、A、B，自變數為 F（轉為因素）。
10. 第 10 個指令以 candisc() 函數對 da.mod 模型進行典型區別分析，結果存入 da2 物件。
11. 第 11 個指令列出 da2 的簡要結果。第一個函數之 $\Lambda = 0.51656$，近似 $F(8, 572) = 27.9820$，$p < .001$，與整體檢驗相同。第二個函數 $\Lambda = 0.98383$，近似

$F(8, 572) = 1.5724$，$p = .1962$，不顯著。因此，兩個區別函數中，只有第一個函數具有區別效果，第二個區別函數可略而不看。第一個特徵值為 0.904568，表示第一個區別函數占所有解釋量的百分比為 98.2154%，它由 0.904568 / (0.904568 + 0.016436) 計算而得。第二個函數的解釋量百分比只有 1.7846%。

命令稿 5-1　整體檢驗及維度縮減檢驗

```
> da<-read.csv("C:/R/manova.csv")
> library(MASS)
> da1<-lda(F~., data=da)
> da1$means
##          E        U         A         B
## 1  8.441176 10.19118  9.735294  9.632353
## 2 10.746753 12.55844 11.818182 12.915584
## 3 12.285714 13.94286 13.100000 14.200000
> m<-as.matrix(da)
> fit <- manova(m[,1:4] ~ as.factor(m[,5]))
> summary(fit, test="W")
##                    Df   Wilks approx F num Df den Df    Pr(>F)
## as.factor(m[, 5])   2 0.51656   27.982      8    572 < 2.2e-16 ***
## Residuals         289
## ---
## Signif. codes:  0 '***' 0.001 '**' 0.01 '*' 0.05 '.' 0.1 ' ' 1
> library(candisc)
> da.mod<-lm(cbind(E,U,A,B)~as.factor(F), data=da)
> da2<-candisc(da.mod, data=da)
> da2
## Canonical Discriminant Analysis for as.factor(F):
##
##     CanRsq Eigenvalue Difference Percent Cumulative
## 1 0.474946   0.904568    0.88813 98.2154     98.215
## 2 0.016171   0.016436    0.88813  1.7846    100.000
##
## Test of H0: The canonical correlations in the
## current row and all that follow are zero
##
```

```
##     LR test stat approx F numDF denDF Pr(> F)
## 1       0.51656  27.9820     8   572  <2e-16 ***
## 2       0.98383   1.5724     3   287  0.1962
## ---
## Signif. codes:  0 '***' 0.001 '**' 0.01 '*' 0.05 '.' 0.1 ' ' 1
```

5.3.3 共變數矩陣同質性檢定

要使用線性區別分析，須符合各組之組內共變數矩陣相等（同質）的假設。此時可使用 Box's *M* 檢定。如果組內共變數矩陣不相等，已違反區別分析的假定，使用聯合組內共變數矩陣為分析的基礎應更加謹慎，此時便要使用個別組內共變數矩陣進行分析，此稱為二次式區別分析（quadratic discriminant analysis）。幸好區別分析是相當強韌的統計方法，因此違反同質性假設仍可進行分析，不過在解釋時要謹慎些（Sharma, 1996）。二次式區別分析請見 5.4 節說明。

SPSS（2000）也建議：如果 N/p 的比率很大，很容易就會違反同質性假定，因此最好將 α 值定小一點（如設為 .01）。

使用 R 進行分析

命令稿 5-2 有 2 個指令，分別說明如下：

1. 第 1 個指令載入 DFA.CANCOR 程式套件。
2. 第 2 個指令以 HOMOGENEITY() 函數（早期版為小寫）進行變異數矩陣同質性檢定，得到 Box's $M = 72.148$，$F(20, 143761) = 3.523$，$p < .001$，因此應拒絕變異數矩陣同質的假定。（注：此處刪除部分無關的報表。）

命令稿 5-2　共變數矩陣同質性檢定

```
> library(DFA.CANCOR)
> HOMOGENEITY(data=da, group='F', variables=c('E','U','A','B'))
## Bartlett test of HOMOGENEITY of variances (parametric):
## Bartlett's K-squared = 15.731   df = 3   p value = 0.00129
##
## Fligner-Killeen test of HOMOGENEITY of variances (non parametric):
## Fligner-Killeen chi-squared = 15.772   df = 3   p value = 0.00126
##
```

```
## Box Test of equality of covariance matrices:
## M = 72.148   F = 3.523   df1 = 20   df2 = 143761.4   p =  0
```

5.3.4 計算線性區別函數

描述取向區別分析的主要目的在於求得直線轉換的區別分數（D = Xu），然後使得各組之間 D 的差異達到最大，所以在使 $\frac{u'\mathbf{B}u}{u'\mathbf{W}u}$ 的值達到最大。經過矩陣微分的推導之後，在解得以下公式之特徵值 λ 及特徵向量 **v**。

$$(\mathbf{W}^{-1}\mathbf{B} - \lambda\mathbf{I})\text{v} = 0 \qquad \text{公式 5-1}$$

其中 **W** 及 **B** 分別是聯合組內及組間 SSCP 矩陣

求解後，每一個 λ 都有一組對應的向量 **v**。其中 λ 值便是區別效標，可以用來計算個別區別函數所解釋的百分比，最大的 λ 值也可以用來考驗整體的顯著性。λ 的數目設為 q，則，

$$q = \min(p, g-1) \qquad \text{公式 5-2}$$

其中 p 為預測變數個數，g 為組數

特徵向量 **v** 同一行的平方和會等於 1，因此以特徵向量 **v** 當加權係數乘以原始的變數後所得的區別函數分數，平均數為 0，變異數為 1。在 R、SPSS，及 SAS 統計軟體中，原始區別函數 **u** 需要再經過轉換，不過，它們都與特徵向量 **v** 維持一定比值。

在解上述的方程式所用的分數是原始分數，因此所得到的原始係數不能代表各預測變數的相對重要性。如果要得到標準化區別函數係數，公式為：

$$\mathbf{u}^* = \sqrt{diag\mathbf{W}/(N-g)} \times \mathbf{u} \qquad \text{公式 5-3}$$

其中 $diag\mathbf{W}$ 是 **W** 矩陣的主對角線元素，主對角線外元素為 0。實際上，$\sqrt{\mathbf{W}/(N-g)}$ 也就是聯合組內共變數矩陣。由上式所求得的 $\mathbf{u}^*$ 大致可以代表各預測變數相對的重要性。一般而言，如果預測變數沒有共線性問題，係數值愈大，該變數就愈重要。

使用 R 進行分析

命令稿 5-3 有 3 個指令，分別說明如下：

1. 第 1 個指令列出前述 da1 物件中的$scaling，為未標準化線性區別函數。lda 的分析結果不含常數項，其中第一個線性區別函數與 SPSS 正負號相反，第二個線性區別函數則與 SAS 正負號相反，解釋時留意方向即可，並不影響分析結果。前述的物件 da2 中也有原始區別函數係數，可以使用 da2$coeffs.raw 指令列出。
2. 第 2 個指令列出 da2 物件中的標準化區別函數係數$coeffs.std。由第一組標準化區別函數係數來看，變數 E、U、B 的絕對值都大於 0.3，因此第一個函數代表「智慧型手機的接受度」，只是因為係數為負，所以計算所得的分數愈高，表示愈不接受智慧型手機。變數 A 的加權係數較小，應是多元共線性所致。
3. 第 3 個指令將 da1 物件中 292 個觀察體在 2 個區別函數的得分繪製成散布圖，水平軸是 LD1，垂直軸是 LD2。由圖中可看出，第 1 組（低使用頻率）在 LD1 的得分較高，第 3 組較低。第 1 個區別函數可以區分第 1 組及第 2、3 兩組，但第 2、3 兩組的觀察體則交錯分布，無法明顯區別。3 個組觀察體在第 2 個函數上的散布沒有明顯區別，因此第 2 個區別函數無法區別 3 組的差異。

命令稿 5-3　計算線性區別函數

```
> da1$scaling     #或 da2$coeffs.raw
##          LD1        LD2
##  E -0.1261132  0.1763223
##  U -0.2043258  0.2209888
##  A -0.0152167  0.3370818
##  B -0.3013247 -0.5595119
> da2$coeffs.std
##          Can1       Can2
##  E -0.30335572 -0.4241300
##  U -0.37898695 -0.4098937
##  A -0.02972008 -0.6583620
##  B -0.59765309  1.1097463
```

```
> plot(da1)
```

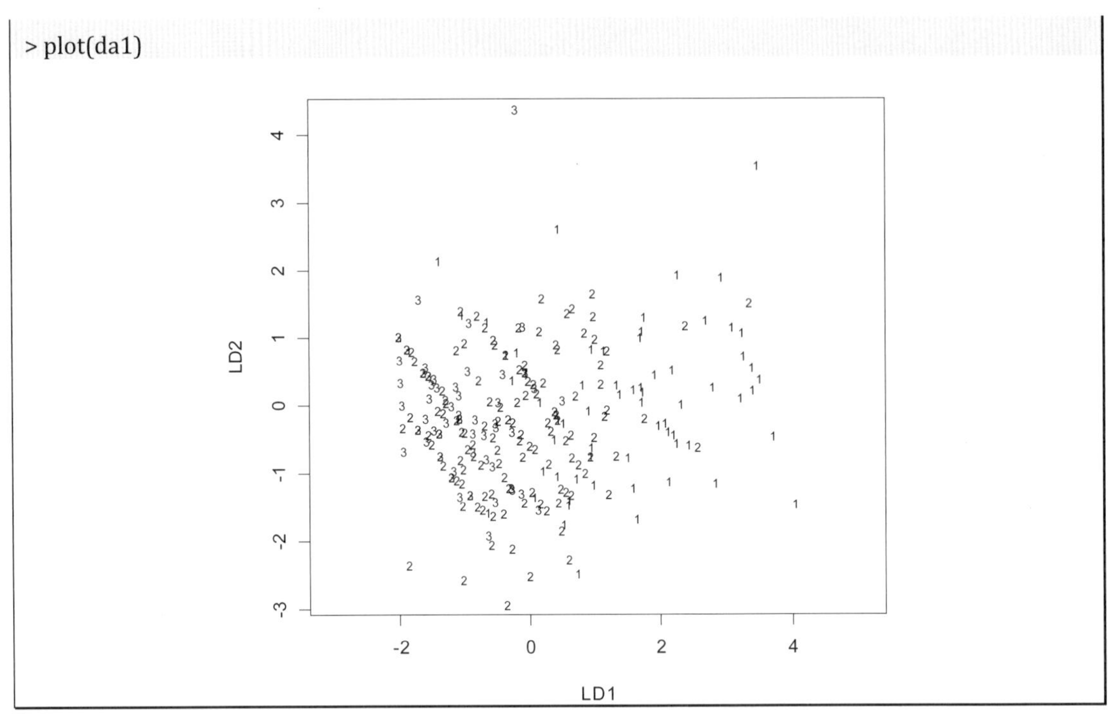

將原始區別函數係數乘上各預測變數的數值，就可以計算區別函數分數。例如：da 資料集中第 1 個受訪者在變數 E、U、A、B 的數值分別是 13、8、14、15，代入第 1 個原始區別函數係數為：13*(−0.1261132) + 8*(−0.2043258) + 14*(−0.0152167) + 15*(−0.3013247)+ 7.786610 = −0.2203716。第 1 個區別函數的常數為 7.786610，並未顯示在 R 的結果中，是另外由 SPSS 計算而得。

命令稿 5-4 使用 predict() 函數套用 da1 的區別函數進行預測，新的資料框架為 "E=13, U=8, A=14, B=15"（此為第 1 個受訪者的真實數據），計算後 2 個區別函數分數 x 分別為−0.2203716 及−1.158361。由於第 1 個區別函數代表的「智慧型手機的不接受度」，1 號受訪者的不接受度稍低；換言之，也就是接受度稍高。

命令稿 5-4　計算區別函數分數

```
> predict(da1, newdata=data.frame(E=13, U=8, A=14, B=15))$x
##          LD1       LD2
##  1 -0.2203716 -1.158361
```

5.3.5 計算結構係數

結構係數是預測變數與區別函數之聯合組內相關矩陣（稱為聯合組內結構係數矩陣），代表預測變數與區別函數的簡單相關，是聯合組內相關矩陣（R_w）右乘標準化區別函數係數矩陣而得，其公式為：

$$s = \mathbf{R}_w \mathbf{u}^* \qquad \text{公式 5-4}$$

標準化區別函數係數與結構係數的意義不盡相同。前者考慮預測變數對區別函數的整體貢獻。某個預測變數的標準化係數，是排除其他預測變數後，與區別函數的部分相關（part correlation），因此會受到其他同時進入之變數的影響。後者則是個別預測變數和區別函數的簡單相關，所以不會受到其他變數的影響。當所有預測變數之間的相關為 0 時，這兩種係數應該一樣。如果它們之間差異過大，或是方向有所不同時，可能就有多元共線性的問題（Klecka, 1980）。

部分學者認為在解釋區別函數時，應以結構係數為主，因為它比較穩定。不過，也有學者指出，當樣本與變數比太小時（少於 20），兩者都不是很穩定（Johnson ,1998; Stevens, 2009）。所以，許多研究結果均建議，每個預測變數應有 20 個觀察體（最少也要有 5 個觀察體），如此分析結果才較穩定（Hair et al., 2019; SPSS, 2000; Stevens, 2009）。

使用 R 進行分析

命令稿 5-5 有 3 個指令，分別說明如下：

1. 第 1 個指令以 DFA.CANCOR 程式套件的 DFA() 函數進行區別分析，結果存於 da3 物件。此程式套件提供完整的分析，結果與 SPSS 相似。
2. 第 2 個指令列出 da3 物件中的結構係數$coefs_structure。第一組的結構係數均小於−0.55（$r^2 \approx .30$），為負相關，因此第一組區別函數可命名為「智慧型手機的不接受度」。
3. 第 3 個指令列出 da2 物件中的$structure，此結構係數是以全體的相關矩陣計算，而不是第 2 個指令所用的聯合組內相關矩陣。此處的結構係數與 SAS 的分析結果一致。大略而言，全體之結構係數會比聯合組內結構係數稍大，但是其絕對值的相對等級則相似。

命令稿 5-5　計算結構係數

```
> da3<-DFA(data=da, group='F', variables=c('E','U','A','B'))
> da3$coefs_structure
##     Function 1 Function 2
## E -0.5829070  0.4292621
## U -0.7453778  0.3022036
## A -0.6323457  0.3357918
## B -0.8732323 -0.4262173
> da2$structure
##           Can1       Can2
## E -0.7027459 -0.3780624
## U -0.8387662 -0.2484311
## A -0.7473370 -0.2899171
## B -0.9262572  0.3302743
```

5.3.6　計算預測結果（分類法則）

區別分析常用的預測方法有三種：

1. **線性分類函數法**（linear classification function, LCF 法）：這是將觀察值依線性組合後的線性分類函數分數，將其分類到分數最高的一組。這種方法最早由 R. A. Fisher 在 1936 年提出，因此一般將此函數稱為 Fisher 分類函數（Fisher classification function）。分類函數係數的求法如下：

$$\mathbf{b}=(N-g)\mathbf{W}^{-1}\bar{\mathbf{X}}_g,\ \ \mathbf{c}=-.5\mathbf{b}\bar{\mathbf{X}}_g+ln(\text{prior})\quad（\text{prior}：事前機率）\quad 公式 5\text{-}5$$

其中 **b** 為分類係數矩陣，$\bar{\mathbf{X}}_g$ 為預測變數在各組之平均數所構成的矩陣。

使用 R 進行分析

命令稿 5-6 有 9 個指令，分別說明如下：

1. 第 1 個指令列出 da 資料集前 6 個觀察體的實際數據。以第 1 個觀察體為例，他在 E、U、A、B 變數的數值分別為 13、8、14、15，使用智慧型手機的頻率 F 為第 2 組（中等程度）。
2. 第 2 個指令載入 DiscriMiner 程式套件。本程式套件已從 R 移除，需要另外從網路中下載 DiscriMiner_0.1-29.tar.gz，再選擇「用本機的程式來安裝程式套件」。(網址:https://cran.r-project.org/src/contrib/Archive/DiscriMiner/)

3. 第 3 個指令以 DiscriMiner 程式套件的 linDA() 函數進行線性區別分析,反應變數為 da 資料集的第 1 ~ 4 行,分組變數為 da 資料集的第 5 行,分析結果存於 f.da 物件。
4. 第 4 個指令列出 f.da 物件中的 Fisher 分類函數係數($functions)。由於分組變數有 3 組,因此有 3 條 Fisher 分類函數係數。將原始數據乘上此係數,就可以得到每個觀察體在 3 組的得分。
5. 第 5 個指令列出 f.da 中的前 6 個觀察體的 Fisher 分類函數得分($scores)。第 1 個觀察體在 F 之 3 組的得分分別為 27.59216、30.28137、28.77018,由於在第 2 組的得分最高,因此根據變數 E、U、A、B 的數值預測,他的預測組別 F 為第 2 組,與實際組別一致。
6. 第 6 個指令列出 f.da 物件中前 6 個觀察體的預測組別,其中第 6 個觀察體的預測組別為 2,但實際組別為 1,因此,使用 4 個反應(預測)變數並不能預測他的 f 組別。
7. 第 7 個指令列出 f.da 物件中的混淆矩陣(confusion matrix),對角線上為預測一致的個數,對角線外則是預測錯誤的個數,其他說明請見 5.3.7 節的說明。
8. 第 8 個指令列出分類錯誤率($error_rate),為 0.3458904,並不低。
9. 第 9 個指令以 1 減去分類錯誤率,即為分類正確率,等於 0.6541096。

命令稿 5-6　使用線性分類函數預測

```
> head(da)
##      E  U  A  B F
##  1 13  8 14 15 2
##  2 15 15 15 15 3
##  3 11 10  9  8 1
##  4 10 11 11 11 2
##  5 15 15 15 15 3
##  6 15 13 12 12 1
> library(DiscriMiner)
> f.da<-linDA(da[,1:4], da[,5])
> f.da$functions
```

```
##                  1           2          3
## constant -22.7172446 -34.3249990 -43.022635
## E          0.6053073   0.7955514   0.958232
## U          1.8542218   2.1757270   2.420493
## A          1.0548911   1.0130296   1.124472
## B          0.8558775   1.5117313   1.615283
> head(f.da$scores)
##          1        2        3
## 1 27.59216 30.28137 28.77018
## 2 42.83722 48.11559 48.75456
## 3 18.82439 17.39445 14.76536
## 4 24.75072 25.33588 23.32241
## 5 42.83722 48.11559 48.75456
## 6 33.39647 36.18985 35.69431
> head(f.da$classification)
## [1] 2 3 1 2 3 2
## Levels: 1 2 3
> f.da$confusion
##          predicted
## original  1   2  3
##        1 40  27  1
##        2 14 125 15
##        3  0  44 26
> f.da$error_rate
## [1] 0.3458904
> 1-f.da$error_rate
## [1] 0.6541096
```

2. **距離函數法**（distance function）：分別計算個別觀察值到每一組形心的距離函數，通常使用的是 Mahalanobis 距離，再將其分類到與某一個形心距離最小的組別。

使用 R 進行分析

命令稿 5-7 有 9 個指令，分別說明如下：

1. 第 1 個指令載入 biotools 程式套件。
2. 第 2 個指令使用 D2.disc() 函數進行區別分析，結果存於 d.da 物件。

3. 第 3 個指令列出 d.da 物件中前 6 個觀察體與各組形心的馬氏距離平方、實際組別、預測組別，及錯誤分類的觀察體。以第 4 個受訪者為例，他與 3 組形心的距離分別為 0.7468026、1.211376、3.661402，與第 1 組形心最接近，因此預測他為第 1 組，然而，他實際為第 2 組，因此預測錯誤，所以加上 * 號。第 6 個受訪者同樣被預測錯誤。
4. 第 4 個指令列出 d.da 物件中的混淆矩陣，對角線上有 181 人，正確率為 0.619863。

命令稿 5-7　使用距離函數預測

```
> library(biotools)
> d.da<-D2.disc(da[,1:4],da[,5])
> head(d.da$D2)
##            X1        X2        X3 grouping pred misclass
## 1 18.8113099 15.067789 16.513259        2    2
## 2 13.5743722  4.652525  1.797665        3    3
## 3  2.5438743  7.038647 10.719923        1    1
## 4  0.7468026  1.211376  3.661402        2    1        *
## 5 13.5743722  4.652525  1.797665        3    3
## 6  8.1177288  4.165856  3.580024        1    3        *
> d.da$confusion.matrix
##   new 1 new 2 new 3
## 1    49    16     3
## 2    22    85    47
## 3     0    23    47
```

3. Bayes **後驗機率法**（posterior probability）：這是根據先驗機率及 Mahalanobis 距離（計算條件機率），計算個別觀察體歸屬於某一組的後驗機率，將其分類到機率最高的一組。後驗機率的計算公式如下（Stata, 2019）：

$$P(G_i \mid X) = \frac{P_i e^{-D_i^2/2}}{\sum_{j=1}^{k} P_j e^{-D_j^2/2}} \qquad \text{公式 5-6}$$

其中，P_i 是第 i 組的先驗機率，而 $D_i^2 = (X - \bar{X}_i)S^{-1}(X - \bar{X}_i)'$，$S$ 是聯合組內共變數矩陣。

使用 R 進行分析

命令稿 5-8 有 5 個指令，分別說明如下：

1. 第 1 個指令使用 predict() 函數利用 pd1 的區別函數係數對 da 資料集的原始數據計算觀察體在分組變數 F 之 3 個組的後驗機率及重新分組結果，預測結果存在 p.da1 物件。
2. 第 2 個指令列出 p.da1 物件中所有結果，含重新分組結果、後驗機率，及所有觀察體在 LD1 及 LD2 的分數。由於報表較長，在此省略，改用第 3 ~ 5 個指令列出部分結果。
3. 第 3 個指令列出 p.da1 中的前 6 個觀察體的後驗機率$posterior。第 1 個觀察體在 F 之 3 組的後驗機率分別為 0.05272067、0.7760471、0.17123223（總和為 1），由於在第 2 組的後驗機率最高，因此根據變數 E、U、A、B 的數值預測，他的預測組別 F 為第 2 組，與實際組別一致。
4. 第 4 個指令列出前 6 個觀察體的預測組別，其中第 6 個觀察體的預測組別為 2，但實際組別為 1，因此，使用 4 個反應（預測）變數並不能預測他的 F 組別。
5. 第 5 個指令列出前 6 個觀察體在 LD1 及 LD2 的得分。第 2 及第 5 個觀察體在 LD1 的得分均為−1.9180950，在「智慧型手機不接受度」的得分最低，因此他們對智慧型手機的接受度較高。兩人實際使用智慧型手機的頻率也同屬高分組（3）。

命令稿 5-8　以後驗機率預測

```
> p.da1<-predict(da1)
> p.da1
> head(p.da1$posterior)
##              1         2          3
##   1 0.05272067 0.7760471 0.17123223
##   2 0.00175910 0.3448711 0.65336984
##   3 0.79580541 0.1904545 0.01374009
##   4 0.32949058 0.5915262 0.07898325
##   5 0.00175910 0.3448711 0.65336984
##   6 0.03664504 0.5986393 0.36471565
```

```
> head(p.da1$class)
##   [1] 2 3 1 2 3 2
##   Levels: 1 2 3
> head(p.da1$x)
##           LD1        LD2
##   1 -0.2203716 -1.1583608
##   2 -1.9180950  1.0782869
##   3  1.8085598  1.1621463
##   4  0.7959396  0.2024407
##   5 -1.9180950  1.0782869
##   6 -0.5598192  1.3035996
```

5.3.7 計算預測的有效性

至於利用區別分析是否有助於對觀察體的正確分類率，包含內在效度與外在效度的探討。其內在效度可以從統計的顯著性及實質的顯著性來分析，外在效度方面，由於區別分析應用到不同的樣本時，可能會有縮水的現象，因此須做交叉驗證（cross validation）的分析。

5.3.7.1 內在效度

此方法是使用所有資料集當中的所有資料求得區別函數，再以此函數代入原來的預測變數之數值，預測其新的組別，並比較所有觀察體的實際組別與預測組別是否一致。由於只使用原來資料，未交叉驗證，因此常有過度擬合的現象。

內在效度可以從統計的顯著性及實質的顯著性來分析。

5.3.7.1.1 統計顯著性

統計顯著性在檢驗預測正確率是否有統計上意義，可以使用 Huberty（1994）提出的公式：

$$Z = \frac{o-e}{\sqrt{e(N-e)/N}} \quad \text{公式 5-7}$$

$$e = \sum_{i=1}^{k} p_i n_i \quad \text{公式 5-8}$$

o：預測正確人數，p_i：第 i 組的先驗機率，n_i：第 i 組的觀察體

使用 R 進行分析

命令稿 5-9 有 10 個指令，分別說明如下：

1. 第 1 個指令以 da 資料集變數 F 的實際組別及 p.da1 物件之預測組別做成交叉表，存入 t1 物件。
2. 第 2 個指令以 table() 函數列出 t1 內容，混淆矩陣（confusion matrix）整理如下表：

實際＼預測	1	2	3
1	40	27	1
2	14	125	15
3	0	44	26

3. 第 3 個指令以 diag()、sum() 函數計算 t1 中之對角線之和，得到 191。
4. 第 4 個指令以 prob.table()、diag()、sum() 函數計算 t1 中之對角線比例之和，得到 0.6541096，分類正確率為 65.41%。錯誤率為 34.59%，並不低。
5. 第 5 ~ 8 個指令列出各組人數、先驗機率，以計算公式 5-8 中的 e，得到 $e = (68 \times 0.2328767 + 154 \times 0.5273973 + 70 \times 0.2397260) = 113.8356$，它代表隨意猜測而可以猜對的觀察體數。
6. 第 9 個指令將 e 代入公式 5-7，計算後得到 $Z = 9.258887$。
7. 第 10 個指令以 pnorm() 函數計算 Z 的雙側機率值 p，$p = 2.065742 \times 10^{-20}$，小於 0.001。因此，預測結果具有統計意義。

命令稿 5-9　統計顯著性

```
> t1<-table(da$F, p.da1$class)
> t1
##        1   2   3
##    1  40  27   1
##    2  14 125  15
##    3   0  44  26
> sum(diag(t1))
##   [1] 191
```

```
> sum(diag(prop.table(t1)))
## [1] 0.6541096
> table(da$F)  # 或 da1$counts
##   1   2   3
##  68 154  70
> da1$prior
##         1         2         3
## 0.2328767 0.5273973 0.2397260
> e<-68*0.2328767+154*0.5273973+70*0.2397260
> e
## [1] 113.8356
> (191-e)/((e*(292-e)/292))^.5
## [1] 9.258887
> pnorm(9.258887, mean=0, sd=1, low = F)*2
## [1] 2.065742e-20
```

5.3.7.1.2 實質顯著性

實質顯著性可用以下的公式推算 τ（tau）值（等於 Huberty I index），以代表其減少的錯誤：

$$\tau = \frac{o-e}{N-e} \qquad \text{公式 5-9}$$

使用 R 進行分析

命令稿 5-10 有 3 個指令，分別說明如下：

1. 將命令稿 5-9 中的 e 代入公式 5-9，計算後 τ 值為：

   $$\tau = \frac{191-113.8356}{292-113.8356} = 0.4331$$

   因此使用區別分析可以比隨機猜測減少 43.31%的錯誤。

2. 如果隨意分組，其機率決斷值 $Cpro = \sum_{i=1}^{g} p_i^2 = p_1^2 + p_2^2 + p_3^2 = 0.389848$，可以由 da1 中的$prior 平方和求得。

3. 學者（Hair et al., 1995）主張正確分類率應大於 1.25 倍之 *Cpro* 才有意義。本範例預測正確率為 0.6541096，已是隨機猜測正確率的 1.677858 倍，因此具有實質意義。

命令稿 5-10　實質顯著性

```
> (191-e)/(292-e)
##   [1] 0.4331078
> sum(da1$prior^2)
##   [1] 0.389848
> 0.6541096/0.389848
##   [1] 1.677858
```

5.3.7.2　外在效度

外在效度方面，區別分析須做交叉驗證分析，現在比較常用的交叉分析有兩種方法。

5.3.7.2.1　留一交叉驗證法

留一交叉驗證法（leave-one-out cross-validation, LOOCV）又稱為 Jackknife 法，分析的步驟如下：

1. 先排除第一個觀察體，用其他的 $n-1$ 個觀察體進行區別分析，得到第一次的區別函數。
2. 用第一次的區別函數將第一個觀察體加以分類（即預測組別）。
3. 接著，排除第二個觀察體，並重複步驟 1、2，一直到完成所有 n 個觀察體為止。
4. 比較每個觀察體的實際組別與預測組別，並計算分類正確率。

如果每次排除 p 個觀察體，則稱為 leave-p-out cross-validation 法。

使用 R 進行分析

命令稿 5-11 有 6 個指令，分別說明如下：

1. 第 1 個指令再以 lda() 函數進行區別分析存入 da4 物件，括號中另外加入 CV=T，表示要進行交叉驗證。
2. 第 2 個指令以 table() 函數將 da 資料集變數 F 的實際組別及 da4 物件之預測組別做成交叉表，存入 t2 物件。
3. 第 3 個指令列出 t2 內容，整理如下表：

實際＼預測	1	2	3
1	39	28	1
2	14	124	16
3	0	46	24

4. 第 4 個指令計算 t2 對角線之和，得到交叉驗證預測正確數 187。
5 第 5 個指令計算 t2 中之對角線比例之和，得到 0.640411，交叉驗證之分類正確率為 64.04%。
6. 第 6 個指令計算 0.640411 / 0.389848，得到 1.64272，大於 1.25。因此具有實質意義。

命令稿 5-11　留一交叉驗證法

```
> da4<- lda(F~E+U+A+B, data=da, CV=T)
> t2<-table(da$F, da4$class)
> t2
##          1   2   3
##     1   39  28   1
##     2   14 124  16
##     3    0  46  24
> sum(diag(t2))
##  [1] 187
> sum(diag(prop.table(t2)))
##  [1] 0. 640411
> 0.640411/0.389848
##  [1] 1. 64272
```

5.3.7.2.2　Holdout 及 K-fold 法

Holdout 法（留出法）是把資料隨機分成兩組，一組為訓練資料集（training set），另一組為測試資料集（testing set）。分析時先以訓練資料求得區別函數，再以此函數對測試資料進行預測，最後比較測試資料的實際組別與預測組別一致的程度。Holdout 法通常只進行一次交叉驗證。

K-fold 法改進 Holdout 法，先把資料平分成 k 組，依次取其中一組當測試資料，其餘 $k-1$ 組合併為訓練資料，接著使用 Holdout 的方法進行分析、預測、比較，如此進行 k 次後，再比較 k 個測試資料的實際組別與預測組別一致的程度。如果 $k=n$，結果就與上述 LOOCV 法一致。

使用 R 進行分析

命令稿 5-12 有 10 個指令，分別說明如下：

1. 第 1 個指令設定亂數種子為 12345。不同的亂數，會得到不同的結果。
2. 第 2 個指令從 292 個觀察體中隨機選出 234 個樣本（80%），代號存入 id 物件。
3. 第 3 個指令將 da 物件中編號等於 id 的觀察體當訓練組，存入 train.da 物件。本列指令不寫也不影響後續分析。
4. 第 4 個指令將 da 物件中編號不等於 id 的觀察體當測試組，存入 test.da 物件。
5. 第 5 個指令以 da 數據集中 id 物件當中的 234 個樣本為子集進行區別分析並存入 da5 物件，先驗機率設定為原 292 個觀察體 F 變數 3 個組別的比例。
6. 第 6 個指令以 da5 的區別函數對 test.da 測試組進行預測，結果存入 p.da5 物件。
7. 第 7 個指令以 test.da 測試組中的變數 F（實際組）及 p.da5 物件中的$class（預測組）做成交叉表，存入 t3 物件。
8. 第 8 個指令列出 t3 內容，整理如下表：

實際 \ 預測	1	2	3
1	7	4	0
2	4	25	0
3	0	11	7

9. 第 9 個指令計算 t3 中之對角線比例總和，得到 0.6724138，以訓練組的區別函數對測試組預測正確率為 67.24%。

10. 第 10 個指令計算 0.6724138/0.389848，得到 1.72481，也大於 1.25。

命令稿 5-12　Holdout 交叉驗證法

```
> set.seed(12345)
> id<-sample(1:292, 234)
> train.da <- da[id,]
> test.da <- da[-id,]
> da5<-lda(F~., data=da, subset=id, prior=c(0.2328767,0.5273973,0.2397260))
> p.da5<-predict(da5, test.da)
> t3<-table(test.da$F, p.da5$class)
> t3
##         1   2   3
##     1   7   4   0
##     2   4  25   0
##     3   0  11   7
> sum(diag(prop.table(t3)))
##  [1] 0.6724138
> 0.6724138/0.389848
##  [1] 1.72481
```

5.3.8 計算效果量

區別分析的效果量可以將分組變數化成虛擬變數（組數減 1），再與反應變數進行典型相關分析，典型相關的平方 ρ^2 即效果量。它們也等於由多變量變異數分析所得的 Wilks' Λ 計算效果量 η^2，方法請見第 7 章。

使用 R 進行分析

命令稿 5-13 列出 da2 物件中的$canrsq，分別為 0.47494643 及 0.01617067，不過，第 2 個區別函數未達統計上顯著。

命令稿 5-13　計算效果量

```
> da2$canrsq
##  [1] 0.47494643 0.01617067
```

5.4 二次方區別分析

如果各組的共變數矩陣不同質，就不應使用聯合組內共變數矩陣進行分析，而改用個別的組內共變數矩陣，此為二次方區別分析。

使用 R 進行分析

命令稿 5-14 有 6 列指令，分別說明如下：

1. 第 1 個指令以 MASS 程式套件的 qda() 函數進行二次方區別分析，結果存於 qda 物件。
2. 以 qda 分析結果，對原觀察體進行預測，結果存於 p.qda 物件。
3. 將 da 物件中的實際組別 F 及 p.qda 的預測組別$class 進行交叉分析，結果存在 t4 物件，並列出 t4 表格（混淆矩陣）。
4. t4 對角線的比例總和為 0.6643836 比命令稿 5-6 中 t1 的 0.6541096 高一些。
5. 預測錯誤率為 0.3356164。
6. 預測正確率為隨機猜測的 1.70 倍，大於 1.25。

此處僅說明二次方區別分析的內在效度分析，如果要進行交叉驗證，可以參考前面使用 MASS 程式套件所做的分析，將 lda 改為 qda 即可。後續的分析指令則都相同。

命令稿 5-14　二次方區別分析

```
> qda<-qda(F~.,data=da)
> p.qda<-predict(qda)
> t4<-table(da$F, p.qda$class);   t4
##          1   2   3
##     1   42  25   1
##     2   13 112  29
##     3    0  30  40
> sum(diag(prop.table(t4)))
##  [1] 0.6643836
> 1-sum(diag(prop.table(t4)))
##  [1] 0.3356164
> 0.6643836/0.389848
##  [1] 1.704212
```

5.5 區別分析與集群分析之異同

區別分析與集群分析都是機器學習中的分類方法，不過兩者仍有差異。區別分析是在已知的分類之下，根據觀察值推導出區別函數，並根據此區別規則，用以確定待區別之樣本所屬的類型，使錯判率最小。故當有新的樣本加入時，可以利用此法選定一判別標準，以判定如何將新樣本放置於那個族群中。

集群分析（cluster analysis）則是希望將一群具有相關性的資料加以有意義的分類，事先並不知道其分類的情況。故兩者可說都是將觀察值進行分類的方法，但二者的意義與用途則有所差異。

5.6 區別分析與典型相關之異同

區別分析與典型相關有許多相似之處。在迴歸分析中，提到非計量資料化為虛擬變數的方法，如果將區別分析之分組變數化為虛擬變數，然後以典型相關分析的方法求其係數，其結果與直接進行區別分析是一樣的，因此區別分析可視為典型相關分析的特例。

而在顯著考驗方面，兩者的概念也是差不多的。在典型相關方面，典型相關的數目是自變數及依變數中數目較少者，因為虛擬變數比分組數少了一個，因此區別函數方程的數目是預測變數數（p）與分組數（g）減 1 中較少者，即 min $(p, g-1)$。

5.7 使用 jamovi 分析

要在 jamovi 中進行區別分析，須先安裝 snowCluster 程式庫。讀入 manova.csv 資料檔後，在 snowCluster 中選擇 Linear Discriminant Analysis（線性區別分析）。接著，將類別變數 F 選至 Dependent（依變數）中，E、U、A、B 四個連續變數選至 Covariates（共變量）中。在 Table（表格）勾選所有的項目，Confusion matrix（混淆矩陣）Training set（訓練組設定為 1）（圖 5-1）。

圖 5-1　選擇分析變數——jamovi

如果要使用留出法進行交叉驗證，可設定 Split set（分裂組）為 0.8，並勾選 Test set（測試組）（圖 5-2）。

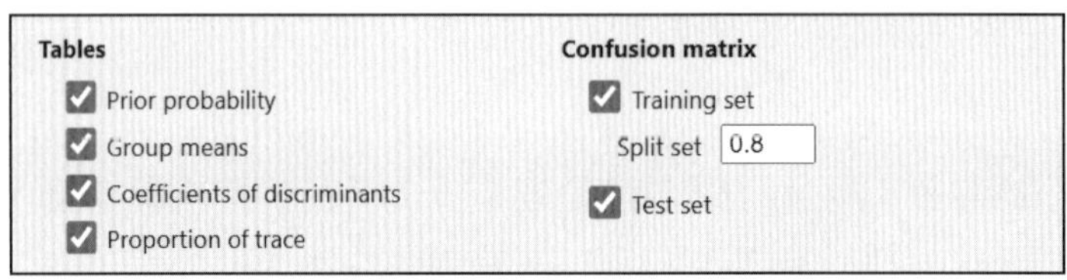

圖 5-2　設定訓練組及測試組——jamovi

分析後得到 7 個報表，簡要說明如後。報表 5-1 是先驗機率，各組人數分別為 68、154、70（見命令稿 5-9），各除以 292 後即為各組的先驗機率。

報表 5-1　Prior probability of groups

	Value
1	0.233
2	0.527
3	0.240

報表 5-2 為分組變數 F 各組之反應變數 E、U、A、B 的平均數。整體而言，第 3

組的 4 個平均數都最高，第 1 組的平均數最低。此結果與命令稿 5-1 一致。

報表 5-2　Group means

	E	U	A	B
1	8.441	10.191	9.735	9.632
2	10.747	12.558	11.818	12.916
3	12.286	13.943	13.100	14.200

報表 5-3 是原始區別函數係數（不含截距），與命令稿 5-3 一致。

報表 5-3　Coefficients of linear discriminants

	LD1	LD2
e	-0.126	0.176
u	-0.204	0.221
a	-0.015	0.337
b	-0.301	-0.560

報表 5-4 是兩個區別函數的解釋比例，其中第一個區別函數占所有解釋量的比例為 0.982，它是由命令稿 5-1 中的 0.904568 / (0.904568 + 0.016436) 計算而得。第二個函數的解釋量比例只有 0.018，幾乎可以忽略不看。

報表 5-4　Proportion of trace

	LD1	LD2
Proportion(%)	0.982	0.018

報表 5-5 是混淆矩陣（沒有測試組），正確分類人數為 40 + 125 + 26 = 191，與命令稿 5-6 一致。

報表 5-5　Confusion matrix with training set

	Predicted		
	1	2	3
1	40	27	1
2	14	125	15
3	0	44	26

報表 5-6 是訓練組的混淆矩陣，正確分類人數為 32 + 107 + 24 = 163，正確率為 163 / 235 = 0.6936 =69.36%。

報表 5-6 Confusion matrix with training set

	Predicted		
	1	2	3
1	32	22	1
2	6	107	11
3	0	32	24

報表 5-7 是測試組的混淆矩陣，正確分類人數為 7 + 24 + 5 = 36，正確率為 36 / 57 = 0.6315 =63.15%。

報表 5-7 Confusion matrix with training set

	Predicted		
	1	2	3
1	7	1	0
2	6	24	9
3	0	5	5

5.8 分析結論

以智慧型手機實際使用程度（F）為分組變數，認知易用性（E）、認知有用性（U）、使用態度（A），及行為意圖（B）為自變數，進行區別分析。整體檢驗是顯著的，Wilks' $\Lambda = 0.517$，$F(8, 572) = 27.982$，$p < .001$。第 1 個區別函數為(−0.126)*e + (−0.204)*u + (−0.015)*a + (−0.301)*b，η^2=0.47，占 98%的解釋量。留一交叉驗證法分類正確率為 64.04%，比隨機猜測多 0.92 倍正確率。

第 6 章

多變量平均數之檢驗

6.1 單變量與多變量的差異

在單變量（univariate）統計方法中，欲進行平均數差異的檢驗時，二個母體平均數差異的顯著性檢驗，可利用 t 檢驗來完成，而三個或三個以上母群體平均數差異之比較，則可使用變異數分析（Analysis of Variance，簡稱為 ANOVA）。以上作法為自變數只有一個時使用，當自變數有兩個以上時，則須使用二因子（或多因子）變異數分析。

若自變數只有一個，而依變數有多個時，除了可用上述 t 檢驗的作法外，也可以使用多變量（multivariate）統計分析的 Hotelling T^2 檢驗。Hotelling T^2 檢驗是單變量 t 檢驗的擴充，主要概念與單變量 t 檢驗相似，不同在於 Hotelling T^2 可用來檢驗一個樣本或兩個樣本之多變量平均數差異檢驗。

6.2 使用多變量分析的理由

除了依變數不只一個時使用多變量統計分析，使用多變量分析尚有四點理由（陳正昌，2011b；Schumacker, 2016）：

首先，若要進行多個依變數的研究，卻僅使用單變量分析，將會在進行多次單變量分析之後，所犯的型一錯誤會膨脹。例如：研究者欲以受訪者對智慧型手機的認知易用性、認知有用性、使用態度，以及行為意圖等四個面向代表「科技接受模型」之指標，若進行四次的單變量分析，而每次的 α 都訂為 .05，則四次檢驗之後，所犯的第一類型錯誤機率便是 $1-(1-.05)^4=.186\approx.05\times4$，這樣已達無法接受的程度了。

其次，單變量分析指考慮單一個變數，而多變量分析則會將變數間的關聯性納入考量。單個變數之間的相關性很高或很低時，都不適合使用多變量分析。變數間的相關非常低，則不需要特別進行多變量分析，僅使用單變量分析即可。

第三，有時個別變數的差異不大，未能達到顯著水準，但有可能同時對多個依變數進行檢驗，而得到較大或顯著的差異。也就是個別變數的細小差異，聯合之後可能會得到巨大的差異。

第四，有些研究者在進行多項指標的分析時，以總分代表來進行單變量分析，這將可能導致錯誤結論。例如：以國文及英文兩科的總分代表學生的語文能力，但是甲校可能國文較好而英文較差（假設平均差了 10 分），乙校則是英文比國文好（也是差了 10 分）。如果只以總分來看，兩校毫無差異，但是如果使用兩個科目進行多變量分析，則會發現兩校之間存有極大的差異。

提醒在進行多變量分析時，最好有理論基礎，如果依變數間沒有理論支持可以放在一起分析，最好也不要貿然進行多變量分析。

6.3 多變量單一樣本平均數差異檢驗

單變量單一樣本之平均數 t 檢驗的公式為：

$$t = \frac{\overline{Y} - \mu_0}{\frac{s}{\sqrt{n}}}$$ 公式 6-1

將公式 6-1 取平方，得到公式 6-2：

$$t^2 = \frac{(\overline{Y} - \mu_0)^2}{\frac{s^2}{n}} = \frac{n(\overline{Y} - \mu_0)^2}{s^2} = n(\overline{Y} - \mu_0)(s^2)^{-1}(\overline{Y} - \mu_0)$$ 公式 6-2

因此，單一樣本的多變量平均數檢驗可用以下的公式進行計算：

$$T^2 = n(\overline{Y} - \mu_0)' S^{-1}(\overline{Y} - \mu_0)$$ ， 公式 6-3

$\mathbf{S} = \frac{\mathbf{W}}{n-1}$，**W** 為 SSCP 矩陣，**S** 為變異數—共變數矩陣

整體檢驗之後，若 T^2 大於查表的決斷值，則應拒絕虛無假設，並進行後續分析。如果沒有適當的 T^2 分配表，可以將其轉成 F 值，公式如下：

$$F = \frac{n-p}{(n-1)p}T^2,\ df = (p, n-p),$$ p 為依變數數目 公式 6-4

亦即 $T^2 = \frac{(n-1)p}{n-p}F$

使用 R 進行分析

命令稿 6-1 有 11 個指令，分別說明如後。

第 1 個指令讀入 C 碟 R 資料夾中 t2.csv 資料檔，存入 T2 物件。

第 2 個指令將 T2 資料中 1 ~ 4 行轉為矩陣，存入 Y 物件。

第 3 個指令載入 rrcov 程式套件。

第 4 個指令使用 T2.test() 函數進行單一樣本 T^2 檢定，括號中有 2 個引數：第 1 個是依變數，共有 4 個變數；第 2 個是要檢定的平均數，4 個變數都是 11。檢定後得到 $T^2 = 223.894$，$F(4, 288) = 55.396$，$p < 0.001$，拒絕虛無假設。F 值由以下公式得到：

$$F = \frac{292-4}{(292-1)\times 4}\times 223.894 = 55.396$$

輸出結果最後一列說明對立假設如下，四個變數的平均數與 11 有顯著差異。

$$H_1 : \begin{pmatrix} \mu_E \\ \mu_U \\ \mu_A \\ \mu_B \end{pmatrix} \neq \begin{pmatrix} 11 \\ 11 \\ 11 \\ 11 \end{pmatrix}$$

四個變數的平均數分別為 10.58、12.34、11.64、12.46。

同樣的分析也可以使用第 5 ~ 7 個指令進行。先載入 ICSNP 程式套件，再使用 HotellingsT2() 函數進行分析，括號中第 3 個引數可以設定列出 T^2 值或 F 值。

由於整體檢定顯著，如果要檢定個別變數是否與 11 有顯著差異，可以進行單一樣本 t 檢定，並設定信賴區間為 $1 - 0.05 / 4 = 0.9875$（Bonferroni 校正）。檢定後四個變數平均數的 98.75%信賴區間都不包含 11，因此四個變數的平均數都顯著不等於 11。

為節省篇幅，第 6 ~ 11 個指令的輸出結果都不列出。

命令稿 6-1　單一樣本 T^2 檢定

```
> T2<-read.csv("C:/R/t2.csv")
> Y<-as.matrix(T2[,1:4])
> library(rrcov)
```

```
> T2.test(Y, mu=c(11,11,11,11))
##
##          One-sample Hotelling test
##
## data:  Y
## T2 = 223.894, F = 55.396, df1 = 4, df2 = 288, p-value < 2.2e-16
## alternative hypothesis: true mean vector is not equal to (11, 11, 11, 11)'
##
## sample estimates:
##                       E        U        A       B
## mean x-vector 10.57877 12.33904 11.64041 12.4589
> library(ICSNP)
> HotellingsT2(Y, mu=c(11,11,11,11) , test = "chi")
> HotellingsT2(Y, mu=c(11,11,11,11), test = "f")
> t.test(T2$E, mu=11 , conf.level = 0.9875)
> t.test(T2$U, mu=11 , conf.level = 0.9875)
> t.test(T2$A, mu=11 , conf.level = 0.9875)
> t.test(T2$B, mu=11 , conf.level = 0.9875)
```

6.4 多變量獨立樣本平均數差異檢驗

在進行獨立樣本平均數差異檢驗時，會因為共變異數矩陣是否同質，而採用不同的公式，以下分兩種情況說明。

6.4.1 共變數矩陣同質

在單變量中，兩個獨立樣本且**假設變異數相等**的平均數檢驗公式如下：

$$t = \frac{\overline{Y}_1 - \overline{Y}_2 - (\mu_1 - \mu_2)}{\sqrt{s_p^2(\frac{1}{n_1} + \frac{1}{n_2})}} \qquad \text{公式 6-5}$$

大多數研究者通常又假定兩個母群的平均數是相等的（亦即 $\mu_1 - \mu_2 = 0$），因此公式可以寫成以下的形式：

$$t = \frac{\overline{Y}_1 - \overline{Y}_2}{\sqrt{s_p^2\left(\frac{1}{n_1} + \frac{1}{n_2}\right)}}$$ 公式 6-6

此時，如果將公式 6-6 取平方，就可以得到公式 6-7：

$$t^2 = \frac{(\overline{Y}_1 - \overline{Y}_2)^2}{s_p^2\left(\frac{1}{n_1} + \frac{1}{n_2}\right)} = \frac{n_1 n_2}{n_1 + n_2} \times \frac{(\overline{Y}_1 - \overline{Y}_2)^2}{s_p^2}$$ 公式 6-7

$$= \frac{n_1 n_2}{n_1 + n_2}(\overline{Y}_1 - \overline{Y}_2)(s_p^2)^{-1}(\overline{Y}_1 - \overline{Y}_2)$$

因此，**共變數矩陣相等**時，兩個獨立樣本的多變量平均數檢驗可用公式 6-8 進行計算：

$$T^2 = \frac{n_1 n_2}{n_1 + n_2}(\overline{Y}_1 - \overline{Y}_2)'\mathbf{S}_p^{-1}(\overline{Y}_1 - \overline{Y}_2)$$ 公式 6-8

$\mathbf{S}_p$ 為聯合之組內共變數矩陣

如果沒有適當的 T^2 分配表，則可以使用公式 6-9 轉換成 F 值：

$$F = \frac{n_1 + n_2 - p - 1}{p(n_1 + n_2 - 2)}T^2,\ \ df = p, (n_1 + n_2 - p - 1)$$ 公式 6-9

使用 R 進行分析

命令稿 6-2 有 8 個指令，分別說明如後。

第 1 個指令將 T2 資料中的 F 變數轉為因子，存成物件 F。

第 2 個指令以 rrcov 程式套件的 T2.test() 函數進行 T^2 檢定，括號中引數設定依變數是 Y（有 4 個變數），自變數是 F。輸出結果 $T^2 = 200.714$，$F(4, 287) = 49.659$，$p < 0.001$，拒絕虛無假設。F 值由以下公式得到：

$$F = \frac{292 - 4 - 1}{4 \times (292 - 2)} \times 200.714 = 40.659$$

輸出結果後面三列是兩組的四個變數平均數，而對立假設是它們之間有顯著差異。

$$H_1: \begin{pmatrix} \mu_{1E} \\ \mu_{1U} \\ \mu_{1A} \\ \mu_{1B} \end{pmatrix} - \begin{pmatrix} \mu_{2E} \\ \mu_{2U} \\ \mu_{2A} \\ \mu_{2B} \end{pmatrix} \neq \begin{pmatrix} 0 \\ 0 \\ 0 \\ 0 \end{pmatrix}$$

同樣的分析也可以使用第 3、4 個指令，以 ICSNP 程式套件的 HotellingsT2() 函數進行，括號中第 2 個引數可以設定列出 T^2 值或 F 值。

由於整體檢定顯著，如果要檢定兩組的個別變數平均數是否有顯著差異，可以進行獨立樣本 t 檢定，並設定信賴區間為 0.9875（第 5～8 個指令）。檢定後兩組之四個變數的平均數差值 98.75%信賴區間都不包含 0，因此平均數都顯著不相等。為節省篇幅，不列出個別報表。

命令稿 6-2　獨立樣本 T^2 檢定

```
> F=factor(T2$F)
> T2.test(Y ~ F)
##
##         Two-sample Hotelling test
##
##  data:  Y by F
##  T2 = 200.714, F = 49.659, df1 = 4, df2 = 287, p-value < 2.2e-16
##  alternative hypothesis: true difference in mean vectors is not equal to (0,0,0,0)
##  sample estimates:
##                         E        U         A         B
##  mean x-vector  8.441176 10.19118  9.735294  9.632353
##  mean y-vector 11.227679 12.99107 12.218750 13.316964
> HotellingsT2(Y ~ F, test="chi")
> HotellingsT2(Y ~ F, test="f")
> t.test(T2$E~T2$F, var.equal=TRUE, conf.level = 0.9875)
> t.test(T2$U~T2$F, var.equal=TRUE, conf.level = 0.9875)
> t.test(T2$A~T2$F, var.equal=TRUE, conf.level = 0.9875)
> t.test(T2$B~T2$F, var.equal=TRUE, conf.level = 0.9875)
```

6.4.2 共變數矩陣不同質

兩個獨立樣本且**假設變異數不相等**之單變量的平均數檢驗，其公式如下：

$$t = \frac{\overline{Y}_1 - \overline{Y}_2 - (\mu_1 - \mu_2)}{\sqrt{\frac{s_1^2}{n_1} + \frac{s_2^2}{n_2}}} \quad \text{公式 6-10}$$

如果假定兩個母群的平均數是相等的，公式又可以簡化成以下的形式：

$$t = \frac{\overline{Y}_1 - \overline{Y}_2}{\sqrt{\frac{s_1^2}{n_1} + \frac{s_2^2}{n_2}}} \quad \text{公式 6-11}$$

此時，如果將公式 6-11 取平方，就可以得到公式 6-12：

$$\begin{aligned} t^2 &= \frac{(\overline{Y}_1 - \overline{Y}_2)^2}{\frac{s_1^2}{n_1} + \frac{s_2^2}{n_2}} = (\overline{Y}_1 - \overline{Y}_2)^2 \times \left(\frac{s_1^2}{n_1} + \frac{s_2^2}{n_2}\right) \\ &= (\overline{Y}_1 - \overline{Y}_2)\left(\frac{s_1^2}{n_1} + \frac{s_2^2}{n_2}\right)^{-1}(\overline{Y}_1 - \overline{Y}_2) \end{aligned} \quad \text{公式 6-12}$$

因此，**共變數矩陣不等**時，兩個獨立樣本的多變量平均數檢驗可用公式 6-12 進行計算：

$$T^2 = (\overline{Y}_1 - \overline{Y}_2)'\left(\frac{\mathbf{S}_1}{n_1} + \frac{\mathbf{S}_2}{n_2}\right)^{-1}(\overline{Y}_1 - \overline{Y}_2) \quad \text{公式 6-13}$$

$\mathbf{S}_1$、$\mathbf{S}_2$ 分別為兩組之變異數—共變數矩陣

使用 R 進行分析

命令稿 6-3 以 biotools 程式套件之 boxM() 函數進行共變數矩陣同質性檢定，括號中引數分別是四個依變數 Y 及自變數 F。檢定後得到近似 $\chi^2(10, N = 292) = 37.821$，$p < 0.001$，應拒絕虛無假設，所以兩組的依變數共變數矩陣不相同。不過，R 並未提供共變數矩陣不等時的 T^2 檢定，讀者可以改用本書第 7 章的多變量變異數分析。

命令稿 6-3 共變數同質性檢定

```
> library(biotools)
> boxM(Y, F)
##
##         Box's M-test for Homogeneity of Covariance Matrices
##
## data:  Y
## Chi-Sq (approx.) = 37.821, df = 10, p-value = 4.077e-05
```

6.5 多變量相依樣本平均數差異檢驗

在單變量下，兩個相依樣本之平均數檢驗，概念上與單一樣本平均數的假設檢驗相近，只要先計算兩個樣本間的差異 d，再使用單一樣本 t 檢驗的方法即可，其公式如下：

$$t = \frac{\bar{d} - \mu_{d0}}{\frac{s_d}{\sqrt{n}}} \qquad \text{公式 6-14}$$

同前述作法，將公式 6-14 取平方，就可以得到公式 6-15：

$$t^2 = \frac{(\bar{d} - \mu_{d0})^2}{\frac{s_d^2}{n}} = \frac{n(\bar{d} - \mu_{d0})^2}{s_d^2} = n(\bar{d} - \mu_{d0})'(s_d^2)^{-1}(\bar{d} - \mu_{d0}) \qquad \text{公式 6-15}$$

兩個相依樣本的多變量平均數檢驗可用公式 6-16 進行分析：

$$T^2 = n(\bar{d} - \mu_{d0})'\mathbf{S}_d^{-1}(\bar{d} - \mu_{d0}) \qquad \text{公式 6-16}$$

使用 R 進行分析

命令稿 6-4 有 8 個指令，分別說明如後。

第 1、2 個指令分別將 T2 資料中的 A 變數減 E 變數及 B 變數減 U 變數，代表要 E 與 A 配對、B 與 U 配對進行平均數檢定，相減之後結果分別存在 D1 與 D2 物件。

第 3 個指令將 D1 與 D2 合併成行。

第 4 個指令同樣使用 rrcov 程式套件的 T2.test() 函數進行單一樣本 T^2 檢定，檢定後得到 $T^2 = 50.077$，$F(2, 290) = 24.953$，$p < 0.001$，拒絕虛無假設，兩組配對變數的平均數與 0 有顯著差異。F 值由以下公式計算而得：

$$F = \frac{292-2}{(292-1)\times 2}\times 50.077 = 24.953$$

輸出結果後面說明兩組配對平均數差值為 1.06 及 0.12，對立假設如下：

$$H_1: \begin{pmatrix}\mu_A \\ \mu_B\end{pmatrix} - \begin{pmatrix}\mu_E \\ \mu_U\end{pmatrix} = \begin{pmatrix}0 \\ 0\end{pmatrix}$$

同樣的分析也可以使用第 5、6 個指令，以 ICSNP 程式套件的 HotellingsT2() 函數進行，括號中第 2 個引數可以設定列出 T^2 值或 F 值。

由於整體檢定顯著，如果要檢定個別配對變數是否與 0 有顯著差異，可以進行第 7、8 個指令的相依樣本 t 檢定，並設定信賴區間為 $1 - 0.05 / 2 = 0.975$。檢定後只有第一對變數（A 與 E）差值平均數的 97.5%信賴區間不包含 0，因此變數 A 與 E 的平均數不相等。

命令稿 6-4　相依樣本 T^2 檢定

```
> D1<-T2$A−T2$E
> D2<-T2$B−T2$U
> D<-cbind(D1, D2)
> T2.test(D, mu=c(0, 0))
##
##          One-sample Hotelling test
##
## data:  D
## T2 = 50.077, F = 24.953, df1 = 2, df2 = 290, p-value = 1.002e-10
## alternative hypothesis: true mean vector is not equal to (0, 0)'
##
## sample estimates:
##                       D1       D2
## mean x-vector 1.061644 0.119863
```

```
> HotellingsT2(D, mu=c(0, 0), test = "chi")
> HotellingsT2(D, mu=c(0,0), test = "f")
> t.test(T2$A, T2$E, paired=TRUE, conf.level = 0.975)
##          Paired t-test
##
## data:  T2$A and T2$E
## t = 7.0647, df = 291, p-value = 1.191e-11
## alternative hypothesis: true difference in means is not equal to 0
## 97.5 percent confidence interval:
##  0.7230649 1.4002228
## sample estimates:
## mean of the differences
               1.061644
> t.test(T2$B, T2$U, paired=TRUE, conf.level = 0.975)
##          Paired t-test
##
## data:  T2$B and T2$U
## t = 1.0075, df = 291, p-value = 0.3146
## alternative hypothesis: true difference in means is not equal to 0
## 97.5 percent confidence interval:
##  -0.1481973  0.3879233
## sample estimates:
## mean of the differences
##                0.119863
```

6.6 分析結論

由以上三個分析，可以得到以下結論：

1. 個體在智慧型手機的認知易用性、認知有用性、使用態度，及行為意圖之平均數，與 11 分有顯著差異。
2. 是否經常使用智慧型手機，在上述四個變數的平均數均有顯著差異。
3. 認知易用性與使用態度，以及認知有用性與行為意圖之平均數，整體有顯著差異，差異主要在於認知易用性與使用態度。（注：此分析主要在示範用，並無理論基礎。）

第7章

多變量變異數分析

多變量變異數分析（multivariate analysis of variance, MANOVA）旨在比較兩個以上組別樣本在兩個以上變數的平均數是否有差異。其**自變數**是兩個以上的組別，可以是一到多個**因子**（或因素，factor），為**質的變數**；**依變數**是兩個以上**量的變數**。變異數分析是一個龐大的族系，它可以根據依變數的個數、自變數個數（獨立或相依），以及是否有共變項等條件，再細分成各種類型的變異數分析方法（邱皓政，2006）。

本章僅說明單因子獨立樣本多變量變異數分析的重要概念及計算方法，二因子多變量變異數分析可參閱程炳林和陳正昌（2011）的專文。

7.1 單因子多變量分析基本統計概念

當欲比較各組平均數之差異是否達到顯著時，若依變數只有一個，可使用單因子變異數分析進行考驗，使用的統計方法為 F 檢定；若依變數有兩個以上時，則就必須使用多變量變異數分析進行考驗，使用的統計方法為 Wilks' Λ（Wilks' Lambda）檢定，故可以說多變量變異數分析是單變量變異數分析（univariate analysis of variance, UNIANOVA）的延伸使用。若自變數只有一個時，就是單因子多變量變異數分析（one-way Multivariate Analysis of Variance），若自變數有兩個以上時，則稱為多因子多變量變異數分析。MANOVA 除了使用於多個母群體的平均數差異考驗外，更重要的是 MANOVA 把多元共線性（multicollinearity）的問題考慮進來，在單變量中無法覺察之線性組合的差異，MANOVA 也可以計算。

在實驗控制的錯誤率部分，以四個依變數為例，若將多變量變異數分析拆成四個單變量變異數分析（即分別進行四次的 ANOVA），在顯著水準（α）為 .05 情況下，最大的錯誤率為：$1 - (1 - 0.05)^4 = 1 - 0.815 = 0.185$，大約等於 $0.05 \times 4 = 0.20$。表示在單變量變異數分析的情況下，型一錯誤介於 .05 至 .185 之間，明顯地提高了型一誤差。即依變數有兩個以上時，如果仍舊使用 ANOVA，則會使得 α 膨脹。因此，站在錯誤率的前提下來看，建議不要把多變量變異數分析拆成數個單變量變異數分析，以免影響檢定力。另一方面，MANOVA 不只關心單獨的依變數，還考量依變數間的相關。MANOVA 是同時檢定依變數聯合的差異，有時，進行多次 ANOVA 可能都不顯著，但是進行一次 MANOVA 就達顯著。然而也不表示研究者把多個依變數都合併在一個統計分析中就是最佳處理方式，當依變數間沒有相關，或是相關太高時，都不適合使用 MANOVA。

總之，在平均數差異的考驗中，通常在下列情況下使用 MANOVA（Bray & Maxwell, 1985）：

1. 研究者對於考驗數個依變數的平均數差異有興趣，而不只是對於單一個依變數有興趣。即使研究者只對個別依變數的平均數差異有興趣，MANOVA 仍然是理想的方法。因為在此種情形下，MANOVA 可以用來控制整體的 α 水準。
2. 研究者想在控制依變數間交互相關的情形下，了解組平均數同時在所有依變數的差異。此時，研究者可能有下列四項考慮：(1) 研究者想要比較 k 組在 p 個依變數上的關係；(2) 研究者想要縮減 p 個依變數為比較少的理論向度；(3) 研究者想要選擇區別 k 組最有力的依變數；(4) 研究者對於一組測量背後的構念（constructs）有興趣。

7.2 多變量變異數分析（MANOVA）之基本假設

MANOVA 有四個基本的重要假設（Bray & Maxwell, 1985）：

1. 觀察值是從母群體中隨機抽樣而得，觀察體要能代表母群體。
2. 觀察值相互獨立，即無自我相關。觀察體獨立代表各個樣本不會相互影響，假使觀察體間不獨立，計算所得的 p 值就不準確。如果有證據支持違反這項假定，就不應使用單因子獨立樣本多變量變異數分析。
3. 各組母群體的變異數要同質，即各組要有共同的共變異數矩陣。其意義為：對每一個依變數而言，ANOVA 的變異數同質性假定必須符合；其次，任何兩個依變數的相關在 k 組之間應該都相同。R 可採用 Box 的 M 檢定來分析這個假定。當各組樣本數大致相等時（相差不到 50%），MANOVA 具有強韌性。如果樣本數不相等，而且違反此項假定時，建議可以採用 Pillai 的 v 值，而不使用 Wilks 的 Λ 值。
4. 依變數要成多變量常態分配（multivariate normal distribution），此項假定有

兩個意涵：一是每個變數在各自的母群中（自變數的各個組別中）須為常態分配；二是變數的所有可能組合也要呈常態分配。通常只要樣本夠大，大多能滿足此要求。

7.3 單因子獨立樣本多變量變異數檢定方法

單因子獨立樣本多變量變異數檢定是要考驗多個變量的平均數向量是否相等，亦即要計算組間（between group）和組內（within group）的對比。ANOVA 使用均方（Mean Square），而 MANOVA 則是使用平方和與交乘積矩陣（Matrix of sum of square and cross-products, SSCP）。SS 是各變數的離均差平方和，CP 是變數間兩兩的交叉乘積和，公式分別為：

$$SS_i = \Sigma(Y_i - \overline{Y}_i)^2$$

$$CP_{ij} = \Sigma(Y_i - \overline{Y}_i)(Y_j - \overline{Y}_j)$$

假設有四個依變數，由 SS 及 CP 所組成的矩陣稱為 SSCP 矩陣：

$$\begin{bmatrix} SS_1 & CP_{12} & CP_{13} & CP_{14} \\ CP_{12} & SS_2 & CP_{23} & CP_{24} \\ CP_{13} & CP_{23} & SS_3 & CP_{34} \\ CP_{14} & CP_{24} & CP_{34} & SS_4 \end{bmatrix}$$

在單因子獨立樣本 MANOVA 中，全體的 SSCP 矩陣（以下稱為 **T** 矩陣）可以拆解為組間 SSCP（**H** 矩陣）及組內 SSCP（**E** 矩陣），亦即 **T** = **H** + **E**。

使用 R 進行分析

命令稿 7-1 中共有 12 個指令，分別說明如下：

1. 第 1 個指令讀入 C 碟中 R 資料夾下的 manova.csv 數據檔，存入 manova 物件。
2. 第 2 個指令將 manova 物件轉為矩陣，存入 m 物件。

3. 第 3 個指令以 manova() 函數進行 MANOVA，依變數為 m 物件的 1 ~ 4 行。變數名稱分別為 E（認知易用性）、U（認知有用性）、A（使用態度）、B（行為意圖）。自變數為 m 物件的第 5 行（變數 F，實際使用頻率，分為低中高三個等級），並轉為 factor。分析結果存入 fit 物件。
4. 第 4 個指令載入 HoRM 程式套件。
5. 第 5 個指令使用 SSCP.fn() 函數，將 fit 物件中的三個 SSCP 矩陣存入 SSCP 物件。
6. 第 6 個指令將 SSCP 物件的$SSCPTO 存入 T 物件，並列出 T，此即為全體的 SSCP 矩陣。
7. 第 7 個指令將 SSCP 物件的$SSCPR 存入 H 物件，並列出 H，此即為組間的 SSCP 矩陣。
8. 第 8 個指令將 SSCP 物件的$SSCPE 存入 E 物件，並列出 E，此即為誤差（組內）的 SSCP 矩陣。
9. 第 9 個指令以 eigen() 函數解 $\mathbf{E}^{-1}\mathbf{H}$ 矩陣，其中之$values 為特徵值，以 round() 函數取到小數第 3 位。後 2 個特徵值為 0，表示 $\mathbf{E}^{-1}\mathbf{H}$ 矩陣只有 2 個特徵值，分別為 0.905 及 0.016。最大的特徵值為 0.905。
10. 第 10 個指令以 det() 函數計算 **E** 矩陣之行列式值，結果為 912981354941。
11. 第 11 個指令以 det() 函數計算 **T** 矩陣之行列式值，結果約為 1.767415×10^{12}。
12. 第 12 個指令計算|**E**| / |**T**|，結果為 0.5165631，此即為 Wilks' Λ 值。

上述的計算也可以利用第 1 章 1.6 節的方式完成。

命令稿 7-1　計算 SSCP 矩陣及行列式值

```
> manova<-read.csv("C:/R/manova.csv")
> m<-as.matrix(manova)
> fit <- manova(m[,1:4] ~ as.factor(m[,5]))
> library(HoRM)
> SSCP<-SSCP.fn(fit)
> T<-SSCP$SSCPTO;   T
##            E         U         A        B
## E 2191.1884  853.7021  887.7705 1020.445
## U  853.7021 1495.4349  901.5993 1108.568
## A  887.7705  901.5993 1503.2432 1197.185
## B 1020.4452 1108.5685 1197.1849 1924.507
```

```
> H<-SSCP$SSCPR;  H
##              E        U        A        B
##   E 519.0146 509.5153 455.9203 630.7080
##   U 509.5153 501.1748 448.1218 623.7293
##   A 455.9203 448.1218 400.7988 556.5662
##   B 630.7080 623.7293 556.5662 787.5954
> E<- SSCP$SSCPE;  E
##               E         U          A          B
##   E 1672.1738 344.1868  431.8503  389.7372
##   U  344.1868 994.2602  453.4775  484.8392
##   A  431.8503 453.4775 1102.4444  640.6187
##   B  389.7372 484.8392  640.6187 1136.9114
> round(eigen(solve(E)%*%H)$values, 3)
##   [1] 0.905 0.016 0.000 0.000
> det(E)
##   [1] 912981354941
> det(T)
##   [1] 1.767415e+12
> det(E)/det(T)
##   [1] 0.5165631
```

單因子獨立樣本 ANOVA 的檢定方式有許多種，最常用的有四種，分別是：Wilks 的 Λ 統計量、Pillai-Bartlett 的跡（trace，T）統計量（v）、Hotelling-Lawley 的 T 統計量、Roy 最大根（GCR）統計量。最常使用的是 Wilks' Λ 統計量，但若樣本數較少，組間人數不相等與含有程序性假定問題時，則 Pillai-Bartlett 的 v 統計量則具有較高的強韌性（吳明隆、涂金堂，2006）。公式及計算結果如下（均取到小數第 3 位）：

$$\text{Wilks' } \Lambda = \frac{|\mathbf{W}|}{|\mathbf{B}+\mathbf{W}|} = \frac{|\mathbf{W}|}{|\mathbf{T}|} = 0.517$$

$$\text{Pillai-Bartlett 的 } v = \sum_{i=1}^{s} \frac{\lambda_i}{1+\lambda_i} = \frac{0.905}{1+0.905} + \frac{0.016}{1+0.016} = 0.491$$

$$\text{Hotelling-Lawley 的 } T = \sum_{i=1}^{s} \lambda_i = 0.905 + 0.016 = 0.921$$

Roy 的最大根，是 $\mathbf{E}^{-1}\mathbf{H}$ 矩陣的最大特徵值 λ_1，為 0.905

整體效果考驗後，單因子獨立樣本多變量變異數分析摘要表如表 7-1 所示。

表 7-1 單因子獨立樣本多變量變異數分析摘要表

變異來源	*df*	SSCP	Wilks' Λ	*p*
組間	$k-1$	**H** (組間 SSCP 矩陣)	|**E**|/|**T**|	
組內	$N-k$	**E** (組內 SSCP 矩陣)		
總和	$N-1$	**T** (總和 SSCP 矩陣)		

N：總人數；k：組數

使用 R 進行分析

命令稿 7-2 中共有 4 個指令，分別說明如下：

1. 第 1 個指令以 summary() 函數列出命令稿 7-1 中 fit 物件的 Wilks 檢定結果，$\Lambda = 0.51656$，轉為 $F(8, 572) = 27.982$，$p < .001$。因此，不同智慧型手機使用頻率間（變數 F），四個變數 E、U、A、B 之平均數有顯著差異。
2. 第 2 個指令列出 Pillai-Bartlett 的檢定結果，$v = 0.49112$，$p < .001$。如果不寫 test="P"，Pillai-Bartlett 也是 summary 的內定顯示的檢定。
3. 第 3 個指令列出 Hotelling-Lawley 的檢定結果，$T = 0.921$，$p < .001$。
4. 第 4 個指令列出 Roy 的檢定結果，GCR = 0.90457，$p < .001$。

命令稿 7-2 整體檢定

```
> summary(fit, test="W")
##                        Df   Wilks approx F num Df den Df    Pr(>F)
## as.factor(m[, 5])   2 0.51656   27.982      8     572 < 2.2e-16 ***
## Residuals         289
## ---
## Signif. codes:  0 '***' 0.001 '**' 0.01 '*' 0.05 '.' 0.1 ' ' 1
> summary(fit, test="P")
##                        Df  Pillai approx F num Df den Df    Pr(>F)
## as.factor(m[, 5])   2 0.49112   23.354      8     574 < 2.2e-16 ***
## Residuals         289
## ---
## Signif. codes:  0 '***' 0.001 '**' 0.01 '*' 0.05 '.' 0.1 ' ' 1
```

```
> summary(fit, test="H")
##                    Df Hotelling-Lawley approx F num Df den Df    Pr(>F)
## as.factor(m[, 5])   2            0.921   32.811      8    570 < 2.2e-16 ***
## Residuals         289
## ---
## Signif. codes:  0 '***' 0.001 '**' 0.01 '*' 0.05 '.' 0.1 ' ' 1
> summary(fit, test="R")
##                    Df     Roy approx F num Df den Df    Pr(>F)
## as.factor(m[, 5])   2 0.90457   64.903      4    287 < 2.2e-16 ***
## Residuals         289
## ---
## Signif. codes:  0 '***' 0.001 '**' 0.01 '*' 0.05 '.' 0.1 ' ' 1
```

7.4 後續分析

整體檢定顯著之後，有許多可用的後續分析（程炳林、陳正昌，2011），在此僅說明三種常用的方法。

7.4.1 單變量變異數分析

單變量變異數分析是針對個別的依變數進行單因子變異數分析，此時應採 Bonferroni 法將 α 除以依變數進行校正。整體檢定顯著後，再使用事後比較法進行成對比較。

使用 R 進行分析

R 在 MANOVA 的分析後，就直接列出 ANOVA 整體檢定結果，命令為 summary.aov(模型)。命令稿 7-3 中的四個「as.factor(m[, 5])」的 SS，與命令稿 7-2 中組間（SSCPR）SSCP 矩陣的對角線相同。四個 F 值分別為 44.85、72.838、52.534，及 100.1，p 值均小於 0.0125（為 0.05 / 4）。因此，三種智慧型手機實際使用程度的使用者，其認知易用性、認知有用性、使用態度，及行為意圖的平均數都不同。

命令稿 7-3　單變量 ANOVA 整體檢定

```
> summary.aov(fit)
## Response E :
##                      Df  Sum Sq Mean Sq F value    Pr(>F)
## as.factor(m[, 5])     2  519.01 259.507   44.85 < 2.2e-16 ***
## Residuals           289 1672.17   5.786
## ---
## Signif. codes:  0 '***' 0.001 '**' 0.01 '*' 0.05 '.' 0.1 ' ' 1
##
##  Response U :
##                      Df Sum Sq Mean Sq F value    Pr(>F)
## as.factor(m[, 5])     2 501.17  250.59  72.838 < 2.2e-16 ***
## Residuals           289 994.26    3.44
## ---
## Signif. codes:  0 '***' 0.001 '**' 0.01 '*' 0.05 '.' 0.1 ' ' 1
##
##  Response A :
##                      Df Sum Sq Mean Sq F value    Pr(>F)
## as.factor(m[, 5])     2  400.8 200.399  52.534 < 2.2e-16 ***
## Residuals           289 1102.4   3.815
## ---
## Signif. codes:  0 '***' 0.001 '**' 0.01 '*' 0.05 '.' 0.1 ' ' 1
##
##  Response B :
##                      Df Sum Sq Mean Sq F value    Pr(>F)
## as.factor(m[, 5])     2  787.6  393.80   100.1 < 2.2e-16 ***
## Residuals           289 1136.9    3.93
## ---
## Signif. codes:  0 '***' 0.001 '**' 0.01 '*' 0.05 '.' 0.1 ' ' 1
```

由於單變量的整體檢定都達 .05 顯著水準，因此接著進行事後多重比較。命令稿 7-4 以 Tukey 的 HSD 法分別對 E、U、A、B 進行事後比較，並設定 α 為 0.0125，以控制型 I 錯誤。

由報表中雖然顯示為「98.75% family-wise confidence level」(族系信賴水準)，但應視為 95%信賴區間。由 E 變數平均數差異的信賴區間（不含 0）可以看出：

1. 中度使用程度者，其認知易用性的平均數比低度使用者高 2.31 分，95%信賴區間為[1.30, 3.31]，不含 0，$p < .001$，因此中度使用者比低度使用者認為智慧型手機較容易使用。
2. 高度使用程度者，其認知易用性的平均數比低度使用者高 3.84 分，95%信賴區間為[2.67, 5.02]，不含 0，$p < .001$，因此高度使用者比低度使用者認為智慧型手機較容易使用。
3. 高度使用程度者，其認知易用性的平均數比中度使用者高 1.54 分，95%信賴區間為[0.55, 2.53]，不含 0，$p < .001$，因此高度使用者比中度使用者認為智慧型手機較容易使用。
4. 整體而言，高度使用者對於智慧型手機的認知易用性平均數最高，其次為中度使用者，低度使用者對於智慧型手機的認知易用性平均數最低，三組間的平均數都有顯著差異。

命令稿 7-4 中第 2 ~ 4 個指令重複第 1 個指令，只是依變數分別改為 U、A、B。分析結論為：

1. 高度使用者對於智慧型手機的認知有用性平均數最高，其次為中度使用者，低度使用者對於智慧型手機的認知有用性平均數最低，三組間的平均數都有顯著差異。
2. 高度使用者對於智慧型手機的使用態度平均數最高，其次為中度使用者，低度使用者對於智慧型手機的使用態度平均數最低，三組間的平均數都有顯著差異。
3. 高度使用者對於智慧型手機的行為意圖平均數最高，其次為中度使用者，低度使用者對於智慧型手機的行為意圖平均數最低，三組間的平均數都有顯著差異。

為了節省篇幅，此處不列出指令 2 ~ 4 的結果。讀者可以自行嘗試。

命令稿 7-4　單變量事後多重比較——Tukey HSD 法

```
> TukeyHSD(aov(m[,1]~as.factor(m[,5])),conf.level = 1-.05/4)
##
##    Tukey multiple comparisons of means
##      98.75% family-wise confidence level
```

```
##
## Fit: aov(formula = m[, 1] ~ as.factor(m[, 5]))
##
## $`as.factor(m[, 5])`
##          diff       lwr      upr    p adj
## 2-1 2.305577 1.3030322 3.308121 0.00e+00
## 3-1 3.844538 2.6721316 5.016944 0.00e+00
## 3-2 1.538961 0.5464013 2.531521 3.83e-05
##
> TukeyHSD(aov(m[,2]~as.factor(m[,5])),conf.level = 1-.05/4)
> TukeyHSD(aov(m[,3]~as.factor(m[,5])),conf.level = 1-.05/4)
> TukeyHSD(aov(m[,4]~as.factor(m[,5])),conf.level = 1-.05/4)
```

7.4.2 同時信賴區間法

同時信賴區間法是在控制整個檢定的 α 值之下，計算各個差異平均數的 $1-\alpha$ 信賴區間，如果區間不含 0，表示兩組之間的平均數有顯著差異。在 R 中，可以使用單因子變異數分析的 LSD 法進行檢定，並將 α 值調整為：

$$\frac{\alpha}{(組數-1)\times 依變項數}$$

在本範例中，校正的 α 值設為：

$$\frac{0.05}{(4-1)\times 4}=\frac{0.05}{12}=0.004167$$

使用 R 進行分析

命令稿 7-5 有 5 個指令，分別說明如下：

1. 第 1 個指令載入 DescTools 程式套件。
2. 第 2 個指令使用 PostHocTest() 函數，以 m 物件的第 1 行（變數 E）當依變數，第 5 行（變數 F）當自變數，使用 LSD 法計算信賴區間，α 值設定為 1 − 0.05 / 12。與命令稿 7-4 的結果相比，同時信賴區間法的 95%信賴區間較大，不過，也都不含 0。

3. 第 3 ~ 5 個指令改以變數 U、A、B 為依變數，差異平均數信賴區間也都不含 0。此處不列出詳細報表。

命令稿 7-5　同時信賴區間

```
> library(DescTools)
> PostHocTest(aov(m[,1]~as.factor(m[,5])), method = "lsd", conf.level = 1-0.05/12)
##
##    Posthoc multiple comparisons of means : Fisher LSD
##      99.58333% family-wise confidence level
##
##  $`as.factor(m[, 5])`
##           diff     lwr.ci    upr.ci     pval
##  2-1 2.305577 1.2940223 3.317131 2.2e-10 ***
##  3-1 3.844538 2.6615952 5.027480 < 2e-16 ***
##  3-2 1.538961 0.5374812 2.540441 1.3e-05 ***
##
##  ---
##  Signif. codes:  0 '***' 0.001 '**' 0.01 '*' 0.05 '.' 0.1 ' ' 1
##
> PostHocTest(aov(m[,2]~as.factor(m[,5])), method = "lsd", conf.level = 1-0.05/12)
> PostHocTest(aov(m[,3]~as.factor(m[,5])), method = "lsd", conf.level = 1-0.05/12)
> PostHocTest(aov(m[,4]~as.factor(m[,5])), method = "lsd", conf.level = 1-0.05/12)
```

7.4.3 區別分析法

區別分析的自變數是多個量的變數，依變數是質的變數，正好與單因子獨立樣本 MANOVA 相反。許多教科書都建議在 MANOVA 整體檢定之後，應進行描述取向的區別分析。有關區別分析的說明，請參見本書第 5 章的介紹。

7.5 效果量

MANOVA 常用的效果量（偏 η^2）有四種，它們分別由整體檢定的四種統計量數計算而得，公式分別為：

$$偏\ \eta^2_{(Wilks)} = 1 - \Lambda^{1/s}$$

$$偏\ \eta^2_{(Pillai)} = \frac{V}{s}$$

$$偏\ \eta^2_{(Hotelling)} = \frac{T/s}{T/s+1}$$

$$偏\ \eta^2_{(Roy)} = \frac{\lambda_1}{1+\lambda_1}$$

公式中的 s 等於非 0 的特徵值，個數是「組數減 1」或「依變數」，兩個數字中較小者，在本範例中是 2（等於組數減 1）。代入命令稿 7-2 的數值後，得到以下結果（均取到小數第 3 位）：

$$偏\ \eta^2_{(Wilks)} = 1 - 0.51656^{1/2} = 0.281$$

$$偏\ \eta^2_{(Pillai)} = \frac{0.49112}{2} = 0.246$$

$$偏\ \eta^2_{(Hotelling)} = \frac{0.921/2}{0.921/2+1} = 0.315$$

$$偏\ \eta^2_{(Roy)} = \frac{0.90457}{1+0.90457} = 0.475$$

由於單因子 MANOVA 只有一個自變數，因此偏 η^2 值就等於 η^2 值。

依據 Cohen（1988）的經驗法則，η^2 值之小、中、大的效果量分別是 0.01、0.06，及 0.14。因此，本範例為大的效果量。

使用 R 進行分析

命令稿 7-6 使用 heplots 程式套件中的 etasq() 函數計算各種效果量，與上述的計算一致。

命令稿 7-6　計算效果量

```
> library(heplots)
> etasq(fit, test="W")
##                         eta^2
##   as.factor(m[, 5]) 0.2812768
> etasq(fit, test="P")
##                         eta^2
##   as.factor(m[, 5]) 0.2455585
> etasq(fit, test="H")
##                         eta^2
##   as.factor(m[, 5]) 0.3153039
> etasq(fit, test="R")
##                         eta^2
##   as.factor(m[, 5]) 0.4749464
```

7.6　使用 JASP 分析

在 JASP 中，讀入 manova.csv 資料檔後，在 ANOVA（變異數分析）中選擇 MANOVA（多變量變異數分析）。接著，將 F 變數選至 Fixed Factors（固定因子）中，E、U、A、B 四個變數選至 Dependent Variables（依變數）中（圖 7-1）。如果要進行單變量變異數分析，則在 ANOVA 中選擇 ANOVA。

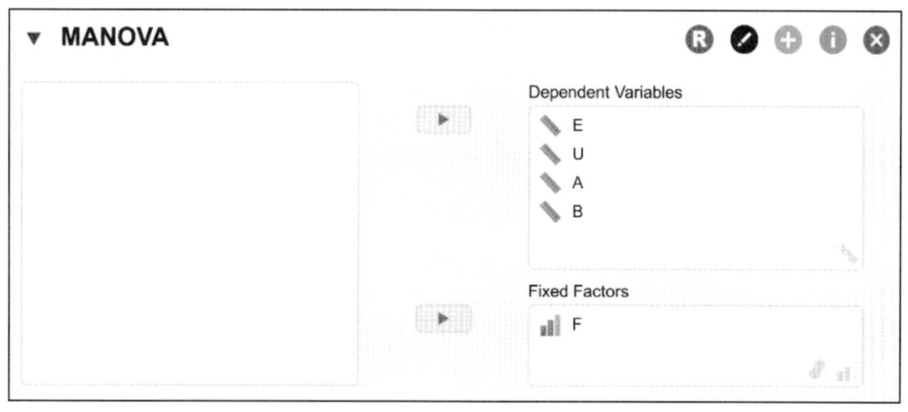

圖 7-1　選擇分析變數——JASP

在 Additional Options（其他選項）中勾選四種檢定方法、兩種假定檢查，及單變量變異數分析摘要表（圖 7-2）。

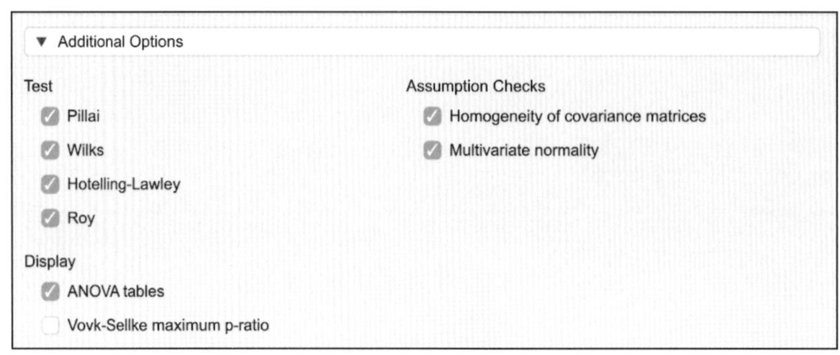

圖 7-2　選擇其他選項——JASP

分析後得到 10 個報表，為節省篇幅，僅呈現 4 個報表。報表 7-1 是 Pillai 檢定結果，v 值為 0.491，轉換為 $F(8, 574) = 23.535$，$p < .001$，與命令稿 7-2 一致，因此，三組間的 E、U、A、B 四個變數之平均數有顯著差異。其他三個 Wilks、Hotelling-Lawley、Roy 檢定，也是一致的結果，p 值均小於 .001（報表省略）。

報表 7-1　MANOVA: Pillai Test

Cases	df	Approx. F	$Trace_{Pillai}$	Num df	Den df	p
(Intercept)	1	4657.011	0.985	4	286	6.791×10^{-259}
f	2	23.353	0.491	8	574	4.651×10^{-31}
Residuals	289					

報表 7-2 至 7-5 是個別變數的單變量變異數分析摘要表，E 變數的 $F(2, 289) = 44.85$，$p < .001$，三組間 E 變數的平均數有顯著差異，此結果與命令稿 7-3 一致。三組間 U、A、B 三個變數之平均數也有顯著差異。

報表 7-2　ANOVA: E

Cases	Sum of Squares	df	Mean Square	F	p
(Intercept)	32677.81	1	32677.81	5647.671	1.011×10^{-191}
f	519.015	2	259.507	44.85	1.086×10^{-17}
Residuals	1672.174	289	5.786		

報表 7-3 ANOVA: U

Cases	Sum of Squares	df	Mean Square	F	p
(Intercept)	44457.565	1	44457.565	12922.409	6.287×10^{-242}
f	501.175	2	250.587	72.838	2.426×10^{-26}
Residuals	994.26	289	3.44		

報表 7-4 ANOVA: A

Cases	Sum of Squares	df	Mean Square	F	p
(Intercept)	39565.757	1	39565.757	10371.955	1.821×10^{-228}
f	400.799	2	200.399	52.534	3.466×10^{-20}
Residuals	1102.444	289	3.815		

報表 7-5 ANOVA: B

Cases	Sum of Squares	df	Mean Square	F	p
(Intercept)	45325.493	1	45325.493	11521.625	6.804×10^{-235}
f	787.595	2	393.798	100.102	9.297×10^{-34}
Residuals	1136.911	289	3.934		

報表 7-6 是共變數矩陣同質性檢定，$\chi^2 = 70.468$，$p < .001$，三組間的共變數矩陣不同質，因此，前述的整體檢定改用 Pillai 檢定。

報表 7-6 Assumption Checks

Box's M-test for Homogeneity of Covariance Matrices		
χ^2	df	p
70.468	20	1.527×10^{-7}

7.7 使用 jamovi 分析

在 jamovi 中，讀入 manova.csv 資料檔後，在 ANOVA（變異數分析）中選擇 MANCOVA（多變量共變數分析）。接著，將 F 變數選至 Factors（因子）中，E、U、A、B 四個變數選至 Dependent Variables（依變數）中。其下，勾選所有的多變量統計量及檢定（圖 7-3）。如果要進行單變量變異數分析，則在 ANOVA 中選擇 ANOVA。

圖 7-3　選擇分析變數及統計選項——jamovi

分析後，得到 5 個報表，簡要說明如後。報表 7-7 是多變量檢定四個統計量，*p* 值均小於 .001，因此，變數 F 的三個組之四個變數（E、U、A、B）的平均數有顯著差異。

報表 7-7　Multivariate Tests

		value	F	df1	df2	p
F	Pillai's Trace	0.491	23.353	8	574	< .001
	Wilks' Lambda	0.517	27.982	8	572	< .001
	Hotelling's Trace	0.921	32.811	8	570	< .001
	Roy's Largest Root	0.905	64.903	4	287	< .001

報表 7-8 是四個依變數的單變量檢定結果，*p* 值均小於 .001，因此，變數 F 的三個組之四個變數（E、U、A、B）的平均數都有顯著差異。

報表 7-8 Univariate Tests

	Dependent Variable	Sum of Squares	df	Mean Square	F	p
F	E	519.015	2	259.507	44.85	< .001
	U	501.175	2	250.587	72.838	< .001
	A	400.799	2	200.399	52.534	< .001
	B	787.595	2	393.798	100.102	< .001
Residuals	E	1672.174	289	5.786		
	U	994.26	289	3.44		
	A	1102.444	289	3.815		
	B	1136.911	289	3.934		

報表 7-9 是共變數矩陣同質性檢定，$\chi^2 = 70.468$，$p < .001$，三組間的共變數矩陣不同質。

報表 7-9 Box's Homogeneity of Covariance Matrices Test

χ^2	df	p
70.468	20	<.001

報表 7-10 是 Shapiro-Wilk 多變量常態檢定，$W = 0.948$，$p < .001$，資料已經違反多變量常態假定，因此，分析時宜更謹慎。

報表 7-10 Shapiro-Wilk Multivariate Normality Test

W	p
0.948	< .001

報表 7-11 是多變量常態分配檢定 Q-Q 圖。由於點的散布並不是一條直線，因此，資料已經違反多變量常態假定。

報表 7-11　Q-Q Plot Assessing Multivariate Normality

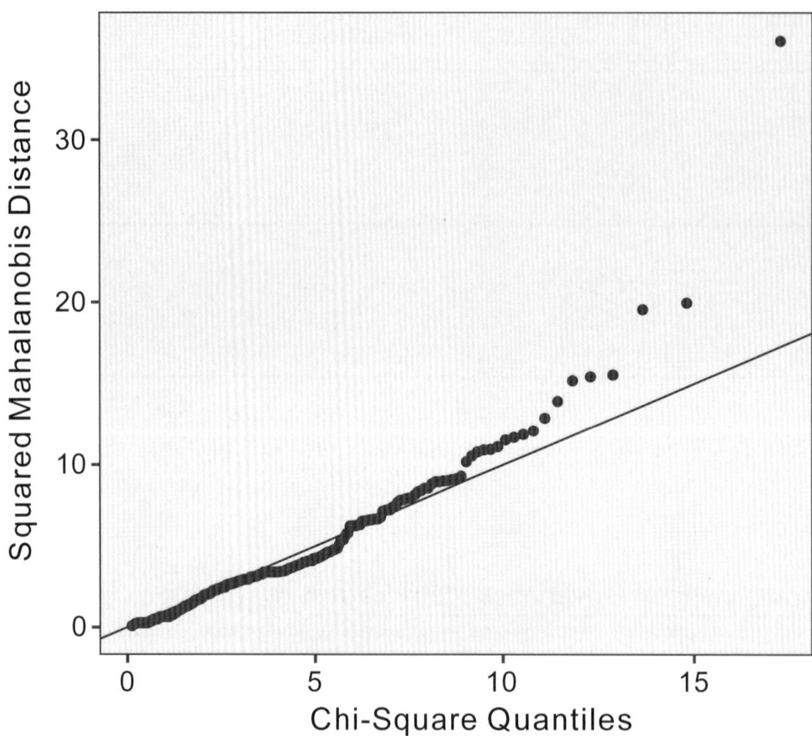

7.8　分析結論

以智慧型手機實際使用程度（F）為自變數，認知易用性（E）、認知有用性（U）、使用態度（A），及行為意圖（B）為依變數，進行單因子獨立樣本 MANOVA。整體檢驗是顯著的，Pillai 的 v = 0.491，$F(8, 574) = 27.982$，$p < .001$，$\eta^2 = 0.246$。使用 Bonferroni 同時信賴區間進行後續分析，高度使用者之四個依變數的平均數均最高，其次為中度使用者，低度使用者之四個依變數的平均數均最低。

第 8 章

主成分分析

8.1 主成分分析之功能

主成分分析（principal component analysis, PCA）是由英國統計學家 Karl Pearson 提出，再經 Harold Hotelling 擴展的一種統計方法（林清山，1988；Dunteman, 1994; Jolliffe, 2002），它是一種將多變量資料轉化為單變量資料的技術，目的在於資料的精簡及線性轉換，將 p 個變數縮減到 q 個主成分，希望只用 q 個（$q \leq p$）主成分來描述原始資料，所以主成分分析是維度化簡（dimensional reducing）的方法。要選多少成分則依原始資料的特性而定，要保留幾個主成分，須視研究者的目的。如果目的是為了將原變數轉換成沒有相關的主成分，則主成分數目會等於原變數個數；如果目的是要精簡資料，則主成分數目會小於原變數個數。主成分分析並無多變量常態的假定，不過一般在作大樣本推論時，會需要檢查多變量常態性（Johnson & Wichern, 2007）。

在社會及行為科學研究中經常會處理多個變數的問題，假設有 10 個自變數，就有 45 種（$10\times9\div2$） 關係；而 p 個變數間兩兩之間的關係就有 $p\times(p-1)\div2$ 種。更何況還要分析自變數與依變數的關係。所以如何使用 q 個線性組合後的主成分（變量）來代替這 p 個變數，使其能以最精簡的主成分數，得到最大的變異量，是主成分分析的第一個功能。

其次，若預測變數間有很高的相關，可以透過重新給予這些變數不同的加權，轉換得到新的變數（主成分），且使新的變數之間兩兩的相關均為 0，然後再將這些主成分投入迴歸分析，此稱為主成分迴歸。因為兩兩的主成分之間完全無關，所以每個主成分與效標變數之簡單相關的平方，就是進行多元迴歸時，個別變數（主成分）對效標變數單獨的預測力。因此，如何將 p 個彼此有高相關的變數，經過線性組合後得到 p 個彼此無關的主成分，然後進行後續分析，是主成分分析的第二個功能。

第三，主成分分析也可以用來對觀察體進行分類。主成分分析可用來建構多種不同衡量單位變數之綜合指標，亦可根據其負荷量來對主成分命名。例如：可以身高、體重來建構「身材」指標；以市場占有率、產品銷售成長量來建構「行銷績效」指標；各科考試成績（國、英、數、自、社），建構「學生學習表現」指標。產生這些新指標後，可將原來的資料投影到新的指標軸，而得到新的主成分分數，且新指標的分數要能表現出個別觀察值的最大差異（林震岩，2008）。

主成分分析的結果很少是最終目的，通常是用來進行其他統計分析的資料（Johnson & Wichern, 2007），且其結果是線性組合，故若欲將變數減少成少數幾個互相獨立的線性組合變數，就必須使用主成分分析，主成分分析可使觀察值在這些主成分中顯示出最大的個別差異。主成分分析結果只保留少數幾個成分，而不使用全部，希望就能解釋原始資料大部分的變異，故視為是資料化簡的方法。

8.2 主成分分析與因素分析的比較

主成分分析與因素分析有許多相似之處，但也有不同的地方，其目的可以用圖 8-1 表示。圖左為主成分分析，是由變數加權（主成分加權係數）後求主成分，此稱為**形成性指標**（formative indicators）；圖右為因素分析，主要是由因素加權（因素組型負荷量）後求變數（指標），此為**反映性指標**（reflective indicators）。

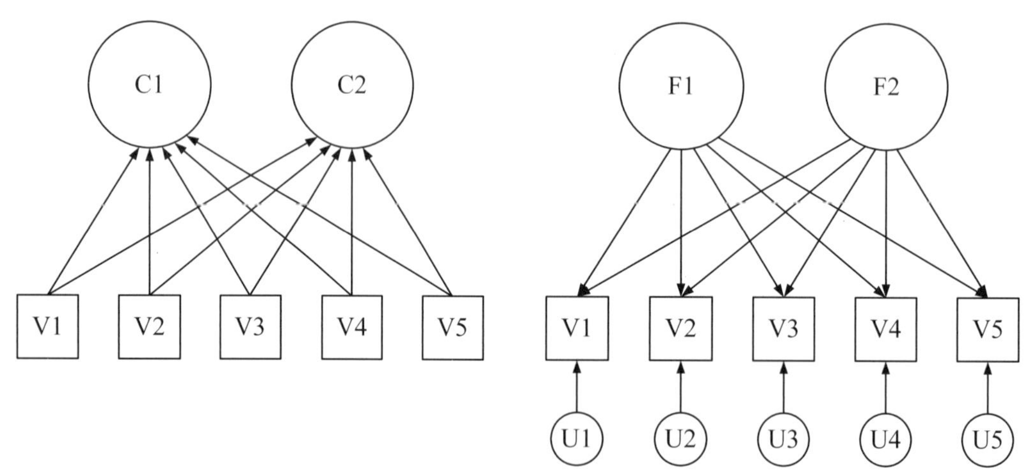

圖 8-1　主成分分析及因素分析示意圖

兩者的異同，說明如後（林震岩，2008）。

8.2.1 相異處

1. 主成分分析法是要減少變數個數；因素分析法是要找尋變數間內部之相關性及潛在的共同因素。

2. 主成分分析所著重的在於如何「轉換」原始變數使之成為一些綜合性的新指標，而其關鍵在「變異數」問題；因素分析重視的是如何解釋變數之間的「共變異數」問題。
3. 主成分分析法強調解釋資料變異的能力；因素分析法強調的是變數之間的相關性。
4. 主成分分析是找出原始變數間的線性組合；因素分析在於解釋原始變數間之關係。
5. 主成分分析法是要形成一個或數個總指標；因素分析法是要反映變數間潛在或觀察不到的因素。
6. 主成分分析沒有誤差項；因素分析有誤差項。
7. 因素分析因需要經過旋轉才能對因素做命名與解釋；主成分分析是做指標用的，故不需要旋轉。
8. 主成分分析只是對資料做變換，並不需要任何假設；因素分析對資料要求須符合許多假設。
9. 根據主成分分析的計算公式，若其中有一個變數獨立於其他變數，即此變數與其他變數相關度非常低，則會有一個變數（或問卷題目）對應一個主成分的情形出現，而這個主成分即幾乎等同於此變數；因素分析的因素則至少得解釋二或三個以上的變數（或問卷題目），幾乎不可能會有單一變數對應一個因素的情況。

8.2.2 相同處

1. 二者皆是資料精簡的方法，皆可用來將原有之 p 個變數減為 q 個成分或因素。
2. 當觀察變數數目多且有較高共同性時，採此二種方法進行資料精簡分析，所得結果會相似。

8.3 主成分分析的求解

主成分分析的最主要目標就是將 p 個 $\boldsymbol{X}$ 變數給予不同的加權（w）以組合成 q 個新的變數 $\boldsymbol{C}$（主成分）。

$$
\begin{aligned}
C_1 &= w_{11}X_1 + w_{12}X_2 + w_{13}X_3 + \cdots\cdots + w_{1p}X_p \\
C_2 &= w_{21}X_1 + w_{22}X_2 + w_{23}X_3 + \cdots\cdots + w_{2p}X_p \\
&\ \vdots \\
C_q &= w_{q1}X_1 + w_{q2}X_2 + w_{q3}X_3 + \cdots\cdots + w_{qp}X_p
\end{aligned}
\qquad \text{公式 8-1}
$$

公式 8-1 中，C_i 是第 i 個主成分，w_{ij} 是第 j 個 $\boldsymbol{X}$ 變數（$\boldsymbol{X}_j$）對第 i 個主成分 C_i 的加權係數。$\boldsymbol{X}$ 變數可以是**離差分數**或是**標準分數**，選擇不同，結果也會有所不同。不過，概念則是大同小異。

主成分分析要達到以下的要求：

1. 所有的主成分之間都沒有相關。
2. 第 1 個主成分的變異量最大，第 2 個次之，第 3 個又次之……。
3. $w_{i1}^2 + w_{i2}^2 + w_{i3}^2 + \cdots\cdots + w_{ip}^2 = 1$，也就是每一橫列加權係數的平方和等於 1。
4. $w_{i1}w_{j1} + w_{i2}w_{j2} + w_{i3}w_{j3} + \cdots\cdots + w_{ip}w_{jp} = 0$，也就是任意兩橫列加權係數相乘之後的和為 0。

主成分分析可利用共變異數矩陣或相關係數矩陣進行，以下分別說明之。

8.3.1 以共變數矩陣進行分析

如果使用離差分數，則利用共變數矩陣進行分析，其要點如下：

1. 以共變數矩陣（$\boldsymbol{S}$）進行分析時，在 $w'w=1$ 的條件下，求 $w'\boldsymbol{S}w$ 的極大值。
2. 由 $\boldsymbol{S}$ 矩陣解出特徵值 λ 及特徵向量 w，此時特徵向量 w 即為 $\boldsymbol{X}$ 變數之加權係數，特徵值 λ 即是主成分的變異數。
3. 此時主成分分數 $C = \boldsymbol{X}w$，而第 i 個主成分的變異數等於第 i 個特徵值，即：

$$var(\boldsymbol{C}_i) = \lambda_i \qquad \text{公式 8-2}$$

4. 所以各個主成分的解釋變異量比例為：

$$\frac{\lambda_i}{tr\mathbf{S}} \quad \text{公式 8-3}$$

其中 $tr\mathbf{S}$ 是 $\mathbf{S}$ 矩陣的跡（trace），即矩陣對角線的和，也就是所有 $\boldsymbol{X}$ 變數的變異數總和。

5. 第 i 個主成分 (C_i) 與第 j 個變數（$\boldsymbol{X}_j$）的相關為：

$$r_{C_iX_j} = \frac{w_{ij}\sqrt{\lambda_i}}{s_j} \quad \text{公式 8-4}$$

其中 s_j 是 X_j 的標準差。

以下以 292 名受訪者在「智慧型手機使用情形」量表的調查結果為範例，說明主成分分析結果。變數包含 U1 ~ U4 四個題目（認知有用性），題目如下：

U1：使用智慧型手機，能讓生活更便利

U2：使用智慧型手機，能提升工作績效

U3：使用智慧型手機中的應用程式，可以解決許多問題

U4：使用智慧型手機讓我更方便與朋友聯繫

使用 R 進行分析

命令稿 8-1 有 11 個指令，分別說明如下。

1. 第 1 個指令讀入 C 磁碟 R 資料夾中的 princomp.csv 檔，存入 princomp 物件。
2. 第 2 個指令以 cov() 函數計算 princomp 資料集的共變數矩陣，存入 pc.vc 物件。
3. 第 3 個指令以 eigen() 函數計算 pc.vc 共變數矩陣的特徵值及特徵向量，存入 eig1 物件。
4. 第 4 個指令列出 eig1 物件中的特徵值$values，分別為 2.5166、0.6108、0.4328、0.2087，這是 4 個主成分的變異數。
5. 第 5 個指令列出 eig1 物件中的特徵向量$vectors。由於第 1 行都為負數，為了方便解釋，此處以–(eig1$vectors) 將正負號轉換，此係數與使用 princomp() 函數分析的結果相同。特徵向量就是中心化之變數（減去變數之平均數）對

主成分的加權係數，4 個變數對第 1 個主成分的加權係數都大於 0.35，因此第 1 個主成分可命名為「認知有用性」。

6. 第 6 個指令以 R 內附的 prcomp() 函數進行主成分分析，結果存在 pc1 物件。此時不設定其他引數，內定以中心化的離差分數（共變數矩陣）進行分析。
7. 第 7 個指令列出 pc1 物件的結果，與 eig1 物件相同。不過，此處未轉換特徵向量的正負號，因此第 1 行都為負數。此處第一部分所列是主成分的標準差而不是變異數（特徵值），它們是特徵值的平方根。
8. 要計算各主成分的解釋變異量，可以使用 princomp() 函數對 princomp 物件進行主成分分析，再以 summary() 函數列出摘要。各主成分的解釋量分別為 66.77%、16.20%、11.48%、5.54%。
9. 第 9 個指令列出 pc1 物件中主成分（x）的前 3 列，主成分分數可作為後續分析之用。
10. 第 10 個指令計算各變數與主成分分數的相關（已正負互換），第 1 個主成分與 4 個變數的相關都在 0.7 以上。
11. 第 11 個指令先以 cor() 函數計算 pc1 中 x（主成分）的相關，再用 round() 函數四捨五入取到小數第 5 位，結果對角線上為 1，其餘都為 0。

命令稿 8-1　以共變數矩陣進行主成分分析

```
> princomp<-read.csv("C:/R/princomp.csv")
> pc.vc<-cov(princomp)
> eig1<-eigen(pc.vc)
> eig1$values
##  [1] 2.5165536 0.6108175 0.4327680 0.2086671
> eig1$vectors
##              [,1]        [,2]        [,3]        [,4]
##  [1,] 0.3712113  0.25786653  0.04222345 -0.89102423
##  [2,] 0.6375705 -0.67033901 -0.37583769  0.05381023
##  [3,] 0.5223309  0.06803117  0.80417283  0.27540560
##  [4,] 0.4276406  0.69247543 -0.45855128  0.35683615
> pc1<-prcomp(princomp)
```

```
> pc1
## Standard deviations (1, .., p=4):
## [1] 1.5863649 0.7815481 0.6578510 0.4568010
##
## Rotation (n x k) = (4 x 4):
##            PC1         PC2         PC3         PC4
## U1 -0.3712113  0.25786653  0.04222345  0.89102423
## U2 -0.6375705 -0.67033901 -0.37583769 -0.05381023
## U3 -0.5223309  0.06803117  0.80417283 -0.27540560
## U4 -0.4276406  0.69247543 -0.45855128 -0.35683615
> summary(princomp(princomp))
## Importance of components:
##                           Comp.1    Comp.2    Comp.3    Comp.4
## Standard deviation     1.5836462 0.7802087 0.6567236 0.4560181
## Proportion of Variance 0.6677323 0.1620719 0.1148289 0.0553669
## Cumulative Proportion  0.6677323 0.8298042 0.9446331 1.0000000
> head(pc1$x,3)
##             PC1        PC2         PC3         PC4
## [1,]  0.3654860 -1.7688449 -1.07635753 -0.10732678
## [2,] -1.1734076  1.3048181 -1.22977740 -0.50840635
## [3,]  1.1182960 -0.3601357  0.47949068 -0.27511191
> cor(princomp, pc1$x)
##          PC1         PC2         PC3         PC4
## U1 0.7912911 -0.27080873 -0.03732443 -0.54692589
## U2 0.8675475  0.44937840  0.21207519  0.02108404
## U3 0.8348450 -0.05356988 -0.53300833  0.12675258
## U4 0.7270278 -0.58000150  0.32328421  0.17468872
> round(cor(pc1$x), 5)
##     PC1 PC2 PC3 PC4
## PC1   1   0   0   0
## PC2   0   1   0   0
## PC3   0   0   1   0
## PC4   0   0   0   1
```

8.3.2 以相關矩陣進行分析

使用共變數矩陣比較容易解釋，統計顯著性考驗也比較簡單（林清山，1988），但是主成分分析的結果受資料測量單位的影響，變數的相對變異數愈大，對應該變數的權重就愈大，會影響計算結果，如果不想讓個別變數的變異數的大小影響權重，則應該利用標準化資料（R 矩陣）做主成分分析，這是比較正確的方法。

計算要點說明如下：

1. 以相關矩陣（$\boldsymbol{R}$）進行分析時，在$\omega'\omega=1$ 的條件下，求 $\omega'\boldsymbol{R}\omega$ 的極大值。
2. 由 $\boldsymbol{R}$ 矩陣解出特徵值 δ 及特徵向量 ω，此時特徵向量 ω 即為 $\boldsymbol{X}_z$ 變數之加權係數，特徵值 δ 即是主成分的變異數。
3. 此時主成分分數 $C_z=\boldsymbol{X}_z\,\omega$，而第 i 個主成分的變異數等於第 i 個特徵值，即：

$$var(Cz_i)=\delta_i \qquad \text{公式 8-5}$$

4. 各個主成分的解釋變異量比例為：

$$\frac{\delta_i}{tr\mathbf{R}}=\frac{\delta_i}{p} \qquad (p\ \text{為變數數目}) \qquad \text{公式 8-6}$$

5. 但是統計軟體通常可將主成分標準化為 1，此時加權係數如公式 8-7，而每一個主成分的變異數都為 1。

$$\beta=\omega\times\frac{1}{\sqrt{\delta}} \qquad \text{公式 8-7}$$

6. 第 i 個主成分 (C_i) 與第 j 個變數 $(\boldsymbol{X}_{z_j})$ 的相關（在因素分析中稱為因素負荷量）為：

$$r_{Cz_iXz_j}=a_{ij}=\omega_{ij}\times\sqrt{\delta_i} \qquad \text{公式 8-8}$$

使用 R 進行分析

命令稿 8-2 有 10 個指令，分別說明如下：

1. 第 1 個指令以 cor() 函數計算 princomp 資料集的相關矩陣，存入 pc.r 物件。
2. 第 2 個指令以 eigen() 函數計算 pc.r 相關矩陣的特徵值及特徵向量，存入 eig2 物件。
3. 第 3 個指令列出 eig2 物件中的特徵值 values，分別為 2.6621、0.5971、0.4146、0.3263。

4. 第 4 個指令列出 eig2 物件中的特徵向量 vectors。此處第 1、2 與指令 6 的結果正負號相反，不過不影響解釋。4 個變數對第 1 個主成分的加權係數都大於 0.45，因此第 1 個主成分可命名為「認知有用性」。
5. 第 5 個指令以 R 內附的 prcomp() 函數進行主成分分析，結果存在 pc2 物件。此時設定 scale=T，表示要將變數標準化，因此是以相關係數矩陣進行分析。
6. 第 6 個指令列出 pc2 物件的結果，此處未轉換特徵向量的正負號，因此第 1 行都為負數。
7. 要計算各主成分的解釋變異量，可以使用 princomp() 函數對 princomp 物件進行主成分分析，並設定 cor = T（以相關矩陣進行分析），再以 summary() 函數列出摘要。各主成分的解釋量分別為 66.55%、14.93%、10.36%、8.16%。
8. 第 8 個指令列出 pc2 物件中主成分（x）的前 3 列，此可作為後續分析之用。
9. 第 9 個指令計算各變數與主成分分數的相關（已正負互換），第 1 個主成分與 4 個變數的相關都在 0.75 以上。
10. 第 10 個指令先以 cor() 函數計算 pc2 中 x（主成分）的相關，再用 round() 函數四捨五入取到小數第 5 位，結果對角線上為 1，其餘都為 0。

命令稿 8-2　以相關矩陣進行主成分分析

```
> pc.r<-cor(princomp)
> eig2<-eigen(pc.r)
> eig2$values
## [1] 2.6620818 0.5970660 0.4145989 0.3262532
> eig2$vectors
##           [,1]       [,2]       [,3]        [,4]
## [1,] 0.5293703 -0.2228112 -0.2545933  0.77801320
## [2,] 0.4816713  0.5932225  0.6428997  0.05253394
## [3,] 0.5101986  0.3266436 -0.6456654 -0.46488445
## [4,] 0.4769248 -0.7012462  0.3240036 -0.41930668
> pc2<-prcomp(princomp, scale=T)
> pc2
## Standard deviations (1, .., p=4):
## [1] 1.6315887 0.7727005 0.6438936 0.5711858
##
```

```
## Rotation (n x k) = (4 x 4):
##           PC1        PC2        PC3         PC4
## U1 -0.5293703  0.2228112 -0.2545933  0.77801320
## U2 -0.4816713 -0.5932225  0.6428997  0.05253394
## U3 -0.5101986 -0.3266436 -0.6456654 -0.46488445
## U4 -0.4769248  0.7012462  0.3240036 -0.41930668
> summary(princomp(princomp,cor=T))
## Importance of components:
##                           Comp.1    Comp.2    Comp.3     Comp.4
## Standard deviation     1.6315887 0.7727005 0.6438936 0.57118581
## Proportion of Variance 0.6655205 0.1492665 0.1036497 0.08156331
## Cumulative Proportion  0.6655205 0.8147870 0.9184367 1.00000000
> head(pc2$x,3)
##             PC1        PC2        PC3        PC4
## [1,]  0.9820168 -1.1736846  1.4537665  0.2142528
## [2,] -1.3635444  1.5600038  0.9513811 -0.6018526
## [3,]  1.2942871 -0.4851111 -0.2996570 -0.3442534
> cor(princomp, pc2$x)
##          PC1        PC2        PC3         PC4
## U1 0.8637146 -0.1721663  0.1639310 -0.44439010
## U2 0.7858895  0.4583833 -0.4139590 -0.03000664
## U3 0.8324343  0.2523976  0.4157398  0.26553540
## U4 0.7781452 -0.5418533 -0.2086239  0.23950202
> round(cor(pc2$x),5)
##     PC1 PC2 PC3 PC4
## PC1   1   0   0   0
## PC2   0   1   0   0
## PC3   0   0   1   0
## PC4   0   0   0   1
```

8.4　使用 JASP 分析

在 JASP 中，讀入 princom.csv 資料檔後，在 Factor（因素分析）中選擇 Principal Component Analysis（主成分分析）。接著，將 4 個變數選至 Variables（變數）中。下面選擇使用 Correlation matrix（相關矩陣），Based on principal component（基於主成

分）的 Parallel analysis（平行分析），不轉軸（圖 8-2）。

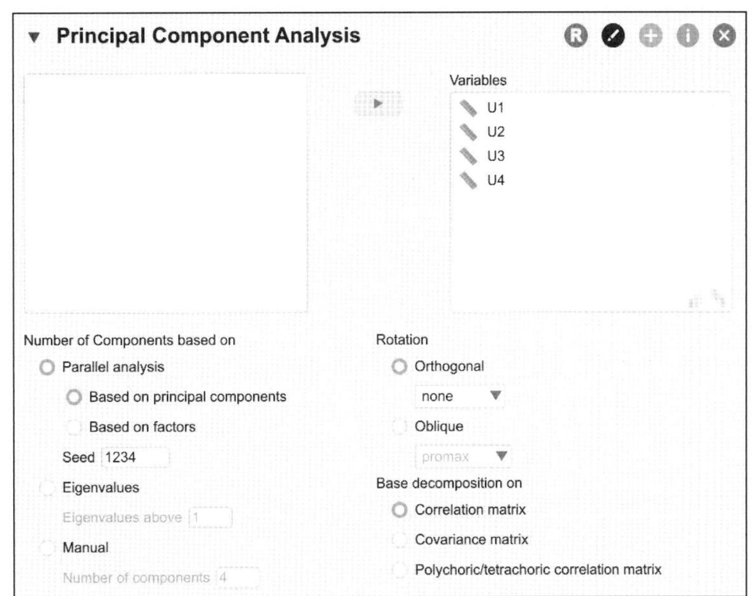

圖 8-2　選擇分析變數及統計量——JASP

分析後得到 3 個報表，簡要說明其中 2 個報表。報表 8-1 是成分負荷量，也是主成分與變數間的相關，係數均高於 0.7，因此第 1 個主成分可命名為「認知有用性」，與命令稿 8-2 的結果相同。

報表 8-1　Component Loadings

	PC1	Uniqueness
U1	0.864	0.254
U2	0.786	0.382
U3	0.832	0.307
U4	0.778	0.394

Note.　No rotation method applied.

報表 8-2 是第 1 個主成分的特徵值，為 2.262，除以 4 之後等於 0.666，第 1 個主成分對 4 個變數的解釋量為 66.6%。

報表 8-2　Component Characteristics

	Eigenvalue	Proportion var.	Cumulative
Component 1	2.662	0.666	0.666

8.5　使用 jamovi 分析

在 jamovi 中，讀入 princom.csv 資料檔後，在 Factor（因素分析）中選擇 Principal Component Analysis（主成分分析）。接著，將 4 個變數選至 Variables（變數）中。下面可再勾選 Scree plot（陡坡圖），其他選項與 JASP 相同。主成分分析，一般不轉軸（圖 8-3）。

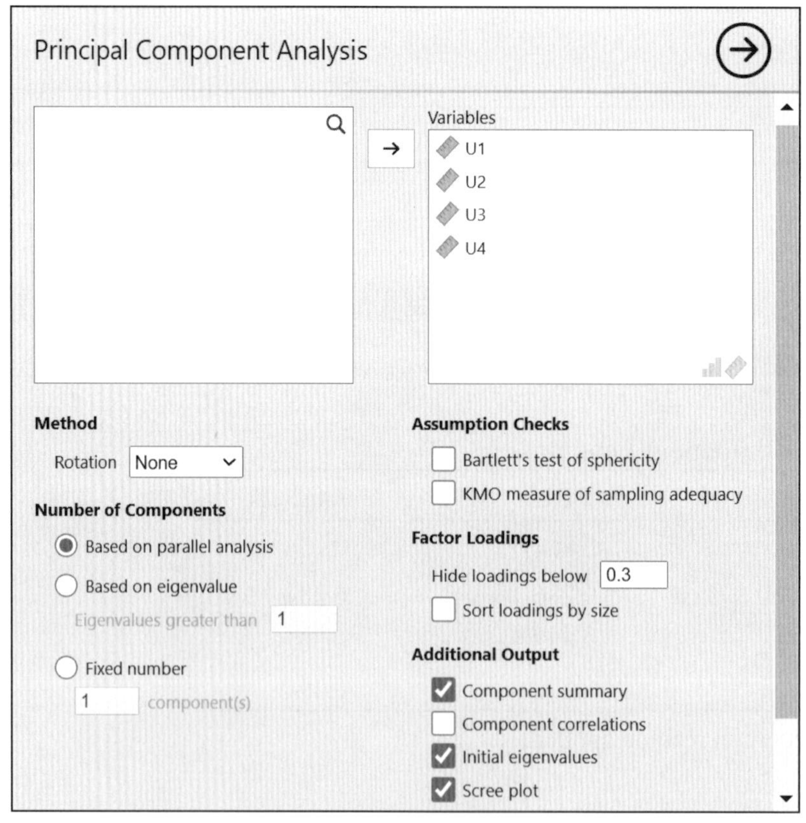

圖 8-3　選擇分析變數及統計量——jamovi

分析後得到 4 個報表，此處僅說明其中 2 個報表。報表 8-3 是初始特徵值，分別為 2.662、0.597、0.415、0.326，總和為 4，等於 4 個變數標準化後的變異數之總和。其中，只有第 1 個特徵值大於 1，為 2.262，除以 4 後等於 0.66552，因此，第 1 個主成分對 4 個變數的解釋量為 66.552%。

報表 8-3 Initial Eigenvalues

Component	Eigenvalue	% of Variance	Cumulative %
1	2.662	66.552	66.552
2	0.597	14.927	81.479
3	0.415	10.365	91.844
4	0.326	8.156	100.00

報表 8-4 是 Scree Plot（陡坡圖）。圖中將 4 個主成分的特徵值繪出，並加上用模擬資料所獲得的特徵值相比較，結果，實際資料只有第 1 個特徵值大於模擬資料，因此，只保留 1 個主成分是比較合理的選擇。

報表 8-4 Scree Plot

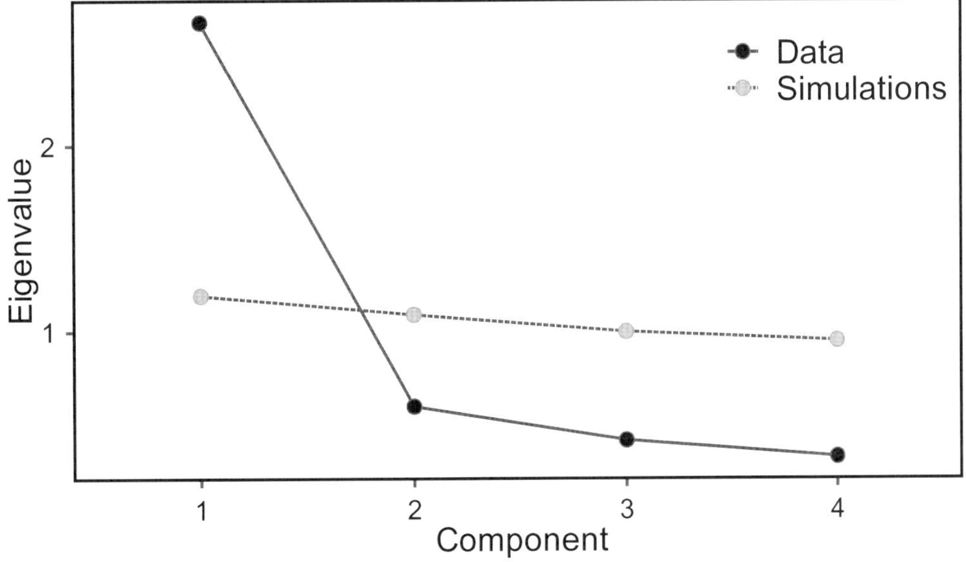

8.6　分析結論

對 292 名受訪者所做的研究，以智慧型手機為科技工具，用其中四個題目進行主成分分析（標準化）。第 1 個主成分的解釋變異量為 66.5%，可命名為「認知有用性」。各題目對第 1 個主成分的加權係數，分別為 0.53、0.48、0.51、0.48。

第 9 章

探索性因素分析

9.1　因素分析之基本概念

何謂「智力」？智力的內涵是什麼？何謂「創造力」？創造力的內涵又是什麼？我們無法用直接觀察的方式「看到」這些特質的具體形象。因此，必須利用工具來測量。工具如何編製、如何撰寫該抽象概念的操作型定義、如何精確測量並下結論，這一連串的過程，是量化研究者在進行問卷或量表處理時將會面臨的困難。研究者在進行量表或測驗分析時，必須要先進行試題的項目分析，在進行完試題的項目分析之後，若研究工具為自編的李克特式問卷或量表者，則接下來的任務即是進行量表的測驗分析，測驗分析包含兩大部分：效度分析和信度分析，而量表的效度分析常利用因素分析求得。

因素分析（factor analysis，或譯為**因子分析**）是廣泛應用的多變量分析方法。所謂因素分析，簡單可定義為：為了要證實研究者所設計的測驗的確可測量某一（些）潛在特質，並釐清潛在特質的內在結構，能夠將一群具有共同特性的測量分數，萃取出背後潛在構念的統計分析技術。依使用目的而言，因素分析可區分為**探索性因素分析**（exploratory factor analysis, EFA）與**驗證性因素分析**（confirmatory factor analysis, CFA）兩類。探索性因素分析主要用在模型之建立，研究者為了探究其設計的量表或問卷是否可測量到某些潛在構念的方法，即對於觀察變數之因素結構的探尋，並無明確之理論依據或是預設立場，完全皆由因素分析的結果決定，則此方法會較恰當；若研究者的研究工具是沿用前人已經建立過信、效度的問卷時，已有明確之理論依據或是預設立場，可以不需再作探索性因素分析，應進行驗證性因素分析，以釐清所建立之理論模型是否成立。驗證性因素分析即是模型建立的背後是否有紮實的理論依據，若在已建立之嚴謹理論基礎下，則可進行各觀察變數與潛在變數間的關係探討，目前用來進行驗證性因素分析的方法為結構方程模型（structural equation modeling, SEM），或稱為線性結構關係模型（linear structural relations, LISREL）。驗證性因素請見本書第 12 章，本章旨在說明探索性因素分析。

探索性因素分析在於以簡潔、精確的方法來描述眾多變數之間的交互關係，以協助研究者對這些變數的概念化（Gorsuch, 1983）。一般而言，使用探索性因素分析的目的有四（Hair et al., 2010）：一是辨認資料或變數的結構；二是資料的減縮，以少數的因素來代表眾多的變數；三是以因素分析的結果進行其他的統計分析技術；四是透過因素分析選擇重要的變數。

9.2 因素分析之意涵

因素分析的目的是將實際測量到之問項化約成少數的潛在變數（共同因素），以用來解釋問項彼此間的相關。而選取共同因素之過程，是先就問項間之「總共變異量」（或共同相關）中選出第一個最能解釋此共變的因素，然後再看是否有其他第二或第三個因素能夠解釋其他問項間仍然有的共變部分。

因素分析決策流程中第一個要決定的是因素分析的目標，亦即資料摘要（data summarization）或資料縮減（data reduction）。資料摘要之目的是要確定因素分析的關係結構究竟是由變數或由受訪者組成。如果測的是變數間的相關，則可利用 R 因素分析，主要在分析一組變數來確認一些不易觀察到的維度。若測量的是受訪者的關係，則採用 Q 因素分析，目的在找出相似的受訪者集合成群。但一般而言，研究人員會以集群分析（cluster analysis）來代替 Q 因素分析。資料縮減之目的：主要在指縮減構面，以較少的維數來表示原先的資料結構，而又能保存住原有資料結構所提供的大部分資訊。綜合言之，因素分析的意涵有二：1.能由一群較多的變數中指出具代表性的變數供後續其他多變量分析使用；且 2.提供一組全新的變數來完全或部分取代原有變數，供後續其他多變量分析使用。兩種情況都不會使原先的資料結構特性遭到破壞。

在因素分析中，有兩個很重要的指標：一為共同性（communality），另一為特徵值（eigenvalue）。所謂的共同性，是每個變數在每個共同因素之負荷量的平方總和，即是個別變數可以被共同因素解釋的變異量百分比，換言之，共同性是個別變數和共同因素間多元相關的平方值。共同性（h^2）代表了所有共同因素對所有變數變異量所能解釋的部分，當各因素之間沒有相關存在時，共同性即為各「組型負荷量（即因素負荷量）」的平方和（吳明隆、凃金堂，2006）。而以上所提及的因素負荷量（factor loading）指的是因素結構中，原始變數與因素分析時所抽取的共同因素的相關係數矩陣。Tabachnick 與 Fidell（2007）針對因素負荷量應該要多大數值才理想提出建議，如表 9-1 所示：

表 9-1　因素負荷量判斷標準

λ	λ^2	判斷結果
.71	50%	優良
.63	40%	非常好
.55	30%	好
.45	20%	普通
.32	10%	不好
.31 以下		不及格

其次，特徵值是每個變數在某一個共同因素之因素負荷量的平方總和。在進行因素分析之抽取共同因素時，特徵值最大的共同因素會最先被抽取。所以，因素分析的目的即是將因素結構簡單化，希望能以最少的共同因素，對總變異量作最大的解釋，換言之，希望抽取的因素個數愈少愈好，而其累積解釋的變異量愈大愈好。以下用表 9-2 來說明共同性、特徵值和解釋量之間的關係。

表 9-2　共同性、特徵值和解釋量之關係

變數	共同因素一	共同因素二	共同性
X_1	a_{11}	a_{12}	$a_{11}^2+a_{12}^2$
X_2	a_{21}	a_{22}	$a_{21}^2+a_{22}^2$
X_3	a_{31}	a_{32}	$a_{31}^2+a_{32}^2$
特徵值	$a_{11}^2+a_{21}^2+a_{31}^2$	$a_{12}^2+a_{22}^2+a_{32}^2$	
解釋量	$(a_{11}^2+a_{21}^2+a_{31}^2)\div 3$	$(a_{12}^2+a_{22}^2+a_{32}^2)\div 3$	

資料來源：吳明隆、凃金堂（2006）。SPSS 與統計應用分析（二版）。臺北市：五南。

9.3 因素分析之步驟

進行因素分析的方法，可分為以下五個步驟。

9.3.1 計算變數間的相關係數矩陣

如果以原始分數進行因素分析，電腦會先行將資料轉換為相關係數矩陣再運算。如果只能從其他研究論文得到相關矩陣，也可以輸入為文本檔，再以 R 讀入成為矩陣資料，進行後續分析。如果要以相關矩陣進行驗證性因素分析，最好能再取得各變數的標準差、平均數，及樣本數。

使用 R 進行分析

命令稿 9-1 有 7 個指令，分別說明如下：

1. 第 1 個指令讀入 C 碟中 R 資料夾下的 factor.csv 原始數據檔，存入 efa 物件。
2. 第 2 個指令以 cor() 函數計算 efa 的相關矩陣，並用 round() 函數取到小數第 3 位。由於相同英文字首的變數預設為同一因素，因此會期望它們之間的相關係數要比不同字首間的相關係數大。由相關矩陣可看出，著者所加網底的係數，幾乎都是同一行或同一列中較大者，因此因素分析後，它們應該會是屬於同一因素。
3. 第 3 個指令以 cor() 函數計算 efa 資料框架的相關矩陣，並存入 corr 物件。
4. 第 4 個指令載入 psych 程式套件。
5. 第 5 個指令以 cortest.bartlett() 函數對 efa 物件進行 Bartlett 檢定。Bartlett 球形檢定在檢驗矩陣是否為單元矩陣（identify matrix），也就是對角線為 1，其他元素為 0 的矩陣，亦即變數間的相關係數為 0，不適合進行因素分析。檢定所得 $\chi^2(66, N=200) = 1734.154$，$p < .001$，表示此 12 個題項間有相關，適合進行因素分析。
6. 也可以用第 6 個指令 cortest.bartlett() 函數對 corr 矩陣進行 Bartlett 檢定，設定 $n = 200$。χ^2 值會受樣本數影響，如果直接讀入相關矩陣，記得要提供樣本數。

7. 第 7 個指令以 KMO() 函數計算 efa 的 KMO 指數。KMO 的判斷準則如表 9-3，本範例的 KMO 值為 0.92，已大於 0.90，表示相關矩陣適合進行因素分析。各題項的取樣適切性量數 MSA（measure of sampling adequacy）都大於 0.80，表示各個題項也都適合進行因素分析。

表 9-3 KMO 判斷準則

KMO	建 議
0.90 以上	極佳的（marvelous）
0.80 以上	良好（meritorious）
0.70 以上	中等（middling）
0.60 以上	普通（mediocre）
0.50 以上	欠佳（miserable）
0.50 以下	無法接受（unacceptable）

命令稿 9-1 計算及檢定相關矩陣

```
> efa<-read.csv("C:/R/factor.csv")
> round(cor(efa),3)
##       E1    E2    E3    U1    U2    U3    A1    A2    A3    B1    B2    B3
##  E1 1.000 0.593 0.660 0.388 0.408 0.429 0.455 0.443 0.462 0.437 0.401 0.423
##  E2 0.593 1.000 0.626 0.260 0.282 0.268 0.358 0.385 0.342 0.416 0.365 0.407
##  E3 0.660 0.626 1.000 0.423 0.370 0.432 0.479 0.453 0.515 0.472 0.450 0.425
##  U1 0.388 0.260 0.423 1.000 0.677 0.653 0.569 0.544 0.580 0.586 0.589 0.578
##  U2 0.408 0.282 0.370 0.677 1.000 0.558 0.519 0.455 0.454 0.494 0.520 0.476
##  U3 0.429 0.268 0.432 0.653 0.558 1.000 0.556 0.535 0.549 0.600 0.567 0.614
##  A1 0.455 0.358 0.479 0.569 0.519 0.556 1.000 0.712 0.737 0.634 0.638 0.596
##  A2 0.443 0.385 0.453 0.544 0.455 0.535 0.712 1.000 0.773 0.687 0.668 0.639
##  A3 0.462 0.342 0.515 0.580 0.454 0.549 0.737 0.773 1.000 0.640 0.647 0.596
##  B1 0.437 0.416 0.472 0.586 0.494 0.600 0.634 0.687 0.640 1.000 0.767 0.869
##  B2 0.401 0.365 0.450 0.589 0.520 0.567 0.638 0.668 0.647 0.767 1.000 0.785
##  B3 0.423 0.407 0.425 0.578 0.476 0.614 0.596 0.639 0.596 0.869 0.785 1.000
> corr<-cor(efa)
> library(psych)
> cortest.bartlett(efa)
```

```
> cortest.bartlett(corr, n=200)
## $chisq
## [1] 1734.154
##
## $p.value
## [1] 1.114815e-318
##
## $df
## [1] 66
> KMO(efa)
## Kaiser-Meyer-Olkin factor adequacy
## Call: KMO(r = efa)
## Overall MSA =  0.92
## MSA for each item =
##   E1   E2   E3   U1   U2   U3   A1   A2   A3   B1   B2   B3
## 0.91 0.86 0.88 0.92 0.91 0.95 0.95 0.93 0.92 0.91 0.95 0.88
```

9.3.2 決定因素個數

因素分析的主要功能之一是要把許多變數中關係密切的變數組合成數目較少的幾個因素，來描述所有變數之變異數。換言之，因素分析具有簡化資料變數的功能，即以較少層面來表示原來的資料結構，根據變數間彼此的相關程度，找出變數間潛在的關係結構，而變數間簡單的結構關係即稱之為因素。然而，究竟因素個數應少到什麼程度，要抽取多少因素才最恰當，基本原則是：抽取的因素愈少愈好，而這些因素能解釋各變數之變異數愈大愈好。如何決定因素個數？以下介紹五種方法。

9.3.2.1 隱藏根（latent root）或特徵值（eigen value）

特徵值是一個因素所能解釋之變異數。由於變數標準化後，變異數為 1，因此，根據 Kaiser 所提出的特徵值規則（eigenvalue rule），因素的特徵值大於 1 時被認為顯著的。當變數個數介於 20 至 50 之間時，利用特徵值最為可靠。不過，如果使用主軸法（principal axis factoring）進行因素分析，由於相關矩陣的對角線的初始值是以 SMC（squared multiple correlation）值取代，因此特徵值會有負數，此時，應取特徵者大於 0。SMC 值是以某一個變數當依變數，其他變數當自變數，進行多元迴歸分析後所得的 R^2。

9.3.2.2　事先決定

除了利用特徵值作為篩選參考，研究者亦可根據原先擬訂的研究架構、參考理論或文獻來決定因素的抽取個數。

9.3.2.3　以變異數百分比來決定

當抽取之因素能解釋的累積變異數已達某一預先設定的百分比後，就終止因素的選取。在自然科學領域，萃取的因素要能解釋至少 95%的變異數，或在最後一個因素只能解釋 5%的變異數時才終止。對社會科學領域而言，達到 60%就算在可被接受的程度。

9.3.2.4　因素陡坡檢定

針對特徵值變數多寡的問題所採行的方式。將每一個因素所能解釋的變異數畫在同一圖形中，稱之為陡坡圖，其中縱軸為變異數，橫軸為因素，將各點連成線，把陡降後曲線走勢趨於平坦之因素捨棄不用。

9.3.2.5　平行分析

此方法由 Horn 於 1965 年提出，它是利用蒙地卡羅（Monte Carlo）的方法，使用與真實資料相同的變數數及觀察體值之模擬資料，反覆（最少 50 次，最好為 500 至 1,000 次）算出隨機的特徵值，並求其平均數，代表在完全隨機的情形下，各個因素的解釋量。接著，與研究者蒐集的資料加以比較，如果實際資料計算所得的特徵值大於模擬所得特徵值，表示該因素有實質的意義，應予以保留。反之，如果實際資料計算所得的特徵值小於模擬所得特徵值，就表示該因素並不具實質意義，應予以刪除。根據研究，如果採用模擬之平均特徵值，可能會保留稍多的因素，此時可以取百分等級為 95 之特徵值（Hayton et al., 2004）。

9.3.2.6　以受訪者的異質性來決定

因素之抽取基本上是以共同性與成分分析為基礎，但若樣本中至少有一組變數是異質性的，則該因素在最後應分開列出。

因素中應包含多少個變數也並無嚴格的規定。原則上，研究人員應試著將每一個因素中的變數縮減到合理的數字。如果研究結果將用來評估一個被提議的架構，那麼每一組因素中應含有多於五個的變數，且這些變數必須是最具有代表性的變數（key variable）。

使用 R 進行分析

命令稿 9-2 有 10 個指令，分別說明如下：

1. 第 1 個指令以 eigen() 函數計算 corr 相關矩陣（對角線都是 1）的特徵值及特徵向量，此處僅列出其中的特徵值（$values）。大於 1 的特徵值有 2 個，分別是 6.89 及 1.31。因此，如果使用主成分法進行因素分析，應該保留 2 個因素。
2. 第 2 個指令以 plot() 對特徵值繪圖，type = "b" 代表 ○ 加直線。如果以陡坡圖判斷，陡峭處的因素有 2 個，因此應保留 2 個因素。
3. 第 3 個指令以 abline() 函數在水平線 1 處加上直線。由圖可看出，大於 1 的特徵值有 2 個。
4. 第 4 個指令再以 cor() 計算 efa 資料的相關矩陣，另外存入 smcr 物件。
5. 第 5 個指令以 psych 程式套件的 smc() 函數計算 smcr 的 SMC 值，並存入 smcr 對角線。此時，對角線上是 SMC 值，對角線外是變數間的相關係數。
6. 第 6 個指令以 eigen() 解 smcr 矩陣的特徵值及特徵向量。大於 0 的特徵值有 5 個，分別是 6.55、0.86、0.46、0.37、0.01。因此，如果使用主軸法進行因素分析，應該保留 5 個因素。如果取大於 1 的特徵值，則只有 1 個因素。
7. 第 7 個指令以 plot() 對特徵值繪圖。
8. 第 8 個指令在水平線 0 處加上直線。如果以陡坡圖判斷，陡峭處的因素有 5 個，因此應保留 5 個因素。
9. 第 9 個指令以 psych 程式套件的 fa.parallel() 同時使用主成分法及主軸法進行平行分析。圖中虛線是以模擬資料求得的特徵值，如果實際資料的特徵值大於模擬資料的特徵值，則應保留該因素。由圖及文字輸出可看出，如果使用主成分法，應保留 1 個主成分，如果使用主軸法，應保留 4 個因素。後續分析將使用主軸法萃取因素，並保留 4 個因素。
10. 第 10 個指令在水平線 0 處另外加上直線。

命令稿 9-2 解特徵值並繪製陡坡圖

```
> eigen(cor(efa))$values
##  [1] 6.8932005 1.3072121 0.8457693 0.6670265 0.4576326 0.3643542
##  [7] 0.3424654 0.2999741 0.2638752 0.2348197 0.2027033 0.1209670
> plot(eigen(cor(efa))$values, type="b", main="Scree Plot")
> abline(h=1)
```

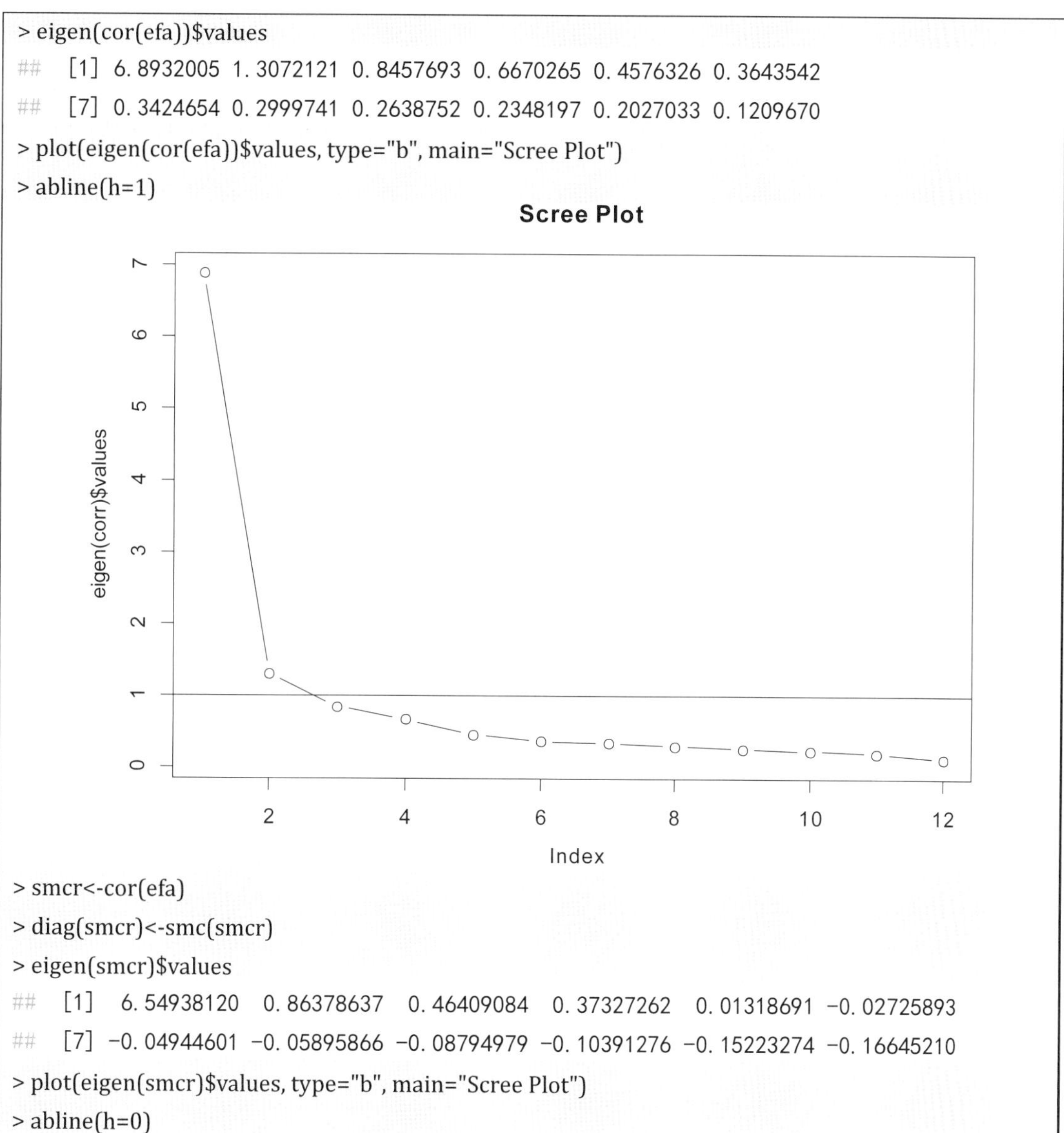


```
> smcr<-cor(efa)
> diag(smcr)<-smc(smcr)
> eigen(smcr)$values
##  [1]  6.54938120  0.86378637  0.46409084  0.37327262  0.01318691 -0.02725893
##  [7] -0.04944601 -0.05895866 -0.08794979 -0.10391276 -0.15223274 -0.16645210
> plot(eigen(smcr)$values, type="b", main="Scree Plot")
> abline(h=0)
```

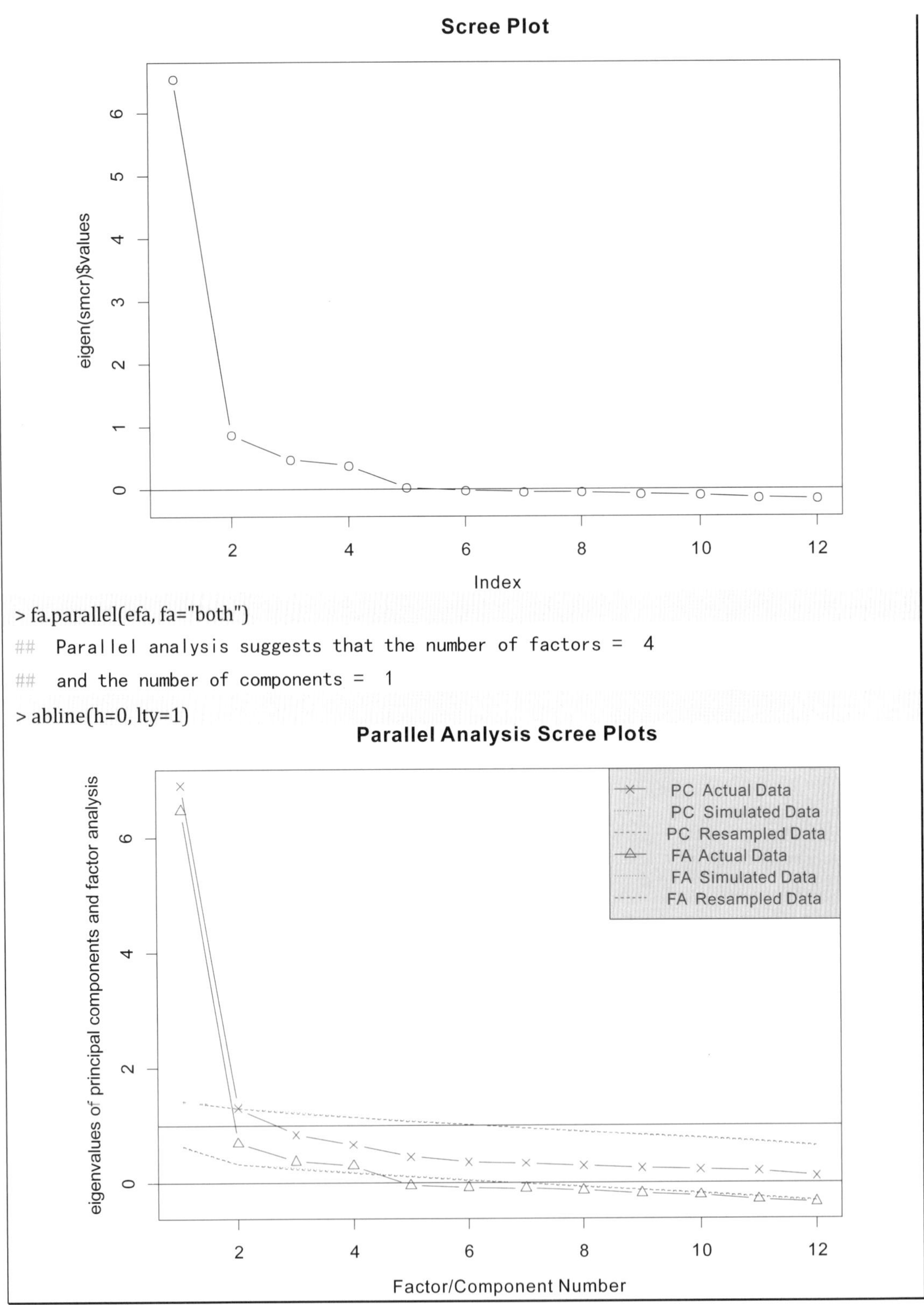


```
> fa.parallel(efa, fa="both")
## Parallel analysis suggests that the number of factors =  4
## and the number of components =  1
> abline(h=0, lty=1)
```

9.3.3 估計因素負荷量矩陣

將 SMC 矩陣經過反覆迭代，使每次解出的特徵向量差異達到預設標準，就可以解得因素負荷量矩陣，它類似迴歸係數，代表因素對題項的解釋力。

使用 R 進行分析

命令稿 9-3 有 2 個指令，說明如下：

第 1 個指令使用 psych 程式套件的 fa() 函數對 efa 資料所計算的相關矩陣進行因素分析並存入 pa1 物件，引數中設定使用主軸法（pa），保留 4 個因素，不轉軸。

第 2 個指令列出 pa1 的結果，筆者在同一列因素負荷量中最大者加上網底。結果可看出，未轉軸時，除了 e2 變數屬於第 2 個因素外，其餘 11 個變數都屬於第 1 個因素，沒有變數屬於第 3、4 個因素。負荷量橫列的平方和就是變數的共同性（h^2），例如：E1 的共同性為：

$$0.63^2 + 0.48^2 + 0.09^2 + 0.03^2 = 0.646$$（報表中為 0.64）

用 1 減去共同性，就是唯一性（unique），E1 的唯一性為：

$$1 - 0.646 = 0.364$$

如果題項能被共同因素良好解釋，則共同性應大於 0.5，而唯一性則應小於 0.5。在本範例中，12 個題項的共同性都大於 0.5。直行負荷量的平方和是 SS loadings，代表因素的變異量，PA1 的負荷量平方和為：

$$0.63^2 + 0.53^2 + \cdots + 0.81^2 + 0.84^2 = 6.63$$

將 6.63 除以題項數 12，等於 0.55，因此第 1 個因素對 12 題的解釋量為 55%。其他 3 個因素的解釋量各為 0.08、0.05、0.04，累積解釋量為 0.72。在 4 個因素中，第 1 個因素所占比例為：

$$6.63 / (6.63 + 0.97 + 0.56 + 0.46) = 0.77$$

命令稿 9-3　未轉軸之因素負荷量

```
> pa1<-fa(efa, fm="pa", nfactors=4, rotate="none")
> pa1
```

```
## Factor Analysis using method =  pa
## Call: fa(r = efa, nfactors = 4, rotate = "none", fm = "pa")
## Standardized loadings (pattern matrix) based upon correlation matrix
##     PA1   PA2   PA3   PA4   h2    u2  com
## E1 0.63  0.48  0.09  0.03 0.64 0.364 1.9
## E2 0.53  0.55 -0.11  0.10 0.61 0.386 2.2
## E3 0.66  0.50  0.05  0.00 0.69 0.311 1.9
## U1 0.75 -0.20  0.39  0.10 0.76 0.236 1.7
## U2 0.65 -0.10  0.38  0.13 0.60 0.401 1.8
## U3 0.72 -0.13  0.19  0.10 0.58 0.419 1.3
## A1 0.79 -0.07  0.02 -0.25 0.69 0.313 1.2
## A2 0.80 -0.09 -0.12 -0.28 0.75 0.251 1.3
## A3 0.81 -0.07 -0.03 -0.40 0.82 0.180 1.5
## B1 0.85 -0.15 -0.26  0.16 0.84 0.161 1.3
## B2 0.81 -0.17 -0.15  0.07 0.72 0.283 1.2
## B3 0.84 -0.20 -0.31  0.29 0.92 0.076 1.7
##
##                        PA1  PA2  PA3  PA4
## SS loadings           6.63 0.97 0.56 0.46
## Proportion Var        0.55 0.08 0.05 0.04
## Cumulative Var        0.55 0.63 0.68 0.72
## Proportion Explained  0.77 0.11 0.06 0.05
## Cumulative Proportion 0.77 0.88 0.95 1.00
##
## Mean item complexity =  1.6
[…以下刪除部分報表…]
```

9.3.4 決定轉軸方法

在進行因素分析過程中，為了符合簡單結構原則，通常需要進行因素轉軸。常見之旋轉方法有兩類：一為直交轉軸（orthogonal rotation），另一為斜交轉軸（oblique rotation）。前者是假定因素分析後所得到的因素之間相互獨立無相關存在；而後者則允許因素間有相關存在。旋轉後，原先和問項間比較大之因素負荷量會變得更大，而比較小的會變得更小。如果使用的是斜交轉軸法，會得到兩種負荷量矩陣：1.因素組型負荷量矩陣：可視為以因素為預測變項、以觀察變項為效標變項進行迴歸分析所得之加權係數。2.因素結構矩陣：代表因素與變數之簡單相關。

何時用斜交轉軸，何時該用直交轉軸呢？選擇斜交轉軸法或直交轉軸法的原則是：1.若研究的目標在於減少原始變數的個數，而不在乎結果因素的意義時，直交轉軸法是較好的選擇；2.若僅是希望刪除大量變數，而只想留下少數不相關的變數做後續研究時，直交轉軸法亦是最好的選擇；3.若研究的最終目標是求得一組理論上有意義的因素時，則應使用斜交轉軸法。

在 R 軟體中，提供十多種轉軸方法，其中直交轉軸較常使用者有 varimax 及 quatimax 兩種。quatimax 常會得到解釋量最大的因素（綜合因素），如果想要得到解釋量平均的因素，最好採用 varimax 法。斜交轉軸較常使用者有 oblimin 及 promax 兩種。

使用 R 進行分析

命令稿 9-4 有 8 個指令，分別說明如下：

1. 第 1 個指令使用 fa() 函數對 efa 資料所計算的相關矩陣進行因素分析並存入 pa2 物件，引數中設定使用主軸法，保留 4 個因素，並使用 varimax 轉軸法。
2. 第 2 個指令列出 pa2 的結果，筆者在同一列因素負荷量中最大者加上網底。結果可看出，轉軸後，B1 ~ B3 變數屬於 PA1 因素，A1 ~ A3 變數屬於 PA4 因素，U1 ~ U3 變數屬於 PA3 因素，E1 ~ E3 變數屬於 PA2 因素。共同性與轉軸前相同。com 是複雜度，如果題項沒有交叉負荷（cross-loading）的情形，也就是在其他因素的負荷量為 0，則複雜度為 1。命令稿 9-3 中轉軸前平均複雜度為 1.6，轉軸後平均複雜度為 2，雖然轉軸後複雜度增加，不過，各題項所屬因素較符合原先理論。各因素的負荷量的平方和是 SS loadings，分別為 2.26、2.13、2.12、2.11，解釋量分別為 0.19、0.18、0.18、0.18，非常接近。
3. 如果要使用斜交轉軸，應先載入 GPArotation 程式套件。
4. 第 4 個指令使用 fa() 函數對 efa 資料所計算的相關矩陣進行因素分析並存入 pa2 物件，引數中設定使用主軸法，保留 4 個因素，並使用 promax 轉軸法。

5. 第 5 個指令列出 pa3 的結果，A1 ~ A3、B1 ~ B3、E1 ~ E3、U1 ~ U3 分屬 PA4、PA1、PA2、PA3。因素間相關介於 0.46 ~ 0.71 之間，平均複雜度為 1.1。
6. pa3 中有$Structure（結構負荷量），它是題項與因素的相關。結構負荷量矩陣是由組型負荷量矩陣乘以因素間相關矩陣而得。
7. 第 7 個指令列出 pa3 物件的$Phi，它是因素間的相關矩陣。係數介於 0.46 ~ 0.71，均大於 0.30，因此本範例使用斜交轉軸較合理。不過，由於直交與斜交轉軸結果相似，且直交轉軸結果較易解釋，因此建議直交轉軸結果。
8. 第 8 個指令以 pa3 中的組型負荷量乘上因素間相關矩陣，結果會與結構負荷量一致。此處不列出報表。

命令稿 9-4　直交及斜交轉軸

```
> pa2<-fa(efa, nfactors=4, fm="pa", rotate="varimax")
> pa2
## Factor Analysis using method =  pa
## Call: fa(r = efa, nfactors = 4, rotate = "varimax", fm = "pa")
## Standardized loadings (pattern matrix) based upon correlation matrix
##      PA1  PA4  PA3  PA2   h2    u2 com
## E1 0.13 0.21 0.26 0.71 0.64 0.364 1.5
## E2 0.22 0.11 0.06 0.74 0.61 0.386 1.2
## E3 0.14 0.25 0.23 0.74 0.69 0.311 1.5
## U1 0.27 0.29 0.76 0.16 0.76 0.236 1.7
## U2 0.21 0.20 0.69 0.21 0.60 0.401 1.6
## U3 0.35 0.29 0.57 0.22 0.58 0.419 2.6
## A1 0.30 0.62 0.37 0.27 0.69 0.313 2.6
## A2 0.39 0.68 0.26 0.25 0.75 0.251 2.3
## A3 0.28 0.76 0.30 0.26 0.82 0.180 1.9
## B1 0.73 0.36 0.31 0.27 0.84 0.161 2.2
## B2 0.61 0.41 0.36 0.22 0.72 0.283 2.8
## B3 0.84 0.27 0.31 0.24 0.92 0.076 1.7
##
##                        PA1  PA4  PA3  PA2
## SS loadings           2.26 2.13 2.12 2.11
## Proportion Var        0.19 0.18 0.18 0.18
## Cumulative Var        0.19 0.37 0.54 0.72
## Proportion Explained  0.26 0.25 0.25 0.24
## Cumulative Proportion 0.26 0.51 0.76 1.00
```

```
##
## Mean item complexity =  2
[…以下刪除部分報表…]
> library(GPArotation)
> pa3<-fa(efa, nfactors=4, fm="pa", rotate="promax")
> pa3
## Factor Analysis using method =  pa
## Call: fa(r = efa, nfactors = 4, rotate = "promax", fm = "pa")
## Standardized loadings (pattern matrix) based upon correlation matrix
##      PA1   PA4   PA3   PA2   h2    u2 com
## E1 -0.08  0.03  0.14  0.74 0.64 0.364 1.1
## E2  0.15 -0.09 -0.16  0.83 0.61 0.386 1.2
## E3 -0.08  0.11  0.07  0.77 0.69 0.311 1.1
## U1  0.01  0.03  0.88 -0.07 0.76 0.236 1.0
## U2 -0.02 -0.07  0.81  0.04 0.60 0.401 1.0
## U3  0.18  0.06  0.56  0.02 0.58 0.419 1.2
## A1  0.02  0.69  0.13  0.03 0.69 0.313 1.1
## A2  0.16  0.80 -0.08  0.00 0.75 0.251 1.1
## A3 -0.07  0.97 -0.02  0.00 0.82 0.180 1.0
## B1  0.81  0.10  0.01  0.04 0.84 0.161 1.0
## B2  0.58  0.23  0.11 -0.02 0.72 0.283 1.4
## B3  1.01 -0.10  0.02  0.01 0.92 0.076 1.0
##
##                        PA1  PA4  PA3  PA2
## SS loadings           2.37 2.37 1.99 1.89
## Proportion Var        0.20 0.20 0.17 0.16
## Cumulative Var        0.20 0.40 0.56 0.72
## Proportion Explained  0.28 0.28 0.23 0.22
## Cumulative Proportion 0.28 0.55 0.78 1.00
##
## With factor correlations of
##      PA1  PA4  PA3  PA2
## PA1 1.00 0.75 0.69 0.54
## PA4 0.75 1.00 0.73 0.60
## PA3 0.69 0.73 1.00 0.54
## PA2 0.54 0.60 0.54 1.00
##
## Mean item complexity =  1.1
[…以下刪除部分報表…]
```

```
> pa3$Structure
## Loadings:
##     PA1   PA4   PA3   PA2
## E1 0.438 0.514 0.503 0.791
## E2 0.423 0.406 0.330 0.771
## E3 0.463 0.556 0.504 0.824
## U1 0.610 0.645 0.872 0.430
## U2 0.515 0.538 0.772 0.428
## U3 0.630 0.623 0.745 0.456
## A1 0.650 0.823 0.671 0.526
## A2 0.704 0.860 0.616 0.521
## A3 0.650 0.904 0.645 0.534
## B1 0.912 0.741 0.668 0.542
## B2 0.824 0.740 0.675 0.495
## B3 0.959 0.688 0.658 0.513

                 PA1   PA4   PA3   PA2
SS loadings    5.393 5.635 5.110 4.110
Proportion Var 0.449 0.470 0.426 0.343
Cumulative Var 0.449 0.919 1.345 1.687
##
> pa3$Phi
##           PA1       PA4       PA3       PA2
## PA1 1.0000000 0.7543228 0.6948757 0.5405553
## PA4 0.7543228 1.0000000 0.7335369 0.5986927
## PA3 0.6948757 0.7335369 1.0000000 0.5390004
## PA2 0.5405553 0.5986927 0.5390004 1.0000000
> round(pa3$loading%*%pa3$Phi, 3)
[…不列出結果…]
```

9.3.5 決定因素並予以命名

最後根據因素負荷量將題項歸類，參酌因素負荷量之絕對值大於 0.30 之題項的內涵，對因素加以命名。如果是直交轉軸，以轉軸後之因素負荷量矩陣為準；斜交轉軸，則建議以組型矩陣為準。

9.4 使用 JASP 分析

在 JASP 中，讀入 factor.csv 資料檔後，在 Factor（因素分析）中選擇 Exploratory Factor（探索性因素分析）。接著，將 12 個變數選至 Variables（變數）中。下面選擇使用 Correlation matrix（相關矩陣），Principal axis factoring（主軸因子法），Based on FA（基於因素分析）的 Parallel analysis（平行分析），並採 varimax 直交轉軸法，如果需要，可改用 promax 斜交轉軸法（圖 9-1）。

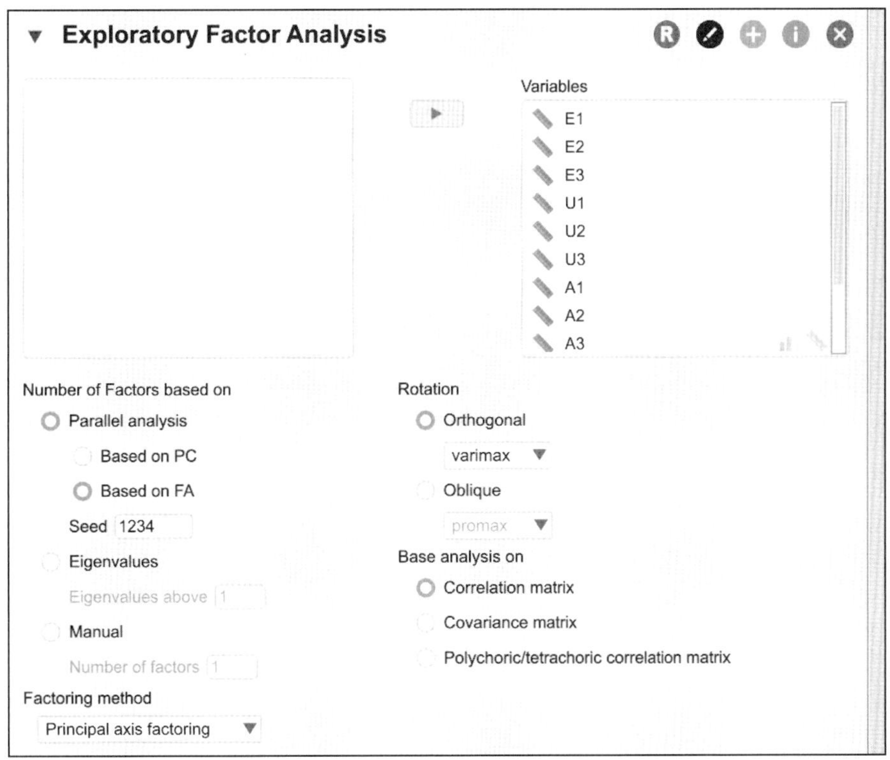

圖 9-1　選擇分析變數及統計量——JASP

在 Output Options（輸出選項）中，可視研究需要選取不同選項（圖 9-2）。其中，預設 Display loading above（顯示負荷量大於）為 0.4，負荷量小於 0.4 會隱而不現，方便找出較高的負荷量。不過，建議在論文中，仍要呈現所有的負荷量，以判讀交叉負荷量。

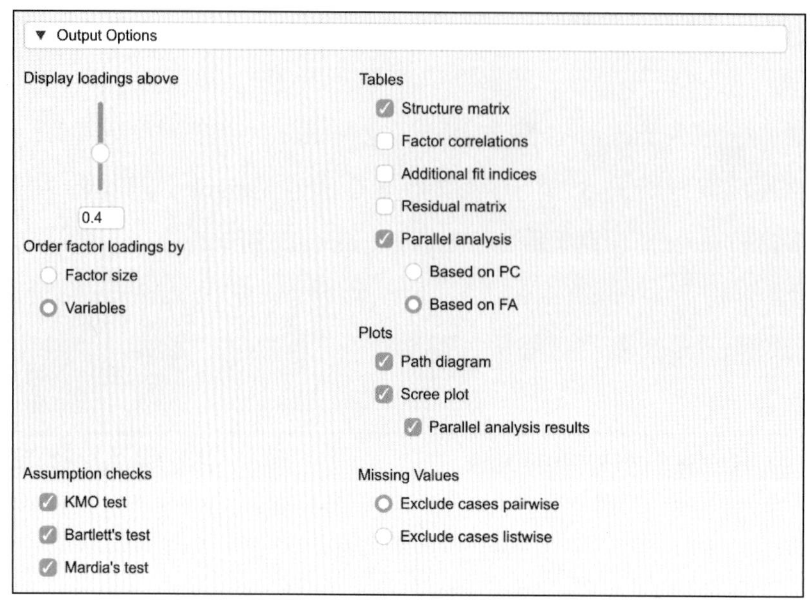

圖 9-2　輸出選項——JASP

分析所得報表較多，以下只說明部分較重要的結果。報表 9-1 是 Scree Plot（陡坡圖）。圖中將 12 個因素的特徵值繪出（實線），並加上用模擬資料所獲得的特徵值（虛線）相比較，結果，實際資料的前 4 個特徵值大於模擬資料，因此，保留 4 個因素是比較合理的選擇。

報表 9-1　Scree Plot

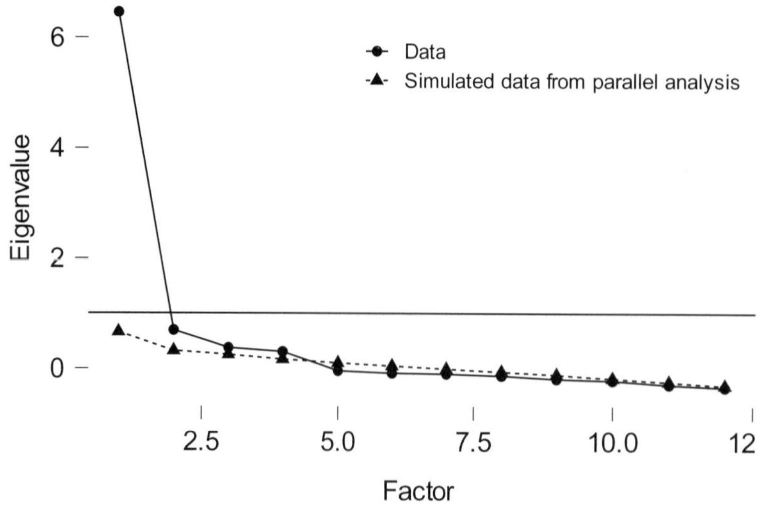

報表 9-2 是以 varimax 直交轉軸後的因素負荷量，筆者將每一橫列中最大的負荷量加上灰色網底，由結果可看出：E1 ~ E3 屬於第 4 個因素，可命名為「認知易用性」；U1 ~ U3 屬於第 3 個因素，可命名為「認知有用性」；A1 ~ A3 屬於第 2 個因素，可命名為「使用態度」；B1 ~ B3 屬於第 1 個因素，可命名為「行為意圖」。每一橫列負荷量的平方和，稱為「共同性」，以 1 減去共同性即為「唯一性」，相關說明見命令稿 9-3。

報表 9-2　Factor Loadings

	Factor 1	Factor 2	Factor 3	Factor 4	Uniqueness
E1	0.132	0.206	0.259	0.714	0.364
E2	0.220	0.112	0.056	0.742	0.386
E3	0.145	0.252	0.232	0.742	0.311
U1	0.271	0.289	0.762	0.163	0.236
U2	0.208	0.200	0.686	0.213	0.401
U3	0.349	0.290	0.573	0.216	0.419
A1	0.305	0.621	0.370	0.267	0.313
A2	0.389	0.682	0.260	0.254	0.251
A3	0.276	0.765	0.301	0.263	0.180
B1	0.735	0.363	0.312	0.266	0.161
B2	0.608	0.412	0.359	0.221	0.283
B3	0.838	0.266	0.309	0.236	0.076

Note. Applied rotation method is varimax.

報表 9-3 是因素特徵。第 1 大欄為初始的特徵值。第 2 大欄為未轉軸前的結果，不多解釋。第 3 大欄為轉軸後的結果，其中，第 1 小欄為因素負荷量的平方和，以因素 1 為例，它的平方和為：

$$0.132^2 + 0.220^2 + 0.145^2 + \cdots + 0.838^2 = 2.258$$

第 2 小欄是解釋變異量，為平方和除以 12（變數個數），第 1 因素的解釋量為：

$$2.258 / 12 = 0.188 = 18.8\%$$

第 3 小欄是第 2 小欄由上而下累加而得。總之，轉軸後 4 個因素的解釋量分別為 0.188、0.178、0.177、0.176，累積解釋量為 0.718（71.8%）。

報表 9-3　Factor Characteristics

		Unrotated solution			Rotated solution		
	Eigenvalues	SumSq. Loadings	Proportion var.	Cumulative	SumSq. Loadings	Proportion var.	Cumulative
Factor 1	6.893	6.629	0.552	0.552	2.258	0.188	0.188
Factor 2	1.307	0.970	0.081	0.633	2.133	0.178	0.366
Factor 3	0.846	0.557	0.046	0.680	2.121	0.177	0.543
Factor 4	0.667	0.463	0.039	0.718	2.108	0.176	0.718

報表 9-4 是以 promax 斜交轉軸後的因素負荷量（樣式矩陣），變數分類結果與直交轉軸相同。當因素間有相關，因素負荷量（樣式矩陣）有可能大於 1。

報表 9-4　Factor Loadings

	Factor 1	Factor 2	Factor 3	Factor 4	Uniqueness
E1	-0.082	0.031	0.136	0.743	0.364
E2	0.153	-0.090	-0.156	0.826	0.386
E3	-0.080	0.107	0.068	0.767	0.311
U1	0.013	0.034	0.876	0.069	0.236
U2	-0.024	-0.066	0.814	0.042	0.401
U3	0.183	0.061	0.564	0.017	0.419
A1	0.020	0.693	0.133	0.029	0.313
A2	0.156	0.799	-0.079	0.001	0.251
A3	-0.068	0.969	-0.018	0.000	0.180
B1	0.807	0.099	0.013	0.039	0.161
B2	0.585	0.228	0.111	-0.017	0.283
B3	1.013	-0.099	0.020	0.014	0.076

Note. Applied rotation method is promax.

報表 9-5 是斜交轉軸後的結構矩陣，為因素與變數的相關係數，與命令稿 9-4 一致。

報表 9-5　Factor Loadings (Structure Matrix)

	Factor 1	Factor 2	Factor 3	Factor 4
E1	0.438	0.514	0.503	0.791
E2	0.423	0.406	0.330	0.771
E3	0.463	0.556	0.504	0.824
U1	0.610	0.645	0.872	0.430
U2	0.515	0.538	0.772	0.428
U3	0.630	0.623	0.745	0.456
A1	0.650	0.823	0.671	0.526
A2	0.704	0.860	0.616	0.521
A3	0.650	0.904	0.645	0.534
B1	0.912	0.741	0.668	0.542
B2	0.824	0.740	0.675	0.495
B3	0.959	0.688	0.658	0.513

Note. Applied rotation method is promax.

報表 9-6 是路徑圖。由圖中可看出：相同字首的變數各自屬於一個因素，因素負荷量較大，直線較粗；交叉負荷量都較小，直線較細。

報表 9-6　Path Diagram

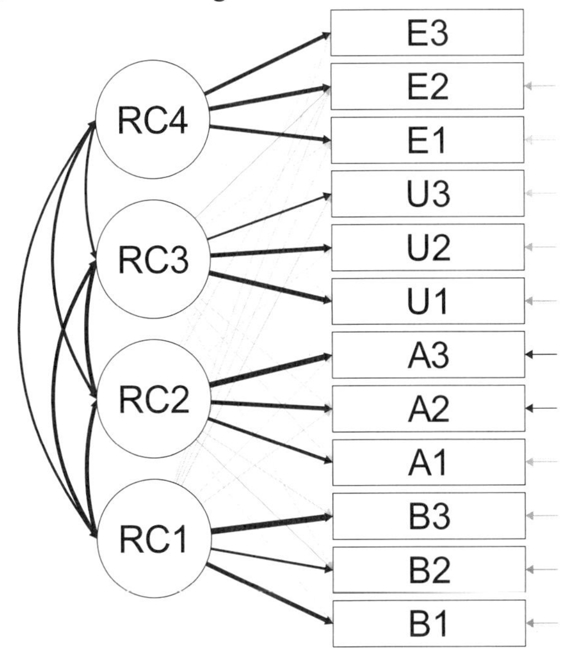

9.5 使用 jamovi 分析

在 jamovi 中讀入 factor.csv 資料檔後，在 Factor（因素分析）中選擇 Exploratory Factor（探索性因素分析）。接著，將 12 個變數選至 Variables（變數）中（圖 9-3）。

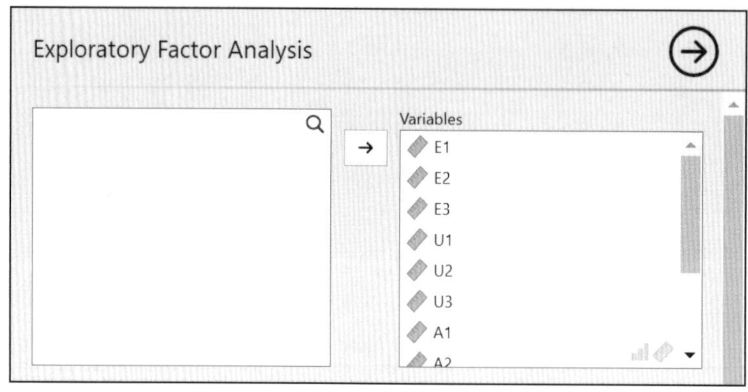

圖 9-3　選擇分析變數——jamovi

相關的統計量可依研究需要，自行設定（圖 9-4）。

Method
Extraction Principal axis
Rotation Promax
Number of Factors
Based on parallel analysis
Based on eigenvalue
Eigenvalues greater than 0
Fixed number
1 factor(s)
Assumption Checks
Bartlett's test of sphericity
KMO measure of sampling adequacy
Factor Loadings
Hide loadings below 0.3
Sort loadings by size
Additional Output
Factor summary
Factor correlations
Model fit measures
Initial eigenvalues
Scree plot

圖 9-4　選擇統計量——jamovi

報表 9-7 是因素摘要，使用 Promax 斜交轉軸後，4 個因素的解釋量分別為 19.757、19.755、16.590、15.724，累積解釋量為 71.827%。

報表 9-7 Summary

Factor	SS Loadings	% of Variance	Cumulative %
1	2.371	19.757	19.757
2	2.371	19.755	39.512
3	1.991	16.590	56.103
4	1.887	15.724	71.827

報表 9-8 是因素間的相關矩陣(右上角)。相關最小者為因素 3 與 4，係數為 0.539，相關程度相當高，因此，本範例的數據，最好採用斜交轉軸。

報表 9-8 Inter-Factor Correlations

	1	2	3	4
1	—	0.754	0.695	0.541
2		—	0.734	0.599
3			—	0.539
4				—

9.6 分析結論

研究者自編 12 題 Likert 六點量表，以測量使用者對智慧型手機的看法。經使用主軸法進行因素分析，參酌平行分析及陡坡圖，得到 4 個共同因素。採用最優法（promax）進行轉軸，4 個因素分別命名為**行為意圖**、**使用態度**、**認知有用性**，及**認知易用性**，解釋量分別為 20%、20%、17%、16%，總解釋量為 72%（有捨入誤差）。4 個因素的樣式負荷量分別介於 0.74 ~ 0.83、0.56 ~ 0.88、0.69 ~ 0.97、0.59 ~ 1.01 之間。摘要如表 9-4，粗體字部分表示該題項所屬的因素。

表 9-4　因素分析摘要表（樣式矩陣）

題　　目	因素				共同性
	1	2	3	4	
E1 智慧型手機的操作方法簡單易學	-0.08	0.03	0.14	**0.74**	0.64
E2 我不需要別人協助，就可以學會使用智慧型手機	0.15	-0.09	-0.16	**0.83**	0.61
E3 智慧型手機所提供的加值功能，對我而言是容易操作的	-0.08	0.11	0.07	**0.77**	0.69
U1 使用智慧型手機，能讓生活更便利	0.01	0.03	**0.88**	-0.07	0.76
U2 使用智慧型手機中的應用程式，可以解決許多問題	-0.02	-0.07	**0.81**	0.04	0.60
U3 使用智慧型手機，讓我更方便與朋友聯繫	0.18	0.06	**0.56**	0.02	0.58
A1 智慧型手機是值得使用的	0.02	**0.69**	0.13	0.03	0.69
A2 我對使用智慧型手機的態度是正面的	0.16	**0.80**	-0.08	0.00	0.75
A3 使用智慧型手機有許多好處	-0.07	**0.97**	-0.02	0.00	0.82
B1 我會繼續使用智慧型手機	**0.81**	0.10	0.01	0.04	0.84
B2 我會推薦其他人使用智慧型手機	**0.59**	0.23	0.11	-0.02	0.72
B3 在下次換手機時，我仍然會使用智慧型手機	**1.01**	-0.10	0.02	0.01	0.92
解釋量	20%	20%	17%	16%	72%

第 10 章

集群分析

人們常說：「物以類聚，人以群分」（源自周易・繫辭的「方以類聚，物以群分」），對事物的「分類」是形成知識的重要方法，而集群分析（cluster analysis）就是一種分類的技術，它也是機器學習中的「非監督學習」（unsupervised learning）。

10.1 集群分析概說

人類每天都要面對許許多多的事物，而如何對這些龐雜的事物做有系統的理解，即是透過分類，如何分類？可能是根據理論分類，也可能是根據個人的自由意志分類。根據理論進行的分類如：天文學家將星球分成恆星、行星，及衛星；動物學家將動物依界、門、綱、目、科、屬、種等層次進行分類，而每個層次又再進行分類，例如：脊索動物門又再分為魚類、兩生類、爬蟲類、鳥類、哺乳類等五大類；經濟學家將國家分成已開發、開發中，及未開發國家；「星象家」將人依出生月分分成雙魚座、巨蟹座、水瓶座⋯⋯；服務業者則可能將客戶分成忠實顧客、游離顧客，及潛在顧客。

其次，根據個人的自由意志分類，亦即是同一群觀察對象，由不同的人進行分類，將有不同的分類結果，以大象、鴕鳥、老虎、鱷魚、金魚、海獺這六種動物為例，讓學生進行分類，可能會有人將牠們分為陸上動物或水中動物、大型動物或小型動物、溫血動物或冷血動物、胎生動物或卵生動物、溫和的動物或凶猛的動物⋯⋯。這些分類的結果都可以接受，差別在於分類的依據，分類的標準不同，分類的結果也會有所差異。

因此，根據分類標準的設定，將不同的觀察對象（如：動物、植物、客戶、學生等等）加以分類，使得同一類（集群）之內觀察體彼此的相似度愈高，且不同類之間觀察體彼此的相異度愈高，是集群分析最主要的任務。

10.2 集群分析的意義及目的

集群分析是一種常用來對觀察值進行分類或分組的多變量分析方法，其目的主要是辨別觀察值在某些特性的相似或相異，並依照這些特性將觀察值分成數個集群，使在同一集群內的觀察值具有高度的同質性，不同集群內的觀察值具有高度的異質性，各集群間沒有互相交集。集群分析的用途非常廣泛，包含：醫學、教育、經濟、生物、行銷、政治等等領域。

集群分析主要的方法是使用一組的計量資料，加以計算各觀察體的相似性（similarity）或相異性（dissimilarity），然後使用各種分析的方法，將這些觀察體加以分類，進而能更有效地掌握各集群的性質。集群分析與區別分析都是在進行分類，但是區別分析是分類前就已經知道分類的組別了，而集群分析在分類前通常是不確定可以分成多少組別的。集群分析所關心的重點有三（林邦傑，1981）：

1. 如何以數量來表示觀察體與觀察體間的相似性（或相異性）？
2. 如何根據這些相似性將類似的觀察體分為一個集群？
3. 所有觀察體分類完畢後，對每一集群的性質應如何描述？

集群分析的結果最好是二、三、四群，當超過五群時，就很難對每個集群加以命名和解釋特徵。決定集群數目的依據：一直未有一定的標準可以作為集群數判定的依據，但下列三個方向可以作為研究者決定集群數的參考（蕭文龍，2009）：理論的支持、實務的考量與集群距離突然增加時。集群分析和因素分析一樣，並無依變項或自變項之分，而是將所有資料納入計算，並進行分類。大多數的統計分析方法都在做統計推論的工作，但集群分析、因素分析、區別分析卻不是，它們不做統計推論工作，而是將變項或觀察值的結構予以量化，也因為如此，它們適用於一般數量方法的統計假設。儘管如此，集群分析仍須考慮兩點假設（蕭文龍，2009）：

1. **樣本具有代表性**：集群分析的目的並非將樣本資料的分析結果推論到母群體，但為求分類有意義，故希望樣本資料能具有代表性。
2. **共線性（multicollinearity）的問題**：具有共線性的變數會有加權情況發生，而影響計算結果的不同，研究者必須檢視資料的共線性問題後再進行集群分析。

10.3 相異性及相似性的計算

集群分析是根據一些變項加以計算觀察體間的**相異性**（一般用距離量數表示）或**相似性**，以作為分類的依據。以下針對計量性變項說明各使用量數的內涵。

假設有 2 個觀察體（A、B），在 3 個計量變數（X1、X2、X3）上的數值如表 10-1，以下分別說明如何計算他們之間的相異性及相似性。

表 10-1 兩個觀察體之三個變項

	X1	X2	X3
A	1	6	7
B	2	3	5

10.3.1 相異性的計算

計算 A、B 之**相異性**一般常用的方法有七種。距離值愈大，表示兩個觀察體距離愈遠，因此相異性也愈大。

1. **街道距離或曼哈頓距離**（city-block or Manhattan distance）

$$d(x_a,x_b)=\sum_{i=1}^{p}\left|x_{ai}-x_{bi}\right|$$
$$=\left|1-2\right|+\left|6-3\right|+\left|7-5\right|=1+3+2=6$$

2. **柴比雪夫距離**（Chebychev distance）

$$d(x_a,x_b)=\max\left|x_{ai}-x_{bi}\right|$$
$$=\max(\left|1-2\right|,\ \left|6-3\right|,\ \left|7-5\right|)=\max(1,\ 3,\ 2)=3$$

3. **歐基里德距離**（Euclidean distance）

$$d(x_a,x_b)=\sqrt{\sum_{i=1}^{p}(x_{ai}-x_{bi})^2}$$
$$=\sqrt{(1-2)^2+(6-3)^2+(7-5)^2}=\sqrt{1+9+4}=\sqrt{14}=3.742$$

4. **歐基里德距離平方**（squared Euclidean distance）

$$d(x_a,x_b)=\sum_{i=1}^{p}(x_{ai}-x_{bi})^2$$
$$=(1-2)^2+(6-3)^2+(7-5)^2=1+9+4=14$$

5. **敏可斯基距離**（Minkowski distance）：它是距離測量的通式，如果 m = 2，則它就等於**歐基里德距離**。如果 m = 3，則計算方法如下：

$$d(x_a, x_b) = \sqrt[m]{\sum_{i=1}^{p} |x_{ai} - x_{bi}|^m} = \sqrt[3]{|1-2|^3 + |6-3|^3 + |7-5|^3} = \sqrt[3]{36} = 3.302$$

6. **冪距離**（power or customized distance）：它比敏可斯基距離更彈性，可分別設定 m 及 n，如果 m=3，n=2，則計算方法如下：

$$d(x_a, x_b) = \sqrt[n]{\sum_{i=1}^{p} |x_{ai} - x_{bi}|^m}$$

$$= \sqrt[2]{|1-2|^3 + |6-3|^3 + |7-5|^3} = \sqrt[2]{36} = 6$$

7. **馬哈蘭諾距離**（Mahalanobis distance）：它是歐氏距離再乘以變異－共變異矩陣之反矩陣，目的在避免因測量單位不同而造成的差異。

$$d(x_a, x_b) = \sqrt{(x_a - x_b)' S^{-1} (x_a - x_b)}$$

10.3.2 相似性的計算

常用的**相似性**係數有二：

1. **餘弦係數**（cosine）

$$s(x_a, x_b) = \frac{\sum_{i=1}^{p} (x_{ai} x_{bi})}{\sqrt{(\sum_{i=1}^{p} x_{ai}^2)(\sum_{i=1}^{p} x_{bi}^2)}}$$

$$== \frac{1 \times 2 + 6 \times 3 + 7 \times 5}{\sqrt{(1^2 + 6^2 + 7^2)(2^2 + 3^2 + 5^2)}} = \frac{55}{\sqrt{3268}} = 0.962$$

2. **皮爾遜積差相關係數**（Pearson correlation），其計算方法與變項間的皮爾遜積差相關係數相同，以觀察體所求的相關係數矩陣，一般稱為 Q 型相關矩陣。

$$s(x_a, x_b) = \frac{\sum_{i=1}^{p} Zx_{ai} Zx_{bi}}{p-1} = 0.849$$

使用 R 進行分析

命令稿 10-1 先輸入 x1、x2、x3，並合併成 d1，接著用 dist() 函數計算各種距離。要計算相關係數，要先轉置 d1，並使用 cor() 函數計算相關矩陣。

命令稿 10-1 相異性及相似性的計算

```
> x1<-c(1,2)
> x2<-c(6,3)
> x3<-c(7,5)
> d1<-cbind(x1,x2,x3)
> dist(d1, method="manhattan")
##   1
## 2 6
> dist(d1, method="maximum")
##   1
## 2 3
> dist(d1, method="euclidean")
##          1
## 2 3.741657
> dist(d1, method="minkowski", p=3)
##          1
## 2 3.301927
> cor(t(d1))
##           [,1]      [,2]
## [1,] 1.0000000 0.8485553
## [2,] 0.8485553 1.0000000
```

10.4 集群分析之方法

集群分析的方法有三大類：階層式、非階層式、二階段法（林震岩，2008；蕭文龍，2009），本章僅說明前兩種方法。

10.4.1 階層式

由於階層式（Hierarchical）集群分析要計算觀察體兩兩之間的距離，需要較大的電腦記憶體，因此通常限用於小型的資料檔，如數百筆資料。它包含凝聚法（agglomerative method）與分離法（divisive method）兩種方法，兩法類似，但過程完全相反。階層集群分析具有下列功能：

1. 能將觀察值或變數集群化。
2. 能夠計算某個範圍的可能解，並儲存每個解的集群組員。
3. 提供數種方式以執行集群構成、變數轉換，並測量集群間的相異性。
4. 只要所有變數的類型相同，便可以分析區間（一段連續資料範圍）、個數，或二元變數間的相異性。

10.4.1.1 凝聚法

凝聚法（agglomerative method，或稱聚集法）是最常用來發展集群的方法，步驟如下：

1. 把 N 個觀察體各自視為一個集群（也就是有 N 個集群），計算集群間兩兩的距離。
2. 把距離最近的兩個集群合併為一個新的集群，列出此階段的凝聚距離，此時有 $N-1$ 個集群。
3. 重新計算 $N-1$ 個集群間兩兩的距離。此時由於有兩個觀察體合併為一新集群，它們與其他集群的距離可以取最近距離、最遠距離、平均距離，或是兩觀察體的平均數或中位數與其他集群的距離，如圖 10-1 所示。簡言之，單一連結法在計算集群間的距離是取兩集群間任意兩個觀察體之間的最近距離；完全連結法是取最遠的距離；平均連結法是取兩集群間任意兩個觀察體距離的平均數；形心法則是取兩集群間平均數或中位數的距離。
4. 重複步驟 2、3，直到所有觀察體合併成一個集群為止。記錄每個合併階段的距離及集群代號，以繪製樹狀圖。

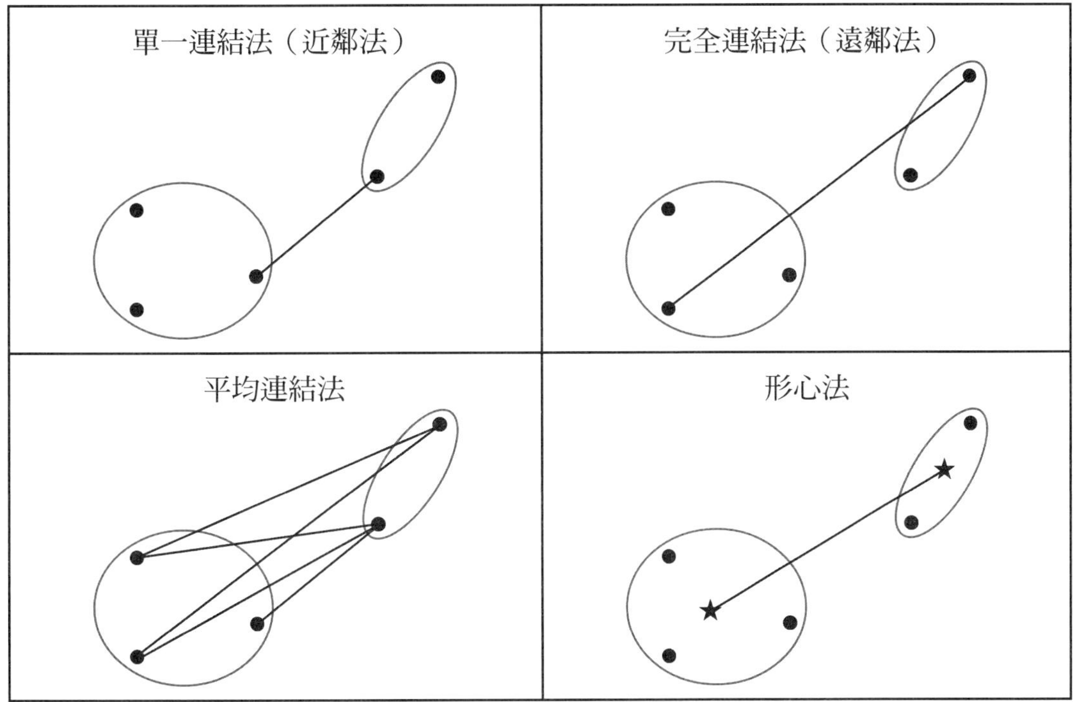

圖 10-1 計算集群間距離之方法

以下概要說明重新計算集群間距離的方法。為簡化報表，後續僅以 R 進行平均連結法及華德法分析，讀者可以自行嘗試其他方法。

1. 近鄰法（nearest-neighbor）或單一連結法（single linkage）：用最短距離為基礎，以兩個集群距離最近的兩個觀察體代表集群間的距離。此法的缺點是距離會失真並扭曲，可能使大部分的觀察值皆被聚集在同一群組中，故最短距離法在實務上的使用性很低。
2. 遠鄰法（furthest-neighbor）或完全連結法（complete linkage）：用最長距離為基礎，以兩個集群距離最遠的兩個觀察體代表集群間的距離。最遠距離法雖然克服了最短距離法的缺點，但因兩群合併後與其他類的距離是距離最大者，亦有失真與扭曲的問題存在。
3. 平均連結法（average linkage）：以兩集群間所有觀察值的平均距離代表集群間的距離，此法為集群分析效果最好且普遍使用的一種方法。此法又可分為兩種：組間連結法（between-groups linkage）與組內連結法（within-groups linkage）。

4. 形心法（centroid clustering）與中位數法（median clustering）：先計算各集群的中心值，每一群的中心值即為所有觀察值的平均值，再計算兩集群形心間距離，而每合併一次集群就要重新計算新群的形心，此法的優點在於取平均值，可以避免極端值的影響。與形心法相似的方法為中位數法，即把兩群之間的距離定義為兩群中位數之間的距離。

使用 R 進行分析

命令稿 10-2 有 11 個指令，分別說明如下：

1. 第 1 個指令從 C 磁碟的 R 資料夾讀入 cluster.csv 資料檔，存入 clus 物件。
2. 第 2 個指令以 dist() 函數計算 clus 物件中所有觀察體的歐氏距離，存入 e.dist 物件。
3. 第 3 個指令以 hclust() 函數，使用 average 法對 e.dist 物件進行集群分析，並將結果存於 h1.e.cluster 物件。
4. 第 4 個指令以 plot() 函數對 h1.e.cluster 物件繪圖。
5. 第 5 個指令以 rect.hclust() 函數對 h1.e.cluster 物件加上矩形框線，設定組數為 2。由結果可以看出，40 個觀察體中，第 15 ~ 12 共 21 個觀察體被屬於一個集群，第 37 ~ 34 共 19 個觀察體屬於另一個集群，大致相等。依後面的距離來看，分為 3 個集群較合理。但是，如果劃分為 3 個集群，則 37 號觀察體又單獨屬於一個集群，並不理想。
6. 第 6 個指令以 as.hclust() 函數將 h1.e.cluster 物件中的距離存入 res1.e.cluster 物件。
7. 第 7 個指令以 plot() 函數對 res1.e.cluster 物件的$height 繪圖，圖案形式為 ○ 加直線。由圖可看出：隨著連結的步驟增加，距離愈來愈大（高度愈高），倒數第 3 步驟（Index=38）到倒數第 2 步驟（Index=39）時，高度大幅增加，因此分成 3 個集群較恰當。
8. 如果要配合 X 軸的 Index，可以加上 rev() 函數成第 8 個指令，將高度反向繪出，此時 X 軸代表集群數。
9. 第 9 ~ 11 個指令分別使用近鄰法、遠鄰法、形心法進行集群分析，並分別存入 h2.e.cluster ~ h4.e.cluster 物件。其餘報表不列出。

命令稿 10-2 平均連結法

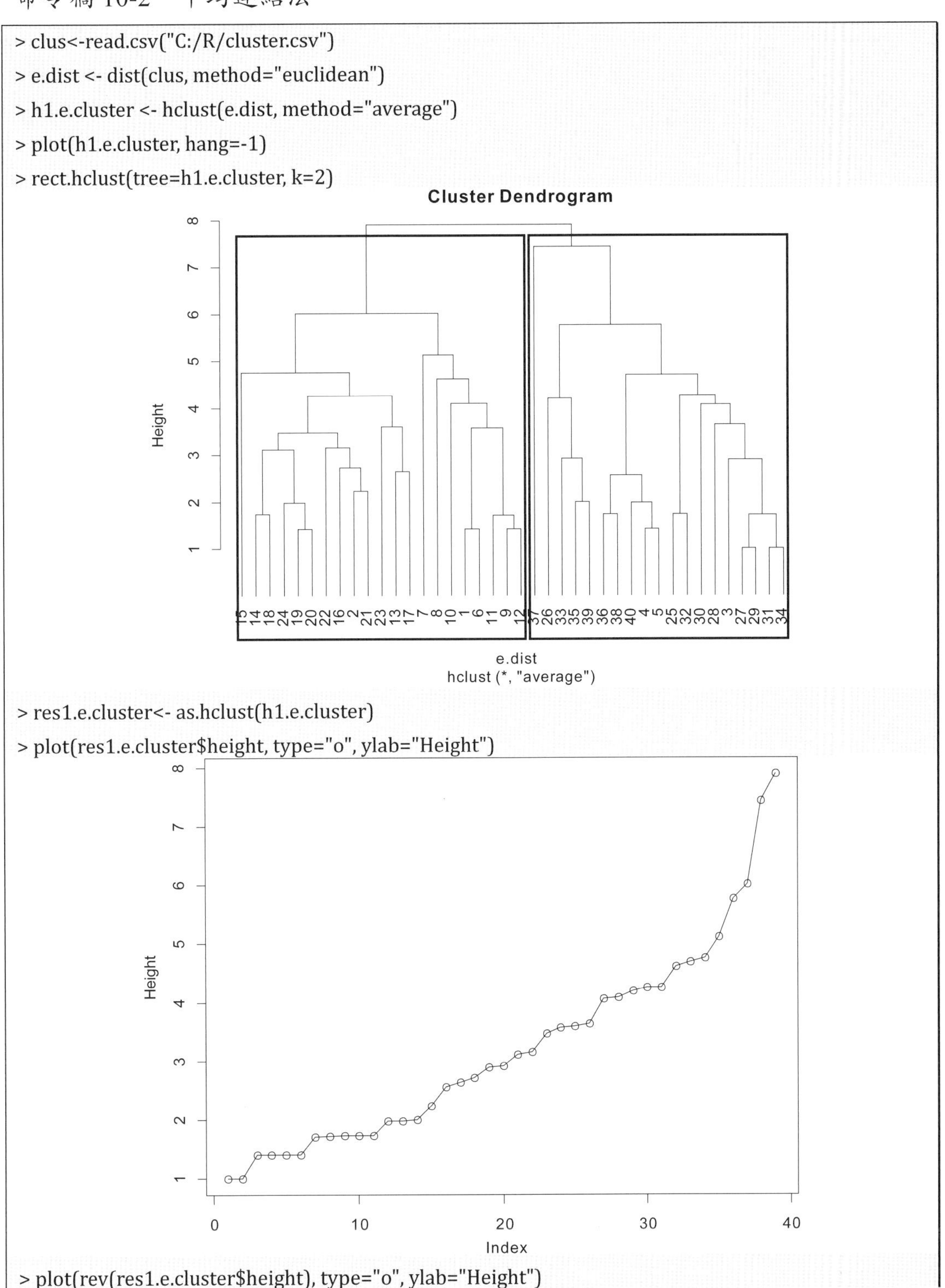

```
> clus<-read.csv("C:/R/cluster.csv")
> e.dist <- dist(clus, method="euclidean")
> h1.e.cluster <- hclust(e.dist, method="average")
> plot(h1.e.cluster, hang=-1)
> rect.hclust(tree=h1.e.cluster, k=2)
```



```
> res1.e.cluster<- as.hclust(h1.e.cluster)
> plot(res1.e.cluster$height, type="o", ylab="Height")
```



```
> plot(rev(res1.e.cluster$height), type="o", ylab="Height")
```

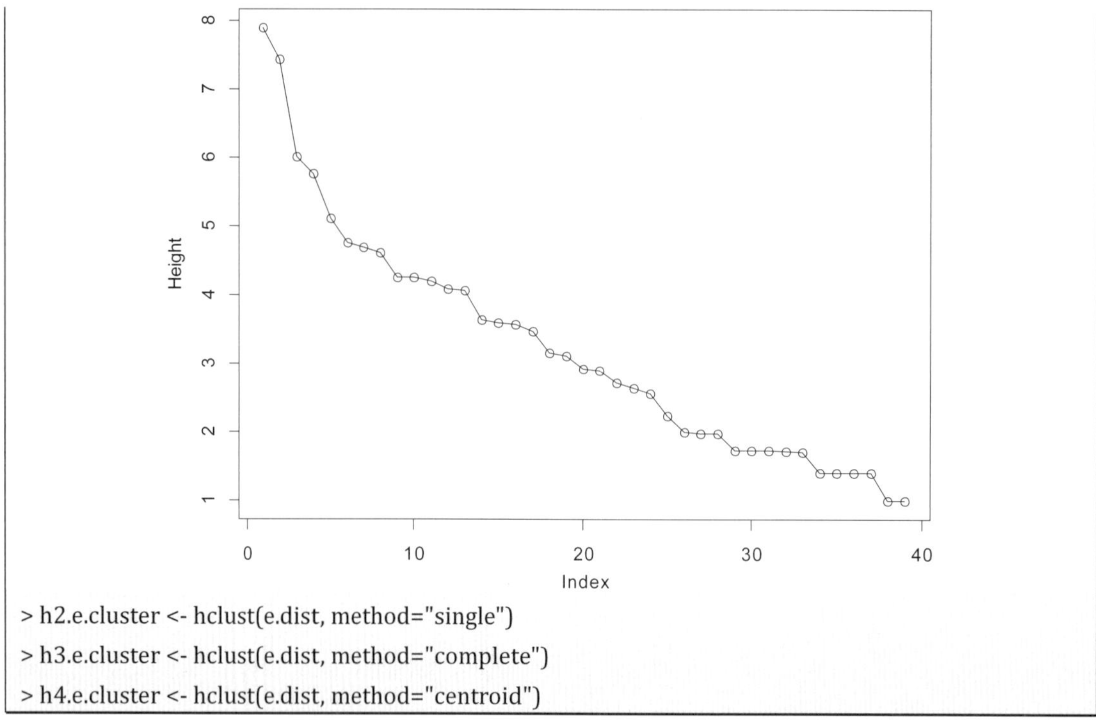


```
> h2.e.cluster <- hclust(e.dist, method="single")
> h3.e.cluster <- hclust(e.dist, method="complete")
> h4.e.cluster <- hclust(e.dist, method="centroid")
```

5. 華德法（Ward's method）或最小變異法（Ward's minimum variance method）：此法由華德（Ward）所提出，故也稱為華德法。此法並非以群體間的距離來分群，而是計算群內的變異數和，使同一群內觀察值的變異數和為最小，以表示群體內的相似性最高；不同群間的觀察值變異數和最大，表示群體間的相異性最高。此法與平均連結法皆為社會科學領域常被使用的分析方法。分群的步驟為：

    (1) 將每個觀察體視為單獨一個集群，計算其組內變異量，此時為 0。

    (2) 分別計算 N 個觀察體與其他某一個觀察體合併時的組內變異量，取其變異量最小者的兩個觀察體合併為一集群，並視為一個觀察體，此時觀察體數為 $N-1$。

    (3) 分別計算 $N-1$ 個觀察體與其他某一個觀察體合併時的組內變異量，取其變異量最小者的兩個觀察體合併為一集群，並視為一個觀察體，此時觀察體數為 $N-2$。

    (4) 重複上述的步驟，直到所有觀察體合併成一個集群。

使用 R 進行分析

命令稿 10-3 有 5 個指令，分別說明如下：

1. 第 1 個指令以 hclust() 函數，使用 ward.D2 法對 e.dist 物件進行集群分析，並將結果存於 h5.e.cluster 物件。
2. 第 2 個指令以 plot() 函數對 h5.e.cluster 物件繪圖。
3. 第 3 個指令以 rect.hclust() 函數對 h5.e.cluster 物件加上矩形框線，設定組數為 3。由結果可以看出，如果劃分為 2 集群，40 個觀察體中，第 11 ~ 6 共 10 個觀察體被屬於一個集群，第 13 ~ 38 共 30 個觀察體屬於另一個集群。如果劃分為 3 個集群，則 13 ~ 34 共 19 個觀察體屬於第二個集群，26 ~ 38 共 11 個觀察體屬於第三個集群。
4. 第 4 個指令以 as.hclust() 函數將 h5.e.cluster 物件中的距離存入 res5.e.cluster 物件。
5. 第 5 個指令以 plot() 函數對 res5.e.cluster 物件的$height 繪圖。由圖可看出：倒數第 3 步驟到倒數第 2 步驟時，高度大幅增加，因此分成 3 個集群較恰當。

命令稿 10-3　華德法

```
> h5.e.cluster <- hclust(e.dist, method="ward.D2")
> plot(h5.e.cluster, hang=-1)
> rect.hclust(tree=h5.e.cluster, k=3)
[配合排版，圖在次頁]
> res5.e.cluster<- as.hclust(h5.e.cluster)
> plot(res5.e.cluster$height, type="o", ylab="Height")
[配合排版，圖在次頁]
```

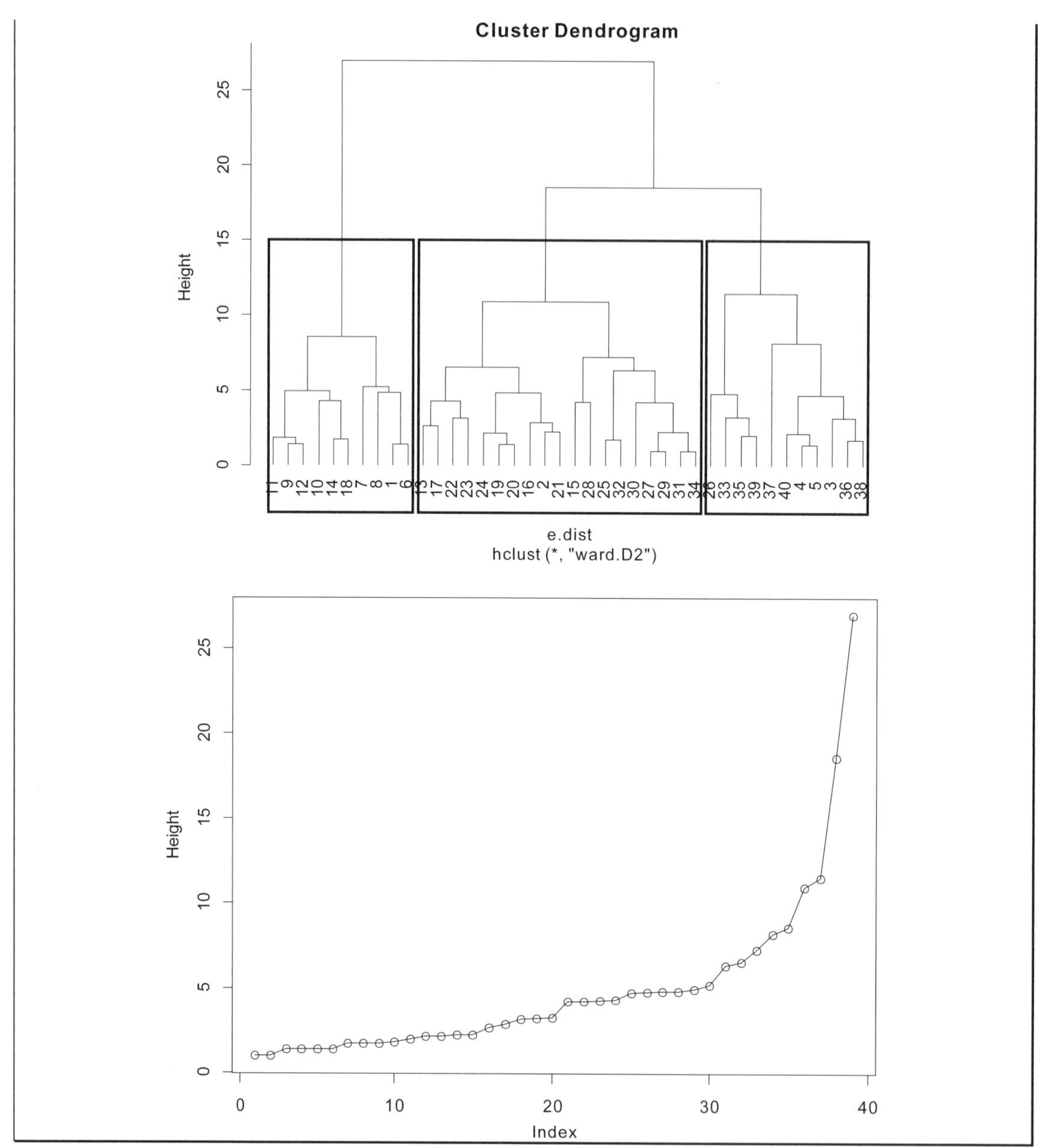

完成分群後，應對各群的性質加以描述。較常用的方法是列出各群的集中量數及變異量數。

使用 R 進行分析

命令稿 10-4 有 3 個指令，分別說明如下：

1. 使用將 cutree() 函數將華德法分析所得的 h5.e.cluster 物件的集群代號存在 clus 資料集當中，並命名為 cluster，集群數設定為 3。
2. 載入 psych 程式套件。
3. 使用 describeBy() 函數進行分組描述統計，括號中先列出依變數為 clus 資料集的第 1 ~ 4 行，分組變數為 clus 資料集的第 5 行。由 3 組的平均數來看，第 1 集群的 4 個變數平均數都最低，第 3 集群的平均數都最高。因此，第 1 集群可命名為對智慧型手機「低接受組」，第 2 集群為「中接受組」，第 3 集群為「高接受組」。

命令稿 10-4　各集群之描述統計

```
> clus$cluster <- cutree(h5.e.cluster, k=3)
> library(psych)
> describeBy(clus[,1:4],clus[,5])
##   Descriptive statistics by group
##  group: 1
##    vars  n mean   sd median trimmed  mad min max range  skew kurtosis   se
##  e    1 10  7.8 1.93    8.5    7.88 2.22   5  10     5 -0.33    -1.66 0.61
##  u    2 10  9.6 1.71    9.0    9.50 1.48   8  12     4  0.32    -1.83 0.54
##  a    3 10  8.5 0.85    8.5    8.50 0.74   7  10     3  0.00    -0.96 0.27
##  b    4 10  7.7 1.57    8.0    7.62 2.22   6  10     4 -0.02    -1.84 0.50
##  ----------------------------------------------------------
##  group: 2
##    vars  n  mean   sd median trimmed  mad min max range  skew kurtosis   se
##  e    1 19 10.26 1.73     10   10.24 1.48   7  14     7  0.10    -0.60 0.40
##  u    2 19 11.32 2.14     11   11.35 1.48   7  15     8 -0.10    -0.70 0.49
##  a    3 19 10.32 1.34     11   10.41 1.48   7  12     5 -0.69    -0.32 0.31
##  b    4 19 12.00 1.11     12   11.94 0.00  10  15     5  0.47     1.16 0.25
##  ----------------------------------------------------------
##  group: 3
##    vars  n  mean   sd median trimmed  mad min max range  skew kurtosis   se
##  e    1 11 10.73 2.80     12   10.78 1.48   6  15     9 -0.24    -1.42 0.84
##  u    2 11 14.45 0.93     15   14.67 0.00  12  15     3 -1.55     1.42 0.28
##  a    3 11 13.82 1.25     14   13.89 1.48  12  15     3 -0.25    -1.77 0.38
##  b    4 11 13.55 1.92     14   13.89 1.48   9  15     6 -1.11     0.11 0.58
```

10.4.1.2　分離法

分離法（divisive method，或分解法）的作法與凝聚法剛好相反，在分群開始時，先將所有的觀察值歸為一群，接著把最不相似的觀察值分為兩群，使群數逐漸增加，直到每個觀察值都各自獨立成一群為止。步驟如下：

1. 首先將所有觀察體當成一個集群。
2. 接著計算哪一個觀察體與集群的相異性最大或相似性最小（通常取這個觀察體與集群內其他觀察體的平均距離），然後將其分裂成另一集群。
3. 分別計算大集群中每個觀察體與集群內及集群外的平均距離，如果比較接近另一個集群，則將此觀察體分到另一集群，否則，就留在集群內。此過程一直到兩個集群內的觀察體都不能再分裂時為止。
4. 重複第 2、3 兩個步驟，將所有觀察體一直分裂到單獨一個集群為止。

使用 R 進行分析

命令稿 10-5 有 6 個指令，分別說明如下：

1. 第 1 個指令載入 cluster 程式套件。
2. 第 2 個指令使用 diana() 函數對 clus 物件進行分離法集群分析，並將結果存於 diana.clus 物件。
3. 第 3 個指令使用 pltree() 函數對 diana.clus 物件繪製樹狀圖。
4. 第 4 個指令使用 abline() 函數，在 Y 軸 12 及 X 軸 19.5 處各加一條紅色直線。由結果可以看出，40 個觀察體中，第 1 ~ 15 共 19 個觀察體屬於一個集群，第 2 ~ 37 共 21 個觀察體屬於另一個集群。
5. 第 5 個指令以 as.hclust() 函數將 diana.clus 物件中的距離存入 res.diana 物件。
6. 第 6 個指令以 plot() 函數對 res.diana 物件的$height 繪圖。由圖可看出：倒數第 2 步驟到最後 1 步驟時，高度大幅增加，因此分成 2 個集群較恰當。

命令稿 10-5　分離法

```
> library(cluster)
> diana.clus <- diana(clus)
```

```
> pltree(diana.clus, hang=-1, main="Cluster Dendrogram")
> abline(h=12, v=19.5, col=2, lwd=2)
```

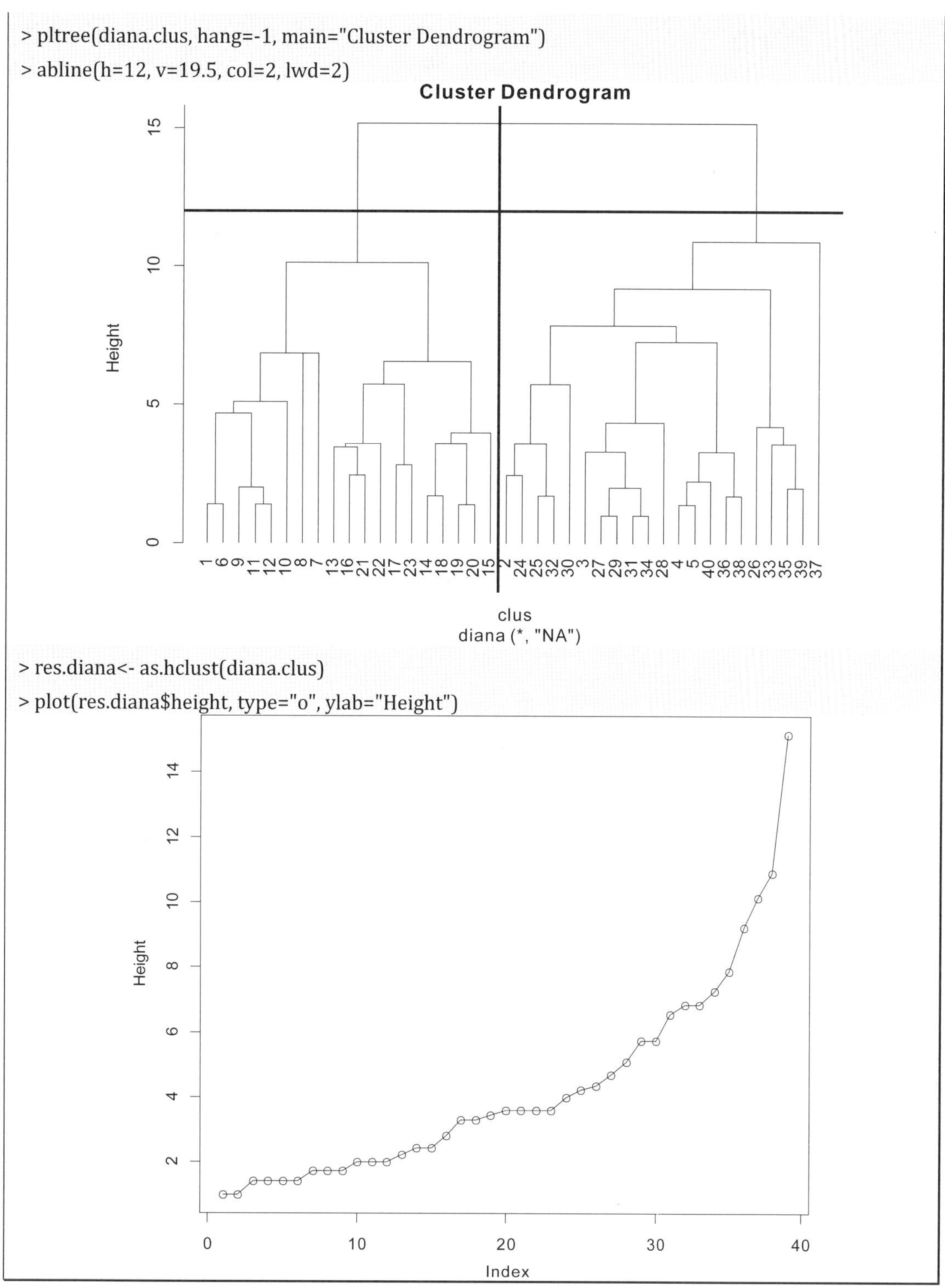


```
> res.diana<- as.hclust(diana.clus)
> plot(res.diana$height, type="o", ylab="Height")
```

10.4.2 非階層式

階層式集群法在分析過程中，需要對距離進行多次的計算，可說成本相當高，而非階層式（non hierarchical）集群法則可解決此問題，特別是K平均值法（K-means clustering），可分析大型資料庫，此法限用於連續變項，且需要事先指定集群數，對樣本進行初步分群並計算每一群的重心。階層式集群分析的作法是當某個觀察值被歸屬在某一群中，縱使之後發現不恰當也不會被重新分類，故相較於此，非階層式集群分析在每次集群過程中，皆會重新考慮每個觀察值最適當的群，且可以重新移動。故在實務操作時，可先使用階層式集群分析法決定集群的數目，再進一步使用K-means法作解釋與分析討論。其步驟如下：

1. 依預先假定的集群個數k，設定k個種子點（seed）。
2. 計算每個觀察體到各種子點的距離，並將其分派到最近的一群。
3. 分群後，重新計算每集群的形心。
4. 計算每個觀察體到各集群形心的距離總和（the errors sum of squares of partition, ESS）。
5. 重新分派每個觀察體到與集群形心距離最近的集群，並計算ESS值。
6. 比較兩次的ESS值，如果差異達到事前訂定的標準，則停止；如果未達標準，則重複4、5兩個步驟，直到達到標準為止（Lattin, Carroll, & Green, 2003; Sharma, 1996）。

另一種方法是K-medoids法，它與K-means步驟相近，不同處在於K-medoids法的形心一定是某個觀察值，而K-means法的形心是各變數的平均值，因此不一定是某個觀察值。在上述的步驟4中，K-medoids法的決定形心的方法是：

1. 計算集群內某一個觀察體與所有觀察體的曼哈頓距離總和。
2. 選出與其他觀察體之曼哈頓距離總和最小的觀察體當形心。

由於K-medoids法每次都要計算集群內各觀察體間的曼哈頓距離總和，因此花費的時間較久。不過，它比較不會受到極端值的影響。

使用R進行分析

命令稿10-6有12個指令，分別說明如下：

1. 第 1 個指令設定隨機種子點（數字可以自行指定），以確保各次分析結果一致。
2. 第 2 個指令以 kmeans() 函數對 clus 物件以 K-means 法進行集群分析，設定集群數為 3，並存於 kmeans.clus 物件。
3. 第 3 個指令列出 kmeans.clus 物件內容，共有 5 部分。
   (1) 各集群觀察體數分別為 10、14、16 個。
   (2) 三個集群之四個變數的平均數，第 2 集群的平均數都最高，也是對智慧型手機接受度最高的集群，第 3 集群次之，第 1 集群最低。
   (3) 各觀察體所屬的集群代號。
   (4) 集群內的 SS，分別為 94.1000、166.1429、145.3750，集群內 SS 總和為 405.6179。集群間 SS 為 568.7071（使用 kmeans.clus$betweenss 列出），占總 SS 的 58.4%。集群分析的目標是期望集群內相似度較高（SS 較小），而集群間的相異性較大（SS 較大）。
   (5) 物件中的內容，可以使用 kmeans.clus$列出。如輸入 kmeans.clus$totss，可以得到 953.35。kmeans.clus$betweenss / kmeans.clus$totss 為 0.5836935。
4. 第 4 個指令載入 cluster 程式套件。
5. 第 5 個指令設定隨機種子點，以確保各次分析結果一致。
6. 第 6 個指令以 pam() 函數對 clus 物件以 K-medoids 法進行集群分析，設定集群數為 3，並存於 kmedoids.clus 物件。
7. 第 7 個指令列出 kmedoids.clus 物件內容，共有 4 部分。
   (1) 三個集群之形心的四個變數，第 2 集群形心是 34 號觀察體，四個變數的數值都最高，也是對智慧型手機接受度最高的集群，第 3 集群的形心是 19 號觀察體，第 1 集群的形心是 9 號觀察體，四個變數的數值都最小。
   (2) 各觀察體所屬的集群代號。
   (3) 目標函數（objective function），為群內的變異數，第一階段稱為 build phase，第二階段為 swap phase，由 3.072968 減為 3.033250。
   (4) 物件中的內容。

8. 第 8 個指令將 kmeans.clus 的分群結果$cluster 存於 c1 物件。
9. 第 9 個指令將 kmedoids.clus 分群結果$clustering 存於 c2 物件。
10. 第 10 個指令以 table() 函數列出 c1 與 c2 的交叉表，對角線是分類一致的個數，為 9 + 14 + 10 = 33，不一致的個數為 1 + 6 = 7。
11. 第 11 個指令以 prop.table() 函數將交叉表化為比例。
12. 第 12 個指令以 sum() 函數計算對角線的總和，為 0.825，兩種方法的一致性等於 82.5%。
13. 第 13、14 個指令將 kmeans 分群代號存入 clus 物件的 c1 變數（第 6 行），再以 describeBy 進行分組描述統計。結果不列出，摘要表如表 10-2。

命令稿 10-6　非階層式集群分析

```
> set.seed(341)
> kmeans.clus <- kmeans(clus, centers=3)
> kmeans.clus
## K-means clustering with 3 clusters of sizes 10, 14, 16
##
## Cluster means:
##           e        u        a        b
## 1  7.40000  9.20000  8.80000  7.90000
## 2 10.71429 14.28571 13.28571 13.35714
## 3 10.43750 11.12500  9.93750 11.75000
##
## Clustering vector:
## [1] 1 3 2 2 2 1 1 1 1 1 1 1 1 3 3 1 3 3 3 3
## [21] 3 3 3 3 3 2 3 3 3 3 2 2 2 2 2 2 2 2 2 2
## Within cluster sum of squares by cluster:
## [1]  92.5000 163.7857 143.6250
##  (between_SS / total_SS =  58.1 %)
##
## Available components:
##
## [1] "cluster"      "centers"      "totss"
## [4] "withinss"     "tot.withinss" "betweenss"
## [7] "size"         "iter"         "ifault"
> library(cluster)
```

```
> set.seed(341)
> kmedoid.clus <- pam(clus, k=3)
> kmedoid.clus
## Medoids:
##       ID  e  u  a  b
## [1,]   9  8  9  8  8
## [2,]  34 11 13 12 13
## [3,]  19 10 10  9 12
## Clustering vector:
##  [1] 1 2 2 2 2 1 1 1 1 1 1 1 3 3 3 1 3 3 3 3
## [21] 3 3 3 3 2 2 2 2 2 2 2 2 2 2 2 2 2 2 2 2
## Objective function:
##     build     swap
## 3.072968 3.033250
##
## Available components:
##  [1] "medoids"    "id.med"     "clustering" "objective"  "isolation"
##  [6] "clusinfo"   "silinfo"    "diss"       "call"       "data"
> c1<-kmeans.clus$cluster
> c2<-kmedoid.clus$clustering
> table(c1,c2)
##     c2
## c1    1  2  3
##    1  9  0  1
##    2  0 14  0
##    3  0  6 10
> prop.table(table(c1,c2))
##     c2
## c1       1     2     3
##    1 0.225 0.000 0.025
##    2 0.000 0.350 0.000
##    3 0.000 0.150 0.250
> sum(diag(prop.table(table(c1,c2))))
## [1] 0.825
> clus$c1<-c1
> describeBy(clus[,1:4], clus[,6])
```

綜合上述各方法可知，不同的分析方法，會導致分類的結果有所差異。集群分析的方法這麼多，究竟哪一種最適合呢？ Milligan 指出，在大部分的研究中，以使用平均連結法及華德法較佳，而以單一連結法較差（常會形成某一個觀察體單獨一集群），不過在很多模擬研究中，其結果並不一致（引自 SAS, 1990, p.85）。所以在使用集群分析時，最好多用幾種分析方法，再選擇一種比較理想的結果（林邦傑，1981）。此外，Hair 等人（2010）也建議：可以先用階層法決定集群數，再用非階層法進行分群，此稱為**兩階段式的集群分析**（two-stage cluster analysis）。

10.5　集群分析與其他方法之比較

10.5.1　集群分析和區別分析的比較

集群分析和區別分析都是將觀察值進行分類或分組；而相異之處為集群分析在分類之前並不知分類或分組的特性，區別分析則是已知要如何分類，且知可分成幾組。

10.5.2　集群分析和因素分析的比較

集群分析是對觀察值（受試者）作分組或分類，而因素分析則是對變數作分類或分組。集群分析將觀察值作分組之後，組內有高度的同質性，組間則有高度異質性，群組間沒有相互交集；因素分析是將變數形成構面（因素），以少數的幾個構面（因素）代表多數的變數（蕭文龍，2009）。

10.6　使用 jamovi 分析

要在 jamovi 中進行集群分析，須先安裝 snowCluster 程式庫。讀入 cluster.csv 資料檔後，在 snowCluster 中先選擇 Hierarchical clustering（階層式集群分析）。接著，將 E、U、A、B 四個連續變數選至 variables（變數）中（圖 10-2）。

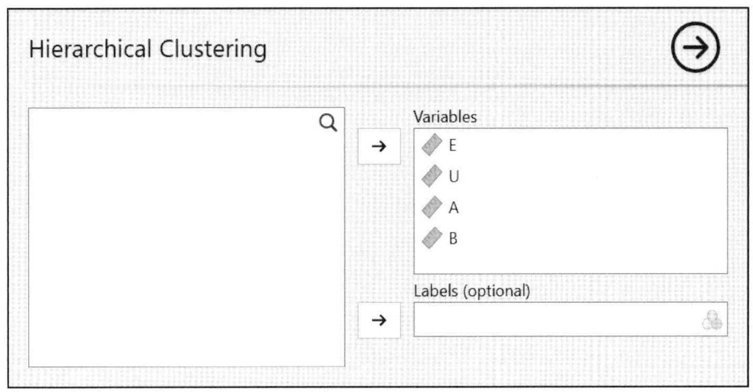

圖 10-2　選擇分析變數——jamovi

Jamovi 提供 8 種階層式集群連結方法，預設為 ward.D2，以歐氏距離觀察體距離，在此，設定集群數為 3 個，並建議將資料標準化（圖 10-3）。

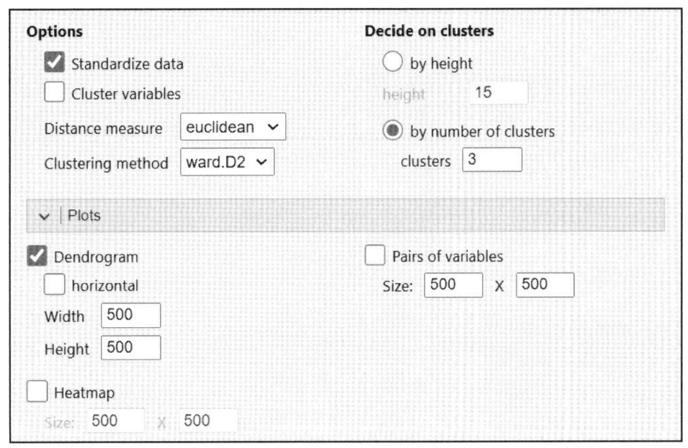

圖 10-3　選擇其他選項——jamovi

報表 10-1 說明 3 個集群分別有 10、19、11 個觀察體。

報表 10-1　Group membership

Cluster	Number of elements
1	10
2	19
3	11

報表 10-2 是樹狀圖，第 9 ~ 6 等 10 個觀察體為第 1 集群，第 13 ~ 29 等 19 個觀察體為第 2 集群，第 26 ~ 38 等 11 個觀察體為第 3 集群。

報表 10-2　Dendrogram

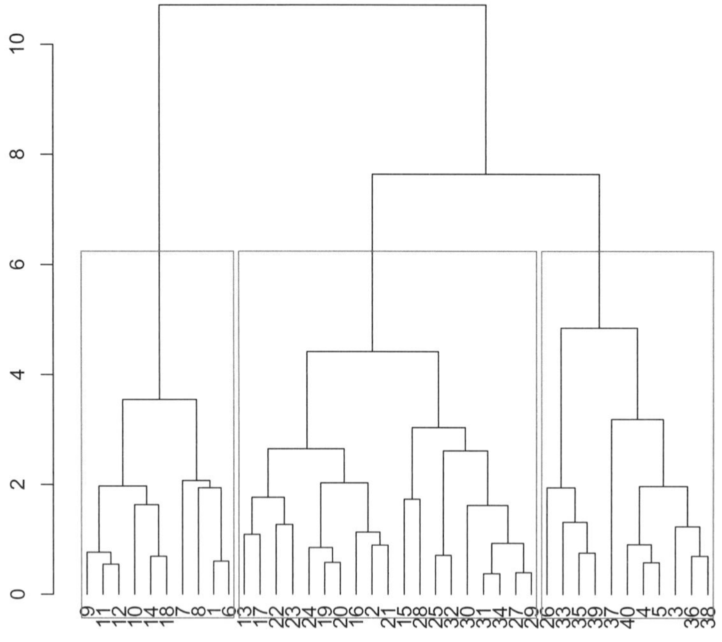

如果要進行非階層式集群分析，可在 snowClueter 下選擇 K-means Clustering。接著，將 E、U、A、B 四個連續變數選至 variables（變數）中（圖 10-4）。

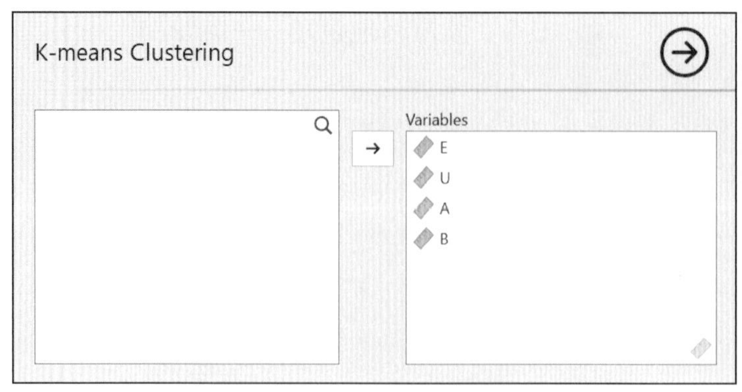

圖 10-4　選擇分析變數——jamovi

Jamovi 提供 4 種演算方法，預設為 Hartigan-Wong，在此，設定集群數為 3 個，並建議將變數標準化（圖 10-5）。

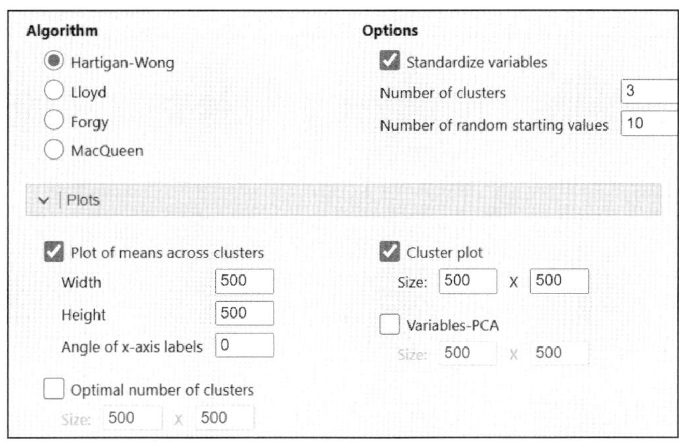

圖 10-5　選擇其他選項——jamovi

報表 10-3 說明 3 個集群的觀察體數分別為 14、16、10 個。

報表 10-3　Clustering Table

Cluster No	Count
1	14
2	16
3	10

報表 10-4 是 3 個集群內及集群間的 *SS*，第 3 集群內的 *SS* 最小，為 14.991，代表此集群內的相似性較高。

報表 10-4　Sum of squares Table

	Value
Cluster 1	27.681
Cluster 2	23.700
Cluster 3	14.991
Between clusters	89.629
Total	156.000

報表 10-5 是 3 個集群之 4 個變數的平均數（形心，未標準化），繪成剖面圖如報表 10-6。由報表可知：第 2 集群 4 個變數的平均數都最高，第 3 集群都最低。

報表 10-5　Centroids of clusters Table

	E	U	A	B
1	10.438	11.125	9.938	11.750
2	10.714	14.286	13.286	13.357
3	7.400	9.200	8.800	7.900

報表 10-6　Plot of means across clusters

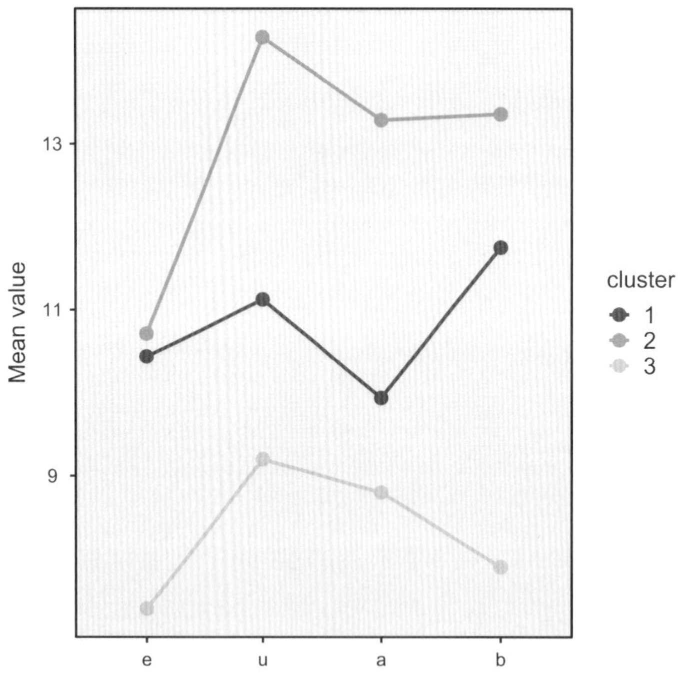

注：三條折線由上而下分別是第 2、1、3 集群。

報表 10-7 是集群圖。圖中的兩個維度是將 4 個變數進行主成分分析，保留 2 個主成分的分數，其中，第 1 個主成分的解釋量為 63.6%，第 2 個主成分為 17.9%，合計 81.5%。由圖中可看出：3 個集群的形心在第 1 個主成分中有明顯的差異，第 2 集群最高，第 1 集群最低。在第 2 個主成分中，第 1、2 相差不多，第 3 集群最低。

報表 10-7 Cluster plot

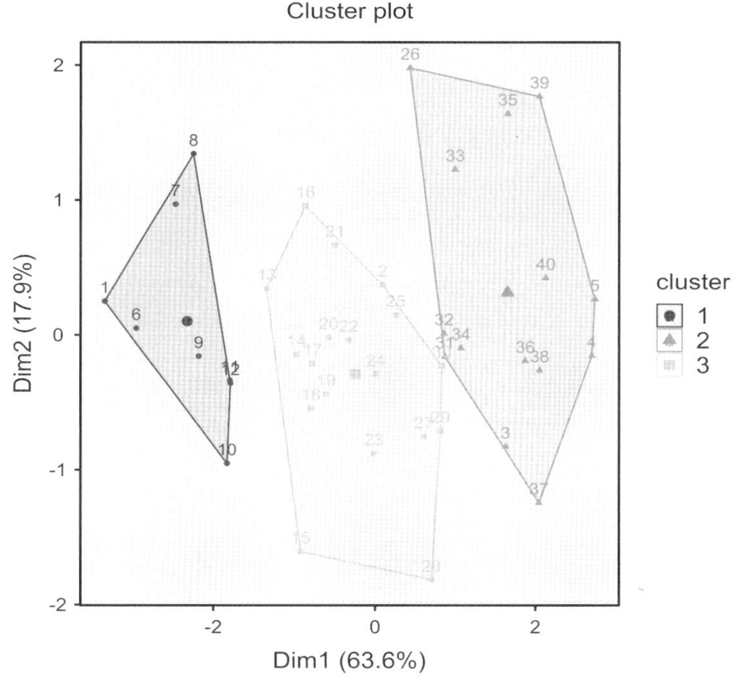

10.7 分析結論

以智慧型手機接受度之 4 個變數對 40 個受訪者進行集群分析，先以階層式華德法分析，顯示分為 3 個集群較恰當。再以非階層式 K-means 法分析，得到 3 群受訪者分別有 10、14、16 人，其中第二集群是低接受度組，第一集群是高接受度組，各群描述統計摘要如表 10-2，細格中為平均數（括號中為標準差）。

表 10-2 各集群描述統計

集群	認知易用性	認知有用性	使用態度	行為意圖
第一集群(N=14)	10.71 (2.46)	14.29 (0.99)	13.29 (1.59)	13.36 (1.74)
第二集群(N=10)	7.40 (1.71)	9.20 (1.55)	8.80 (1.23)	7.90 (1.85)
第三集群(N=16)	10.44 (1.59)	11.12 (1.86)	9.94 (1.34)	11.75 (1.34)

第 11 章 徑路分析

11.1 前言

徑路分析（path analysis，或路徑分析）是 Sewall Wright 在 1921 年所發展，用來檢驗研究者提出之觀察變數間的因果模型（Wright, 1921）。不過，它不能推論變數間的因果關係，僅具有回溯的功能（葉啟政，1978）。

從統計運用的觀點來看，徑路分析只是迴歸分析的延伸，不同的是迴歸分析只分析一個方程式，而徑路分析則是一系列迴歸分析的組合，同時分析多個方程式（邱皓政，2006；葉啟政，1978）。過去，要使用統計軟體進行徑路分析，可以使用 SPSS 或 SAS 等軟體，進行多次迴歸分析（視模型中有幾個依變數而定），分段估計參數。現今，由於結構方程模型（structural equation modeling, SEM）盛行，徑路分析被視為 SEM 中的**結構模型**（structural model），已經可以使用 R 軟體中的 lavaan（latent variable analysis）或 sem 程式套件，或是 Amos、EQS、Lisrel、Mplus 等專門的 SEM 軟體處理，除了能同時估計參數，也可以獲得模型適配指標。

雖然單純的徑路分析已不再盛行，取而代之的是 SEM 結構方程模型；不過，徑路分析是 SEM 的核心基礎，為了讓讀者能漸次掌握 SEM，本章仍簡要介紹它的重要概念及分析方法。

11.2 徑路分析的基本假定

傳統的徑路分析通常具有下列幾項基本假定（余民寧，2000；楊秋月、陳耀茂，2017；O'Rourke & Hatcher, 2013; Pedhazur, 1997）：

1. 所測量的變數都是等距或等比量尺（兩者合稱**計量資料**）；
2. 因果模型中變數間的關係，必須是直線的、可加的，以及具有因果的關係；
3. 因果模型中，每個殘差值與其原因變數間不具有任何關聯；結果變數的殘差值間也沒有關聯存在；
4. 因果模型中，只具有單向的因果關係（one-way causal），或是**遞迴模型**（recursive model，單向因果、殘差間沒有關聯）；雙向的因果關係，或是非

遞迴模型（nonrecursive model，雙向因果關係或殘差間有關聯），一般不加以考慮；

5. 測量工具須有高的效度與信度，外因變數（endogenous variable）常假設沒有測量誤差（measurement error）存在。

結構方程模型則可以有效解決上述的限制，此部分將在本書第 13 章說明。

11.3 徑路分析的重要步驟

11.3.1 根據模型繪製徑路圖

徑路分析的第一個步驟就是依據變數間的因果關係模型繪製徑路圖，有些統計軟體(如 Amos 與 SmartPLS)就可以使用徑路圖直接估計徑路係數。筆者截取了 Davis 等人（1989）提出的科技接受模型（technology acceptance model, TAM）中間的四個變數（未包含外部變數與系統使用），分別是認知易用性（perceived ease of use, E）、認知有用性（perceived usefulness, U）、使用態度（attitude toward using, A）、與行為意圖（behavior intention to use, B），提出圖 11-1 的智慧型手機的科技接受模型。模型中包含五個假設（以自變數為準）：

H_1：認知易用性正向影響認知有用性。

H_2：認知易用性正向影響使用態度。

H_3：認知有用性正向影響使用態度。

H_4：認知有用性正向影響行為意圖。

H_5：使用態度正向影響行為意圖。

上面的五個假設，應以依變數為準，轉換為以下三個模型：

M_1：認知有用性受認知易用性正向影響。

M_2：使用態度受認知易用性與認知有用性正向影響。

M_3：行為意圖受認知有用性與使用態度正向影響。

數據於 2012 年由 288 名受訪者於網路填寫，為 Likert 六點量表（題目如表 11-1）。每個變數由「各向度的三個題項加總之後再減三分」而得（各變數介於 0 ~ 15 分之間，數值愈大表示在該向度的同意度愈高），它們與各向度各自進行主成分分析後的第一主成分分數相關分別為 .999、.998、.999、與 .999。資料將於本書第 12 ~ 14 章分別使用較合適的驗證性因素分析、結構方程模型，及偏最小平方法結構方程模型，本章僅示範徑路分析。

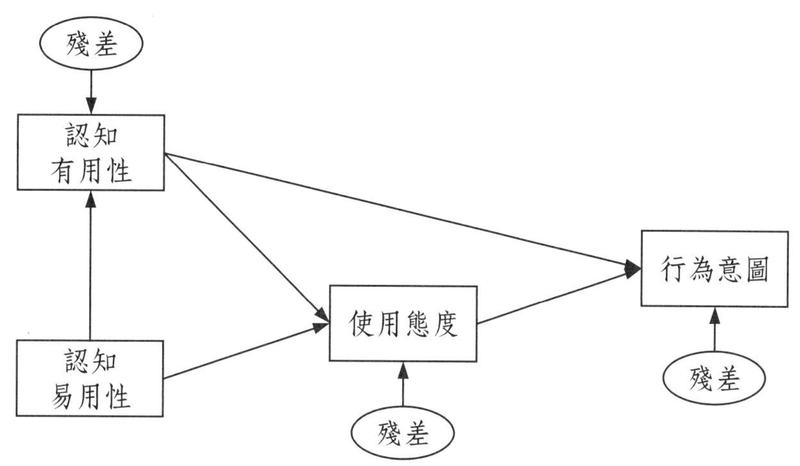

圖 11-1　智慧型手機的科技接受模型

表 11-1　智慧型手機之科技接受模型量表

變數	題目
認知易用性	智慧型手機的操作方法簡單易學
	我不需要別人協助，就可以學會使用智慧型手機
	智慧型手機所提供的加值功能，對我而言是容易操作的
認知有用性	使用智慧型手機，能讓生活更便利
	使用智慧型手機中的應用程式，可以解決許多問題
	使用智慧型手機，讓我更方便與朋友聯繫
使用態度	智慧型手機是值得使用的
	我對使用智慧型手機的態度是正面的
	使用智慧型手機有許多好處
行為意圖	我會繼續使用智慧型手機
	我會推薦其他人使用智慧型手機
	在下次換手機時，我仍然會使用智慧型手機

因果關係以單向箭頭（ ⟶ ）表示，箭頭的起點是因，終點是果。例如：圖中的認知易用性 ⟶ 認知有用性，認知易用性就是因，而認知有用性就是果。其中認知有用性與使用態度既是認知易用性的果，也是行為意圖的因，因此是**中介變數**（mediator variable），認知易用性雖然對行為意圖沒有直接影響（直接效果），但是透過兩個中介變數有間接效果。

在模型中，可以直接測量或觀測的變數稱為**外顯變數**（manifest variable），以方形或長方形表示；不能直接測量或觀測的變數稱為**潛在變數**（latent variable），以圓形或橢圓形表示。未被箭頭指到的變數（認知易用性）稱為**外因變數**（exogenous variable，又譯為**外衍變數**或**外生變數**），表示影響變數的因來自模型之外；被箭頭指到的變數（認知有用性、使用態度、行為意圖）稱為**內因變數**（endogenous variable，又譯為**內衍變數**或**內生變數**），表示影響變數的因來自模型之內。所有的內因變數都有**殘差**（residual），殘差又稱為**干擾變數**（disturbance variable），也是外因變數。在徑路分析中，只有殘差是潛在變數。

使用 R 進行分析

圖 11-1 的模型，使用 R 軟體的 lavaan 程式套件寫成命令稿 11-1 的指令。第 1 個指令先載入 lavaan 程式套件。第 2 個指令則界定模型，敘寫時以依變數為主，找到指向它的所有自變數，列成一個模型。有幾個依變數，就列幾個模型。模型中，~ 號之前是依變數（果），~ 號之後是自變數（因）。

命令稿 11-1　使用 lavaan 界定模型

```
> library(lavaan)
> pa.model1 <- '
>            認知有用性 ~ 認知易用性
>            使用態度 ~ 認知易用性 + 認知有用性
>            行為意圖 ~ 認知有用性 + 使用態度
>            '
```

如果使用傳統的迴歸分析，命令稿 11-2 也以依變數為準，使用 lm 指令設定三個模型。

命令稿 11-2 使用傳統迴歸分析界定線性模型

```
> reg.model1 <- lm (認知有用性 ~ 認知易用性)
> reg.model2 <- lm (使用態度 ~ 認知易用性 + 認知有用性)
> reg.model3 <- lm (行為意圖 ~ 認知有用性 + 使用態度)
```

如果像圖 11-2 中假定認知易用性與認知有用性只有相關，沒有因果關係，就會以雙向曲線箭頭（ ⌒ ）或雙向直線箭頭（ ⟷ ）連結，此時兩個變數都是外因變數。事實上，圖 11-1 與圖 11-2 估計所得的參數會相等，兩者稱為**等值模型**（equivalent models）。

圖 11-2 寫成 R 指令如命令稿 11-3，其中 ~~ 表示兩個變數間只有相關，沒有因果關係。

命令稿 11-3 設定認知有用性與認知易用性有關聯沒有因果關係

```
> pa.model2 <- '
>             認知有用性 ~~ 認知易用性
>             使用態度 ~ 認知易用性 + 認知有用性
>             行為意圖 ~ 認知有用性 + 使用態度
>             '
```

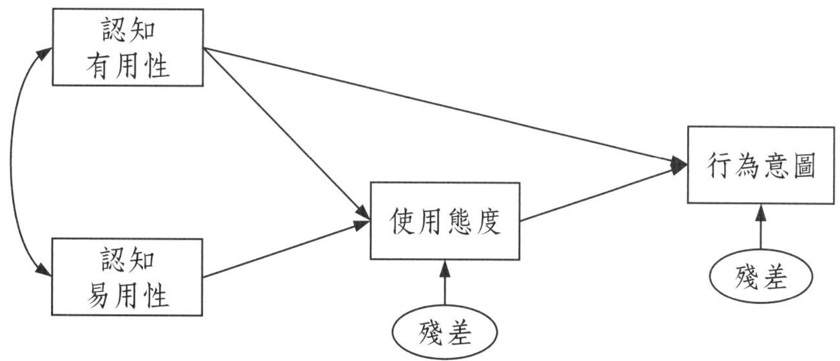

圖 11-2 智慧型手機的科技接受模型-2

圖 11-3 假定認知有用性是外因變數，對認知易用性有直接影響，此時，估計所得的參數也會與圖 11-1 及圖 11-2 相同，它們都是等值模型。Pedhazur（1997）再三提醒研究者，提出徑路模型時應有理論或相關研究支持，切忌配合資料任意修改模型。而且，提出模型時應包含重要的變數，以免殘差值過大，也淪為玩弄數字的統計

遊戲（葉啟政，1978）。

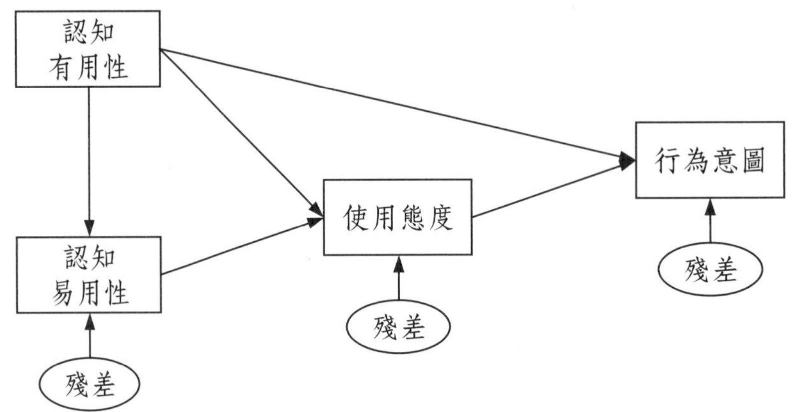

圖 11-3　智慧型手機的科技接受模型-3

11.3.2　估計參數

模型設定完成後，就可以使用 R 軟體估計參數。

使用 R 進行分析

命令稿 11-4 中先使用 read.csv 指令讀入 C 碟 R 資料夾中的 csv 形式資料，檔案名稱為 path.csv，讀入後置於 path.data 物件，資料中包含 E、U、A、B 四個變數，分別代表認知易用性、認知有用性、使用態度，及行為意圖。第 2、3 個指令則列出資料前後各 3 個觀察體的數據。

命令稿 11-4　讀入 cav 形式資料檔

```
> path.data <- read.csv("C:/R/path.csv")
> head(path.data, 3); tail(path.data, 3)
##      E  U  A  B
##   1 13  8 14 15
##   2 15 15 15 15
##   3 11 10  9  8
##        E  U  A  B
##   286  6  9  6  6
##   287 10 13 14 15
##   288  9 14  9  9
```

如果採用傳統的迴歸分析，是使用普通最小平方法（ordinary least squares, OLS）估計參數。命令稿 11-5 使用 lm 函數設定 3 個線性模型，模型以 ~ 號分隔，~ 前為依變數，~ 後為自變數，資料來自 path.data 物件。

命令稿 11-5　界定迴歸線性模型

```
> reg.model1 <- lm (U ~ E , data = path.data)
> reg.model2 <- lm (A ~ E + U, data = path.data)
> reg.model3 <- lm (B ~ U + A, data = path.data)
```

由於 lm 函數未提供標準化迴歸係數（徑路係數），因此使用 lm.beta 程式套件計算，或是自行使用以下公式計算：

$$\beta_i = b_i \frac{s_y}{s_i}$$

其中變數 y 是依變數，變數 i 是第 i 個自變數

命令稿 11-6 中第 1 個指令先載入 lm.beta 程式套件。第 2 個指令先使用 lm.beta() 函數對 reg.model1 取標準化迴歸係數，再用 summary() 函數列出摘要。第 3、4 個指令則分別對 reg.model2、reg.model3 取標準化係數並列出摘要。

命令稿 11-6　列出迴歸模型摘要

```
> library(lm.beta)
> summary(lm.beta(reg.model1))
##
## Call:
## lm(formula = U ~ E, data = path.data)
##
##
## Residuals:
##     Min      1Q  Median      3Q     Max
## -7.4487 -1.0738  0.1764  1.1764  4.6749
##
##
```

```
## Coefficients:
##               Estimate Standardized Std. Error t value Pr(>|t|)
## (Intercept)    8.32508      0.00000    0.47034  17.700  < 2e-16 ***
## E              0.37488      0.45586    0.04328   8.662 3.48e-16 ***
## ---
## Signif. codes:  0 '***' 0.001 '**' 0.01 '*' 0.05 '.' 0.1 ' ' 1
##
## Residual standard error: 2.038 on 286 degrees of freedom
## Multiple R-squared:  0.2078,    Adjusted R-squared:  0.205
## F-statistic: 75.02 on 1 and 286 DF,  p-value: 3.481e-16
##
> summary(lm.beta(reg.model2))
##
## Call:
## lm(formula = A ~ E + U, data = path.data)
##
## Residuals:
##     Min      1Q  Median      3Q     Max
## -8.9177 -1.0951  0.2018  1.0823  4.7619
##
## Coefficients:
##               Estimate Standardized Std. Error t value Pr(>|t|)
## (Intercept)    3.32025      0.00000    0.58083   5.716 2.74e-08 ***
## E              0.26001      0.31578    0.04148   6.268 1.35e-09 ***
## U              0.44648      0.44591    0.05045   8.851  < 2e-16 ***
## ---
## Signif. codes:  0 '***' 0.001 '**' 0.01 '*' 0.05 '.' 0.1 ' ' 1
##
## Residual standard error: 1.739 on 285 degrees of freedom
## Multiple R-squared:  0.4269,    Adjusted R-squared:  0.4229
## F-statistic: 106.2 on 2 and 285 DF,  p-value: < 2.2e-16
##
> summary(lm.beta(reg.model3))
##
## Call:
## lm(formula = B ~ U + A, data = path.data)
##
```

```
## Residuals:
##     Min      1Q  Median      3Q     Max
## -7.0075 -0.8931 -0.0933  1.1474  5.2408
##
## Coefficients:
##              Estimate Standardized Std. Error t value Pr(>|t|)
## (Intercept)  0.95081      0.00000    0.59181   1.607    0.109
## U            0.39990      0.35273    0.05407   7.395 1.58e-12 ***
## A            0.56196      0.49630    0.05401  10.406  < 2e-16 ***
## ---
## Signif. codes:  0 ‘***’ 0.001 ‘**’ 0.01 ‘*’ 0.05 ‘.’ 0.1 ‘ ’ 1
##
## Residual standard error: 1.691 on 285 degrees of freedom
## Multiple R-squared:  0.5773,    Adjusted R-squared:  0.5743
## F-statistic: 194.6 on 2 and 285 DF,  p-value: < 2.2e-16
```

在三個模型中，所有估計值的 p 值（Pr(>|t|)）都小於 0.05，R^2 分別為 0.2178、0.4269，及 0.5773，因此殘差的變異數各為：

$$1 - 0.2178 = 0.7822$$

$$1 - 0.4269 = 0.5731$$

$$1 - 0.5773 = 0.4227$$

如果要計算殘差對變數的徑路係數，則以疏離係數 $\sqrt{1-R^2}$ 表示。估計後，可以繪製徑路圖。命令稿 11-7 中先載入 semPlot 程式套件，接著使用 semPaths() 函數繪圖，括號中將 3 個模型合在一起名為 reg.model，列出非標準化迴歸係數，不含常數項，箭頭以黑色表示，係數以 3 位小數表示，模型圖轉 90 度，結果如圖 11-4。如果要繪出常數項，則設定 intercepts = TRUE 即可。

命令稿 11-7　使用未標準化係數繪製徑路圖

```
> library(semPlot)
> semPaths(reg.model1 + reg.model2 + reg.model3, "reg.model", "est", intercepts = FALSE,
  edge.color=c("black"), nDigits=3, rotation = 2)
```

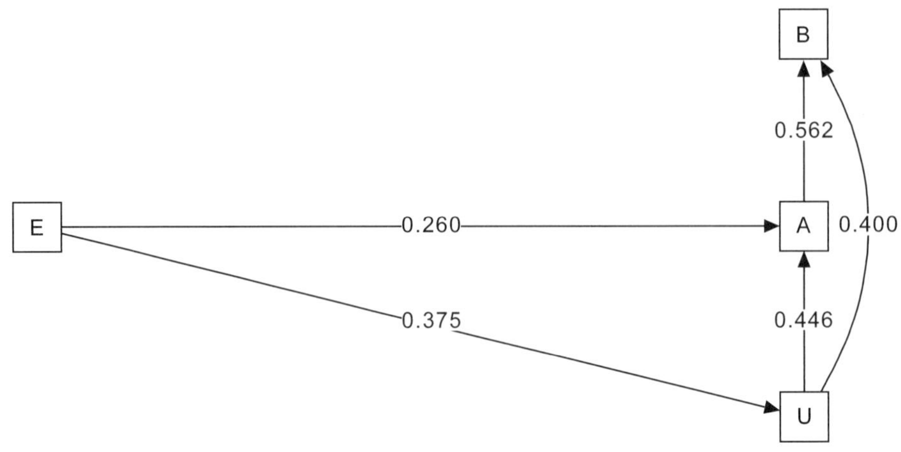

圖 11-4 未標準化徑路係數

Pedhazur（1997）建議同時列出未標準化及標準化徑路係數，前者可以進行群組間模型的比較，後者不會受到變數測量尺度的影響，可以進行變數間的比較。Wright 建議將未標準化係數稱為**徑路迴歸係數**（path regression coefficients），標準化係數稱為**徑路係數**（path coefficients）（引自 Pedhazur, 1997, p.800）。以標準化係數繪製徑路圖的 R 指令如命令稿 11-8。

命令稿 11-8 使用標準化係數繪製徑路圖

```
> semPaths(reg.model1 + reg.model2 + reg.model3, "reg.model", "std", intercepts = FALSE,
  edge.color=c("black"), nDigits=3, rotation = 2)
```

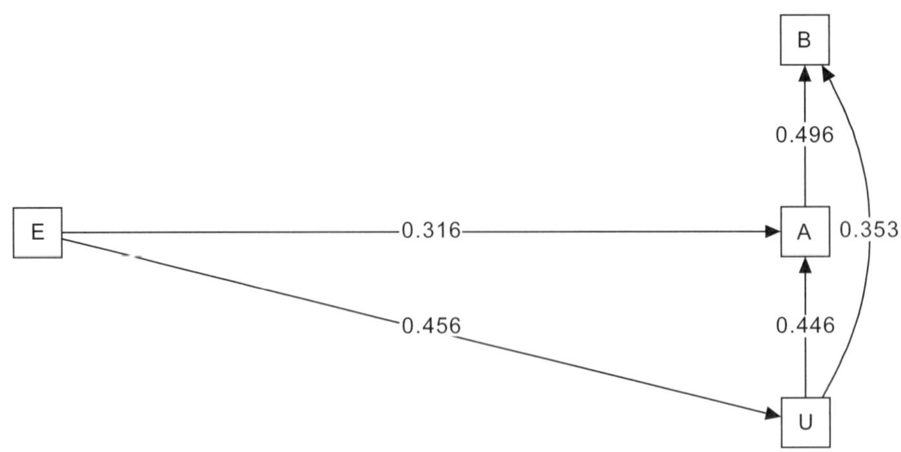

圖 11-5 標準化徑路係數

如果使用 SEM 分析，應先確認模型是否可以**辨識**（identification，或譯為**認定**），也就是研究者提供的資料訊息，是否足以估計模型中的參數。參數估計的自由度必須大於等於 0（$df \geq 0$），模型才可辨認，此一原則稱為 t rule。自由度的計算為資料數目〔(變數數目)＊(變數數目 +1) /2〕和估計參數數目的差。假如自由度 0 為模型**恰好辨認**（just identified），稱為**飽和模型**（saturated model），有唯一解；若自由度大於 0 稱為**過度辨認**（over identified），代表模型可被估計，參數估計有最佳解；假如自由度小於 0 稱為模型**無法辨認**（under identified），代表模型參數沒有可被估計的空間，亦即無法求解（程炳林、陳正昌、陳新豐，2011）。

在本範例中，共有 4 變數，因此提供的資料數目是 10〔4＊(4+1)/2=10〕，要估計的參數有 9 個（5 個徑路係數 +3 個殘差的變異數 +1 個內因變數的變異數），因此自由度是 1，可以求解。

命令稿 11-9 中，先載入 lavaan 程式套件（如果先前已經載入，不須重複設定），其次設定 path.model 模型，再使用 lavaan 程式套件中的 sem() 指令，利用 path.data 資料，配合 path.model 進行參數估計，並將結果置於 path.fit 物件中。R 軟體內定採用最大似然估計（maximum likelihood esimation, MLE），使用 estimator = " " 選項可以改用其他最小平方法，可選擇的方法有 GLS、WLS、DWLS、ULS。

命令稿 11-9　界定模型並估計參數

```
> library(lavaan)
> path.model <- '
+             U ~ E
+             A ~ E + U
+             B ~ U + A
+             '
> path.fit <- sem(path.model, data=path.data)
```

命令稿 11-10 中使用 summary() 列出 path.fit 物件的摘要，括號中設定列出標準化估計值及 R^2。結果中包含未標準化估計值（Estimate）、參數標準誤（Std.Err）、Z 值（z-value，由未標準化係數除以標準誤而得）、p 值（P(>|z|)）、只對潛在變數標準化的係數（Std.lv），及對所有變數標準的係數（Std.all）。由 p 值可以看出所有參數都

達 0.05 顯著水準。

在 lavaan 中，外因變數 E 的變異數不加以估計，因此自由參數為 8，不過模型的自由度仍是 1，$\chi^2(1, N = 288) = 7.104$，$p = 0.008$，小於 0.05，表示研究者所提的模型與資料並不適配（詳細說明請見本書第 12、13 章）。

另外使用 Lisrel 10.1 學生版分析，估計參數數目為 9，$\chi^2_{ML}(1, N = 288) = 7.104$，$p = 0.0077$。使用 Amos 29 試用版分析，$\chi^2_{ADF}(1, N = 288) = 7.079$，$p = 0.0078$。使用 Mplus 8.4 Demo 版分析，$\chi^2(2, N = 288) = 57.663$，$p = 0.0000$。

命令稿 11-10　模型摘要

```
> summary(path.fit,, standardized=TRUE, rsquare=TRUE)
## lavaan 0.6.18.2058 ended normally after 1 iteration
##
##   Estimator                                         ML
##   Optimization method                           NLMINB
##   Number of free parameters                          8
##
##   Number of observations                           288
##
##   Model Fit Test Statistic                       7.104
##   Degrees of freedom                                 1
##   P-value (Chi-square)                           0.008
##
## Parameter Estimates:
##
##   Information                                 Expected
##   Information saturated (h1) model          Structured
##   Standard Errors                             Standard
##
## Regressions:
##                    Estimate  Std.Err  z-value  P(>|z|)   Std.lv  Std.all
##   U ~
##     E                 0.375    0.043    8.692    0.000    0.375    0.456
##   A ~
##     E                 0.260    0.041    6.301    0.000    0.260    0.316
##     U                 0.446    0.050    8.897    0.000    0.446    0.446
```

```
##    B ~
##      U                0.400     0.054     7.434     0.000     0.400     0.353
##      A                0.562     0.054    10.460     0.000     0.562     0.496
##
##  Variances:
##                    Estimate  Std.Err   z-value  P(>|z|)   Std.lv  Std.all
##     .U                4.126     0.344    12.000     0.000     4.126     0.792
##     .A                2.992     0.249    12.000     0.000     2.992     0.573
##     .B                2.830     0.236    12.000     0.000     2.830     0.423
##
##  R-Square:
##                    Estimate
##      U                0.208
##      A                0.427
##      B                0.577
```

估計參數後，可以使用 semPlot 程式套件中的 semPaths() 函數繪製徑路圖。命令稿 11-11 中第 2 個指令使用 semPaths() 函數，以 tree 格式，配合 RAM（reticular action model）的表徵方式，用雙向箭頭的自我迴圈表示殘差值的變異數，並列出內因變數的變異數（如圖 11-6）。括號中選項為使用 path.fit 模型，列出非標準化迴歸係數，不含常數項，箭頭以黑色表示，係數以 3 位小數表示，模型圖轉 90 度。第 3 個指令改用 tree2 格式，配合 Lisrel 表徵方式，以單向箭頭表示殘差值的變異數，且不列出內因變數的變異數（如圖 11-7）。

命令稿 11-11　使用未標準化係數繪製徑路圖

```
> library(semPlot)
> semPaths(path.fit, whatLabels="est", edge.color=c("black"), nDigits=3, rotation = 2)
> semPaths(path.fit, whatLabels="est", layout="tree2", style="lisrel", edge.color=c("black"),
  nDigits=3, rotation = 2)
```

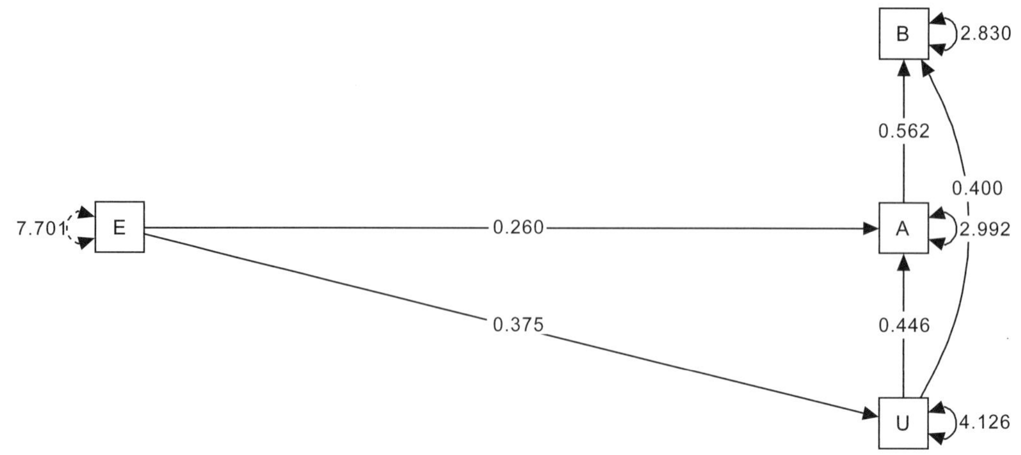

圖 11-6　未標準化參數——RAM 表徵方式

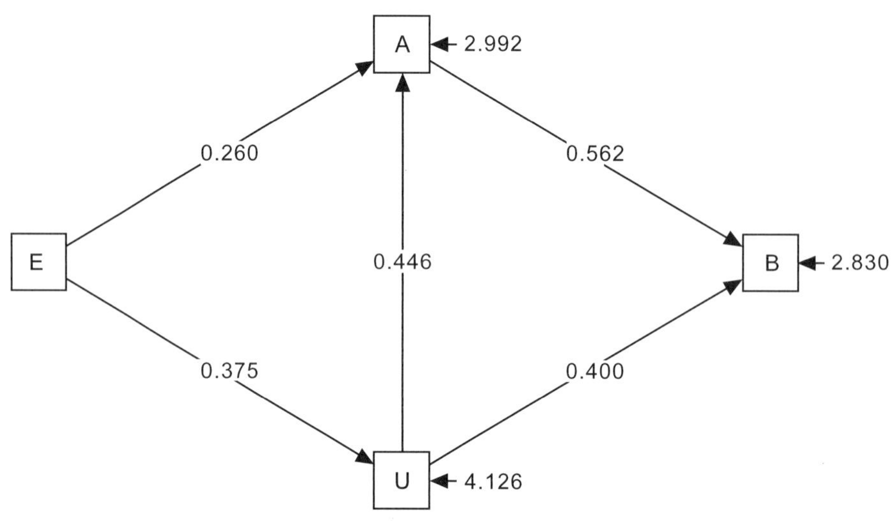

圖 11-7　未標準化參數——Lisrel 表徵方式

命令稿 11-12 將 whatLabels 中的參數 est 改為 std，繪出徑路圖如圖 11-8。

命令稿 11-12　使用標準化係數繪製徑路圖

```
> semPaths(path.fit, whatLabels="std", layout="tree2", style="lisrel", edge.color=c("black"),
  nDigits=3, rotation = 2)
```

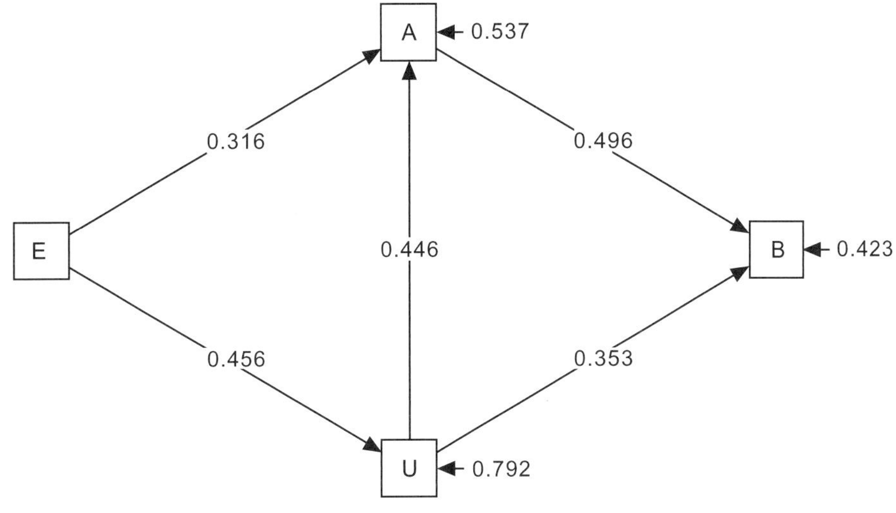

圖 11-8　標準化參數——Lisrel 表徵方式

11.3.3　解釋結果

由圖 11-8 可看出：

1. 認知易用性（E）對認知有用性（U）有直接影響，徑路係數為 0.456，殘差變異數為 0.792，因此 R^2 為 0.208。
2. 認知易用性（E）及認知有用性（U）分別對使用態度（A）有直接影響，徑路係數分別為 0.316 及 0.446，殘差變異數為 0.573，因此 R^2 為 0.427。
3. 認知有用性（U）及使用態度（A）分別對行為意圖（B）有直接影響，徑路係數分別為 0.353 及 0.496，殘差變異數為 0.423，因此 R^2 為 0.577。

所有徑路係數都達 0.05 顯著水準，因此研究者所提的五個假設都獲得支持。

除了上述的 5 個直接效果（direct effect）外，也可以計算間接效果（indirect effect）。例如：E 除了對 A 有直接效果外，也透過 U 對 A 有間接效果。間接效果的計算方法是把兩個直接效果相乘，0.456 × 0.446 = 0.203，因此 E→U→A 的間接效果為 0.203。E 對 A 的總效果則是直接效果加間接效果，0.316 + 0.203 = 0.519。

E 對 B 雖然沒有直接效果，但是有三個間接效果，分別是：

E→U→B：0.456 × 0.353 = 0.161

E→A→B：0.316 × 0.496 = 0.157

E→U→A→B：0.456 × 0.446 × 0.496 = 0.101

三個間接效果（也是總效果）的總和為：

0.161 + 0.157 + 0.101 ≈ 0.418（有捨入誤差）

U 對 B 的間接效果為：

U→A→B：0.446 × 0.496 = 0.221

U 對 B 的總效果為：

0.353 + 0.221 = 0.574

由於 lavaan 無法直接列出間接效果與總效果，因此要在模型中自行設定。設定模型時，先在直接效果前命名，例如：E→U（也就是 U←E）命名 ue（果先寫，再寫因）。間接效果則把直接效果相乘，例如：U→E→A→B（也就是 B←A←E←U）為 ba*ae*eu，指令為 baeu := ba*ae*eu，:= 後為各直接效果相乘，:= 前自行命名（在此為 baeu）。設定間接效果時，最好由依變數（果）回溯到自變數（因），變數 B 回溯到 E 的所有間接效果分別是：

B←A←E：ba*ae

B←U←E：bu*ua

B←A←U←E：ba*au*ue

變數 B 回溯到 U 的間接效果為 B←A←U，係數為 ba*au；變數 A 回溯到 E 的間接效果為 A←U←E，係數為 au*ue。

命令稿 11-13 在 path.model2 中設定所有效果（含直接效果、個別間接效果、總間接效果、與總效果），使用 lavaan 程式套件中的 sem 函數估計參數後，以 summary 函數列出摘要表。

命令稿 11-13　計算所有效果

```
> #結構模型，先設定直接效果
> path.model2<-'
+         B ~ bu*U + ba*A
+         A ~ ae*E + au*U
+         U ~ ue*E
+         B ~~ rb*B
```

```
+               A ~~ ra*A
+               U ~~ ru*U
+ #個別間接效果
+               bae := ba*ae
+               bue :=bu*ue
+               baue := ba*au*ue
+               aue :=au*ue
+               bau :=ba*au
+ #間接效果
+               in.be := bae + bue + baue
+               in.bu := bau
+               in.ae := aue
+ #總效果
+               t.be := bae + bue + baue
+               t.bu := bu + bau
+               t.ba := ba
+               t.ae := ae + aue
+               t.au := au
+               t.ue := ue
+               '
> path.fit2 <- sem(path.model2, data=path.data)
> summary(path.fit2, standardized=TRUE, rsquare=TRUE)
##
## lavaan 0.6.18.2058 ended normally after 1 iteration
##
##   Estimator                                         ML
##   Optimization method                           NLMINB
##   Number of free parameters                          8
##
##   Number of observations                           288
##
##   Model Fit Test Statistic                       7.104
##   Degrees of freedom                                 1
##   P-value (Chi-square)                           0.008
##
## Parameter Estimates:
##
```

```
##   Information                                  Expected
##   Information saturated (h1) model           Structured
##   Standard Errors                               Standard
##
## Regressions:
##                    Estimate  Std.Err  z-value  P(>|z|)   Std.lv  Std.all
##   B ~
##     U       (bu)    0.400    0.054    7.434    0.000    0.400    0.353
##     A       (ba)    0.562    0.054   10.460    0.000    0.562    0.496
##   A ~
##     E       (ae)    0.260    0.041    6.301    0.000    0.260    0.316
##     U       (au)    0.446    0.050    8.897    0.000    0.446    0.446
##   U ~
##     E       (ue)    0.375    0.043    8.692    0.000    0.375    0.456
##
## Variances:
##                    Estimate  Std.Err  z-value  P(>|z|)   Std.lv  Std.all
##    .B       (rb)    2.830    0.236   12.000    0.000    2.830    0.423
##    .A       (ra)    2.992    0.249   12.000    0.000    2.992    0.573
##    .U       (ru)    4.126    0.344   12.000    0.000    4.126    0.792
##
## R-Square:
##                    Estimate
##     B               0.577
##     A               0.427
##     U               0.208
##
## Defined Parameters:
##                    Estimate  Std.Err  z-value  P(>|z|)   Std.lv  Std.all
##     bae             0.146    0.027    5.397    0.000    0.146    0.157
##     bue             0.150    0.027    5.650    0.000    0.150    0.161
##     baue            0.094    0.018    5.345    0.000    0.094    0.101
##     aue             0.167    0.027    6.217    0.000    0.167    0.203
##     bau             0.251    0.037    6.777    0.000    0.251    0.221
##     in.be           0.390    0.040    9.748    0.000    0.390    0.418
##     in.bu           0.251    0.037    6.777    0.000    0.251    0.221
##     in.ae           0.167    0.027    6.217    0.000    0.167    0.203
```

```
##      t.be      0.390  0.040   9.748  0.000  0.390  0.418
##      t.bu      0.651  0.052  12.428  0.000  0.651  0.574
##      t.ba      0.562  0.054  10.460  0.000  0.562  0.496
##      t.ae      0.427  0.041  10.306  0.000  0.427  0.519
##      t.au      0.446  0.050   8.897  0.000  0.446  0.446
##      t.ue      0.375  0.043   8.692  0.000  0.375  0.456
```

命令稿 11-13 中各效果可以彙整成表 11-2，在表中橫列的變數是自變數（因），直行為依變數（果），其中又可分為直接效果、間接效果，及總效果（等於直接效果加間接效果）。例如：變數 E（易用性）對變數 B（行為意圖）沒有直接效果，間接效果為 0.418，總效果為 0.418；變數 U（有用性）對變數 B（行為意圖）的直接效果為 0.353，間接效果為 0.221，總效果為 0.574，其他依此類推。

表 11-2　各標準化效果摘要表

效果	自變數	依變數		
		U（有用性）	A（使用態度）	B（行為意圖）
直接效果	E（易用性）	0.456	0.316	
	U（有用性）		0.446	0.353
	A（使用態度）			0.496
間接效果	E（易用性）		0.203	0.418
	U（有用性）			0.221
	A（使用態度）			
總效果	E（易用性）	0.456	0.519	0.418
	U（有用性）		0.446	0.574
	A（使用態度）			0.496

近年來，SEM 取向的 PLS（partial least squares，偏最小平方法）因著軟體普及，統計方法也受到資管與行銷等商業領域的重視。徑路分析同樣也可以使用 PLS 法進行分析，在 R 軟體中，plspm、seminr、smePLS 等套裝程式都可以執行類似的分析。以下使用 plspm（partial least squares path modeling）說明徑路分析的過程及結果。詳細的 PLS 觀念會在本書第 14 章介紹。

使用 R 進行分析

在命令稿 11-14 中，有 12 個指令，分別說明如下：

第 1 個指令先載入 plspm 程式套件。

第 2～5 個指令設定**內在模型**（inner model，即**結構模型**或**徑路模型**），指定四個潛在變數的徑路關係，詳細說明在指令後 # 的備註。

第 6 個指令將潛在變數的關係加入 pls.inner 內在模型。

第 7 個指令設定行名稱等於列名稱。

第 8 個指令設定**外在模型**（outer model，即**測量模型**），四個潛在變數的指標分別為 path.data 的 1～4 個變數，每個潛在變數各有一個指標。

第 9 個指令設定使用**形成性指標**（潛在變數與外顯變數名稱可相同），代號為 B，如果要設定成**反映性指標**，則代號改為 A。

第 10 個指令使用 path 基模使用 plspm() 估計參數，結果存在 pls.fit 物件。

第 11 個指令使用 summary() 函數列出結果。

第 12 個指令，只列出 pls.fit 物件的$path_coefs，以矩陣形式呈現徑路係數。

為了節省篇幅，此處只列出重要的結果。輸出結果中，內在模型的係數都是標準化係數，Estimate 以科學符號表示，e-01 表示係數是乘上 10^{-1}，因此小數點要往左移 1 位。t value 都大於 1.96，Pr(>|t|)都小於 0.05，因此所有徑路係數都達 0.05 顯著水準。R^2 分別為 0.208、0.427、0.725。最後則列出各變數間的直接效果、間接結果，及總效果。所有參數與 lavaan 的估計結果一致。

命令稿 11-14　以 plspm 進行徑路分析

```
> library(plspm)
> E = c(0, 0, 0, 0)                                        # E 沒有受到其他變數影響，是外因變數
> U = c(1, 0, 0, 0)                                        # U 受到 B 影響
> A = c(1, 1, 0,0 )                                        # A 受到 E 與 U 影響
> B = c(0, 1, 1, 0)                                        # B 受到 U 與 A 影響
> pls.inner <- rbind(E, U, A, B)
> colnames(pls.inner) <- rownames(pls.inner)
> tam.outer <- list(1, 2, 3, 4)
> pls.modes <- c("B", "B", "B", "B")
> pls.fit <- plspm(path.data, pls.inner, tam.outer, modes = pls.modes, scheme = "path")
```

```
> summary(pls.fit)
## ------------------------------------------------------------
## INNER MODEL
## $U
##               Estimate   Std. Error     t value    Pr(>|t|)
## Intercept    -4.79e-16       0.0526   -9.11e-15    1.00e+00
## E             4.56e-01       0.0526    8.66e+00    3.48e-16
##
## $A
##               Estimate   Std. Error     t value    Pr(>|t|)
## Intercept    -3.05e-16       0.0448   -6.80e-15    1.00e+00
## E             3.16e-01       0.0504    6.27e+00    1.35e-09
## U             4.46e-01       0.0504    8.85e+00    9.41e-17
##
## $B
##              Estimate   Std. Error    t value    Pr(>|t|)
## Intercept    1.28e-16       0.0385   3.32e-15    1.00e+00
## U            3.53e-01       0.0477   7.40e+00    1.58e-12
## A            4.96e-01       0.0477   1.04e+01    1.05e-21
##
## ------------------------------------------------------------
## SUMMARY INNER MODEL
##          Type    R2  Block_Communality  Mean_Redundancy  AVE
## E   Exogenous 0.000                  1            0.000    0
## U  Endogenous 0.208                  1            0.208    0
## A  Endogenous 0.427                  1            0.427    0
## B  Endogenous 0.577                  1            0.577    0
##
## ------------------------------------------------------------
## TOTAL EFFECTS
##   relationships  direct  indirect  total
## 1        E -> U   0.456     0.000  0.456
## 2        E -> A   0.316     0.203  0.519
## 3        E -> B   0.000     0.418  0.418
## 4        U -> A   0.446     0.000  0.446
## 5        U -> B   0.353     0.221  0.574
## 6        A -> B   0.496     0.000  0.496
```

```
> pls.fit$path_coefs
##          E         U         A B
## E 0.0000000 0.0000000 0.0000000 0
## U 0.4558592 0.0000000 0.0000000 0
## A 0.3157809 0.4459096 0.0000000 0
## B 0.0000000 0.3527269 0.4962999 0
```

估計參數後，可以使用命令稿 11-15 的 innerplot() 函數（或 plot() 函數）繪出內在模型及係數，指令中設定箭頭位置在線段相對位置 0.7 處。結果如圖 11-9，徑路係數與圖 11-8 一致（innerplot 固定為 4 位小數）。

命令稿 11-15　以 innerplot 繪製內在模型

```
> innerplot(pls.fit, arr.pos = 0.7)
```

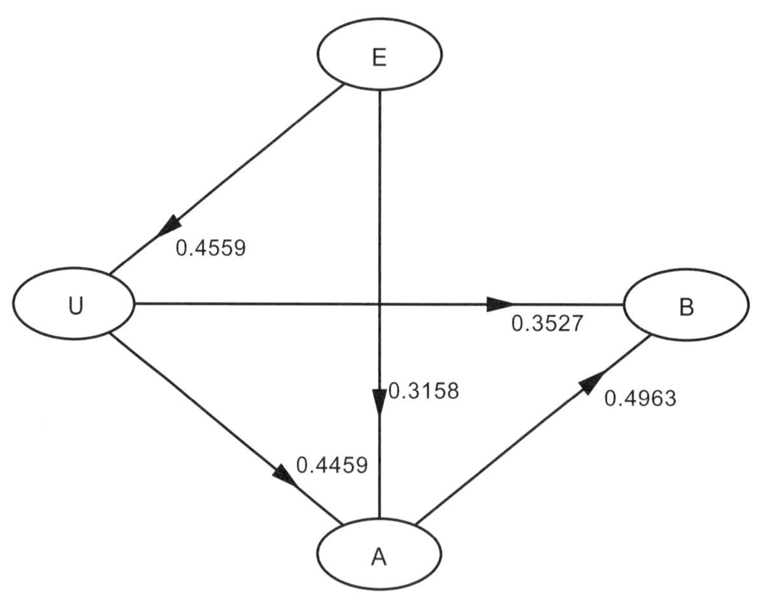

圖 11-9　pls 內在模型及徑路係數

11.4　使用變異數—共變數矩陣進行分析

有時候，研究者只能從他人的論文中獲得變異數—共變數矩陣（簡稱共變數矩陣）或是相關係數矩陣，此時可以使用 lavaan 程式套件中的 lav_matrix_lower2full() 函數讀入左下角矩陣，再於 sem 指令中使用 sample.cov 選項加以分析。

使用 R 進行分析

命令稿 11-16 中先以 lav_matrix_lower2full() 讀入共變數矩陣或相關矩陣（下三角形矩陣），再設定行與列的名稱，sem() 函數中設定分析的樣本矩陣為 path.cov，樣本數量為 288，summary() 則列出標準化係數、R^2，及適配度指標。分析結果與命令稿 11-10 一致，不再贅述。

命令稿 11-16 使用變異數—共變數矩陣進行分析

```
> path.cov<-lav_matrix_lower2full(c(
+                                   7.7282,
+                                   2.8971, 5.2263,
+                                   3.3029, 3.0867, 5.2396,
+                                   3.6249, 3.8246, 4.1789, 6.7178))
> rownames(path.cov)<-colnames(path.cov)<-c('A', 'B', 'C', 'D')
> path.cov
> path.model <- '
+                 U ~ E
+                 A ~ E + U
+                 B ~ U + A
+                 '
> path.fit<-sem(path.model, sample.cov=path.cov, sample.nobs=288)
> summary(path.fit, std=T, rsquare=T, fit=T)
```

11.5 使用 JASP 分析

在 JASP 中，讀入 path.csv 資料檔後，在 SEM（結構方程模型）中選擇 Structural Equation Modeling（結構方程模型）。接著，在 Model 1 中輸入以下指令，即可按 Ctrl + Enter 進行分析（圖 11-10）。

```
U ~ E
A ~ E + U
B ~ U + A
```

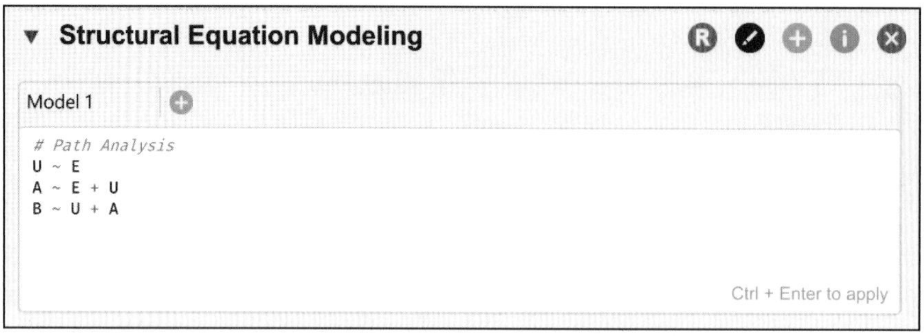

▼ Structural Equation Modeling

Model 1

```
# Path Analysis
U ~ E
A ~ E + U
B ~ U + A
```

Ctrl + Enter to apply

圖 11-10　設定模型——JASP

在 Output option（輸出選項）勾選 Standardized estimates（標準化估計值）、R-squared（R 平方）、Path diagram（徑路圖），及 Show parameter estimates（顯示參數估計值）（圖 11-11）。在 JASP 中雖然可以繪出徑路圖，不過，只能顯示未標準化係數，如果要顯示標準化係數，可以改用 jamovi。

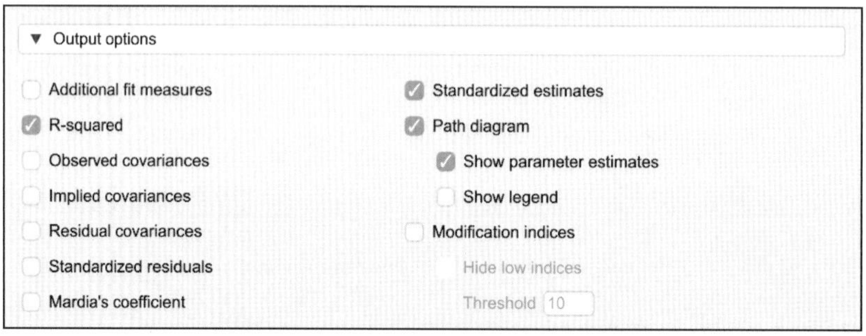

▼ Output options

Additional fit measures
R-squared
Observed covariances
Implied covariances
Residual covariances
Standardized residuals
Mardia's coefficient
Standardized estimates
Path diagram
Show parameter estimates
Show legend
Modification indices
Hide low indices
Threshold 10

圖 11-11　輸出選項——JASP

分析後得到 5 個報表，以下只說明其中 2 個報表。報表 11-1 是各路徑的迴歸係數，p 值都小於 0.001，標準化係數分別為：

E → U = 0.465
E → A = 0.316
U → A = 0.446
U → B = 0.353
A → B = 0.496

報表 11-1 Regression coefficients

Predictor	Outcome	Estimate	Std. Error	z-value	p	95% Confidence Interval Lower	Upper	Standardized All	LV	Endo
E	U	0.375	0.043	8.692	0.000	0.290	0.459	0.456	0.375	0.164
	A	0.260	0.041	6.301	2.962×10^{-10}	0.179	0.341	0.316	0.260	0.114
U	A	0.446	0.050	8.897	0.000	0.348	0.545	0.446	0.446	0.446
	B	0.400	0.054	7.434	1.052×10^{-13}	0.294	0.505	0.353	0.400	0.353
A	B	0.562	0.054	10.46	0.000	0.457	0.667	0.496	0.562	0.496

報表 11-2 為 3 個內因變數的 R^2，分別為 0.208、0.427、0.577。

報表 11-2 R-Squared

	R^2
U	0.208
A	0.427
B	0.577

11.6 使用 jamovi 分析

Jamovi 有三種方式進行徑路分析，分別是 Path Analysis（須先安裝 pathj 程式庫）、SEM (syntax)、SEM (interactive)。

在 jamovi 中讀入 path.csv 資料檔後，在 SEM（結構方程模型）中選擇 SEM (syntax)。接著，輸入以下指令，即可按 Ctrl +Shift + Enter 進行分析（圖 11-12）。

```
U ~ E
A ~ E + U
B ~ U + A
```

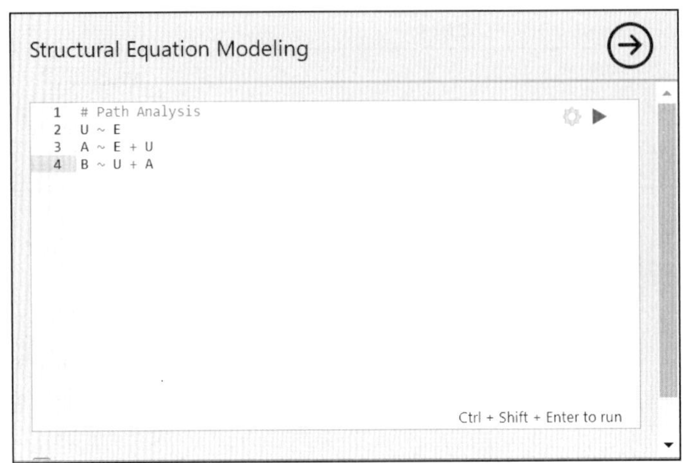

圖 11-12　設定模型——jamovi

在 Parameters options（參數選項）中，可多勾選 Indirect Effects（間接效果）（圖 11-13）。

Parameters options

Standard Errors
- Automatic
- Standard
- Robust
- Pseudo ML
- Bootstrap

Bootstrap settings
- percentiles
- normal
- adjusted bias-corrected
- basic

Bootstrap Rep. 1000

Confidence Intervals
- Estimates
- Betas

Confidence level 95 %

Constraints
- Fix exogenous covariates
- Correlated dependent vars (y)
- Correlated latent vars

Intercepts
- Mean structure
- Observed variables
- Latent variables

Estimates
- Indirect Effects

Scale / standardize variables
- Latent vars.: Fix first indicator (to 1)
- Latent vars.: Fix residual variances (to 1)
- Observed vars.: Standardize before estimation

圖 11-13　參數選項——jamovi

在 Path diagram（徑路圖）中，設定 Paths（徑路）為 Betas（標準化係數），Layout（排列方式）可改為 Tree-like alt.（圖 11-14）。

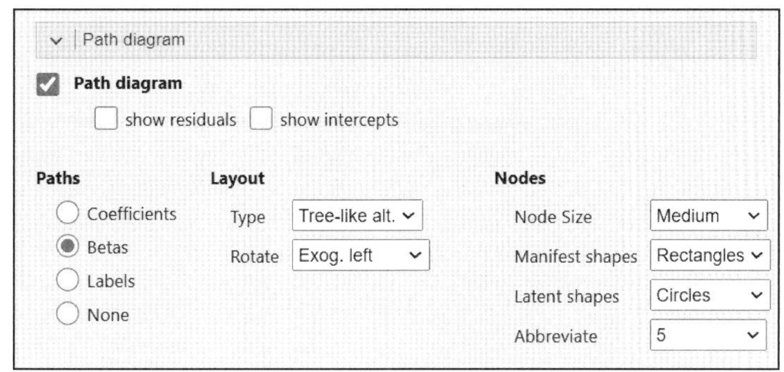

圖 11-14 徑路圖——jamovi

分析後可得到 9 個報表，以下僅簡要說明其中 3 個報表。報表 11-3 是參數估計值，結果與報表 11-1 一致。

報表 11-3 Parameters estimates

				95% Confidence Intervals				
Dep	Pred	Estimate	SE	Lower	Upper	β	z	p
U	E	0.375	0.043	0.290	0.459	0.456	8.692	< .001
A	E	0.260	0.041	0.179	0.341	0.316	6.301	< .001
A	U	0.446	0.050	0.348	0.545	0.446	8.897	< .001
B	U	0.400	0.054	0.294	0.505	0.353	7.434	< .001
B	A	0.562	0.054	0.457	0.667	0.496	10.460	< .001

報表 11-4 是間接效果，以 IE1 的標準化係數（β）為例，它是：

$$E \Rightarrow U \Rightarrow A \Rightarrow B = 0.101$$

其中包含了 3 條路徑：

$$E \Rightarrow U = 0.456$$
$$U \Rightarrow A = 0.446$$
$$A \Rightarrow B = 0.496$$

將 3 個係數相乘，即可得到：

$$0.456 \times 0.446 \times 0.496 = 0.101$$

報表 11-4　Defined parameters

Label	Description	Parameter	Estimate	SE	95% Confidence Intervals Lower	Upper	β	z	p
IE1	E ⇒ U ⇒ A ⇒ B	p1*p3*p5	0.094	0.018	0.06	0.129	0.101	5.345	< .001
IE2	E ⇒ U ⇒ B	p1*p4	0.150	0.027	0.098	0.202	0.161	5.65	< .001
IE3	E ⇒ A ⇒ B	p2*p5	0.146	0.027	0.093	0.199	0.157	5.397	< .001
IE4	U ⇒ A ⇒ B	p3*p5	0.251	0.037	0.178	0.323	0.221	6.777	< .001

報表 11-5 是標準化徑路圖，與圖 11-8 一致。

報表 11-5　Path diagrams

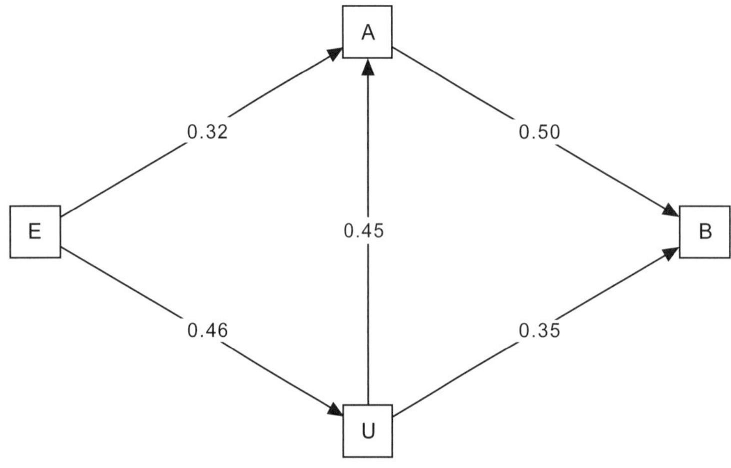

如果要使用 Path Analysis，則在 SEM 中選擇 Path Analysis，並設定 Endogenous Variables（內因變數）及 Exogeneous Covariates（外因共變量）。從報表 11-5 可看出，未被單向箭頭指到的變數是 E，為外因變數（外因共變量），被單向箭頭指到的變數有 U、A、B，為內因變數（圖 11-15）。

在 Endogenous Models（內因模型）中，分別設定以下三個模型（圖 11-16）。互動式的 SEM 也是採用相同的設定方法。

E ⇒ U
E + U ⇒ A
U + A ⇒ B

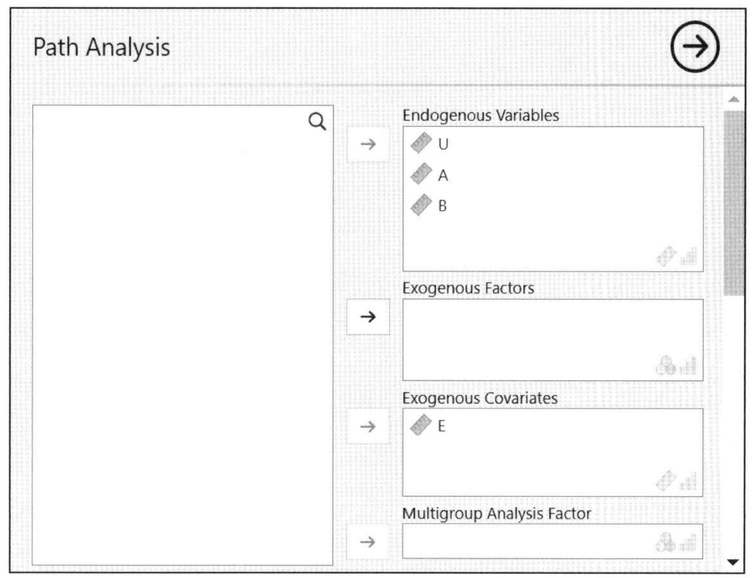

圖 11-15　設定變數——jamovi

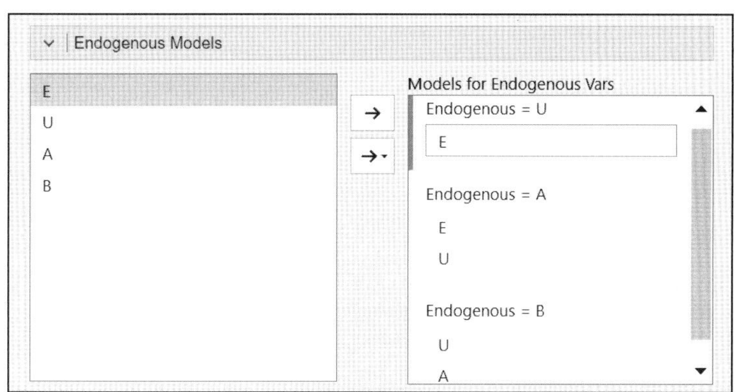

圖 11-16　設定內因模型——jamovi

分析後的結果與 SEM 相似，不再重複說明。

11.7　分析結論

研究者對 288 名受訪者實施自編「智慧手機接受度量表」，以驗證 Davis 等人的科技接受模型。以 R 軟體 4.4.0 版配合 lavaan 0.6-18 版進行徑路分析後，得到圖 11-17 結果，五個研究假設均獲得支持。總結而言：

1. 認知易用性正向影響認知有用性，徑路係數為 0.456，R^2 為 0.208。
2. 認知易用性與認知有用性均正向影響使用態度，徑路係數分別為 0.316 與 0.446，R^2 為 0.427；認知易用性對使用態度的間接效果為 0.203。
3. 認知有用性與使用態度均正向影響行為意圖，徑路係數分別為 0.353 與 0.496，R^2 為 0.577；認知有用性對行為意圖的間接效果為 0.221；認知易用性對行為意圖的間接效果為 0.418。

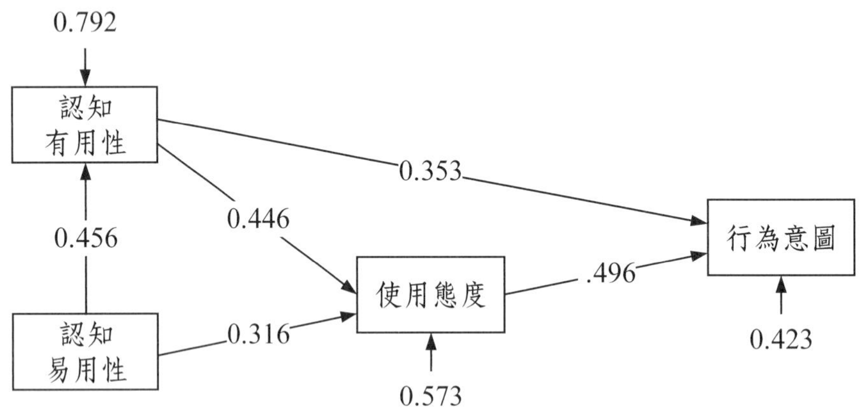

圖 11-17　智慧型手機之科技接受模型

第 12 章

驗證性因素分析

驗證性因素分析（confirmatory factor analysis, CFA）屬於結構方程模型（structural equation modeling, SEM）中的**測量模型**（measurement model），常被用來分析測驗或量表的**構念效度**（construct validity，或**建構效度**），它主要用在模型（model，或模式）之驗證，如果研究者在編製量表時，已有明確的理論依據或是預設立場，或已經有許多相關研究支持，則使用驗證取向之因素分析會較恰當。

另一方面，要進行結構方程模型分析，應先檢驗測量模型，只有當測量模型能適配觀察資料，才能將其整合到 SEM 分析潛在變數的關係。如果一個 SEM 模型無法適配資料，問題通常出在它的測量模型部分（王濟川、王小倩、姜寶法，2011）。因此，CFA 可說是 SEM 的基礎。

在 R 軟體中要進行 CFA，可以使用 sem（Structural Equation Models）或 lavaan（Latent Variable Analysis）程式套件。前者發展較早，但是指令較複雜；後者發展較晚，指令較簡單，功能較完整，且持續更新。本章配合 lavaan 程式套件，簡要說明驗證性因素分析的概念及報表。

進行驗證性因素分析，比較常用的步驟有五，以下分節說明之。

12.1 發展理論模型（formulation）

探索性因素分析（exploratory factor analysis, EFA）假定所有測量指標（題目、項目）都受到每個共同因素的影響，因此各個因素與指標間均有因素負荷量。圖 12-1 是探索性因素分析的示意圖，圖中共有 6 個題目（V1 ~ V6），分析時設定為 2 個潛在因素（F1 及 F2）的測量指標，因此共有 12 條（2 × 6）單向箭頭。保留 2 個潛在因素則是根據本書第 10 章所述之原則，通常不是事前設定，而因素間可以設定無關（直交）或有關（斜交）。

經過因素分析後，可能 V1 ~ V3 在 F1 的因素負荷量較高，而 V4 ~ V6 在 F2 的因素負荷量較高，此時會將 V1 ~ V3 歸為第一個因素（F1），而 V4 ~ V6 歸為第二個因素（F2）；接著，研究者會根據題目性質對因素加以命名。然而，F1 對 V4 ~ V6，F2 對 V1 ~ V3 的因素負荷量（圖 12-2 中灰色虛線）並不等於 0，此稱為**交叉負荷量**（cross-loading）。如果某個題目在兩個因素的負荷量都很大，表示這個題目設計不佳，應考慮刪除此題項。

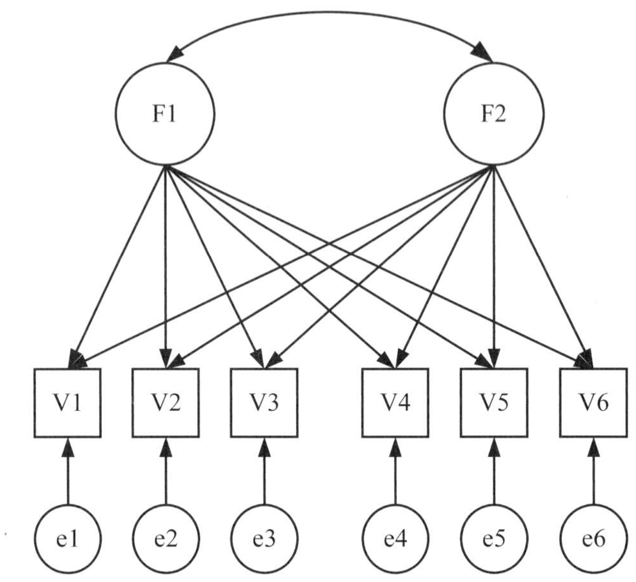

圖 12-1　探索性因素分析-1

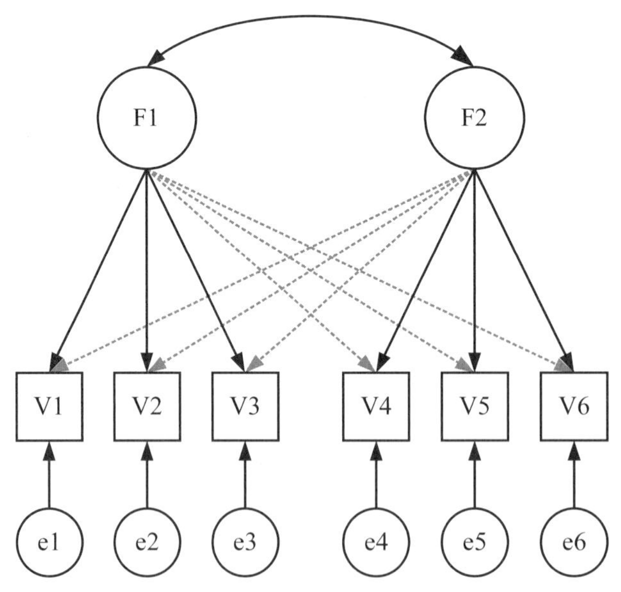

圖 12-2　探索性因素分析-2

進行 CFA 之前，研究者應對構念（因素、潛在變數）及測量指標（題項）有清楚的概念。圖 12-3 是驗證性因素分析的示意圖，在驗證性因素中，因素數目是事前設定，研究者依據理論設定 V1 ~ V3 是 F1 的測量指標，而 V4 ~ V6 是 F2 的測量指標，所以只有 6 條單向箭頭。此時，V4 ~ V6 不是 F1 的測量指標，V1 ~ V3 也不是 F2 的測量指標，所以並沒有單向箭頭連接它們。

在 CFA 中，測量指標通常是如圖 12-4 左邊的**反映性測量**（reflective measurement）。反映性測量可稱為**結果的指標**，受潛在因素的影響，反映在可觀察的指標上。例如：顧客對一家商店有高的「滿意度」，可能會表現在：1.願意繼續再光臨這家商店；2.在網路上給予好評；3.推薦親友光臨這家商店。這三個指標間會有高度的相關。圖 12-4 右邊是**形成性測量**（formative measurement），是**原因的指標**，會影響潛在因素。例如：顧客對一家商店有高的「滿意度」，可能是因為：1.空間寬敞、裝潢雅致；2.服務人員親切專業，以客為尊；3.販售的物品質精物美，價格合理。這三個指標間不一定有相關。如果是形成性測量指標，比較適合使用偏最小平方法結構方程模型（partial least squares structural equation modeling, PLS-SEM），如果要使用共變數本位的結構方程模型（covariance-based structural equation modeling, CB-SEM）會較複雜。本章僅以反映性指標為例，形成性指標的分析請見本書第 14 章的說明。

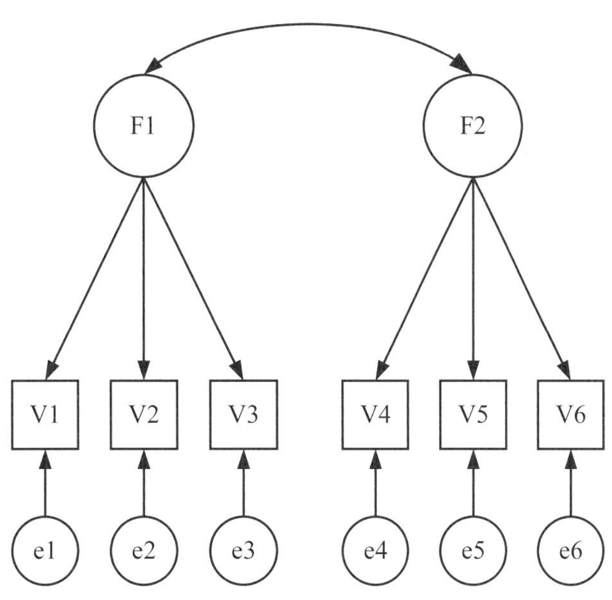

圖 12-3　驗證性因素分析

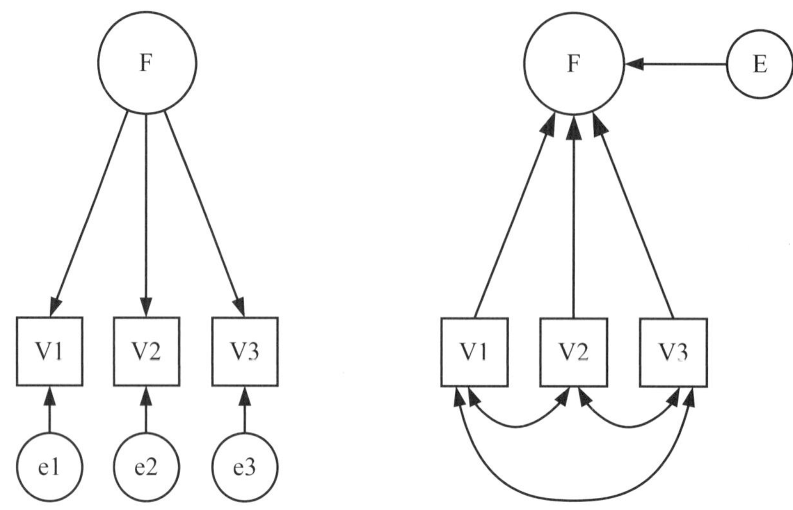

圖 12-4 反映性指標與形成性指標

在發展適當的測量指標前，應對潛在因素有明確的定義，然後才能依此定義編製適當的題項，或尋找適合的指標，並請該領域專家先行檢視。例如：在 Davis（1989）所提的科技接受模型（technology acceptance model, TAM）中，「認知易用性」定義為「個人相信使用特定系統，不必太費氣力的程度」；而「認知有用性」則定義為「個人相信使用特定系統，可以增加其工作績效的程度」（p. 320）。根據上述的定義，筆者設計了 6 道題目，它們分別在測量使用者對智慧型手機的「認知易用性」（前三題）與「認知有用性」（後三題）：

1. 智慧型手機的操作方法簡單易學。
2. 我不需要別人協助，就可以學會使用智慧型手機。
3. 智慧型手機所提供的加值功能，對我而言是容易操作的。
4. 使用智慧型手機，能讓生活更便利。
5. 使用智慧型手機中的應用程式，可以解決許多問題。
6. 使用智慧型手機讓我更方便與朋友聯繫。

如果研究者使用 IBM SPSS Amos 進行 CFA，通常會從繪製理論模型開始，圖 12-5 是根據圖 12-3 所繪的理論模型。在繪製理論模型時有幾點需要特別留意：

1. 圓形或橢圓形代表**潛在變數**（latent variable），是**不可觀測的變數**（unobserved variable）；正方形或長方形代表**外顯變數**（manifest variable）或**可觀察的變**

數（observed variable），是因素的指標（index）。

2. 因素與指標間使用單向箭頭連接，方向是由因素指向指標。因素的名稱（在此為 F1 及 F2）自行設定，但是不可以與要分析的資料檔中變數名稱相同，而指標的名稱（V1 ~ V6）則一定要在資料檔中。也就是觀察變數名稱必須包含在資料檔中，潛在變數名稱則不可以與資料檔的變數名稱相同。
3. 由於因素是潛在變數，沒有測量單位，因此每個因素須設定一個參照指標以獲得量尺，其加權係數通常設定為 1。圖 12-5 中，F1 及 F2 是潛在變數，它們的參照指標分別為 V1 及 V4。如果未特別設定，統計軟體通常以第一個觀察變數當參照指標。另一種方法是不設定參照指標，而把因素的變異數設定為 1。多數研究者會選擇第一種方法，因為它可以進行較多的後續分析。
4. 因素間一定要有雙向箭頭連接，如果是直交，則可以再設定參數值為 0。
5. 每個觀察變數須有一個測量誤差（分別為 e1 ~ e6），使用單向箭頭連接，加權係數設定為 1。測量誤差同樣是潛在變數，名稱由研究者自行設定。
6. 模型中凡是被單向箭頭所指的變數稱為**內因變數**（endogenous variables），未被單向箭頭指到的變數稱為**外因變數**（exogenous variables）。CFA 中所有指標（題目）都是內因變數，因素與測量誤差都是外因變數。

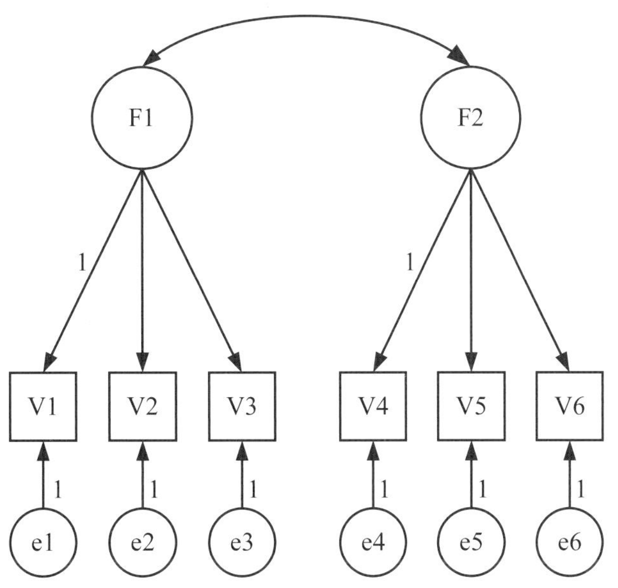

圖 12-5　Amos 所繪之理論模型

前面是以兩個因素的 CFA 為例，接下來將使用筆者於 2012 年實際施測的「智慧型手機科技接受模型量表」的四個分量表示範以 R 進行 CFA，量表題目如第 216 頁之表 9-4，其中 E1 ~ E3 屬於「認知易用性」(E)，U1 ~ U3 屬於「認知有用性」(U)，A1 ~ A3 屬於「使用態度」(A)，B1 ~ B3 屬於「行為意圖」(B)。

使用 R 進行分析

命令稿 12-1 在繪製理論模型，各指令分別說明如下：

1. 第 1 個指令先讀入 C 碟 R 資料夾中的 cfa.csv 資料檔到物件 cfa.data 中。
2. 第 2 個指令設定 cfa.model，模型中以 =~ 分隔因素與指標，=~ 前為因素，=~ 後為反映性指標。
3. 第 3 個指令載入 lavaan 程式套件。
4. 第 4 個指令以 cfa() 函數使用 cfa.data 資料配合 cfa.model 模型進行分析，分析後放入 cfa.fit 物件中。此時，已完成參數估計。
5. 第 5 個指令載入 semPlot 程式套件。
6. 第 6 個指令使用 semPaths() 函數將 cfa.fit 物件中的模型繪出，指令中設定以 lisrel 表徵方式，tree2 則把因素間距加大（tree 的因素間距較小）。繪出的模型如圖 12-6。

命令稿 12-1　繪製理論模型

```
> cfa.data <- read.csv("C:/R/cfa.csv")
> cfa.model <- '
+           E =~ E1 + E2 + E3
+           U =~ U1 + U2 + U3
+           A =~ A1 + A2 + A3
+           B =~ B1 + B2 + B3
+           '
> library(lavaan)
> cfa.fit <- cfa(cfa.model, data=cfa.data)
> library(semPlot)
> semPaths(cfa.fit, layout="tree2", style="lisrel", edge.color=c("black"))
```

圖 12-6 中圓形代表 E、U、A、B 四個因素，兩兩間都有相關。每個因素各有三

個指標（題目），第一個指標都是參照指標，以虛線表示，是固定參數，通常設為 1。方形代表測量指標，共有 12 個，各自有測量誤差（為潛在變數）。

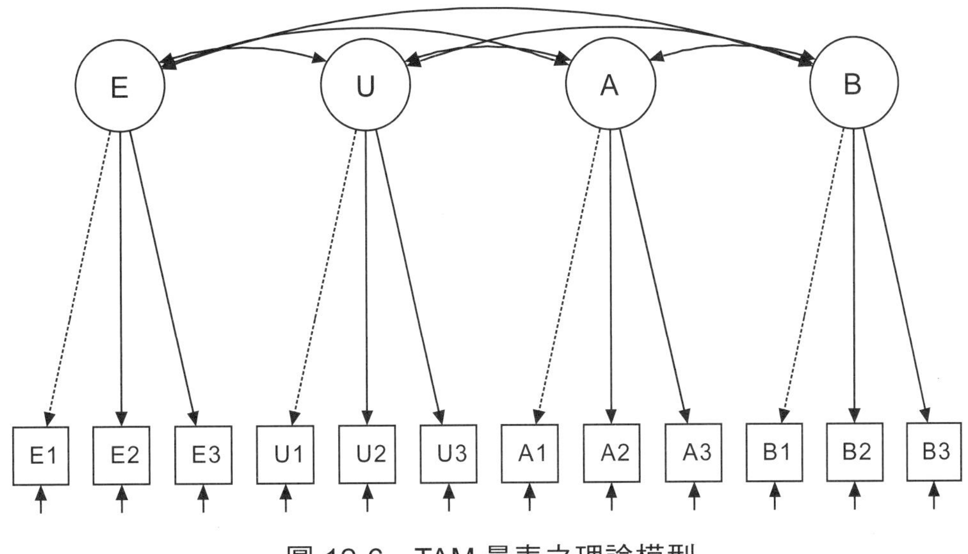

圖 12-6　TAM 量表之理論模型

命令稿 12-2 中省略 lisrel，改用內定的 RAM 表徵方式繪製模型圖，如果加上 whatLabels="eq" 可以列出參數的號碼。

命令稿 12-2　以 RAM 表徵方式繪製理論模型

```
> semPaths(cfa.fit, layout="tree2", edge.color=c("black"))
> semPaths(cfa.fit, whatLabels="eq", layout="tree2", edge.color=c("black"))
```

圖 12-7 中所有潛在變數（包含 4 個因素及 12 個測量誤差）的變異數都以自我迴圈表示，是自由參數，需要加以估計；4 個因素間共有 6 個相關係數，需要估計的負荷量共有 8 個（$4 \times 2 = 8$）。總計需要估計的參數為 $4 + 12 + 6 + 8 = 30$。

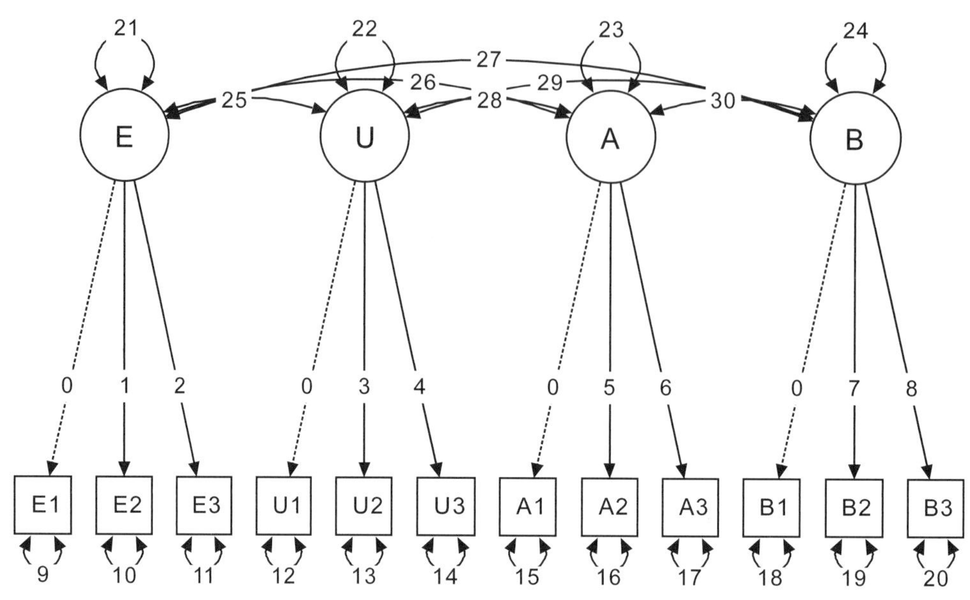

圖 12-7　TAM 量表之理論模型—RAM 表徵方式

12.2　評估模型的辨認（identification）

這個步驟是使用不同方法辨認參數是否有解，首先說明自由度的計算方法，因為自由度應大於或等於 0，才可以得到參數解。圖 12-6 中，有 12 個觀察變數，因此提供的共變數矩陣中，不重複的元素（資料點、訊息量）共有：

$$12 \times (12 + 1) / 2 = 78$$

圖 12-7 中要估計的參數有 30 個，其中因素負荷量有 8 個（4 個參照指標不需要估計參數），所有潛在變數的變異數有 16 個（12 + 4），因素間的共變數（標準化之後為相關係數）有 6 個，因此：

$$t = 8 + 16 + 6 = 30$$

以訊息量減去要估計的參數就是自由度，因此在命令稿 12-3 中自由度為：

$$78 - 30 = 48$$

自由度大於 0，稱為過度辨識，因此可以估計參數，求得最佳解。

使用 R 進行分析

在命令稿 12-3 中，第 1 列以 cfa 指令進行分析，模型來自 cfa.model，資料來自 cfa.data，結果存在 cfa.fit 物件中。第 2 列直接輸入物件名稱 cfa.fit，即可列出模型摘要。由結果中可看出，Number of free parameters（自由參數，也就是需要估計的參數）是 30，Degrees of freedom（自由度）是 48。

命令稿 12-3　列出模型摘要

```
> cfa.fit <- cfa(cfa.model, data=cfa.data)
> cfa.fit
##  lavaan 0.6.18.2058 ended normally after 43 iterations
##
##    Estimator                                         ML
##    Optimization method                           NLMINB
##    Number of free parameters                         30
##
##    Number of observations                           288
##
##    Model Fit Test Statistic                     104.580
##    Degrees of freedom                                48
##    P-value (Chi-square)                           0.000
```

此外，在 CFA 中模型的辨識還需要符合下列條件：

1. 假如 CFA 模型中只有 1 個潛在變數，至少要有 3 個以上觀察變數，此時的模型才可以被辨識，此稱為 3 個指標原則（3-indicator rule）。
2. 假如 CFA 模型中有兩個或更多個潛在變數，此時每個潛在變數至少需要 2 個以上的觀察變數，此時的模型才可被辨識，此稱為 2 個指標原則（2-indicator rule）（程炳林、陳正昌、陳新豐，2011）。

Hair 等人（2019）建議每個構念最少要有 3 個指標，如果能有 4 個指標會更好，他們提出：

1. 儘可能使用 4 個指標；
2. 某些構念使用 3 個指標還是可以接受，特別是其他的構念超過 3 個指標；
3. 應避免少於 3 個指標。

筆者提出的理論模型共有 4 個潛在變數，每個潛在變數各有 3 個觀察變數，合乎前述的標準，應該可以辨識。

除了前面所述，模型要能辨識，還有其他條件，讀者如果有興趣，可以參考結構方程模型的專書，會有比較詳細的介紹。

12.3 進行參數估計（estimation）

進行參數估計前，須先使用研究工具，針對特定研究對象蒐集所需資料。資料經過登錄、整理後，即可使用統計軟體分析。分析資料類型的選擇，優先順序如下：

1. 最好使用原始資料進行參數估計；
2. 如果是彙整後的資料，則使用觀察變數的共變數矩陣較理想，且小數位最好在 3 位以上，以便獲得比較精確的結果；
3. 假使只有相關矩陣，最好能一併附上觀察變數的標準差，如此就可以計算共變數矩陣（兩變數的共變數等於相關係數乘以兩變數的標準差）；
4. 只使用相關矩陣進行分析，是最後的選擇。

在 R 中如果要使用共變數矩陣或相關矩陣進行分析，請見本書第 13 章。

SEM 分析的目標是讓研究者提出的理論模型所複製的共變數矩陣 $\hat{\mathbf{\Sigma}}$（隱含矩陣，implied variance-covariance matrix）與研究者蒐集到的資料共變數矩陣 **S** 之差異達到最小，以求得各參數的最佳估計值。如果理論與資料吻合（適配），則 $\mathbf{S}=\hat{\mathbf{\Sigma}}$，換言之，殘差矩陣 $\mathbf{S}-\hat{\mathbf{\Sigma}}=0$。

R 軟體提供最大概似法（maximum likelihood, ML）、廣義最小平方法（generalized least squares, GLS）、未加權最小平方法（unweighted least squares, ULS）、對角線加權最小平方法（diagonally weighted least squares, DWLS）、加權最小平方法（weighted least squares, GLS）等五種估計參數的方法。如果資料符合多變量常態分配且樣本量夠大（至少 200），使用 ML 法會得到較佳的解，它的適配函數是：

$$F_{ML}=\ln|\hat{\mathbf{\Sigma}}|-\ln|\mathbf{S}|+tr\left(\mathbf{S}\hat{\mathbf{\Sigma}}^{-1}\right)-p \qquad \text{公式 12-1}$$

其中，$|\mathbf{S}|$是資料共變數矩陣的行列式值，$|\hat{\mathbf{\Sigma}}|$是隱含共變數矩陣的行列式值，p

是觀察變數數目。ML 法的目標是讓 $\mathbf{S}$ 及 $\hat{\boldsymbol{\Sigma}}$ 的差異達到最小，把疊代後求得的 F_{ML}（最小函數值）乘以 $N-1$（R 軟體是乘以 N，Lisrel 與 Mplus 亦同）就得到模型的 χ^2 值。如果是飽和模型（自由度為 0），則 $\ln|\hat{\boldsymbol{\Sigma}}| = \ln|\mathbf{S}|$，且 $tr\left(\mathbf{S}\hat{\boldsymbol{\Sigma}}^{-1}\right) = p$，$\chi^2$ 就會等於 0。使用 ML 法估計所得的標準化參數如圖 12-9。

假使樣本數較小，可以改用 GLS 法，它的適配函數是：

$$F_{GLS} = \frac{1}{2} tr\left[\left(\mathbf{S} - \hat{\boldsymbol{\Sigma}}\right)\hat{\boldsymbol{\Sigma}}^{-1}\right]^2 \qquad \text{公式 12-2}$$

如果要進行多變量常態檢定，可以使用 MVN 程式套件中的 mvn，指令為 mvn(cfa.data)。經檢定後，得到 Mardia 的多變量峰度值為 33.286，小於 168（由 p(p+2) 計算而得），仍能符合多變量常態性。依 Hallow 的研究，Mardia 的多變量峰度值小於 49.1，ML 法估計的結果仍是不偏的（引自 Gao et al., 2008, p. 4）。

使用 R 進行分析

命令稿 12-4 中以 cfa 指令估計參數後存為 cfa.fit 物件，並以 summary 指令列出結果，加上 standardized=TRUE（或 std=T），可得到標準化參數估計值，rsquare=TRUE（rqs=T）則可得到每個題目的信度。如果再加上 fit=TRUE，則可以列出各項適配度指標。輸出結果分段說明如後。

命令稿 12-4　列出估計結果

```
> cfa.fit <- cfa(cfa.model, data=cfa.data)
> summary(cfa.fit, standardized=TRUE, rsquare=TRUE)
```

輸出結果 12-1 是因素對項目的負荷量，共有 6 欄數值：

1. 第 1 欄 Estimate 是參數估計值（未標準化），其中有 4 個參照指標，固定為 1。
2. 第 2 欄 Std.Err 是標準誤，參照指標的估計值沒有標準誤。
3. 第 3 欄 z-value 的公式是：

$$z = \frac{\text{原始估計值}}{\text{標準誤}}$$

z 值大於 1.96 則達 0.05 顯著水準。所有輸出結果中的 30 個 z 值均大於 1.96，表示所有參數都顯著。

4. 第 4 欄 P(>|z|)是 z 的 p 值，表示在標準常態分配下，要大於 $|z|$ 的機率值，在此都為 0.000，讀為小於 0.001，呈現在論文中最好寫成「$p < .001$」。
5. 第 5 欄 Std.lv 是將潛在因素標準化所得的參數估計值，一般較少使用。
6. 第 6 欄 Std.all 是將所有因素及變數都標準化後所得的估計值，通常在研究結果會呈現此部分的數值。標準化因素負荷量的平方代表指標被因素解釋的變異量，就是指標的**共同性**，也稱為**指標信度**（indicator reliability）。一般認為指標由因素解釋的變異最少要大於 0.5，$\sqrt{0.5} = 0.708$，因此標準化的負荷量最好大於 0.708（Hair et al, 2017）。在輸出結果中，U→U3 的負荷量為 0.707，略小於 0.708，不過，在輸出結果 12-4 中 U3 的 R^2 正好等於 0.500，表示 U3 當做 U 因素（認知有用性）的指標仍是恰當的。一般建議，如果項目的因素負荷量低於 0.40，最好刪除該項目；如果介於 0.40 ~ 0.70 之間，則只有在刪除項目後可以增加平均萃取變異量（average variance extracted, AVE）或組成信度（composite reliability, CR），才刪除該項目（Hair et al, 2017）；如果高於 0.90 甚至 0.95，表示項目與因素幾乎相同，反而失去了測量指標的合理性，應該刪除該項目。

輸出結果 12-1　因素負荷量

```
## Latent Variables:
##                    Estimate  Std.Err  z-value  P(>|z|)   Std.lv  Std.all
##   E =~
##     E1                1.000                               0.707    0.800
##     E2                1.197    0.097   12.349    0.000    0.846    0.738
##     E3                1.371    0.102   13.499    0.000    0.969    0.825
##   U =~
##     U1                1.000                               0.651    0.861
##     U2                1.110    0.088   12.663    0.000    0.723    0.719
##     U3                1.025    0.083   12.424    0.000    0.668    0.707
```

```
##    A =~
##      A1                 1.000                                      0.737    0.841
##      A2                 1.016     0.062    16.436     0.000        0.749    0.834
##      A3                 0.881     0.054    16.263     0.000        0.649    0.828
##    B =~
##      B1                 1.000                                      0.787    0.900
##      B2                 1.071     0.058    18.423     0.000        0.842    0.820
##      B3                 1.048     0.050    21.146     0.000        0.824    0.885
```

輸出結果 12-2 是 4 個因素間的共變數及相關係數，以 E 與 U 的相關係數為例，它們的共變數是 0.254，而各自的變異數是 0.499 與 0.424（見輸出結果 12-3），因此相關係數（標準化後的共變數）就是：

$$\frac{0.254}{\sqrt{0.499 \times 0.424}} = 0.553$$

如果構念（因素）間具有區別效度，則彼此間的相關係數要愈低愈好，常見的標準是比因素之 AVE 的平方根小（Hair et al., 2017）。經過計算，E 因素（認知易用性）的 AVE 為 0.622，取平方根後為 0.789，U 因素（認知有用性）的 AVE 為 0.586，取平方根為 0.766，它們都大於 0.553，因此因素 E 與 U 之間具有區別效度。AVE 的計算，將在後面說明。

輸出結果 12-2　因素間共變數（相關）

```
## Covariances:
##                      Estimate  Std.Err  z-value  P(>|z|)   Std.lv  Std.all
##    E ~~
##      U                  0.254    0.038    6.676    0.000    0.553    0.553
##      A                  0.326    0.045    7.329    0.000    0.627    0.627
##      B                  0.329    0.045    7.258    0.000    0.592    0.592
##    U ~~
##      A                  0.337    0.041    8.132    0.000    0.701    0.701
##      B                  0.385    0.044    8.790    0.000    0.752    0.752
##    A ~~
##      B                  0.457    0.051    9.033    0.000    0.789    0.789
```

輸出結果 12-3 是潛在變數的變異數。其中 E1 ~ E3 是指標的測量誤差，等於 1 − (因素負荷量)^2，其中(因素負荷量)^{2}就是指標的共同性，也等於輸出結果 12-4 的 R^2。以 E1 為例，在輸出結果 12-1 中的標準化係數為 0.800，取平方後為輸出結果 12-4 的 0.640，1 − 0.640 就是 E1 的測量誤差 0.360。在此輸出結果中可看出，U3 的測量誤差最大，為 0.500，正好符合最低標準。測量誤差的變異數應顯著不等於 0（P(>|z|)要小於 0.05），這是因為 CFA 已假定指標一定有測量誤差（Bagozzi & Yi, 1988）。

輸出結果 12-3　潛在變數的變異數

```
## Variances:
##                  Estimate  Std.Err  z-value  P(>|z|)   Std.lv  Std.all
##     .E1             0.280    0.035    7.988    0.000    0.280    0.360
##     .E2             0.597    0.064    9.369    0.000    0.597    0.455
##     .E3             0.440    0.061    7.245    0.000    0.440    0.319
##     .U1             0.148    0.024    6.191    0.000    0.148    0.259
##     .U2             0.488    0.050    9.789    0.000    0.488    0.483
##     .U3             0.445    0.045    9.946    0.000    0.445    0.500
##     .A1             0.224    0.026    8.472    0.000    0.224    0.293
##     .A2             0.245    0.028    8.658    0.000    0.245    0.304
##     .A3             0.194    0.022    8.833    0.000    0.194    0.315
##     .B1             0.145    0.020    7.349    0.000    0.145    0.190
##     .B2             0.345    0.035    9.806    0.000    0.345    0.327
##     .B3             0.189    0.024    8.037    0.000    0.189    0.218
##      E              0.499    0.066    7.560    0.000    1.000    1.000
##      U              0.424    0.050    8.407    0.000    1.000    1.000
##      A              0.543    0.064    8.487    0.000    1.000    1.000
##      B              0.619    0.064    9.602    0.000    1.000    1.000
```

輸出結果 12-4 為題項的共同性，是指標被因素解釋的變異量，一般建議應在 0.50 以上，12 個指標都符合標準。

輸出結果 12-4　項目的 R 平方

```
## R-Square:
##                  Estimate
##      E1             0.640
```

```
##      E2             0.545
##      E3             0.681
##      U1             0.741
##      U2             0.517
##      U3             0.500
##      A1             0.707
##      A2             0.696
##      A3             0.685
##      B1             0.810
##      B2             0.673
##      B3             0.782
```

命令稿 12-5 加入 whatLabels="est" 或 whatLabels="std"，以原始或標準化係數繪製模型圖，結果如圖 12-8 與圖 12-9。

命令稿 12-5　繪製模型的係數

```
> semPaths(cfa.fit, whatLabels="est", layout="tree2", style="lisrel", edge.color=c("black"), nDigits=3)
> semPaths(cfa.fit, whatLabels="std", layout="tree2", style="lisrel", edge.color=c("black"), nDigits=3)
```

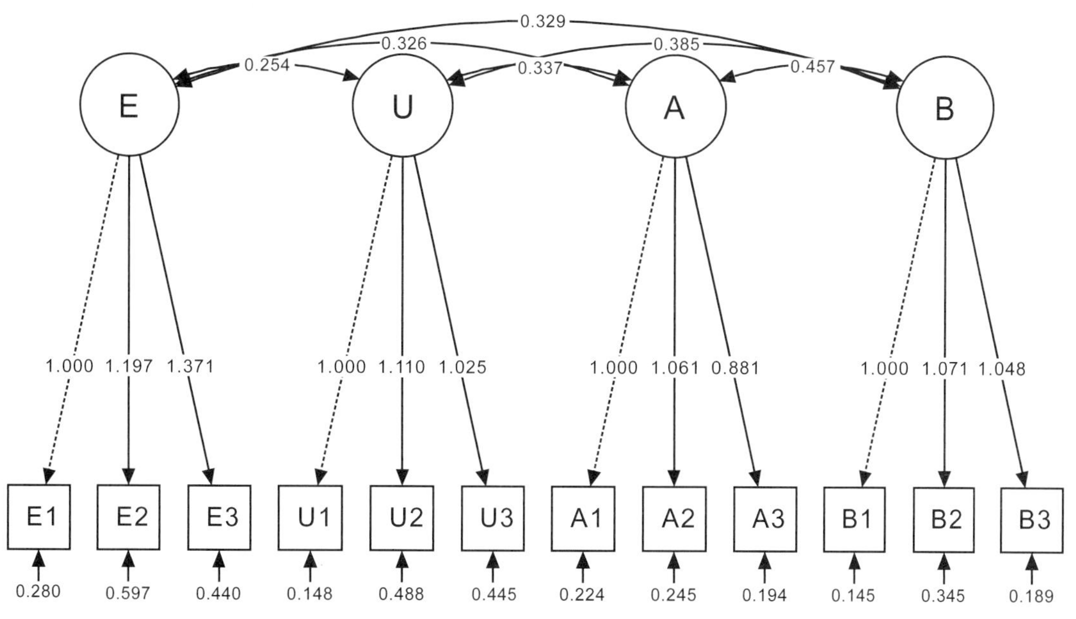

圖 12-8　原始估計值

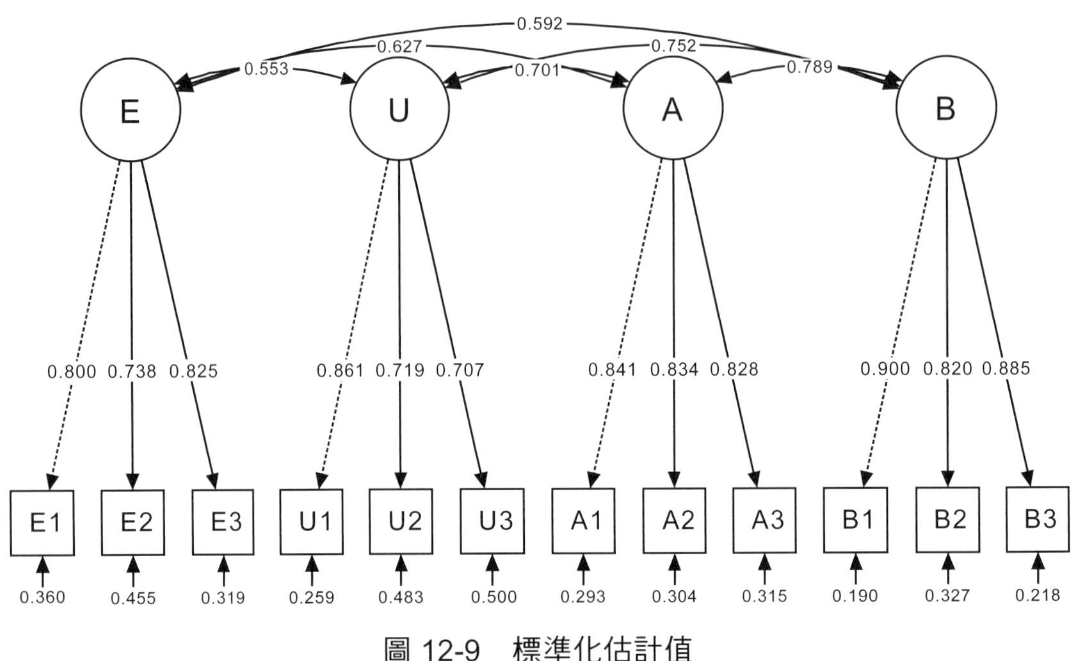

圖 12-9　標準化估計值

12.4　評鑑模型的適配度（evaluation）

估計參數後，接著要對模型加以評鑑，一般分為整體模型及模型內在品質兩部分，以下簡要說明之。

12.4.1　整體模型的評鑑

結構方程模型分析的過程，在縮小 $\mathbf{S}$ 與 $\hat{\Sigma}$ 的差異，使得 $\mathbf{S}=\hat{\Sigma}$。其中 $\mathbf{S}$ 是樣本的變異數—共變數矩陣，也就是調查或觀察到的資料，$\hat{\Sigma}$ 是由理論模型估計所得的隱含變異數—共變數矩陣，也就是由理論模型所複製的資料，兩者的差異稱為殘差的變異數　共變數矩陣。結構方程模型的統計假設為：

$$\begin{cases} H_0 : \mathbf{S} = \hat{\mathbf{\Sigma}} \\ H_1 : \mathbf{S} \neq \hat{\mathbf{\Sigma}} \end{cases} \text{或} \begin{cases} H_0 : \mathbf{S} - \hat{\mathbf{\Sigma}} = 0 \\ H_1 : \mathbf{S} - \hat{\mathbf{\Sigma}} \neq 0 \end{cases}$$

參數估計完成後，可以得到各種參數估計值及模型適配度。由於結構方程模型

（包含驗證性因素分析）並沒有唯一的指標（標準），因此需要參考各種適配度（goodness of fit, GOF）指標來判斷理論模型是否適配觀察到的資料。這些適配度指標可以分為四類：

(一)、**絕對適配指標**（absolute fit indices）

絕對適配指標是直接比較 $\mathbf{S}$ 與 $\hat{\mathbf{\Sigma}}$ 的差異，也是將理論模型與**飽和模型**（saturated model，是適配度最佳的模型）加以比較，常用的指標有：

1. 理論模型的 χ^2 值：χ^2 值愈大表示 $\mathbf{S}$ 與 $\hat{\Sigma}$ 的差異愈大，因此為缺適度指標（badness of fit index）。研究者會期望 χ^2 檢定的 p 值大於 0.05，也就是不能拒絕虛無假設，此時才表示 $\mathbf{S}=\hat{\mathbf{\Sigma}}$。公式如下：

$$\chi_T^2 = F_{ML} \times (N-1) \quad 或 \quad \chi_T^2 = F_{ML} \times N \qquad 公式\ 12\text{-}3$$

2. 標準 χ^2：也就是 χ^2 與自由度的比值（卡方/自由度）。由於 χ^2 值會受到樣本數的影響，經常會拒絕虛無假設，再者，χ^2 的期望值等於它的自由度，因此可以把 χ^2 除以自由度，如果比值小於 2 或 3，或較寬鬆的標準 5，表示理論模型的適配度良好。

3. 適配度指標（goodness of fit index, GFI）：代表理論模型能解釋觀察資料的變異量，與迴歸分析的 R^2 概念類似，介於 0 ~ 1 之間，大於 0.90 或較嚴格的標準 0.95，表示理論模型的適配度良好。以 ML 法分析所得的 GFI 值公式如下：

$$GFI_{ML} = 1 - \frac{tr\left[\hat{\mathbf{\Sigma}}^{-1}(\mathbf{S}-\hat{\mathbf{\Sigma}})\right]^2}{tr(\hat{\mathbf{\Sigma}}^{-1}\mathbf{S})^2} = 1 - \frac{tr(\hat{\mathbf{\Sigma}}^{-1}\mathbf{S}-\mathbf{I})^2}{tr(\hat{\mathbf{\Sigma}}^{-1}\mathbf{S})^2} \qquad 公式\ 12\text{-}4$$

4. 調整適配度指標（adjusted goodness of fit index, AGFI）：將自由度納入考量之後的 GFI，與迴歸分析的調整 $\hat{R}^2$ 類似，大於 0.90 或 0.95 表示理論模型的適配度良好。公式如下：

$$AGFI = 1 - (1 - GFI_{ML})\frac{p(p+1)}{2df_T} \qquad 公式\ 12\text{-}5$$

5. 殘差均方根（root mean square residual, RMR）：殘差矩陣是由樣本共變數矩

陣減去再製後的共變數矩陣而得，將殘差的平均平方和取平方根，就是 RMR 值。RMR 值最小為 0，最大則沒有上限。RMR 公式如下：

$$RMR = \sqrt{\frac{\sum\sum\left(s_{ij} - \hat{\Sigma}_{ij}\right)^2}{p(p+1)/2}}$$ 公式 12-6

6. 標準化殘差均方根（standardized root mean square residual, SRMR）：由於 RMR 會受到指標測量單位的影響，一般會加以標準化得到 SRMR，它是由殘差相關矩陣平均平方和取平方根而得，小於 0.08 則模型為可接受的適配度，小於 0.05 則是適配良好。公式如下：

$$SRMR = \sqrt{\frac{\sum\sum\left[\left(\mathbf{s}_{ij} - \hat{\mathbf{\Sigma}}_{ij}\right)/\left(\mathbf{s}_{ii}\mathbf{s}_{jj}\right)\right]^2}{p(p+1)/2}}$$ 公式 12-7

7. 近似誤差均方根（root mean square error approximation, RMSEA）：也是缺適度指標，如果小於 0.05 代表有良好的適配度，0.05 ~ 0.08 之間代表有不錯的適配度，如果大於 0.10 則無法接受。公式如下：

$$RMSEA = \sqrt{\frac{\max\left[\left(\chi_T^2 - df_T\right)/(N-1),\ 0\right]}{df_T}} \text{ 或 } \sqrt{\frac{\max\left[\left(\chi_T^2 - df_T\right)/N,\ 0\right]}{df_T}}$$

公式 12-8

8. Hoelter 的臨界 N 值：是在某個顯著水準下，應達到的樣本數量，如果大於 200，表示樣本規模適當；此外，研究的樣本數也應大於 CN，模型才具合理性。公式如下：

$$CN = \frac{\left(z_{cv} + \sqrt{2df_T - 1}\right)^2}{2\chi_T^2/(N-1)} + 1$$ 公式 12-9

(二)、**相對適配指標**（relative fit indices）

相對適配指標是比較理論模型與**基準線模型**（baseline model，也稱為**獨立模型**，就是適配度最差的模型），計算理論模型比基準線模型改善的比例，數值最好能大於 0.90，如果大於 0.95 會更佳，常用的指標有：

1. 標準適配度指標（normed fit index, NFI）：分子為「基準線模型與理論模型的卡方差值」，分母為「基準線模型的卡方值」，介於 0 ~ 1 之間，大於 0.95 表示理論模型比基準線模型有更佳的適配度。公式如下：

$$NFI = \frac{\chi_B^2 - \chi_T^2}{\chi_B^2}$$ 公式 12-10

2. 相對適配度指標（relative fit index, RFI）：分子是「理論模型與基準線模型卡方/自由度比值的差值」，分母是「基準線模型的卡方/自由度比值」，公式如下：

$$RFI = \frac{\chi_B^2 / df_B - \chi_T^2 / df_T}{\chi_B^2 / df_B}$$ 公式 12-11

3. 增值適配度指標（incremental fit index, IFI）：分子與 NFI 相同，分母再減去理論模型的自由度，公式如下：

$$IFI = \frac{\chi_B^2 - \chi_T^2}{\chi_B^2 - df_T}$$ 公式 12-12

4. 非標準適配度指標（nonnormed fit index, NNFI），或 Tucker-Lewis 指標（Tucker-Lewis index, TLI）：分子與 RFI 的分子相同，分母則是 RFI 的分母再減 1，公式如下：

$$NNFI = \frac{\chi_B^2 / df_B - \chi_T^2 / df_T}{\chi_B^2 / df_B - 1}$$ 公式 12-13

5. 相對非中心指標（relative noncentrality index, RNI），公式如下：

$$RNI = \frac{\left(\chi_B^2 - df_B\right) - \left(\chi_T^2 - df_T\right)}{\chi_B^2 - df_B}$$ 公式 12-14

6. 比較適配度指標（comparative fit index, CFI），公式如下：

$$CFI = 1 - \frac{\max\left[\left(\chi_T^2 - df_T\right), 0\right]}{\max\left[\left(\chi_T^2 - df_T\right), \left(\chi_B^2 - df_T\right), 0\right]}$$ 公式 12-15

(三)、**精簡適配指標**（parsimony fit indices）

如果兩個模型都可以適配觀察資料，則愈精簡的模型愈好。精簡適配指標主要用來代表模型精簡的程度，數值最好能大於 0.5，常用的指標有：

1. 精簡調整 GFI（parsimony-adjusted GFI, PGFI），公式如下：

$$PGFI = \frac{df_T}{p(p+1)/2} GFI \qquad \text{公式 12-16}$$

2. 精簡調整 NFI（parsimony-adjusted NFI, PNFI），公式如下：

$$PNFI = \frac{df_T}{df_B} NFI \qquad \text{公式 12-17}$$

3. 精簡調整 CFI（parsimony-adjusted CFI, PCFI），公式如下：

$$PCFI = \frac{df_T}{df_B} CFI \qquad \text{公式 12-18}$$

(四)、**訊息標準指標**（information criterion indices）

此類的指標用在不同模型之間的比較，數值愈小，表示模型的適配度愈好，常用的指標有：

1. Akaike 訊息標準（Akaike information criterion, AIC）。常用的公式為 $\chi^2 - 2 \times df$，不過多數軟體都已修正，例如：R 與 Lisrel 的 AIC 就是由 $-2LL + 2$ 倍自由參數 t 而得。即使公式相同，R 與 Lisrel 計算所得的 AIC 也不同，不可以直接比較。
2. 一致 Akaike 訊息標準（consistent Akaike information criterion, CAIC）。
3. Bayesian 訊息標準（Bayesian information criterion, BIC）。在 R 中由 $-2LL + t \times \ln(N)$ 計算而得。
4. 期望交互效化指標（expected cross validation index, ECVI）。ECVI 是評估理論模型與觀察資料的差異可應用於另一次觀察資料的程度，數值愈小，表示模型愈能適配不同的樣本。公式為：

$$ECVI = F_{ML} + \frac{2t}{N-1} \qquad \text{公式 12-19}$$

Lavaan 提供比其他軟體更多的適配度指標，雖然可供選擇的指標非常多，一般建議可列出 χ^2 值（含自由度及 p 值）、SRMR、NNFI (TLI)、RMSEA、CFI（Hooper et al., 2008）。Hu 及 Bentler（1999）則建議以 SRMR 分別搭配 TLI、CFI （或 RNI）、RMSEA，同時列出雙指標，其中 SRMR 應在 0.09 以下，TLI 或 CFI 在 0.96 以上，RMSEA 在 0.06 以下（Hooper et al., 2008, p. 59）。

使用 R 進行分析

命令稿 12-6 中先使用 cfa() 函數估計參數，存入 cfa.fit 物件中，第二列再輸入 cfa.fit 查看理論模型的 χ^2 值及自由度，最後一列則列出詳細的適配度指標，不過，此指令只在 lavaan 0.6-4 版前有效，如有需要，可以到 https://cran.r-project.org/src/contrib/Archive/lavaan/ 下載 lavaan_0.6-4.tar.gz，再從 R 選單中安裝。分析結果如輸出結果 12-5 與輸出結果 12-6。

命令稿 12-6　列出詳細適配度指標

```
> cfa.fit <- cfa(cfa.model, data=cfa.data)
> cfa.fit                                  # 也可以使用 summary(cfa.fit, fit.measures=TRUE)
> lavaan:::print.fit.measures(fitMeasures(cfa.fit))
```

輸出結果 12-5 中顯示：理論模型的 $\chi^2(48, N = 288) = 104.580$，$p = 0.000\ (< 0.001)$，應拒絕 H_0，所以研究者所提的理論模型與觀察資料有顯著差異。不過，χ^2 會受到樣本數量影響，$\chi^2 / df = 104.580 / 48 = 2.179 < 3$，因此模型的適配度仍可接受。

輸出結果 12-5　卡方值與自由度

```
##    Estimator                                   ML
##    Optimization method                     NLMINB
##    Number of free parameters                   30
##
##    Number of observations                     288
##
##    Model Fit Test Statistic               104.580
##    Degrees of freedom                          48
##    P-value (Chi-square)                     0.000
```

以下依指標分類說明輸出結果 12-6 所得結果，請讀者自行尋找相對應的數值。

絕對適配指標，分別為：

1. GFI = 0.946，AGFI = 0.913，都大於 0.9，但未大於 0.95。
2. SRMR = 0.039，小於 0.05。
3. RMSEA = 0.064，90%信賴區間為 0.047 ~ 0.081。檢定 H_0: RMSEA ≤ 0.05，得到 p =0.082，所以不能拒絕虛無假設，表示模型適配度良好。

相對適配指標，是將理論模型與基準線模型比較之後得到的指標，依標準應大於 0.90（最好大於 0.95）。由此觀之，本範例的相對適配指標都符合此項標準：

1. NFI = 0.952。
2. NNFI = 0.964，TLI = 0.964。
3. RFI = 0.935。
4. IFI = 0.974。
5. CFI = 0.973。
6. MFI = 0.906。

精簡適配指標應大於 0.5，結果分別為：

1. PGFI = 0.582。
2. PNFI = 0.693。

訊息指標（AIC、BIC、ECVI）主要提供不同模型間的比較，數值愈小表示模型適配度愈好。由於本範例不進行模型間比較，因此可忽略此項報表。

最後，Hoelter 的臨界 N 值，最好大於 200，本範例為 203.912，符合此項標準。而且，本研究的樣本數為 288，也大於 203.912，同樣符合標準。

綜言之，無論從絕對適配指標、相對適配指標、精簡適配指標來看，研究者所提的理論模型能符合多數的標準，因此把 12 個題目歸為 4 個因素，是可以接受的。

輸出結果 12-6　各項適配度指標

```
## Model test baseline model:
##
##   Minimum Function Test Statistic              2199.169
##   Degrees of freedom                                 66
##   P-value                                         0.000
```

```
##
## User model versus baseline model:
##
##   Comparative Fit Index (CFI)                    0.973
##   Tucker-Lewis Index (TLI)                       0.964
##   Bentler-Bonett Non-normed Fit Index (NNFI)     0.964
##   Bentler-Bonett Normed Fit Index (NFI)          0.952
##   Parsimony Normed Fit Index (PNFI)              0.693
##   Bollen's Relative Fit Index (RFI)              0.935
##   Bollen's Incremental Fit Index (IFI)           0.974
##   Relative Noncentrality Index (RNI)             0.973
##
## Loglikelihood and Information Criteria:
##
##   Loglikelihood user model (H0)              -3620.014
##   Loglikelihood unrestricted model (H1)      -3567.723
##
##   Number of free parameters                         30
##   Akaike (AIC)                                7300.027
##   Bayesian (BIC)                              7409.916
##   Sample-size adjusted Bayesian (BIC)         7314.782
##
## Root Mean Square Error of Approximation:
##
##   RMSEA                                          0.064
##   90 Percent Confidence Interval          0.047  0.081
##   P-value RMSEA <= 0.05                          0.082
##
## Standardized Root Mean Square Residual:
##
##   RMR                                            0.035
##   RMR (No Mean)                                  0.035
##   SRMR                                           0.039
##
## Other Fit Indices:
##
##   Hoelter Critical N (CN) alpha=0.05           180.471
##   Hoelter Critical N (CN) alpha=0.01           203.912
```

```
##
##    Goodness of Fit Index (GFI)                    0.946
##    Adjusted Goodness of Fit Index (AGFI)          0.913
##    Parsimony Goodness of Fit Index (PGFI)         0.582
##
##    McDonald Fit Index (MFI)                       0.906
##
##    Expected Cross-Validation Index (ECVI)         0.571
```

12.4.2 模型內在品質的評鑑

除了整體模型的適配度外，一般會建議再檢視模型內的品質，通常由以下三部分著手。

12.4.2.1 組成信度

傳統上分析量表的內部一致性信度會使用 Cronbach 的 α 係數；不過，在 CFA 中，它通常會低估量表的信度，此時可改用組成信度 CR，公式是：

$$\rho_c = \frac{(\text{標準化因素負荷量總和})^2}{(\text{標準化因素負荷量總和})^2 + (\text{測量誤差變異量總和})} = \frac{\left(\sum_{i=1}^{M} l_i\right)^2}{\left(\sum_{i=1}^{M} l_i\right)^2 + \sum_{i=1}^{M} var(e_i)} = \frac{\left(\sum_{i=1}^{M} l_i\right)^2}{\left(\sum_{i=1}^{M} l_i\right)^2 + \sum_{i=1}^{M} \left(1 - l_i^2\right)}$$

公式 12-20

組成信度值介於 0 至 1 之間，數據愈大代表信度愈高。如果是探索性的研究，組成信度在 0.60 ~ 0.70 之間就可以接受；如果是後續階段的研究，最好在 0.70 ~ 0.90 之間；如果高於 0.90 甚至 0.95，表示所有指標測量到的都是同樣的現象，反而不是該構念的有效測量指標（Hair et al., 2017）。

使用 R 進行分析

在 R 中，可以使用 semTools 程式套件中的 compRelSEM() 函數計算 ω 信度，或是用 reliability() 函數計算 4 種信度係數及 AVE。如果要計算組成信度，筆者設計了命令稿 12-7 中 CR 函數，命令格式為 CR(CFA 結果, '因素名')，{ }中各指令說明如下：

1. p 物件置入「CFA 結果」中的標準化參數估計值；
2. a 物件中先找到 op 是「=~」，且 lhs 為「因素名」的 std.all 值（也就是負荷量），將它們加總後取平方，此為 $\left(\sum_{i=1}^{M} l_i\right)^2$ ；
3. b 物件分別用 1 減去 a 物件中的 std.all 值的平方，最後再加總，此為 $\sum_{i=1}^{M}\left(1-l_i^2\right)$ ；
4. 計算 a / (a + b)得到 CR 值，置入 cr 物件；
5. 列出 cr 值。

命令稿 12-7　自行撰寫 CR 函數

```
> library(lavaan)
> cfa.fit <- cfa(cfa.model, data=cfa.data)
> CR = function(fit, xlst)
+       {
+       p = parameterEstimates(fit, standardized=T)
+       a = sum(p$std.all[p$op == "=~" & p$lhs %in% xlst])^2
+       b = sum(1-(p$std.all[p$op == "=~" & p$lhs %in% xlst])^2)
+       cr = a / (a + b)
+       return(cr)
+       }
```

命令稿 12-8 中分別輸入 CR(cfa.fit, 'E') ~ CR(cfa.fit, 'B') 計算得到四個因素的 CR 值，結果為 0.831、0.808、0.873、0.902，大致在 0.70 ~ 0.90 之間，都具有高的信度。

命令稿 12-8　各因素之 CR 值

```
> CR(cfa.fit, 'E')
##   [1] 0.8312962
> CR(cfa.fit, 'U')
##   [1] 0.8082541
> CR(cfa.fit, 'A')
##   [1] 0.8730339
> CR(cfa.fit, 'B')
##   [1] 0.902242
```

12.4.2.2　聚斂效度（程度）

聚斂效度（或稱聚斂程度較合適）是指同一構念間測量指標間正相關的程度，可以使用因素負荷量及平均萃取變異量 AVE 來檢驗。

因素負荷量是單一測量指標被因素解釋的變異量，由於一般認為指標被因素解釋的變異量最少要在 50%以上，$\sqrt{0.50} = 0.708$，因此因素負荷量應在 0.708 以上。

平均萃取變異量則是同一構念中所有指標被因素解釋變異量的平均數，公式為：

$$\rho_v = \frac{\text{標準化因素負荷量平方之總和}}{\text{測量指標數目}} = \frac{\sum_{i=1}^{M} l_i^2}{M} \qquad \text{公式 12-21}$$

依據同樣的標準，AVE 應在 0.50 以上。

使用 R 進行分析

在 R 中，可以使用 semTools 程式套件中的 AVE() 函數計算修正後的平均萃取變異量，或是用 reliability() 函數計算 4 種信度係數及 AVE。如果要計算原始的 AVE，筆者設計了命令稿 12-9 中 AVE 函數，命令格式為 AVE(CFA 結果,'因素名')，{　}中各指令說明如下：

1. p 物件置入「CFA 結果」中的標準化參數估計值；
2. a 物件中先找到 op 是「=~」，且 lhs 為「因素名」的 std.all 值（也就是負荷量），將它們取平方後加總，此為 $\sum_{i=1}^{M} l_i^2$；
3. b 物件中計算 op 是「=~」，且 lhs 為「因素名」的個數，也就是該因素的測量指標數 M；
4. 計算 a / b 得到 AVE 值，置入 ave 物件；
5. 列出 ave 值。

命令稿 12-9　自行撰寫 AVE 函數

```
> library(lavaan)
> cfa.fit <- cfa(cfa.model, data=cfa.data)
> AVE = function(fit, xlst)
```

```
+        {
+        p = parameterEstimates(fit, standardized=T)
+        a = sum(p$std.all[p$op == "=~" & p$lhs %in% xlst]^2)
+        b = length(p$std.all[p$op == "=~" & p$lhs %in% xlst])
+        ave = a/b
+        return(ave)
+        }
```

命令稿 12-10 中分別輸入 AVE(cfa.fit, 'E') ~ AVE(cfa.fit, 'B') 計算得到四個因素的 AVE 值，結果為 0.622、0.586、0.696、0.755，都大於 0.50。

命令稿 12-10　各因素之 AVE 值

```
> AVE(cfa.fit, 'E')
##   [1] 0. 6220753
> AVE(cfa.fit, 'U')
##   [1] 0. 5862284
> AVE(cfa.fit, 'A')
##   [1] 0. 696246
> AVE(cfa.fit, 'B')
##   [1] 0. 7549803
```

由指標的因素負荷量及 AVE 檢驗結果來看，四個分量表都具有高的聚斂效度（程度）。

12.4.2.3　區別效度（程度）

區別效度（或區別程度）是指某個構念與其他構念的差異程度，不同構念間的相關程度要愈低愈好。檢驗方法是，把某個構念的 AVE 取平方根後，要比這個構念和其他構念的相關係數來得大。

表 12-1 中對角線上是每個因素 AVE 的平方根，對角線外為因素間的相關。以 U 因素為例，它的 AVE 是 0.586，取平方根後為 0.765。U 因素與其他因素的相關分別是 0.553、0.701、0.752，都比 0.765 小，因此 U 因素與其他三個因素具有不錯的區別效度。E 因素這行的其他三個相關係數都比 0.789 小，B 因素這列的其他三個相關係數也都比 0.869 小。整體而言，四個因素間都具有區別效度。

表 12-1　區別效度分析*

	E 因素（認知易用性）	U 因素（認知有用性）	A 因素（使用態度）	B 因素（行為意圖）
E 因素（認知易用性）	0.789			
U 因素（認知有用性）	0.553	0.765		
A 因素（使用態度）	0.627	0.701	0.834	
B 因素（行為意圖）	0.592	0.752	0.789	0.869

* 對角線上為 AVE 的平方根，對角線外為變數間的相關係數

12.5　進行模型修正（modification）

如果理論模型與觀察資料的適配度不佳，有些研究者會重新設定或修正模型，不過，從嚴格驗證取向的觀點，此步驟仍有爭議；且修正後的模型應對不同樣本重新蒐集資料再分析，而不應使用原資料反覆修正模型。假使可能，研究者最好先提出幾個競爭模型，參考適配指標選出一個適配度較好的模型，此稱為競爭取向的分析。

使用 R 進行分析

如果要修正模型，可以先查看設定為自由參數後的 χ^2 改變值。命令稿 12-11 中第 1 個指令先以 modindices() 函數列出 cfa.fit 模型中的修正指標，在此僅列出前後各 3 列結果。如果 mi 大於 3.841（$df = 1$ 時的 χ^2 臨界值），可以視需要設定為自由參數，sepc.all 則是修正後預期的標準化估計值（實際值應再次分析才會得到）。第 2 ~ 3 個指令是把修正指標存入 MI 物件，再列出 mi > 10 參數。如果要修正，似乎可以把 B3 設為因素 E 或 A 的指標，或設定 B1 及 B2 的測量誤差有關聯。如果研究者要修改模型，可以選擇把 E =~ B3、A =~ B3、或 B1 ~~ B2 加入命令稿 12-11 的模型中，再進行分析。記得，一次只要加入一個修正指標，並比對修正前後各參數估計值的差異。

不過，如果 B3 設為其他因素的指標並不符合研究者原先設計量表的理論，而同

一構念測量指標被共同因素解釋後，B1 與 B2 的測量誤差理論上應該沒有關聯（局部獨立），且設定測量誤差有關聯後，也會使其他參數的估計產生偏誤（Hermida, 2015），因此不宜再將 B1 與 B2 測量誤差的共變數設為自由參數（非 0）。綜言之，筆者建議不要再修改理論模型。

事實上，經過嘗試修正後，B3 在因素 E 或 A 的負荷量都是負的；而 B1 與 B2 的測量誤差設定為自由參數後，會使得誤差矩陣無法正定（positive definite），無法求解。修正後反而衍生更多模型設定的問題。

命令稿 12-11　列出修正指標

```
> modindices(cfa.fit)
##      lhs op rhs     mi    epc sepc.lv sepc.all sepc.nox
## 35     E =~  U1  4.821 -0.167  -0.118   -0.156   -0.156
## 36     E =~  U2  1.196  0.106   0.075    0.074    0.074
## 37     E =~  U3  2.127  0.133   0.094    0.100    0.100
## ......
## 134   B1 ~~  B2 26.372 -0.128  -0.128   -0.573   -0.573
## 135   B1 ~~  B3  4.895  0.057   0.057    0.346    0.346
## 136   B2 ~~  B3  9.237  0.079   0.079    0.311    0.311
> MI<-modindices(cfa.fit)
> subset(MI, mi > 10)
##      lhs op rhs     mi    epc sepc.lv sepc.all sepc.nox
## 43     E =~  B3 11.501 -0.232  -0.164   -0.176   -0.176
## 61     A =~  B3 23.663 -0.486  -0.358   -0.384   -0.384
## 134   B1 ~~  B2 26.372 -0.128  -0.128   -0.573   -0.573
```

12.6　二階驗證性因素分析

如果不同向度的測量誤差之間有相關存在，或因素間有高相關又可歸屬同一個較高階的因素，可以考慮進行二階驗證性因素分析（second-order CFA）。它是將所有的一階因素，設定為二階因素的指標（TA =~ E + U + A +B）。

使用 R 進行分析

完整指令如命令稿 12-12，cfa.model2 比命令稿 12-1 多了一行「TA =~ E + U + A + B」。分析後，模型的 $\chi^2(28, N = 288) = 106.897$，$p < 0.001$。標準化參數如圖 12-10。理論模型的 RMSEA = 0.063，SRMR = 0.040，NNFI (TCL) = 0.965，CFI = 0.973，整體而言，如果在科技接受模型的四個因素（認知易用性、認知有用性、使用態度、行為意圖）之上再設定一個「科技接受度」，仍是適當的。TA 因素（對智慧型手機的接受度）對 12 個題目的 AVE 值為 0.457，等於表 12-2 中「二階因子對題目的解釋量」的平均數。另外使用 Cheung（張偉雄）（2023）設計的 measureQ 1.5.0 版程式套件計算 TA 因素的 CR 值（ω_h）為 0.849（不列出報表）。

命令稿 12-12　二階驗證性因素分析

```
> cfa.model2 <-'
+            E =~ E1 + E2 + E3
+            U =~ U1 + U2 + U3
+            A =~ A1 + A2 + A3
+            B =~ B1 + B2 + B3
+            TA =~ E + U + A + B
+            '
> cfa.fit2 <- cfa(cfa.model2, data=cfa.data)
> cfa.fit2
## lavaan 0.6.18.2058 ended normally after 36 iterations
##
##   Estimator                                         ML
##   Optimization method                           NLMINB
##   Number of free parameters                         28
##
##   Number of observations                           288
##
##   Model Fit Test Statistic                     106.897
##   Degrees of freedom                                50
##   P-value (Chi-square)                           0.000
> lavaan:::print.fit.measures(fitMeasures(cfa.fit2))
## User model versus baseline model:
##
##   Comparative Fit Index (CFI)                    0.973
##   Tucker-Lewis Index (TLI)                       0.965
```

```
##    Bentler-Bonett Non-normed Fit Index (NNFI)       0.965
##    Bentler-Bonett Normed Fit Index (NFI)            0.951
##    Parsimony Normed Fit Index (PNFI)                0.721
##    Bollen's Relative Fit Index (RFI)                0.936
##    Bollen's Incremental Fit Index (IFI)             0.974
##    Relative Noncentrality Index (RNI)               0.973
##
##  Root Mean Square Error of Approximation:
##
##    RMSEA                                            0.063
##    90 Percent Confidence Interval            0.046  0.079
##    P-value RMSEA <= 0.05                            0.096
##
##  Standardized Root Mean Square Residual:
##
##    RMR                                              0.036
##    RMR (No Mean)                                    0.036
##    SRMR                                             0.040
> semPaths(cfa.fit2, whatLabels="std", layout="tree2", style="lisrel", edge.color=c("black"),
  nDigits=3)
> library(measureQ)
> measureQ(cfa.model2, cfa.data)
```

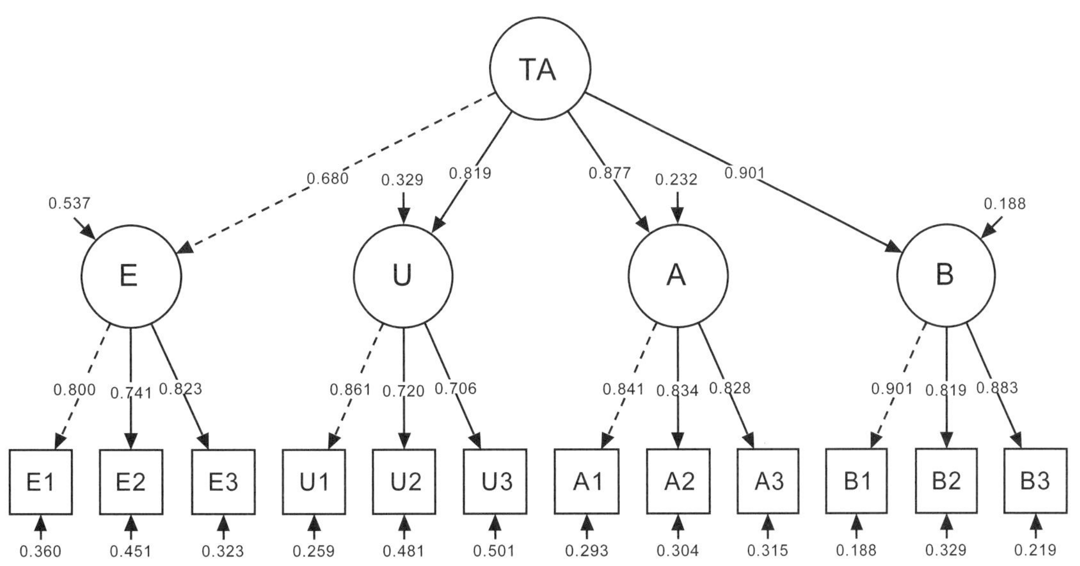

圖 12-10 二階驗證性因素分析標準化係數

分析後，我們可以使用 Schmid-Leiman 的轉換將因素對題目的解釋變異量加以拆解（Brown, 2015）。以圖 12-10 中的 E2 為例，一階因素 E 對它的因素負荷量是 0.741，平方之後就是一階因素 E 與二階因素 TA 對 E2 的總解釋量：

$$0.741^2 = 0.549$$

一、二階因素無法解釋的部分是測量誤差的變異數：

$$1 - 0.549 = 0.451$$

二階因素 TA 對一階因素 E 的負荷量 0.680 乘上一階因素 E 對 E2 的負荷量 0.741，就是二階因素 TA 對 E2 的負荷量：

$$0.680 \times 0.741 = 0.504$$

取平方之後就是二階因素 TA 對 E2 的解釋量：

$$0.504^2 = 0.254$$

二階因素 TA 對一階因素 E 的解釋量為負荷量平方：

$$0.680^2 = 0.463$$

因此，二階因素 TA 無法解一階因素 E 的變異量為：

$$1 - 0.463 = 0.537$$

取平方根後為：

$$\sqrt{0.537} = 0.733$$

以 0.733 乘上一階因素 E 對 E2 的負荷量 0.741，稱為殘差化一階負荷量，也就是排除二階因素 TA 影響之後，一階因素 E 對 E2 的偏負荷量：

$$0.733 \times 0.741 = 0.543$$

最後，把 0.543 平方之後，就是一階因素 E 對 E2 的解釋量：

$$0.543^2 = 0.295$$

因此，一、二階因素對 E2 的解釋量 0.549 可以拆解成兩部分，一是二階因素 TA 對 E2 的解釋量 0.254，二是一階因素 E 對 E2 的解釋量 0.295：

$$0.549 = 0.254 + 0.295$$

表 12-2　Schmid-Leiman 轉換（標準化係數）

	E	U	A	B	R	
題目	一階因子負荷量	二階因子負荷量	題目：二階因子負荷量 A*B	唯一性平方根 $(1-B^2)^{1/2}$	殘差化一階負荷量 A*D	
E1	0.800	0.680	0.544	0.733	0.587	
E2	0.741	0.680	0.504	0.733	0.543	
E3	0.823	0.680	0.560	0.733	0.603	
U1	0.861	0.819	0.705	0.574	0.494	
U2	0.720	0.819	0.590	0.574	0.413	
U3	0.706	0.819	0.579	0.574	0.405	
A1	0.841	0.877	0.737	0.481	0.405	
A2	0.834	0.877	0.731	0.481	0.401	
A3	0.828	0.877	0.726	0.481	0.398	
B1	0.901	0.901	0.812	0.433	0.390	
B2	0.819	0.901	0.739	0.433	0.355	
B3	0.883	0.901	0.796	0.433	0.383	
題目	因子對題目的總解釋量		二階因子對題目的解釋量		一階因子對題目的解釋量	題目未被因子解釋的變異量
E1	0.640	=	0.296	+	0.344	0.360
E2	0.549	=	0.254	+	0.295	0.451
E3	0.677	=	0.313	+	0.364	0.323
U1	0.741	=	0.497	+	0.244	0.259
U2	0.519	=	0.348	+	0.171	0.481
U3	0.499	=	0.335	+	0.164	0.501
A1	0.707	=	0.544	+	0.164	0.293
A2	0.696	=	0.535	+	0.161	0.304
A3	0.685	=	0.527	+	0.159	0.315
B1	0.812	=	0.660	+	0.152	0.188
B2	0.671	=	0.545	+	0.126	0.329
B3	0.781	=	0.634	+	0.146	0.219

表 12-2 是所有負荷量的 Schmid-Leiman 轉換，上半部是各部分的負荷量，下半部是上半部的平方，也就是解釋變異量。以 U1 為例，U 因素對 U1 的負荷量是 0.861，平方後為 0.741，就是因素 TA 及因素 U 對 U1 的總解釋量，其中二階因素 TA 對 U1 的解釋量是 0.497，一階因素 U 對 U1 的解釋量為 0.244。也就是：

$$0.741 = 0.497 + 0.244$$

它們各自等於：

$$0.861^2 = (0.861 \times 0.819)^2 + (0.861 \times \sqrt{1-0.819^2})^2$$

12.7 使用 JASP 分析

在 JASP 中，有 2 種執行驗證性因素分析的方式，一是使用 Confirmatory Factor Analysis（驗證性因素分析），一是使用 Structural Equation Modeling（結構方程模型），本章先介紹前者，第 13 章再說明後者。讀入 cfa.csv 資料檔後，在 Factor（因素分析）中選擇 Confirmatory Factor Analysis。接著，分別設定每個變數所屬的因素（圖 12-11）。

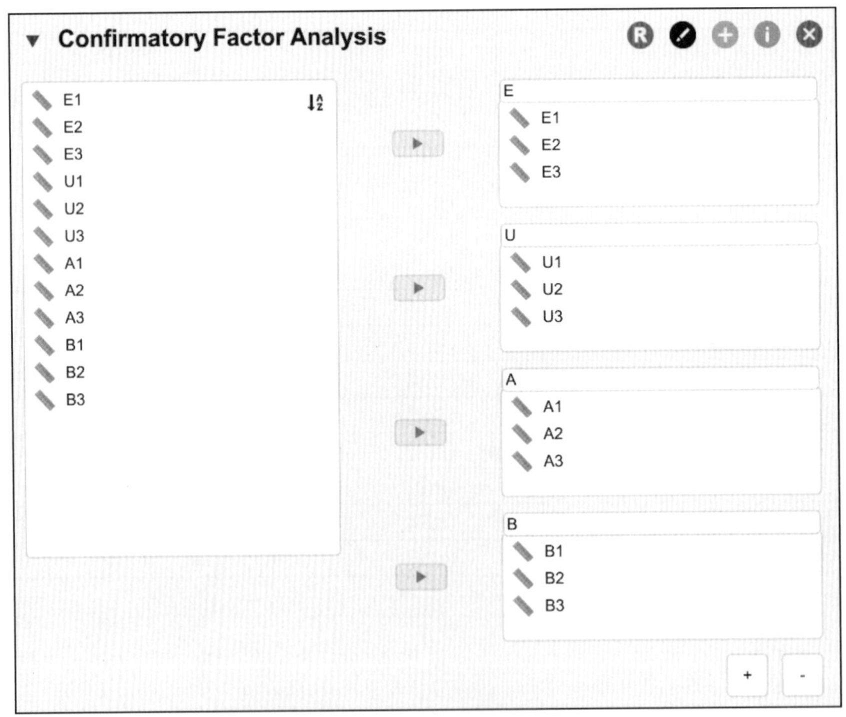

圖 12-11　設定模型——JASP

如果要進行二階驗證性因素分析，在 Second-Order Factor（二階因素）中將一階的潛在因素選擇到 Second-Order 框中即可（圖 12-12）。

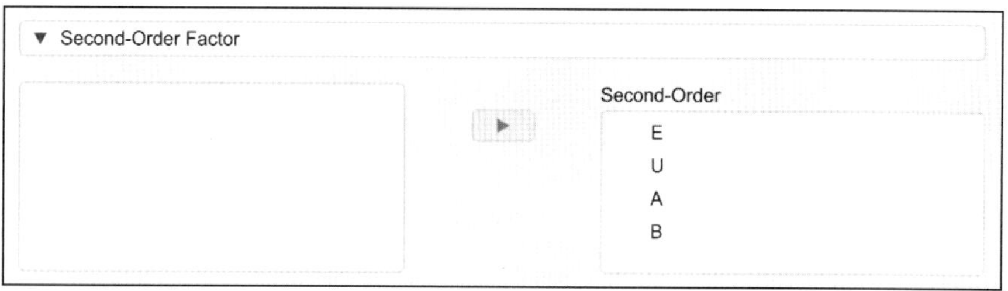

圖 12-12　設定二階因素——JASP

在 Additional Output（其他選項）中，至少選取以下 3 個選項（圖 12-13），其他則視研究需要勾選。

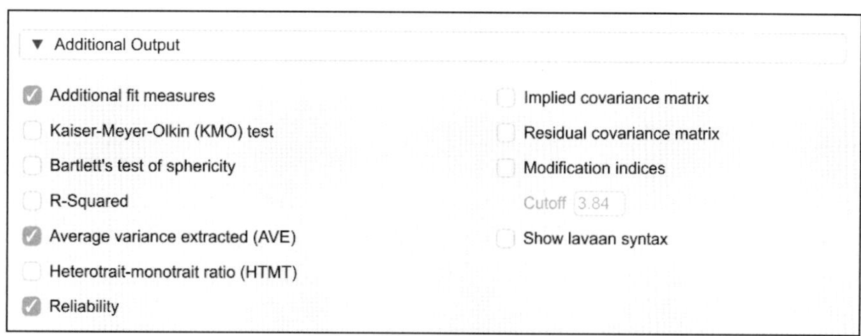

圖 12-13　其他選項——JASP

在 Plots（繪圖）中，可選擇模型圖（Model plot），並顯示標準化（Standardized）參數估計值（Show parameter estimates）（圖 12-14）。

▼ Plots

Plots

Misfit plot

Model plot

Show parameter estimates

Standardized

Font size 0.9

Show means

Show variances

Rotate plot

圖 12-14　繪圖選項——JASP

如果要顯示標準化係數，在 Advanced（進階）中的 Standardization（標準化）中選擇 All（所有）（圖 12-15）。

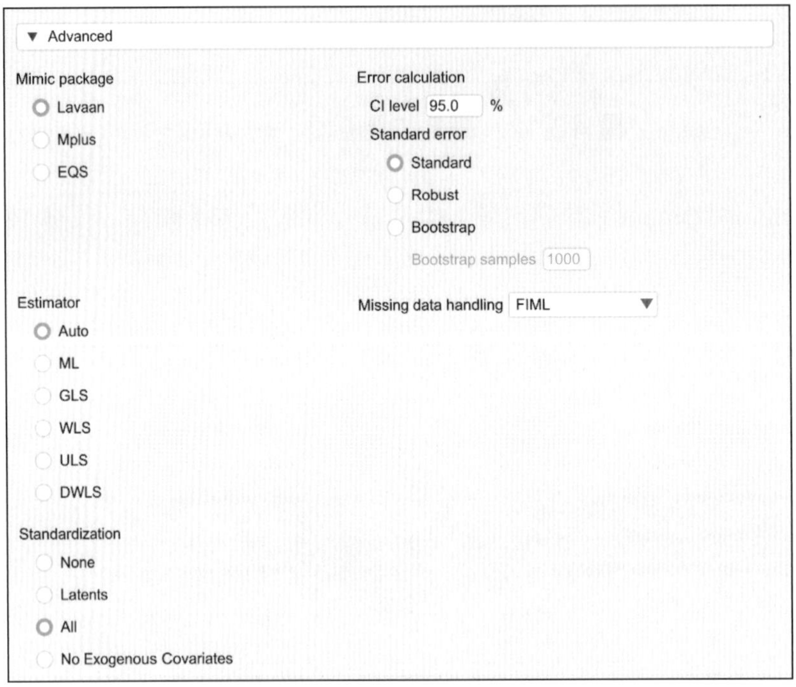

Advanced
Mimic package
Lavaan
Mplus
EQS
Error calculation
CI level 95.0 %
Standard error
Standard
Robust
Bootstrap
Bootstrap samples 1000
Estimator
Auto
ML
GLS
WLS
ULS
DWLS
Missing data handling FIML
Standardization
None
Latents
All
No Exogenous Covariates

圖 12-15　進階選項——JASP

分析後得到 11 個報表，以下針對其中 8 個報表簡要說明如後。報表 12-1 中的 $\chi^2(48, N = 288) = 104.580$，$p < 0.001$，應拒絕 H_0，理論模型與觀察資料有顯著差異。不過，$\chi^2 / df = 104.580 / 48 = 2.179 < 3$，因此模型的適配度仍可接受。

報表 12-1　Chi-square test

Model	X²	df	p
Baseline model	2199.169	66	
Factor model	104.58	48	4.397×10^{-6}

Note. The estimator is ML.

報表 12-2 是適配指標。CFI = 0.973，TLI = 0.964，都大於 0.95，表示模型適配度良好；PNFI = 0.693，大於 0.5，表示模型精簡。

報表 12-2 Fit indices

Index	Value
Comparative Fit Index (CFI)	0.973
Tucker-Lewis Index (TLI)	0.964
Bentler-Bonett Non-normed Fit Index (NNFI)	0.964
Bentler-Bonett Normed Fit Index (NFI)	0.952
Parsimony Normed Fit Index (PNFI)	0.693
Bollen's Relative Fit Index (RFI)	0.935
Bollen's Incremental Fit Index (IFI)	0.974
Relative Noncentrality Index (RNI)	0.973

報表 12-3 是其他適配指標。RMSEA = 0.064，SRMR = 0.036，代表模型適配良好。

報表 12-3 Other fit measures

Metric	Value
Root mean square error of approximation (RMSEA)	0.064
RMSEA 90% CI lower bound	0.047
RMSEA 90% CI upper bound	0.081
RMSEA p-value	0.082
Standardized root mean square residual (SRMR)	0.036
Hoelter's critical N (α = .05)	180.471
Hoelter's critical N (α = .01)	203.912
Goodness of fit index (GFI)	0.995
McDonald fit index (MFI)	0.906
Expected cross validation index (ECVI)	0.655

報表 12-4 是因素負荷量。JASP 預設將潛在因素的變異數設為 1，而不是設定參照指標，因此每個係數都可以進行顯著性檢定，報表中所有的 p 值均小於 0.001。標準化係數最小為 U3 的 0.707，平方後為 0.500。

報表 12-4　Factor loadings

						95% Confidence Interval		
Factor	Indicator	Estimate	Std. Error	z-value	p	Lower	Upper	Std. Est. (all)
E	E1	0.707	0.047	14.946	0.000	0.614	0.799	0.800
	E2	0.846	0.062	13.584	0.000	0.724	0.968	0.738
	E3	0.969	0.062	15.618	0.000	0.847	1.090	0.825
U	U1	0.651	0.039	16.734	0.000	0.575	0.728	0.861
	U2	0.723	0.055	13.240	0.000	0.616	0.831	0.719
	U3	0.668	0.052	12.866	0.000	0.566	0.770	0.707
A	A1	0.737	0.043	16.941	0.000	0.651	0.822	0.841
	A2	0.749	0.045	16.732	0.000	0.661	0.836	0.834
	A3	0.649	0.039	16.503	0.000	0.572	0.726	0.828
B	B1	0.787	0.041	19.157	0.000	0.706	0.867	0.900
	B2	0.842	0.051	16.495	0.000	0.742	0.942	0.820
	B3	0.824	0.044	18.648	0.000	0.738	0.911	0.885

報表 12-5 為因素的共變數，標準化後為相關係數，介於 0.553 ~ 0.789 之間。

報表 12-5　Factor Covariances

					95% Confidence Interval		
	Estimate	Std. Error	z-value	p	Lower	Upper	Std. Est. (all)
E ↔ U	0.553	0.055	10.127	0.000	0.446	0.660	0.553
E ↔ A	0.627	0.047	13.362	0.000	0.535	0.719	0.627
E ↔ B	0.592	0.048	12.297	0.000	0.497	0.686	0.592
U ↔ A	0.701	0.042	16.635	0.000	0.619	0.784	0.701
U ↔ B	0.752	0.037	20.565	0.000	0.680	0.823	0.752
A ↔ B	0.789	0.031	25.501	0.000	0.728	0.849	0.789

報表 12-6 為修正後的平均萃取變異量，都大於 0.5，表示因素具有聚斂效度。

報表 12-6 Average variance extracted

Factor	AVE
E	0.620
U	0.563
A	0.697
B	0.747

報表 12-7 是各因素的信度，ω 信度分別為 0.825、0.801、0.873、0.899，會比組成信度稍低，但也都大於 0.8，因此，4 個因素都具有良好的內部一致性信度。

報表 12-7 Reliability

	Coefficient ω	Coefficient α
E	0.825	0.824
U	0.801	0.787
A	0.873	0.872
B	0.899	0.898
total	0.944	0.913

報表 12-8 是根據報表 12-4 及報表 12-5 所繪的標準化係數模型圖。由於未設定參照指標，因此，所有的負荷量為實線；如果有設定參照指標，則該負荷量會以虛線表示。

報表 12-8 Model plot

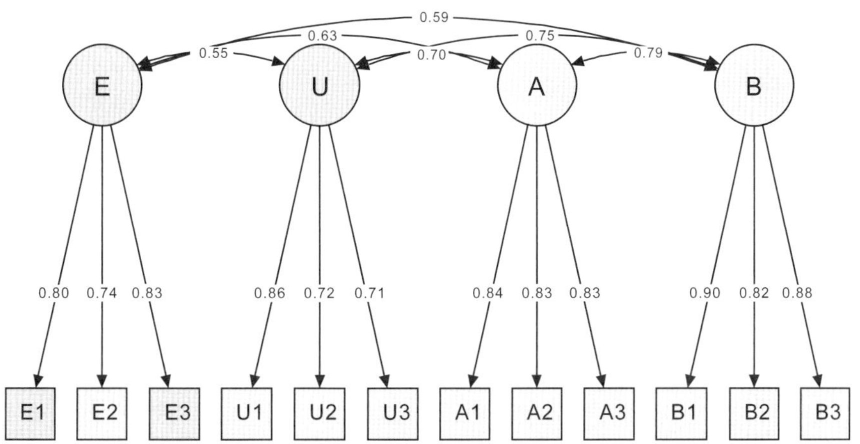

12.8 使用 jamovi 分析

Jamovi 有 3 種方式進行驗證性因素分析，分別是 Confirmatory Factor Analysis (CFA)、SEM (syntax)、SEM (interactive)，由於 CFA 較簡要且徑路圖沒有估計結果，因此，本章僅示範以輸入指令執行 SEM 的方式。

在 jamovi 中讀入 cfa.csv 資料檔後，在 SEM(結構方程模型)中選擇 SEM (syntax)。接著，輸入以下的測量模型指令，即可按 Ctrl +Shift + Enter 進行分析（圖 12-16）。

```
E=~E1+E2+E3
U=~U1+U2+U3
A=~A1+A2+A3
B=~B1+B2+B3
```

如果要進行二階驗證性因素分析，則再加上：

```
TA=~E+U+A+B
```

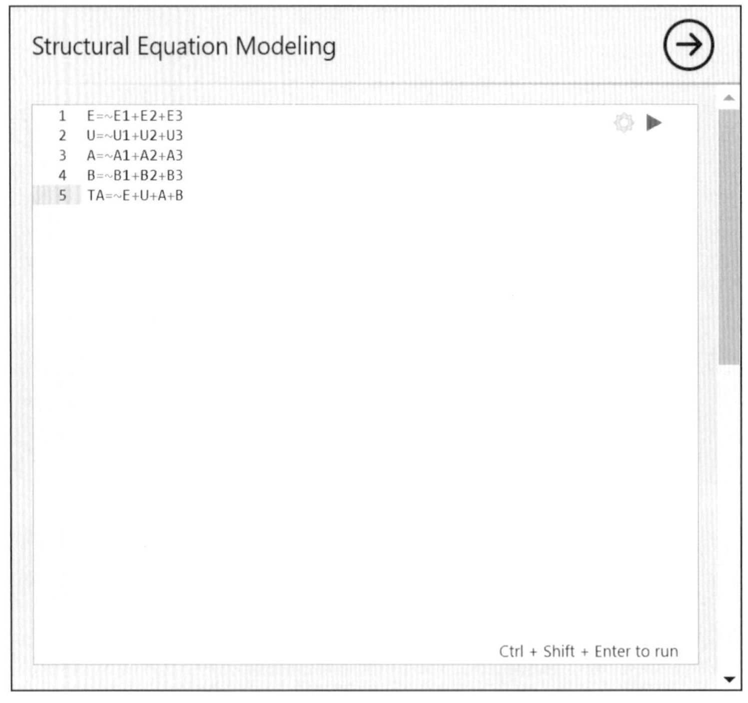

圖 12-16 設定模型——jamovi

在 Output options（輸出選項）中可勾選 Additional fit measure（其他適配量數）及 Reliability indices（信度指標）（圖 12-17）。其他輸出可依研究需要選取。

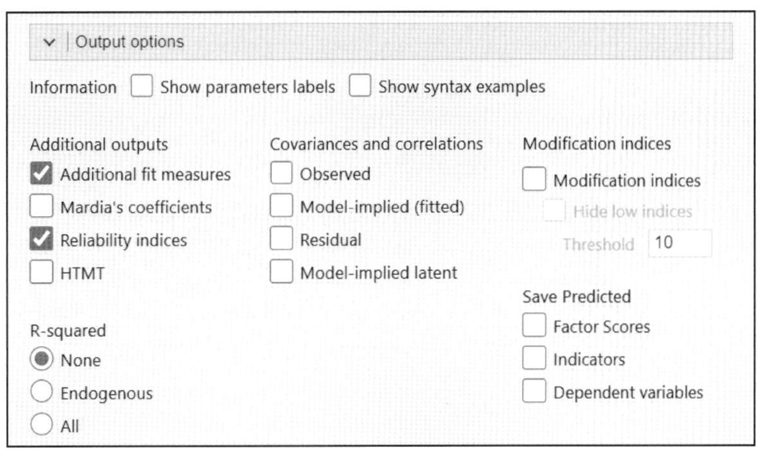

圖 12-17　輸出選項——jamovi

在 Path diagram（徑路圖）中，可選擇標準化係數（Betas）（圖 12-18）。

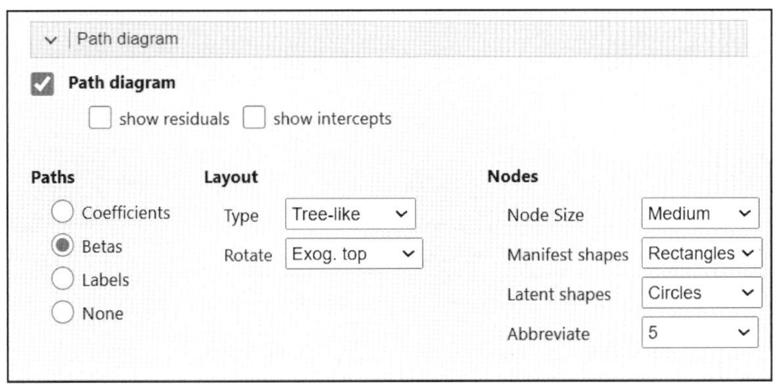

圖 12-18　徑路圖——jamovi

分析後得到 9 個報表，此處僅說明與 JASP 不同的 4 個報表。報表 12-9 是測量模型的參數估計值。由於 jamovi 預設以各因素的第 1 個變數當參照指標，因此原始估計值為 1，且無法進行顯著性檢定。標準化估計值則與 JASP 相同。

報表 12-9 Measurement model

				95% Confidence Intervals				
Latent	Observed	Estimate	SE	Lower	Upper	β	z	p
E	E1	1.000	0.000	1.000	1.000	0.800		
	E2	1.197	0.097	1.007	1.387	0.738	12.349	< .001
	E3	1.371	0.102	1.172	1.570	0.825	13.499	< .001
U	U1	1.000	0.000	1.000	1.000	0.861		
	U2	1.110	0.088	0.939	1.282	0.719	12.663	< .001
	U3	1.025	0.083	0.863	1.187	0.707	12.424	< .001
A	A1	1.000	0.000	1.000	1.000	0.841		
	A2	1.016	0.062	0.895	1.138	0.834	16.436	< .001
	A3	0.881	0.054	0.775	0.987	0.828	16.263	< .001
B	B1	1.000	0.000	1.000	1.000	0.900		
	B2	1.071	0.058	0.957	1.185	0.820	18.423	< .001
	B3	1.048	0.050	0.951	1.145	0.885	21.146	< .001

報表 12-10 是信度係數及 AVE（平均萃取變異量）。其中，ω_3 為 JASP 中的 ω 係數。

報表 12-10 Reliability indices

Variable	α	ω_1	ω_2	ω_3	AVE
E	0.824	0.828	0.828	0.825	0.620
U	0.787	0.794	0.794	0.801	0.563
A	0.872	0.873	0.873	0.873	0.697
B	0.898	0.899	0.899	0.899	0.747

報表 12-11 是根據報表 12-9 及因素間相關係數（未呈現）所繪的標準化係數模型圖。由於每個因素均定第 1 個變數為參照指標，因此，該負荷量以虛線表示。

報表 12-12 是二階驗證性因素分析的結果，與圖 12-10 一致。一階的因素負荷量與報表 12-11 近似。

報表 12-11 Model plot

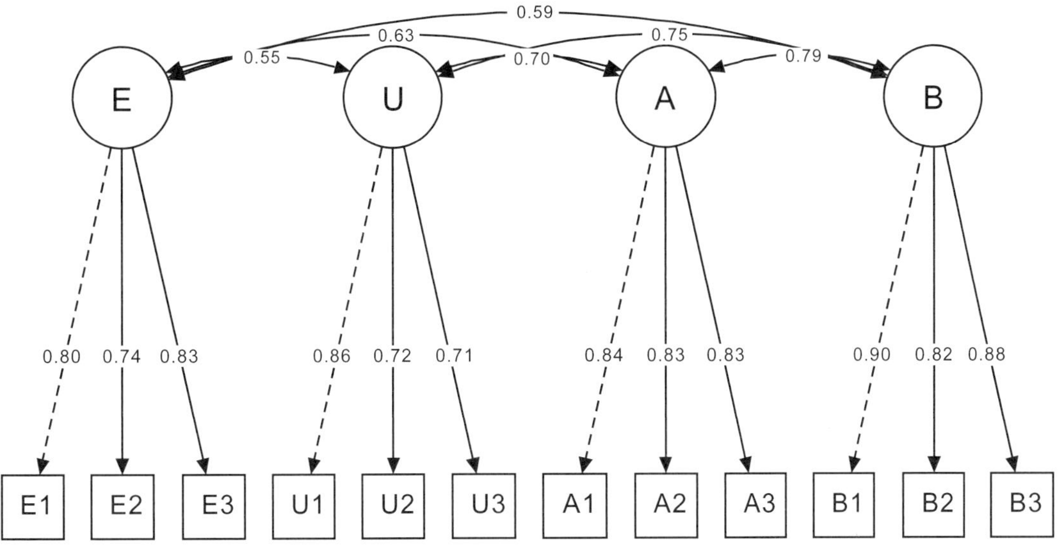

報表 12-12 Path Diagram

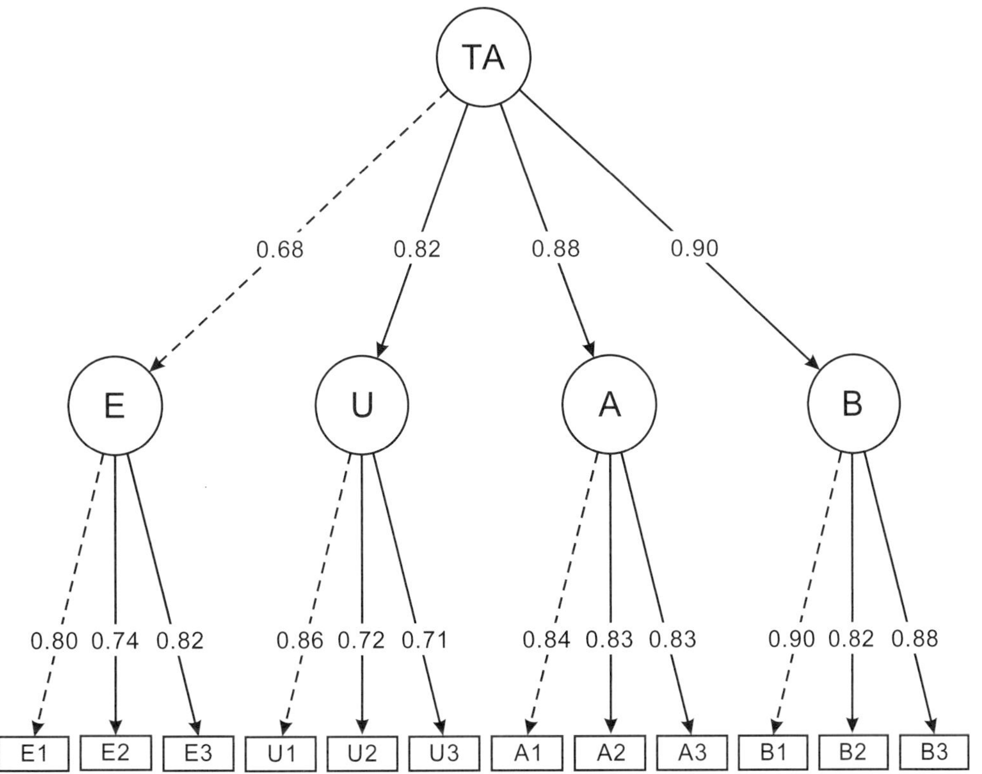

12.9 分析結論

研究者自編 12 題 Likert 六點量表，以測量使用者對智慧型手機的接受度。本量表共有 4 個分量表，各有 3 個題目，分別在測量認知有用性、認知易用性、使用態度，及行為意圖。經使用 R 軟體 4.4.0 版配合 lavaan 程式套件 0.6-18 版（適配指標使用 0.6-4 版），以 ML 法進行驗證性因素分析，得到 $\chi^2(48, N = 288) = 104.580$，$p < .001$。$\chi^2 / df = 2.179$，RMSEA = 0.064，SRMR = 0.039，NNFI (TLI) = 0.964，CFI = 0.973，表示理論模型適配度良好。四個因素的 AVE 分別為 0.622、0.586、0.696、0.755，都大於 0.50；構念信度 CR 值分別是 0.831、0.808、0.873、0.902，均大於 0.70。整體而言，本量表具有聚斂效度。四個因素間的相關係數都小於 AVE 的平方根，因此本量表具有良好的區別效度。標準化估計值如圖 12-19，因素負荷量都在 0.70 以上。

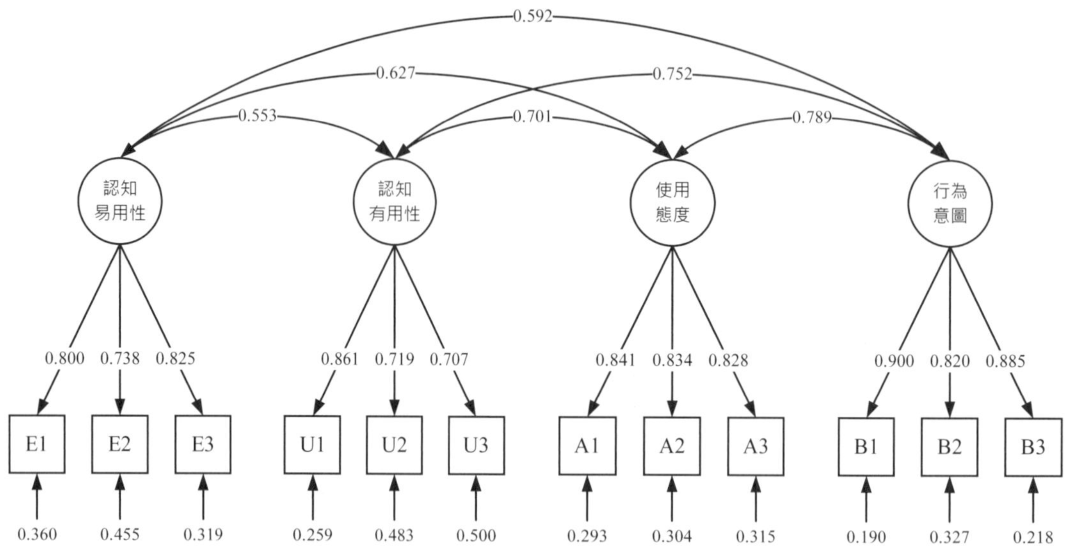

圖 12-19　智慧手機科技接受度量表之標準化負荷量

第 13 章

結構方程模型

在單變量統計方法中，迴歸分析也可以用來進行 *t* 檢定、變異數分析；在多變量統計中，結構方程模型（structural equation modeling, SEM）也可以分析多變量變異數分析、多元迴歸分析、典型相關分析。事實上，它們都是一般線性模式（general linear model, GLM）的特例，而 SEM 可以使用外顯變數來分析 GLM。

SEM 被視為第二代統計技術（Fornell & Larcker, 1987），伴隨著電腦科技及統計軟體日益進步，SEM 廣泛應用在各學術領域，國內也有許多專書介紹。有了第 11 及 12 章的基礎，要了解 SEM 的基本概念就比較容易，因此，本章僅補充前兩章未說明的概念。

13.1 結構方程模型的特點

Jöreskog（2015）認為，SEM 有以下的特點：

1. 可以檢定牽涉構念或潛在變數因果關係的複雜假設；
2. 整合許多多變量方法成為一個分析架構；
3. 明確地表達潛在變數對其他潛在變數的效果，以及潛在變數對觀察變數的效果；
4. 可以用來檢定對立假設。

綜言之，SEM 可以讓理論的陳述更正確，讓理論的檢定更精確，更透徹地了解觀察到的資料（Jöreskog, 2015）。

不過，仍要提醒讀者，SEM 無法「證明」因果關係，甚至也無法「證明」研究者所提的理論模型是正確的，至多只能說明理論模型未被否定，因此在撰寫研究結果時宜保守謹慎。

13.2 結構方程模型＝驗證性因素分析＋徑路分析

完整的結構方程模型包含**測量模型**及**結構模型**，前者是本書第 12 章的 CFA，後者是第 11 章的徑路分析。以圖 13-1 筆者所提的「智慧手機之科技接受模式」（TAM）為例，由模式可看出：

1. TAM 中包含四個潛在因素，認知易用性（因素 E）、認知有用性（因素 U）、使用態度（因素 A）、行為意圖（因素 B），它們各有三個測量指標（圖 13-2），此為測量模型，題目請見 216 頁表 9-4，也已在第 12 章分析過。
2. 結構模式（圖 13-3）中包含五組假設（影響徑路）：
   H_1：認知易用性正向影響認知有用性。
   H_2：認知易用性正向影響使用態度。
   H_3：認知有用性正向影響使用態度。
   H_4：認知有用性正向影響行為意圖。
   H_5：使用態度正向影響行為意圖。
3. 上面的五個假設，以依變數為準，轉換為以下三個模式：
   M_1：認知有用性受認知易用性正向影響。
   M_2：使用態度受認知易用性與認知有用性正向影響。
   M_3：行為意圖受認知有用性與使用態度正向影響。

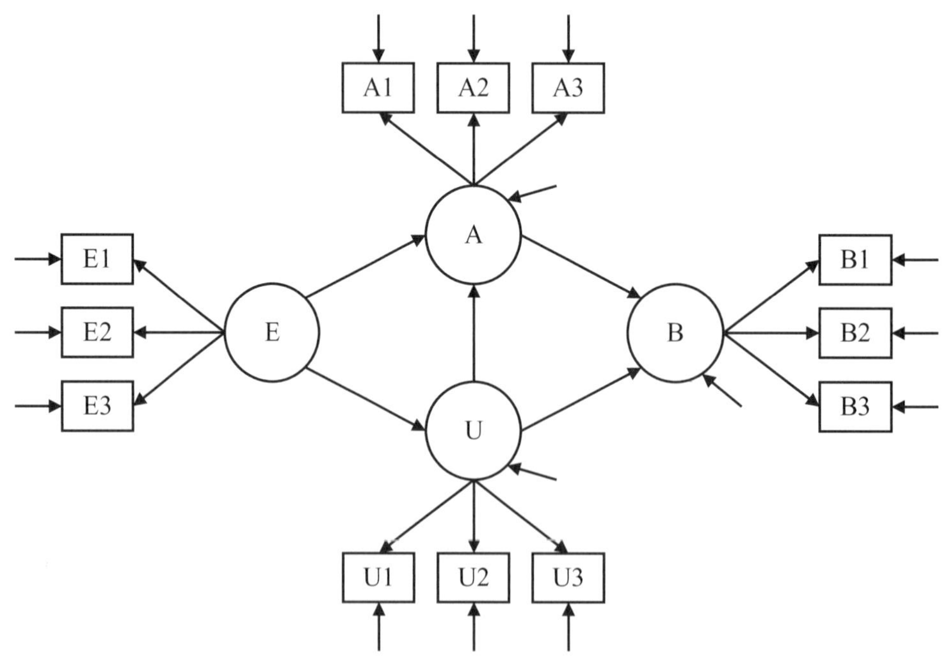

圖 13-1　完整的結構方程模型

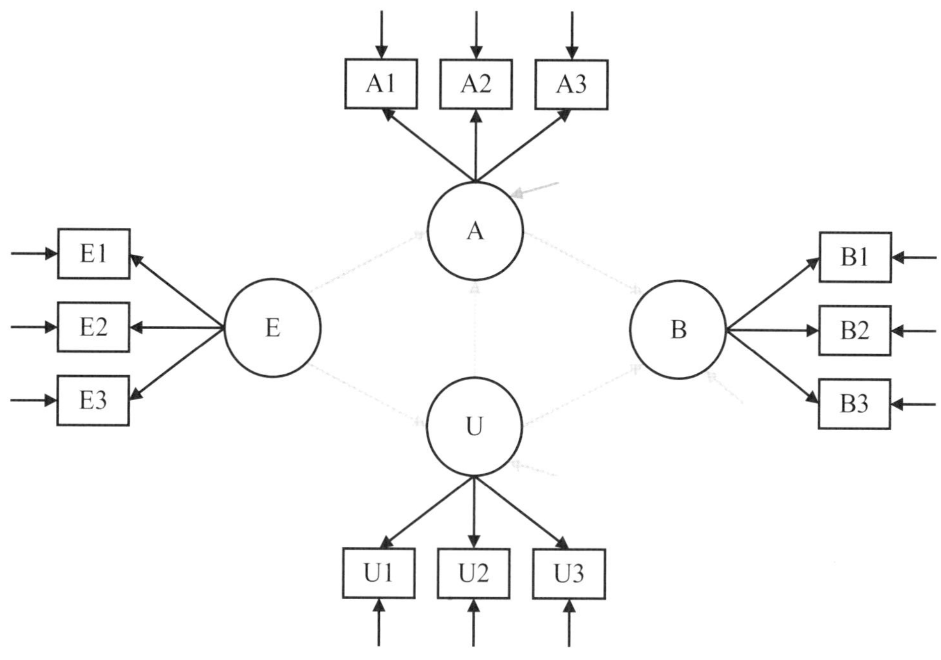

圖 13-2　結構方程模型（測量模式）

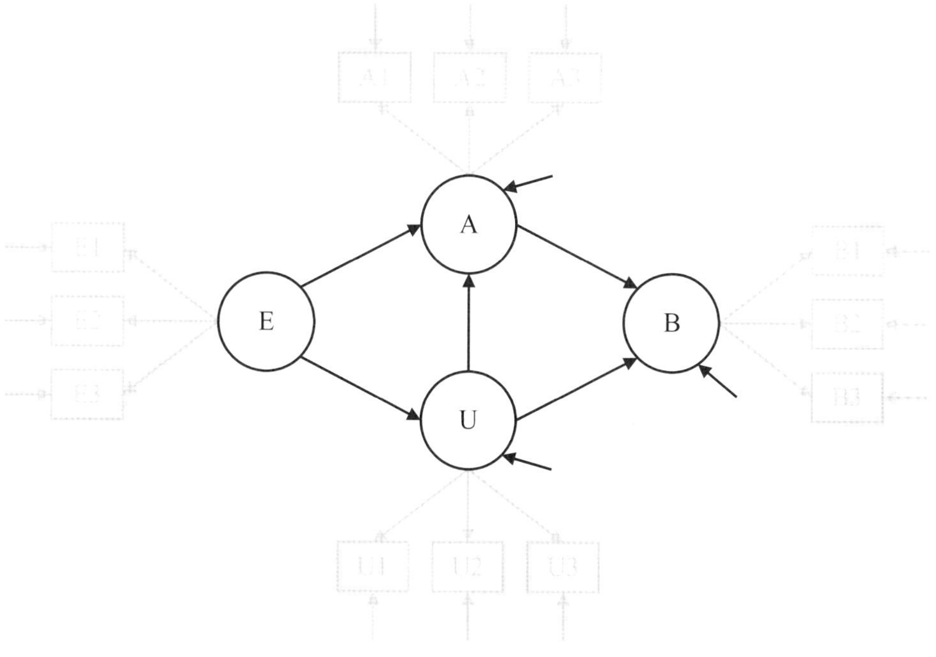

圖 13-3　結構方程模型（結構模式）

13.3 結構方程模型分析步驟

SEM 分析步驟與第 12 章 CFA 類似，不過，研究者不宜以一個步驟直接分析 SEM，否則，如果模式適配度不佳，就不知道問題出在測量模式或結構模式。此時，可以採用 Anderson 與 Gerbing（1988）的建議，先進行 CFA 檢驗測量模式，再納入結構模式，進行完整的 SEM 分析。CFA 已在第 12 章說明過，接下來以筆者所提的智慧型手機 TAM 為例，針對結構模式分點說明。

13.3.1 發展理論模型

進行 SEM 分析前，研究者要先提出理論模式，輔以學界常用的因果圖形。設定模型的原則如下：

1. 所有連結潛在變數及其測量指標的負荷量是模式的參數。在本研究的理論模式中，共有 12 個外顯的測量指標，設定分別屬於 4 個潛在變數，因此有 12 個負荷量需要估計。不過，由於每個潛在變數的測量尺度需要加以設定，此時會設定 1 個參照指標不需要估計，因此總共需要估計的參數為 12－4＝8。
2. 所有測量誤差的變異數及它們之間的共變數是模式的參數。理論模式中有 12 個測量指標，共有 12 個測量誤差的變異數要估計，測量誤差間沒有共變數（相關）。
3. 所有連結潛在變數或外顯變數的迴歸係數是模式的參數。在理論模式中有 E→U、E→A、U→A、U→B、A→B 等 5 個直接效果，因此有 5 個迴歸係數需要估計。
4. 所有潛在外因變數的變異數及它們之間的共變數是模式的參數。理論模式中只有 1 個潛在外因變數，需要估計它的變異數。記得，潛在外因變數間不可以有因果關係，如果設定因果關係，其中一個外因變數就會成為內因變數。
5. 所有潛在內因變數的殘差變異數及它們之間的共變數是模式的參數。理論模式中有 3 個潛在內因變數，共有 3 個殘差需要加以估計，殘差間沒有共變數（相關）。

6. 所有依變數（潛在或外顯）的變異數及它們之間的共變數不能是模式的參數，也就是內因變數間不可以有相關，但潛在內因變數間可以有因果關係；所有自變數與依變數（潛在或外顯）之間的共變數（相關）不能是模式的參數，也就是外因變數與內因變數間只能有因果關係，不可以再有相關。

使用 R 進行分析

接著以 R 語言寫成模式。命令稿 13-1 有 2 個指令，說明如下：

第 1 個指令先從 C 磁碟的 R 資料夾讀入 cfa.csv 資料檔，並存入 sem.data 物件。

第 2 個指令設定理論模式（包含在 ' ' 中）。模式的前 4 列是測量模式，其中 E1 ~ E3 是潛在變數 E（認知易用性）的指標，U1 ~ U3 是潛在變數 U（認知有用性）的指標，A1 ~ A3 是潛在變數 A（使用態度）的指標，B1 ~ B3 是潛在變數 B（行為意圖）的指標。後 3 列是結構模式，分別表示：潛在變數 U 受 E 影響，亦即潛在變數 E 直接影響 U；潛在變數 A 同時受 E 與 U 影響，亦即潛在變數 E 與 U 直接影響 A；潛在變數 B 同時受 U 與 A 影響，亦即潛在變數 U 與 A 直接影響 B。如果要設定兩個變數間有相關（共變數），則用 ~~ 連結，例如：A1 ~~ B1 表示指標 A1 與 B1 的測量誤差有相關。

命令稿 13-1　設定理論模式

```
> sem.data <- read.csv("C:/R/cfa.csv")
> sem.model <- '
+             E =~ E1 + E2 + E3
+             U =~ U1 + U2 + U3
+             A =~ A1 + A2 + A3
+             B =~ B1 + B2 + B3
+             U ~ E
+             A ~ E + U
+             B ~ U + A
+             '
```

13.3.2 評估模型的辨認

模式辨識的原則已在第 12 章說明，本章只說明自由度的計算。

圖 13-1 共有 12 個測量指標，因此提供的變異數—共變數元素共有 12 × (12 + 1) / 2 = 78。

使用 R 進行分析

命令稿 13-2 有 5 個指令，分別說明如下：

第 1 個指令先載入 lavaan 程式套件。

第 2 個指令使用 sem() 函數，配合 sem.data 資料，以 ML 法對 sem.model 進行參數估計，並將結果存在 sem.fit 物件。

第 3 個指令列出 sem.fit 簡要的估計結果。

第 4 ~ 5 個指令使用 semPlot 程式套件的 semPaths() 函數繪出模式中的參數序號。

由命令稿 13-2 及圖 13-4 可看出理論模式中需要估計的參數共有 29 個，因此理論模式的自由度是 78 − 29 = 49。

命令稿 13-2　自由參數及自由度

```
> library(lavaan)
> sem.fit <- sem(sem.model, data=sem.data, estimator='ML')
> sem.fit
## lavaan 0.6.18.2058 ended normally after 33 iterations
##
##   Estimator                                         ML
##   Optimization method                           NLMINB
##   Number of free parameters                         29
##
##   Number of observations                           288
##
##   Model Fit Test Statistic                     106.615
##   Degrees of freedom                                49
##   P-value (Chi-square)                           0.000
> library(semPlot)
> semPaths(sem.fit, whatLabels="eq", layout="tree2", edge.color=c("black"), rotation=2)
```

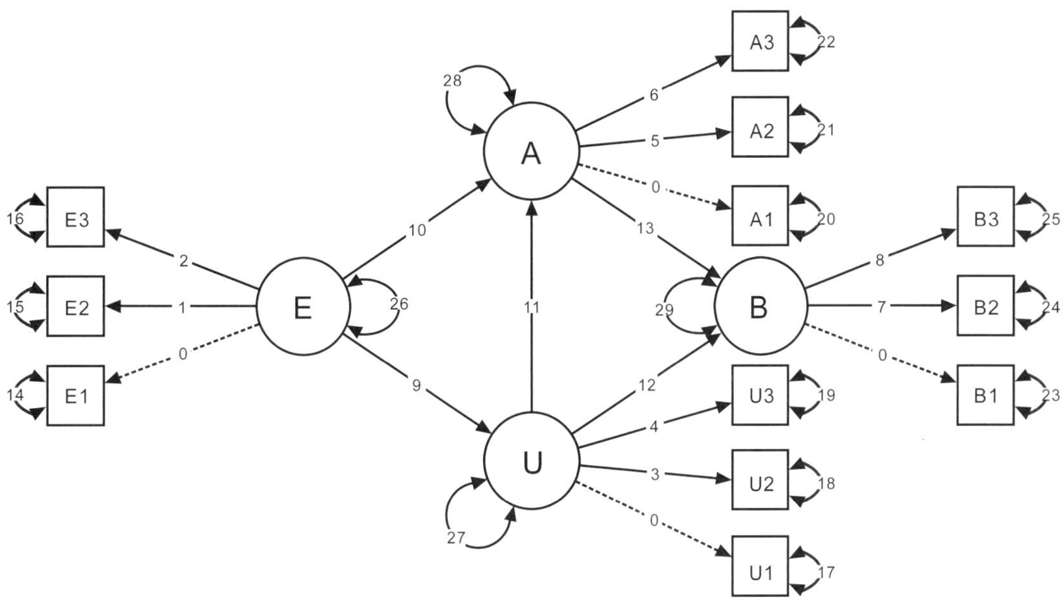

圖 13-4　估計的參數

13.3.3　進行參數估計

為了計算各徑路的效果，命令稿 13-3 像第 11 章第 262-265 頁的命令稿 11-13 一樣，先加入徑路的名稱，再將模式估計結果存在 sem.fit2 物件，最後列出標準化估計值及 R^2。

命令稿 13-3　設定模式進行參數估計

```
> sem.model2<-'
+           E =~ E1 + E2 + E3
+           U =~ U1 + U2 + U3
+           A =~ A1 + A2 + A3
+           B =~ B1 + B2 + B3
+           B ~ bu*U + ba*A
+           A ~ ae*E + au*U
+           U ~ ue*E
+           B ~~ rb*B
+           A ~~ ra*A
+           U ~~ ru*U
+           bae := ba*ae
+           bue :=bu*ue
```

```
+           baue := ba*au*ue
+           aue :=au*ue
+           bau :=ba*au
+           in.be := bae + bue + baue
+           in.bu := bau
+           in.ae := aue
+           t.be := bae + bue + baue
+           t.bu := bu + bau
+           t.ba := ba
+           t.ae := ae + aue
+           t.au := au
+           t.ue := ue
+           '
> sem.fit2 <- sem(sem.model2, data=sem.data, estimator='ML')
> summary(sem.fit2, standard=TRUE, rsquare=TRUE)
```

輸出結果 13-1 首先呈現測量模式估計結果，四個潛在變數對測量指標的標準化負荷量均大於 0.708（最小為 U→U3 的 0.709），R^2 均大於 0.50；組成信度 CR 分別為 0.831、0.808、0.872、0.902，都大於 0.70，未大於 0.95；平均萃取變異量 AVE 分別為 0.622、0.585、0.695、0.755，都大於 0.50（CR 與 AVE 均另外計算）。顯示四個潛在變數都具有聚斂效度。本處結果與第 12 章的 CFA 結果極為接近。

其次是結構模式，五個迴歸係數的 p 值均小於 0.001，因此五個研究假設均獲得支持。以依變數為準，合併成三個模式：

1. 認知易用性（E）正向影響認知有用性（U），標準化係數為 0.563，R^2 為 0.317；
2. 認知易用性（E）與認知有用性（U）均正向影響使用態度（A），標準化係數分別為 0.351 與 0.505，R^2 為 0.578；
3. 認知有用性（U）與使用態度（A）均正向影響行為意圖（B），標準化係數分別為 0.392 與 0.518，R^2 為 0.707。

以上的迴歸係數與第 11 章的徑路分析相比都較高，解釋力 R^2 增加幅度在 22.5% ~ 52.4%之間，有部分原因可能是徑路分析的信度較低所致（Blunch, 2013），另一部分的原因是指標變數不可能沒有測量誤差，如果直接把題目加總，進行徑路分析，誤差就會存在潛在變數，而反映在結構模式，導致徑路關係被低估（Hair et al., 2017）。

因此，如果潛在變數不是單一指標，應使用 SEM，而不是把指標加總後進行徑路分析。

輸出結果的最後一部分是間接效果及總效果（均已標準化），連同第二部分的迴歸係數，可以整理成表 13-1，分別說明如下：

1. 認知易用性影響認知有用性，直接效果為 0.563。
2. 認知易用性與認知有用性影響使用態度，直接效果分別為 0.351 與 0.505；認知易用性對使用態度的間接效果為 0.284。
3. 認知有用性與使用態度影響行為意圖，徑路係數分別為 0.392 與 0.518；認知有用性對行為意圖的間接效果為 0.261；認知易用性對行為意圖的間接效果為 0.550。

表 13-1　各標準化效果摘要表

效果	自變數	依變數		
		U（有用性）	A（使用態度）	B（行為意圖）
直接效果	E（易用性）	0.563	0.351	
	U（有用性）		0.505	0.392
	A（使用態度）			0.518
間接效果	E（易用性）		0.284	0.550
	U（有用性）			0.261
	A（使用態度）			
總效果	E（易用性）	0.563	0.636	0.550
	U（有用性）		0.505	0.653
	A（使用態度）			0.518

輸出結果 13-1　參數估計結果

```
## lavaan 0.6.18.2058 ended normally after 33 iterations
##
##   Estimator                                         ML
##   Optimization method                           NLMINB
##   Number of free parameters                         29
##
```

```
##   Number of observations                        288
##
##   Model Fit Test Statistic                  106.615
##   Degrees of freedom                             49
##   P-value (Chi-square)                        0.000
##
## Parameter Estimates:
##
##   Information                              Expected
##   Information saturated (h1) model       Structured
##   Standard Errors                          Standard
##
## Latent Variables:
##                    Estimate  Std.Err  z-value  P(>|z|)   Std.lv  Std.all
##   E =~
##     E1                1.000                               0.706    0.800
##     E2                1.192    0.097   12.292    0.000    0.842    0.735
##     E3                1.377    0.102   13.510    0.000    0.972    0.828
##   U =~
##     U1                1.000                               0.649    0.857
##     U2                1.115    0.088   12.654    0.000    0.723    0.719
##     U3                1.031    0.083   12.445    0.000    0.669    0.709
##   A =~
##     A1                1.000                               0.735    0.839
##     A2                1.017    0.062   16.391    0.000    0.747    0.833
##     A3                0.883    0.054   16.255    0.000    0.649    0.828
##   B =~
##     B1                1.000                               0.785    0.898
##     B2                1.074    0.058   18.414    0.000    0.843    0.821
##     B3                1.052    0.050   21.116    0.000    0.826    0.886
##
## Regressions:
##                    Estimate  Std.Err  z-value  P(>|z|)   Std.lv  Std.all
##   B ~
##     U         (bu)    0.474    0.090    5.283    0.000    0.392    0.392
##     A         (ba)    0.553    0.079    7.039    0.000    0.518    0.518
##   A ~
##     E         (ae)    0.366    0.073    4.985    0.000    0.351    0.351
##     U         (au)    0.572    0.083    6.868    0.000    0.505    0.505
```

```
##   U ~
##     E          (ue)    0.517    0.064    8.098    0.000    0.563    0.563
##
## Variances:
##                    Estimate  Std.Err  z-value  P(>|z|)   Std.lv  Std.all
##    .B          (rb)    0.181    0.026    6.995    0.000    0.293    0.293
##    .A          (ra)    0.228    0.033    6.819    0.000    0.422    0.422
##    .U          (ru)    0.287    0.039    7.408    0.000    0.683    0.683
##    .E1                 0.281    0.035    7.988    0.000    0.281    0.360
##    .E2                 0.603    0.064    9.419    0.000    0.603    0.460
##    .E3                 0.434    0.061    7.137    0.000    0.434    0.315
##    .U1                 0.152    0.024    6.349    0.000    0.152    0.265
##    .U2                 0.488    0.050    9.795    0.000    0.488    0.483
##    .U3                 0.443    0.045    9.931    0.000    0.443    0.497
##    .A1                 0.226    0.026    8.553    0.000    0.226    0.295
##    .A2                 0.246    0.028    8.727    0.000    0.246    0.306
##    .A3                 0.194    0.022    8.861    0.000    0.194    0.315
##    .B1                 0.148    0.020    7.423    0.000    0.148    0.193
##    .B2                 0.343    0.035    9.778    0.000    0.343    0.325
##    .B3                 0.187    0.023    7.967    0.000    0.187    0.215
##     E                  0.499    0.066    7.552    0.000    1.000    1.000
##
## R-Square:
##                    Estimate
##     B                  0.707
##     A                  0.578
##     U                  0.317
##     E1                 0.640
##     E2                 0.540
##     E3                 0.685
##     U1                 0.735
##     U2                 0.517
##     U3                 0.503
##     A1                 0.705
##     A2                 0.694
##     A3                 0.685
##     B1                 0.807
##     B2                 0.675
##     B3                 0.785
```

```
##
## Defined Parameters:
##                  Estimate  Std.Err  z-value  P(>|z|)   Std.lv  Std.all
##     bae             0.202    0.050    4.061    0.000    0.182    0.182
##     bue             0.246    0.054    4.555    0.000    0.221    0.221
##     baue            0.164    0.035    4.716    0.000    0.147    0.147
##     aue             0.296    0.053    5.561    0.000    0.284    0.284
##     bau             0.316    0.059    5.384    0.000    0.261    0.261
##     in.be           0.611    0.066    9.221    0.000    0.550    0.550
##     in.bu           0.316    0.059    5.384    0.000    0.261    0.261
##     in.ae           0.296    0.053    5.561    0.000    0.284    0.284
##     t.be            0.611    0.066    9.221    0.000    0.550    0.550
##     t.bu            0.791    0.082    9.639    0.000    0.653    0.653
##     t.ba            0.553    0.079    7.039    0.000    0.518    0.518
##     t.ae            0.662    0.071    9.259    0.000    0.636    0.636
##     t.au            0.572    0.083    6.868    0.000    0.505    0.505
##     t.ue            0.517    0.064    8.098    0.000    0.563    0.563
```

命令稿 13-4 在將估計所得參數繪製成圖。第 1 個指令先載入 semPlot 程式套件（不需要反覆載入），第 2 個指令再用 semPaths() 函數將 sem.fit 的結果繪圖，括號中選項說明如下：

1. whatLabels="std" 標示標準化係數，內定不標示係數，只顯示理論模式；
2. layout="tree2" 使用較寬的樹狀圖，內定為較窄的 tree；
3. style="lisrel" 使用 Lisrel 表徵方式，內定為 RAM 表徵方式；
4. edge.color=c("black") 表示箭頭及係數以黑色呈現，內定為灰色；
5. nDigits=3 保留 3 位小數，內定為 2 位小數；
6. rotation=2 是旋轉 90 度，由左至右繪圖，內定為由上而下繪圖。

繪製的標準化參數如圖 13-5，其中虛線為參照指標。

命令稿 13-4　繪製模型圖

```
> library(semPlot)
> semPaths(sem.fit, whatLabels="std", layout="tree2", style="lisrel", edge.color=c("black"), nDigits=3,
  rotation=2)
```

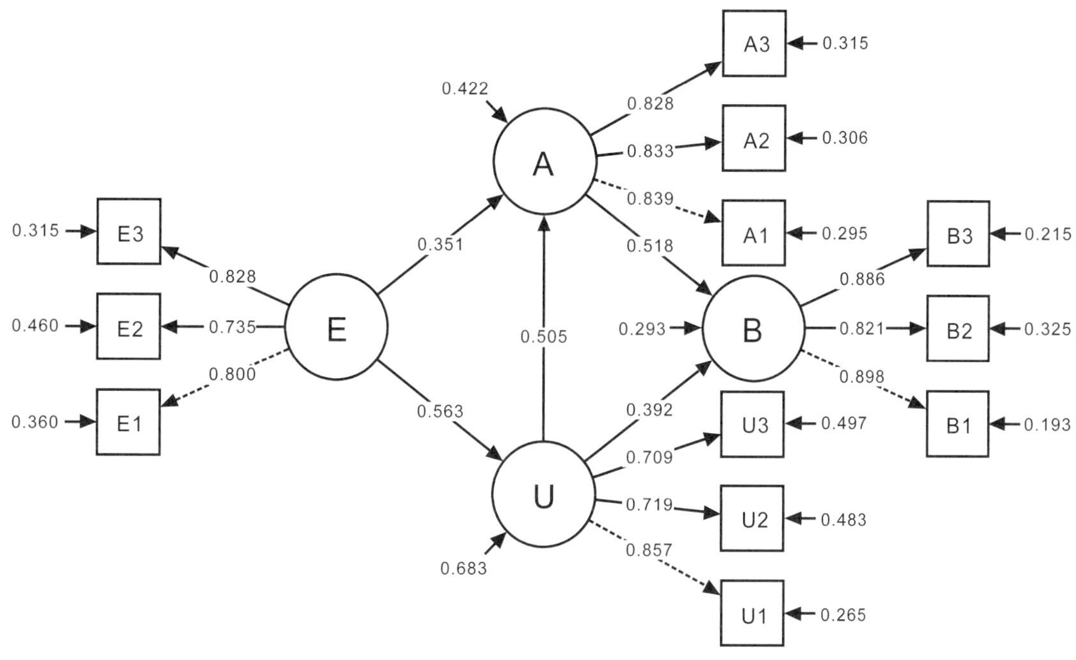

圖 13-5　標準化估計值

13.3.4　評鑑模式的適配度

命令稿 13-5 主要在列出各項 GOF。由於前面已將分析結果存入 sem.fit 物件，因此再輸入 sem.fit 或 print(sem.fit) 即可列出簡要的結果。

由結果可以看出，估計的參數數目為 29，樣本數為 288，$\chi^2(49, N=288) = 106.615$，$p = 0.000\ (< 0.001)$，應拒絕 $H_0: \mathbf{S} = \hat{\mathbf{\Sigma}}$。$\chi^2 / \text{df} = 106.615 / 49 = 2.176$，小於 3，理論模式仍可接受。

命令稿 13-5　模式摘要

```
> sem.fit
## lavaan 0.6.18.2058 ended normally after 33 iterations
##
##   Estimator                                         ML
##   Optimization method                           NLMINB
##   Number of free parameters                         29
##
##   Number of observations                           288
##
```

```
##    Model Fit Test Statistic                       106.615
##    Degrees of freedom                                  49
##    P-value (Chi-square)                             0.000
```

命令稿 13-6 有各項適配度指標，第 2 個指令僅適用於 lavaan 0.6-4 版前，詳細的說明請見本書第 12 章，其中 GFI = 0.945、AGFI = 0.913，都大於 0.90，但未達 0.95 的標準。如果依照 Hu 及 Bentler（1999）的建議，則 SRMR = 0.040、TLI = 0.964、CFI（或 RNI）= 0.973、RMSEA = 0.064，除了 RMSEA 略大於 0.06 的標準外，其餘 3 項指標都符合標準。整體而言，理論模式可以適配觀察資料。

由於理論模式中結構模式部分的自由度較少，測量模式的自由度較多，因此 χ^2 檢定主要在檢定測量模式，所以各項適配度指標也與第 12 章的 CFA 相近。Hair 等人（2019）認為驗證性因素分析假定因素間都有相關，因此等同於 SEM 的飽和模式，因此可以比較 CFA 與 SEM 的理論模型，兩者的 χ^2 差值（$\Delta\chi^2$）應不顯著，才表示結構模式適配。第 12 章 CFA 的 $\chi^2(48, N = 288) = 104.580$，與本章 SEM 的 $\Delta\chi^2 = 106.615 - 104.480 = 2.037$，在 $\alpha = .05$，自由度為 1 的 χ^2 分配下，小於臨界值 3.841，所以 SEM 與 CFA 沒有顯著差異。

命令稿 13-6　各項適配度指標

```
> summary(sem.fit, fit.measures=TRUE)                          # lavaan 0.6-5 版後適用
> lavaan:::print.fit.measures(fitMeasures(sem.fit))            # lavaan 0.6-4 版前適用
##
##  Model test baseline model:
##
##    Minimum Function Test Statistic               2199.169
##    Degrees of freedom                                  66
##    P-value                                          0.000
##
##  User model versus baseline model:
##
##    Comparative Fit Index (CFI)                      0.973
##    Tucker-Lewis Index (TLI)                         0.964
##    Bentler-Bonett Non-normed Fit Index (NNFI)       0.964
##    Bentler-Bonett Normed Fit Index (NFI)            0.952
```

```
##     Parsimony Normed Fit Index (PNFI)                0.706
##     Bollen's Relative Fit Index (RFI)                0.935
##     Bollen's Incremental Fit Index (IFI)             0.973
##     Relative Noncentrality Index (RNI)               0.973
##
##  Loglikelihood and Information Criteria:
##
##     Loglikelihood user model (H0)                -3621.031
##     Loglikelihood unrestricted model (H1)        -3567.723
##
##     Number of free parameters                           29
##     Akaike (AIC)                                  7300.061
##     Bayesian (BIC)                                7406.287
##     Sample-size adjusted Bayesian (BIC)           7314.324
##
##  Root Mean Square Error of Approximation:
##
##     RMSEA                                            0.064
##     90 Percent Confidence Interval          0.047  0.080
##     P-value RMSEA <= 0.05                            0.081
##
##  Standardized Root Mean Square Residual:
##
##     RMR                                              0.035
##     RMR (No Mean)                                    0.035
##     SRMR                                             0.040
##
##  Other Fit Indices:
##
##     Hoelter Critical N (CN) alpha=0.05             180.202
##     Hoelter Critical N (CN) alpha=0.01             203.381
##
##     Goodness of Fit Index (GFI)                      0.945
##     Adjusted Goodness of Fit Index (AGFI)            0.913
##     Parsimony Goodness of Fit Index (PGFI)           0.594
##
##     McDonald Fit Index (MFI)                         0.905
##
##     Expected Cross-Validation Index (ECVI)           0.572
```

13.3.5 進行模型修正

命令稿 13-7 先把 sem.fit（也可以用 sem.fit2）中的修正指標存入 MI 物件，再把 MI 物件中 mi > 10 的修正指標列出。由結果看出，如果要修正模式，可以優先把 B1 及 B2 的測量誤差設定為自由參數，在模式中增加 B1 ~~B2。不過，如果修正模式，會使得矩陣無法正定。而把 B3 設定為因素 A 的測量指標，或是把 B1 設定為因素 E 的測量指標也不符合理論。因此，後續不再修正模式。

命令稿 13-7　修正指標

```
> MI<-modindices(sem.fit)
> subset(MI, mi > 10)
##     lhs op rhs     mi    epc sepc.lv sepc.all sepc.nox
## 40    E =~  B1 10.823  0.187   0.132    0.151    0.151
## 60    A =~  B3 25.162 -0.508  -0.373   -0.401   -0.401
## 133  B1 ~~  B2 25.362 -0.126  -0.126   -0.561   -0.561
```

13.4 使用 JASP 分析

在 JASP 中，讀入 cfa.csv 資料檔後，在 SEM（結構方程模型）中選擇 Structural Equation Modeling（結構方程模型）。接著，輸入以下的指令，並按 Ctrl + Enter 執行分析（圖 13-6）。

```
# Measurement Model
E=~E1+E2+E3
U=~U1+U2+U3
A=~A1+A2+A3
B=~B1+B2+B3

# Structural Model
U~E
A~E+U
B~U+A
```

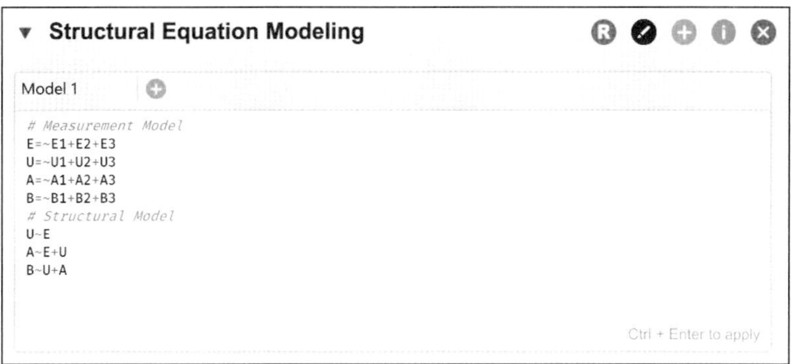

圖 13-6　設定模型——JASP

在 Output options（輸出選項）中，至少勾選圖 13-7 的項目，其他選項，可以視研究需要自行選擇。

▼ Output options

- [x] Additional fit measures
- [x] R-squared
- [ ] Observed covariances
- [ ] Implied covariances
- [ ] Residual covariances
- [ ] Standardized residuals
- [ ] Mardia's coefficient
- [x] Standardized estimates
- [x] Path diagram
  - [x] Show parameter estimates
  - [ ] Show legend
- [ ] Modification indices
  - Hide low indices
  - Threshold 10

圖 13-7　輸出選項——JASP

分析後可得到 10 個報表，以下僅簡要說明其中 5 個報表。報表 13-1 中的 $\chi^2(49, N = 288) = 106.615$，$p < 0.001$，應拒絕 H_0，理論模型與觀察資料有顯著差異。不過，$\chi^2 / df = 106.615 / 49 = 2.176 < 3$，因此模型的適配度仍可接受。

報表 13-1　Model fit

				Baseline test			Difference test		
	AIC	BIC	n	χ^2	df	p	$\Delta\chi^2$	Δdf	p
Model 1	7324.061	7474.243	288	106.615	49	3.718×10-6	106.615	49	3.718×10-6

報表 13-2 是適配指標。CFI = 0.973，TLI = 0.964，都大於 0.95，表示模型適配度良好；PNFI = 0.706，大於 0.5，表示模型精簡。

報表 13-2　Fit indices

Index	Value
Comparative Fit Index (CFI)	0.973
T-size CFI	0.950
Tucker-Lewis Index (TLI)	0.964
Bentler-Bonett Non-normed Fit Index (NNFI)	0.964
Bentler-Bonett Normed Fit Index (NFI)	0.952
Parsimony Normed Fit Index (PNFI)	0.706
Bollen's Relative Fit Index (RFI)	0.935
Bollen's Incremental Fit Index (IFI)	0.973
Relative Noncentrality Index (RNI)	0.973

Note.　T-size CFI is computed for α = 0.05 . The T-size equivalents of the conventional CFI cut-off values (poor < 0.90 < fair < 0.95 < close) are poor < 0.848 < fair < 0.913 < close for model: Model 1.

報表 13-3 是其他適配指標。RMSEA = 0.064，SRMR = 0.037，代表模型適配良好。

報表 13-3　Other fit measures

Metric	Value
Root mean square error of approximation (RMSEA)	0.064
RMSEA 90% CI lower bound	0.047
RMSEA 90% CI upper bound	0.080
RMSEA p-value	0.081
T-size RMSEA	0.081
Standardized root mean square residual (SRMR)	0.037
Hoelter's critical N (α = .05)	180.202
Hoelter's critical N (α = .01)	203.381
Goodness of fit index (GFI)	0.995
McDonald fit index (MFI)	0.905
Expected cross validation index (ECVI)	0.655

Note.　T-size RMSEA is computed for α = 0.05 . The T-size equivalents of the conventional RMSEA cut-off values (close < 0.05 < fair < 0.08 < poor) are close < 0.068 < fair < 0.095 < poor for model: Model 1.

報表 13-4 是因素負荷量。JASP 預設將每個因素的第 1 個指標設定為參照指標，原始係數為 1，無法進行顯著性檢定，報表中其他的 p 值均小於 0.001。標準化係數最小為 U3 的 0.709，平方後為 0.503。

報表 13-4　Factor Loadings

						95% Confidence Interval		Standardized		
Latent	Indicator	Estimate	Std. Error	z-value	p	Lower	Upper	All	LV	Endo
A	A1	1.000	0.000			1.000	1.000	0.839	0.735	0.839
	A2	1.017	0.062	16.391	0.000	0.895	1.138	0.833	0.747	0.833
	A3	0.883	0.054	16.255	0.000	0.777	0.990	0.828	0.649	0.828
B	B1	1.000	0.000			1.000	1.000	0.898	0.785	0.898
	B2	1.074	0.058	18.414	0.000	0.960	1.189	0.821	0.843	0.821
	B3	1.052	0.050	21.116	0.000	0.954	1.149	0.886	0.826	0.886
E	E1	1.000	0.000			1.000	1.000	0.800	0.706	0.800
	E2	1.192	0.097	12.292	0.000	1.002	1.382	0.735	0.842	0.735
	E3	1.377	0.102	13.510	0.000	1.177	1.576	0.828	0.972	0.828
U	U1	1.000	0.000			1.000	1.000	0.857	0.649	0.857
	U2	1.115	0.088	12.654	0.000	0.942	1.288	0.719	0.723	0.719
	U3	1.031	0.083	12.445	0.000	0.869	1.194	0.709	0.669	0.709

報表 13-5 是迴歸係數（徑路係數），標準化係數介於 0.351 ~ 0.563 之間。

報表 13-5　Regression coefficients

						95% Confidence Interval		Standardized		
Predictor	Outcome	Estimate	Std. Error	z-value	p	Lower	Upper	All	LV	Endo
E	A	0.366	0.073	4.985	6.192×10^{-7}	0.222	0.510	0.351	0.351	0.351
U	A	0.572	0.083	6.868	6.505×10^{-12}	0.409	0.735	0.505	0.505	0.505
	B	0.474	0.090	5.283	1.274×10^{-7}	0.298	0.651	0.392	0.392	0.392
A	B	0.553	0.079	7.039	1.935×10^{-12}	0.399	0.706	0.518	0.518	0.518
E	U	0.517	0.064	8.098	6.661×10^{-16}	0.392	0.643	0.563	0.563	0.563

報表 13-6 是徑路圖，徑路上的係數是由報表 13-4 及報表 13-5 中取得。JASP 只能繪製未標準化的徑路圖，如果要繪製標準化徑路圖，須使用 jamovi 或使用前述的命令稿。

報表 13-6　Path diagram（未標準化）

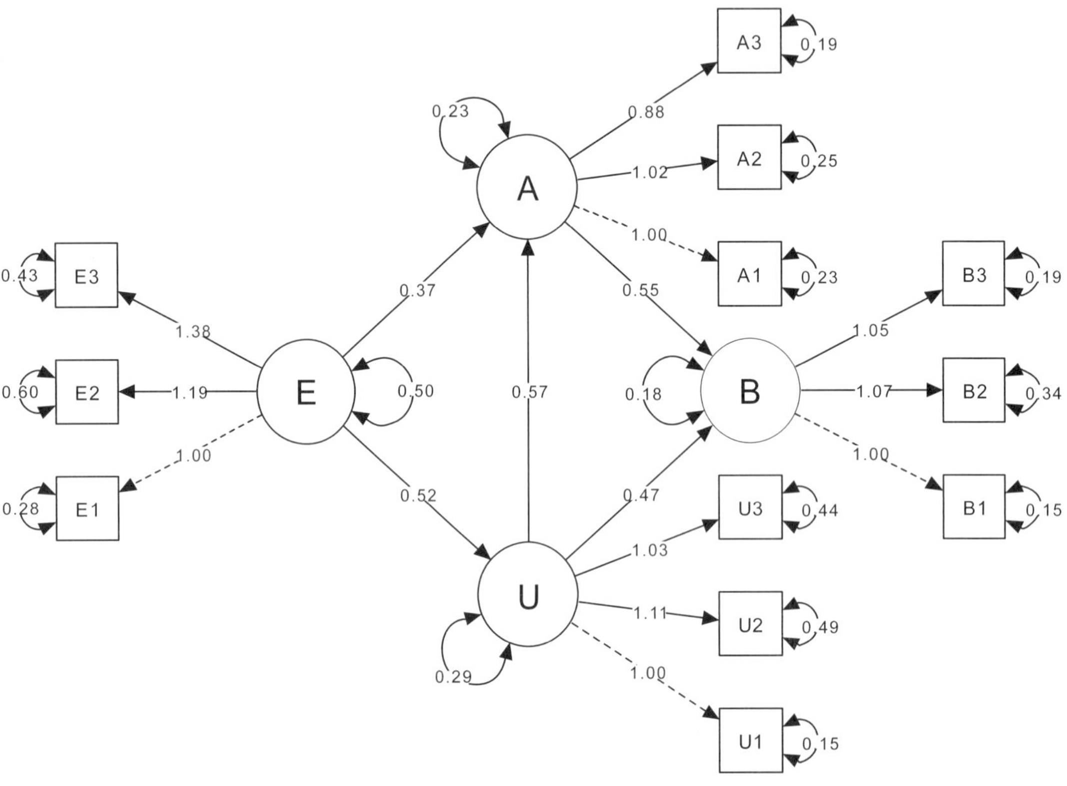

13.5　使用 jamovi 分析

Jamovi 有 2 種方式進行結構方程模型，分別是 SEM (syntax) 與 SEM (interactive)。使用互動式 SEM，雖然較直觀，但步驟較多，反而不如撰寫語法快速。因此，本章僅示範以輸入指令執行 SEM 的方式。

在 jamovi 中讀入 cfa.csv 資料檔後，在 SEM(結構方程模型) 中選擇 SEM (syntax)。接著，輸入與 JASP 相同的指令，即可按 Ctrl +Shift + Enter 進行分析（圖 13-8）。

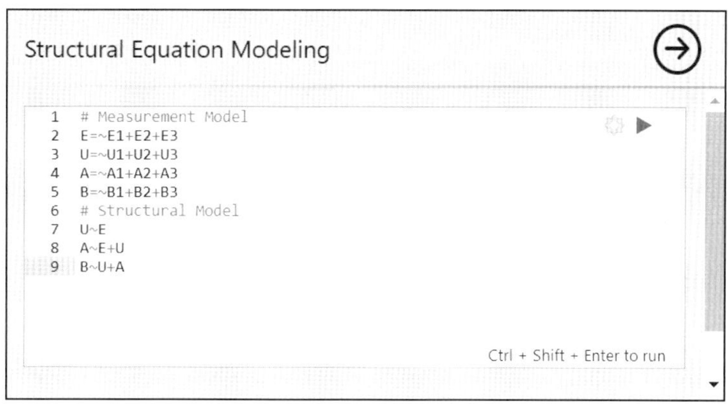

圖 13-8　設定模型——jamovi

在 Parameters options（參數選項）中，建議再勾選 Indirect Effects（間接效果）。Jamovi 預設 Fix first indicator (to 1)（固定第 1 個指標為 1）（圖 13-9）。

Parameters options

Standard Errors
- (●) Automatic
- ( ) Standard
- ( ) Robust
- ( ) Pseudo ML
- ( ) Bootstrap

Bootstrap settings
- (●) percentiles
- ( ) normal
- ( ) adjusted bias-corrected
- ( ) basic

Bootstrap Rep. 1000

Confidence Intervals
- [x] Estimates
- [ ] Betas

Confidence level 95 %

Constraints
- [ ] Fix exogenous covariates
- [x] Correlated dependent vars (y)
- [x] Correlated latent vars

Intercepts
- [x] Mean structure
- [x] Observed variables
- [ ] Latent variables

Estimates
- [x] Indirect Effects

Scale / standardize variables
- (●) Latent vars.: Fix first indicator (to 1)
- ( ) Latent vars.: Fix residual variances (to 1)
- [ ] Observed vars.: Standardize before estimation

圖 13-9　參數選項——jamovi

在 Output options（輸出選項）中可勾選 Additional fit measure（其他適配量數）及 Reliability indices（信度指標），R-squared（R 平方）選擇 all（所有）（圖 13-10）。其他輸出可依研究需要選取。

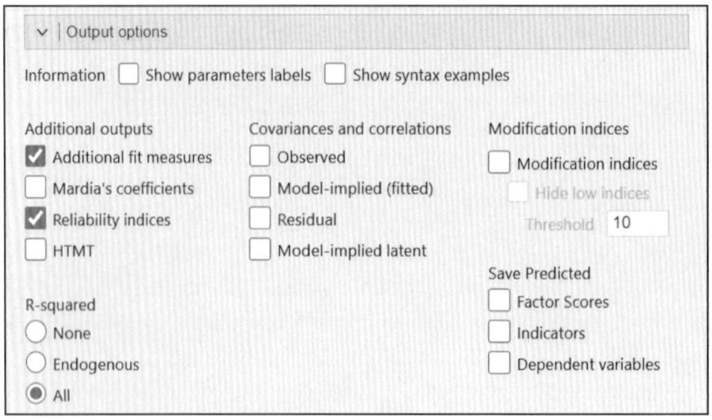

圖 13-10　輸出選項——jamovi

在 Path diagram（徑路圖）中，可選擇標準化係數（Betas）（圖 13-11）。

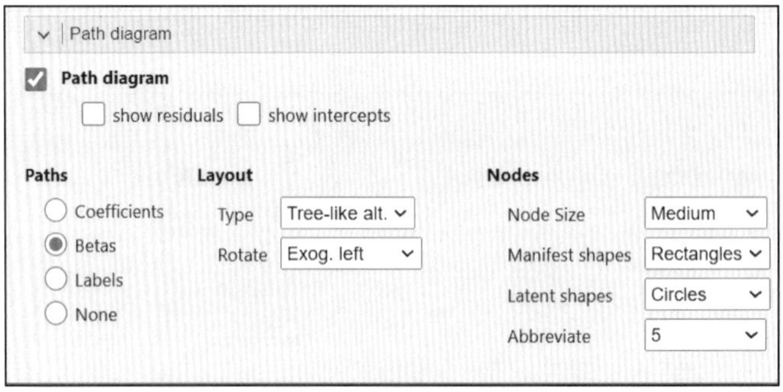

圖 13-11　徑路圖——jamovi

分析後得到 12 個報表，此處僅簡要說明 2 個與 JASP 不同的報表。報表 13-7 是間接效果，以 IE1 的標準化係數（β）為例，它是：

$$E \Rightarrow U \Rightarrow A \Rightarrow B = 0.147$$

其中包含了 3 條路徑（見報表 13-5）：

$$E \Rightarrow U = 0.563$$
$$U \Rightarrow A = 0.505$$
$$A \Rightarrow B = 0.518$$

將 3 個係數相乘，即可得到：

$$0.563 \times 0.505 \times 0.518 = 0.147$$

報表中 4 個間接效果的 p 值都小於 .001，達統計上顯著。

報表 13-7 Defined parameters

Label	Description	Parameter	Estimate	SE	95% Confidence Intervals Lower	Upper	β	z	p
IE1	E ⇒ U ⇒ A ⇒ B	p13*p15*p17	0.164	0.035	0.096	0.231	0.147	4.716	< .001
IE2	E ⇒ U ⇒ B	p13*p16	0.246	0.054	0.140	0.351	0.221	4.555	< .001
IE3	E ⇒ A ⇒ B	p14*p17	0.202	0.050	0.105	0.300	0.182	4.061	< .001
IE4	U ⇒ A ⇒ B	p15*p17	0.316	0.059	0.201	0.431	0.261	5.384	< .001

報表 13-8 是徑路圖，徑路上的標準化係數是由報表 13-4 及報表 13-5 中取得。

報表 13-8 Path diagram（標準化）

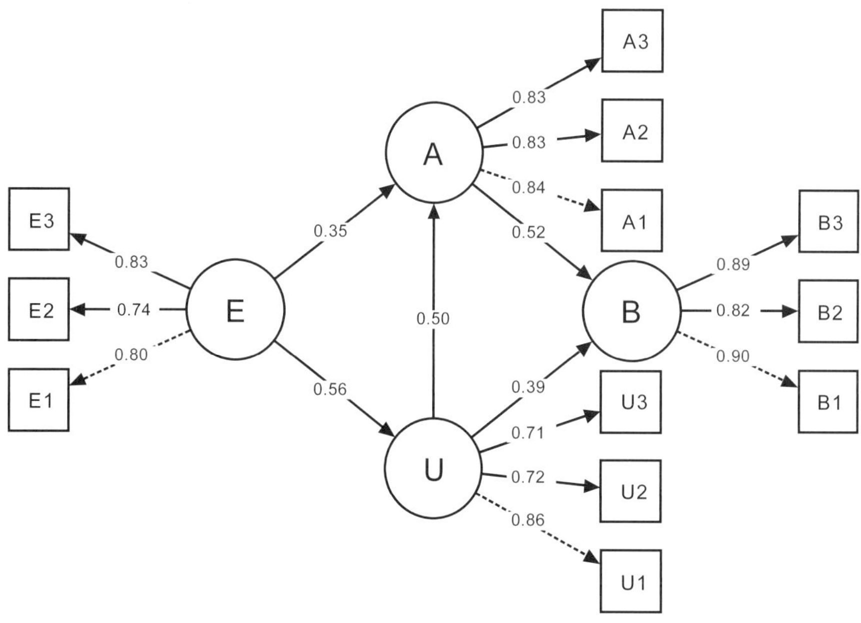

13.6 分析結論

研究者自編 12 題 Likert 六點量表，以測量使用者對智慧型手機的看法。量表共有 4 個分量表，各有 3 個題目，分別在測量認知有用性、認知易用性、使用態度，及行為意圖。經使用 R 軟體 4.4.0 版配合 lavaan 程式套件 0.6-18 版（詳細適配度指標使用 0.6-4 版），以 ML 法進行結構方程模型分析，得到 $\chi^2(49, N = 288) = 106.615$，$p < .001$。$\chi^2$ 與自由度比值為 2.176，GFI = .945，AGFI = .913，RMSEA = .064，SRMR = .040，CFI = .973，表示理論模型適配度良好。標準化估計值如圖 13-12，因素負荷量都在 .71 以上，五個研究假設均獲得支持，總結而言：

1. 認知易用性正向影響認知有用性，徑路係數為 0.563，R^2 為 0.317。
2. 認知易用性與認知有用性均正向影響使用態度，徑路係數分別為 0.351 與 0.505，R^2 為 0.578；認知易用性對使用態度的間接效果為 0.284。
3. 認知有用性與使用態度均正向影響行為意圖，徑路係數分別為 0.392 與 0.518，R^2 為 0.707；認知有用性對行為意圖的間接效果為 0.261；認知易用性對行為意圖的間接效果為 0.550。

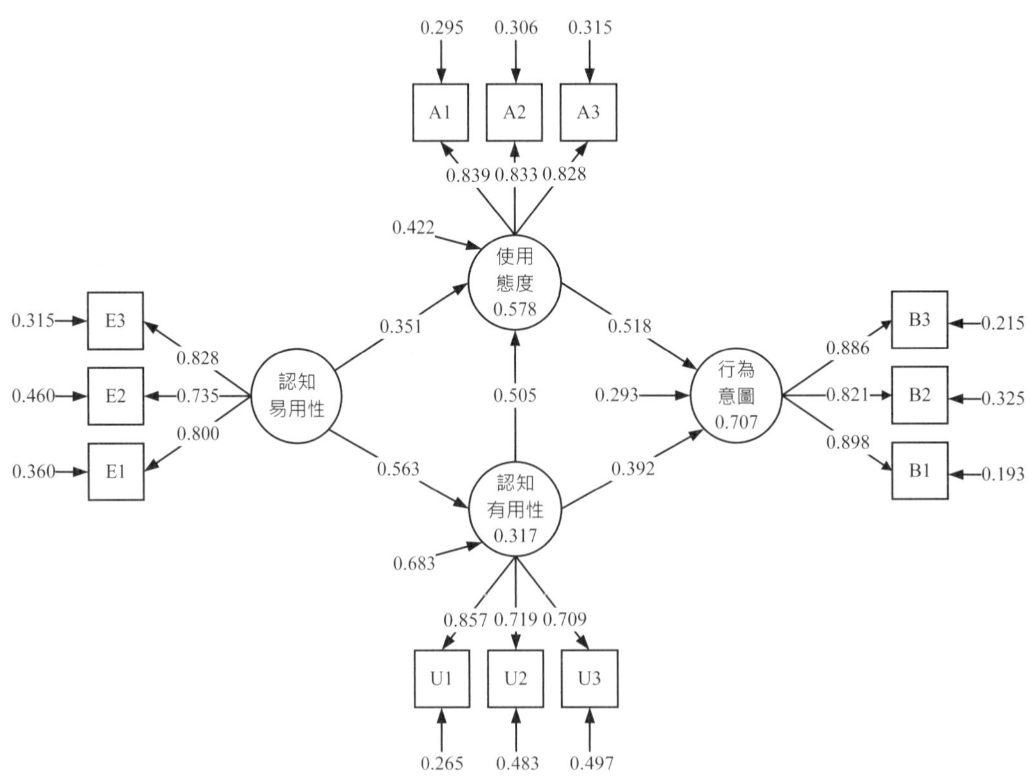

圖 13-12　智慧型手機之科技接受模式

第 14 章

偏最小平方結構方程模型

變異數本位的偏最小平方結構方程模型（variance-based partial least squares structural equation modeling, PLS-SEM）與**共變數本位的結構方程模型**（covariance-based structural equation modeling, CB-SEM）同為第二代統計技術（Fornell & Larcker, 1987; Hairs et al., 2017），CB-SEM 使用已久，也廣泛應用在各學術領域研究中，PLS-SEM 則較晚受到重視。近年來，由於電腦與統計軟體的快速發展，PLS-SEM 已受資訊管理、計量經濟學、商業行銷、休閒運動等領域重視。

PLS（**偏最小平方法或淨最小平方法**）有兩種取向：一是 PLS 迴歸，它與最小平方法迴歸及典型相關概念較相近，多應用於化學計量學、生物資訊學、神經科學等領域；二是 PLS 結構方程模型，它與主成分分析及結構方程模型概念較相近。本章只介紹 PLS-SEM 的重要概念。

14.1 兩種結構方程模型

第二代統計技術整合了外顯的指標變數及潛在變數，納入結構方程模型中。SEM 有兩種類型：一是以共變數為主的結構方程模型，簡稱 CB-SEM，目的在評估研究者所提的理論模型與蒐集的資料是否適配，瑞典學者 Karl Jöreskog 是此領域最知名的研究者。另一種是偏最小平方法的結構方程模型，簡稱 PLS-SEM，目的如同迴歸分析，在對內因構念預測時，使殘差最小並使 R^2 達到最大，挪威出生的瑞典學者 Herman Wold 對此領域的發展有重要的影響。

第 13 章已說明，CB-SEM 可視為驗證性因素分析與徑路分析的結合，它主要包含**測量模型**與**結構模型**。PLS-SEM 同樣包含兩種模型（圖 14-1）：1.用來描述潛在變數與外顯測量變量關係者稱為**外部模型**（outer model），等同 CB-SEM 的測量模型（圖 14-2）；2.用來描述潛在內因變數與潛在外因變數關係者稱為**內部模型**（inner model），等同 CB-SEM 的結構模型（圖 14-3）。CB-SEM 的測量指標通常是反映性測量，而 PLS-SEM 可以是形成性測量（圖 14-4），或是兩者兼具，PLS-SEM 可視為主成分分析與徑路分析的結合。

Ringle、Sarstedt、與 Straub（2012）分析了 MIS Quarterly 期刊自 1992 到 2011 共 20 年使用 PLS-SEM 的 65 篇論文 109 個結構方程模型，只使用反映性測量的有 46 個

模型（42.20%），只使用形成性測量有 2 個模型（1.83%），兩者兼用的有 33 個模型（30.28%），不過，也有 28 個模型（25.69%）未說明使用何種測量模型。可見，單純使用形成性測量仍是少數，多數研究仍以反映性測量進行 PLS-SEM，或是兩種測量並用。

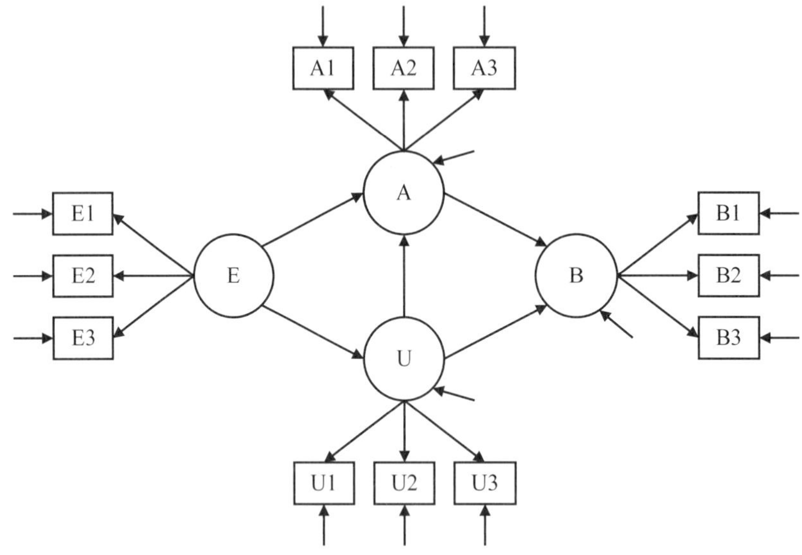

圖 14-1　完整的 PLS-SEM

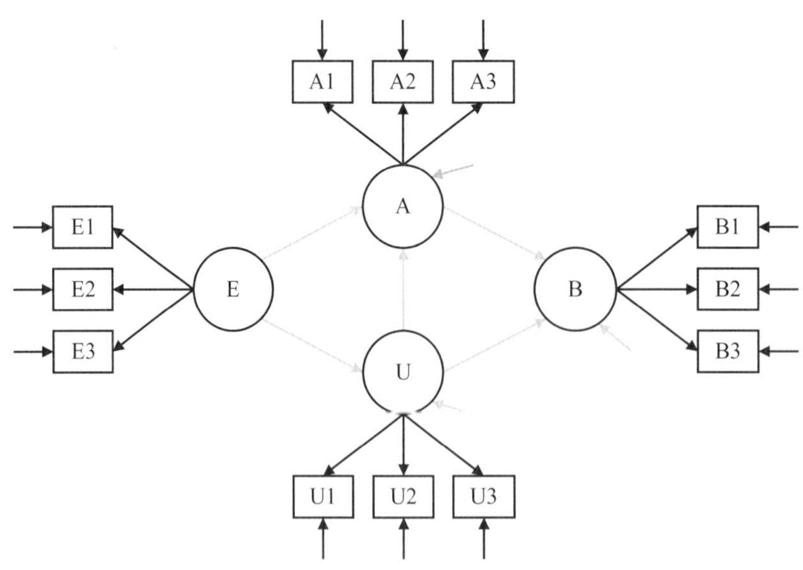

圖 14-2　PLS-SEM（外部模型）

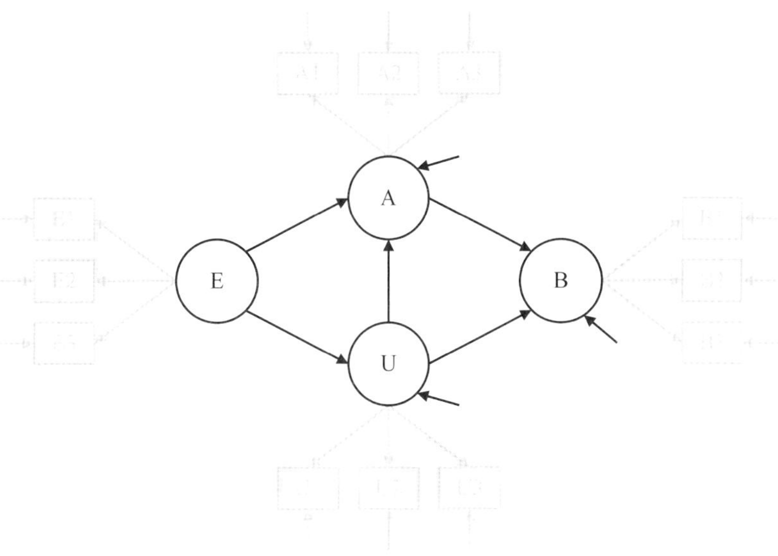

圖 14-3 PLS-SEM（內部模型）

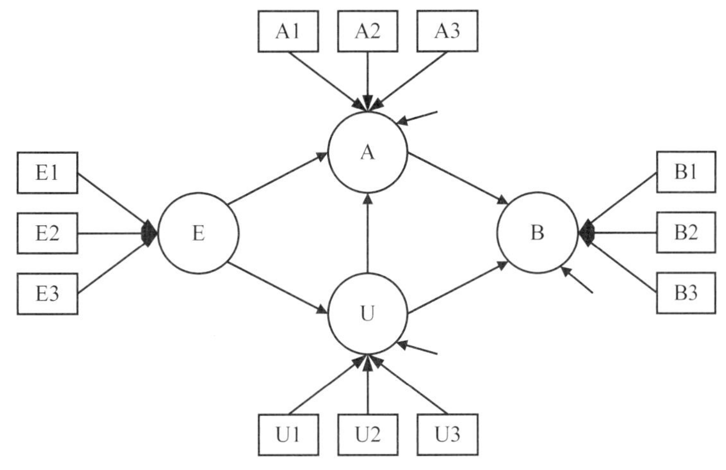

圖 14-4 PLS-SEM（形成性測量）

14.2 PLS-SEM 的特點

與 CB-SEM 相較，PLS-SEM 具有以下的特點（Hair et al, 2017）：

1. 小樣本也可以分析。CB-SEM 通常使用 ML 法估計參數，需要大樣本；如果樣本數較小，PLS-SEM 是較好的選擇。如果樣本數符合 10 倍原則，PLS-

SEM 的估計結果已具不偏性：(1)單一構念中最多形成性指標數量的 10 倍；或(2)單一潛在變數最多徑路數量的 10 倍。本章的範例每個潛在構念的指標都是 3 個，3 × 10 = 30，指向構念 A、B 的徑路數都是 2 個，2 × 10 =20，因此，樣本數只要達到 20 或 30 就已足夠。當然，如果是大樣本，則會增加估計的正確性。

2. 資料不須常態分配。CB-SEM 使用的 ML 估計，需要符合多變量常態分配假設；PLS-SEM 使用 PLS 法，不必假定資料為常態分配，較 CB-SEM 可以適用不同型態的資料。
3. 模型可以同時包含反映性與形成性測量指標。CB-SEM 的指標通常為反映性指標，PLS-SEM 可以兩者兼具，可配合更多研究需要。
4. CB-SEM 常用來驗證理論，PLS-SEM 主要透過理論模型解釋依變數變量的方式，用於探索性研究，進而發展理論。

雖然 PLS-SEM 與 CB-SEM 的統計觀點不同，不過，如果 CB-SEM 的基本假定無法符合，則 PLS-SEM 可以是很好的替代方法，兩者估計結果也相近。如果要再使用潛在構念分數進行後續分析，則 PLS-SEM 是較好的選擇（Hair et al., 2011）。

14.3 PLS-SEM 的分析步驟

PLS-SEM 的分析步驟與 CB-SEM 大同小異。在 R 軟體中，可以使用 matrixpls、seminr、semPLS（Structural Equation Modeling Using Partial Least Squares）、plspm（Partial Least Squares Path Modeling）等程式套件分析 PLS-SEM，本章先說明 plspm 及 seminr 的指令，以下將配合實例分點說明之。最後再以 matrixpls 說明同時包含反映性與形成性測量的 PLS-SEM。本書完稿後，matrixpls 程式套件已移出 CRAN，讀者可以自行下載 matrixpls_1.0.13.tar.gz 安裝。

14.3.1 設定結構模型

PLS-SEM 的主要目的與迴歸分析相同，在於使依變數（潛在或外顯）的觀察值與由理論模型所得的預測值差異（殘差）達到最小。而理論模型旨在描述潛在變數間的因果關係，以筆者所提的智慧型手機之科技接受模型，包含以下五個假設：

H_1：認知易用性正向影響認知有用性。

H_2：認知易用性正向影響使用態度。

H_3：認知有用性正向影響使用態度。

H_4：認知有用性正向影響行為意圖。

H_5：使用態度正向影響行為意圖。

上面的五個假設，以依變數為準，轉換為以下三個模型：

M_1：認知有用性受認知易用性正向影響。

M_2：使用態度受認知易用性與認知有用性正向影響。

M_3：行為意圖受認知有用性與使用態度正向影響。

以上的因果關係以圖 14-5 表示，就類似第 11 章的徑路分析圖（圖 11-1）。圖中認知易用性未被其他變數解釋（影響），稱為潛在外因變數；認知有用性、使用態度、行為意圖都被其他變數解釋，稱為潛在內因變數。在模型中，潛在內因變數未被解釋的部分稱為殘差。

設定結構模型時應留意精簡性，如果兩個模型都可以適配觀察資料，則應選擇較精簡的模型。圖 14-5 認知有用性→行為意圖這一徑路後來從 TAM 中取消，讀者可以試著設定不同的模型。

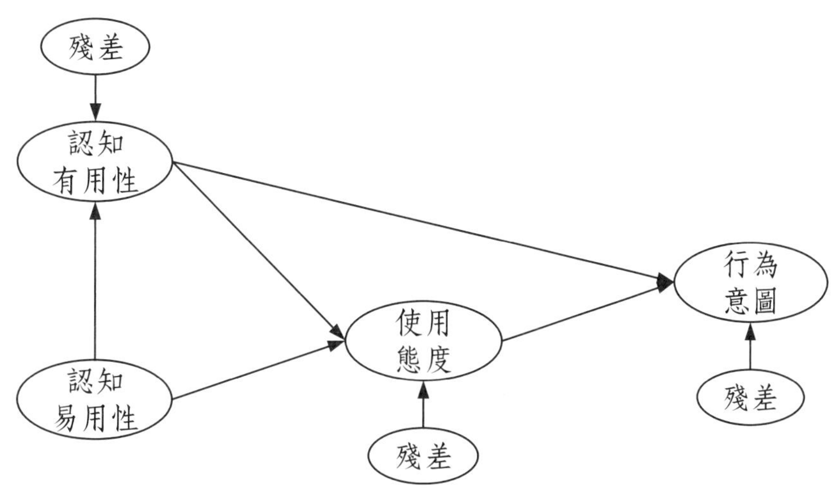

圖 14-5 智慧型手機的科技接受模型

使用 R 進行分析

命令稿 14-1 在設定內部模型（結構模型），各指令意義如下：

1. 第 1～4 列設定內部模型矩陣，直行是自變數，橫列是依變數，設定 1 的元素代表有因果關係，因此有 5 個因果徑路，分別是 E→U、E→A、U→A、U→B、A→B。
2. 第 5 列以列合併 rbind() 函數把前 4 列的徑路存入 pls.inner 物件。
3. 第 6 列把 pls.inner 物件的行名稱設定等於列名稱，設定完成後內部模型如下：

	E	U	A	B
E	0	0	0	0
U	1	0	0	0
A	1	1	0	0
B	0	1	1	0

命令稿 14-1　設定結構模型——內部模型

```
> E <- c(0, 0, 0, 0)
> U <- c(1, 0, 0, 0)
> A <- c(1, 1, 0, 0)
> B <- c(0, 1, 1, 0)
> pls.inner <- rbind(E, U, A, B)
> colnames(pls.inner) <- rownames(pls.inner)
> pls.inner
##     E U A B
##   E 0 0 0 0
##   U 1 0 0 0
##   A 1 1 0 0
##   B 0 1 1 0
```

14.3.2 設定測量模型

測量模型主要在找到適合的測量指標來代表潛在變數，此部分已在第 12 章說明。在 CB-SEM 中，通常是反映性測量模型；PLS-SEM 可以同時包含反映性測量模型（模型 A）與形成性測量模型（模型 B）。兩者的差別，詳如表 14-1。

表 14-1　測量模型的比較

判斷標準	反映性測量 mode A	形成性測量 mode B
指標與構念的因果順序	從構念到指標	從指標到構念
特質或總和	構念是解釋指標的一種特質	構念是解釋指標的總和
指標代表構念的果或因	指標是構念的結果	指標是構念的原因
當特質的評量改變時，所有題項是否需要做相似的調整	需要	不需要
題項是否可以相互取代	可以	不可以

修改自：*A primer on partial least squares structural equation modeling* (PLS-SEM) (2nd ed.) (p.52), by Jr. J. F. Hair, G. T. M. Hult, C. M. Ringle, & M. Sarstedt, 2017, Thousnad Oaks, CA: SAGE.

使用 R 進行分析

命令稿 14-2 第 1 列設定 4 個潛在變數各有 3 個測量指標，分別來自資料集的第 1 ~ 3、4 ~ 6、7 ~ 9、10 ~ 12 個變數。第 2 列設定測量模型為模型 A，也就是反映性測量；如果是形成性測量，則改為模型 B，為第 3 列。

命令稿 14-2　設定測量模型——外部模型

```
> pls.outer <- list(1:3, 4:6, 7:9, 10:12)
> pls.modea <- c("A", "A", "A", "A")
> pls.modeb <- c("B", "B", "B", "B")
```

14.3.3　進行參數估計

PLS-SEM 的運算可分成兩個階段，第一個階段是透過以下四個步驟反覆估計潛在構念分數直到收斂（邱皓政，2011b；Hair et al., 2011）：

1. 由外部模型趨近潛在構念分數。第一次先把各潛在構念相對應的測量變數（指標）使用任意的權重（通常設定為 1）做線性組合，以獲得標準化分數，此為由外部模型趨近潛在構念分數（外部代理分數，outer proxy score）。第二次之後則從步驟 4 獲得權重。
2. 估計內部模型權重。把前一步驟得到的潛在構念分數，透過各潛在變數的關聯強度、迴歸或徑路模型，求得內部模型代理權重。此步驟有三種加權方式：(1)形心加權法（centroid weighting scheme）；(2)因素加權法（factor weighting scheme）；(3)徑路加權法（path weighting scheme）。plspm 程式套件內定使用形心加權法，雖然三種加權方法估計的結果相差不多，不過，Hair 等人（2017）建議使用徑路加權法，因為這種方法可以得到比較高的潛在內因變數 R^2，也適合所有的 PLS 徑路模型設定與估計。

3. 由內部模型趨近潛在構念分數。完成上述兩步驟所得到的潛在變數分數與權重，就可以計算出新的內部模型潛在變數分數（內部代理分數，inner proxy score）。
4. 估計外部模型權重。把新的結構模型潛在變數分數與各對應的測量變數求相關係數（反映性測量）或迴歸係數（形成性測量），作為外部模型權重。此權重再代入第一步驟求取測量模型潛在變數分數趨近。如此反覆疊代估計，直到獲得的測量模型權重收斂至不再有明顯改變時才停止計算。

第二階段則將第一階段獲得的潛在構念分數帶入，使用 OLS 法求解 PLS-SEM 中每個偏迴歸方程，以獲得最終的外部加權、外部負荷量，及結構模型徑路係數估計值。

使用 R 進行分析

命令稿 14-3 有 5 個指令，分別說明如下：

1. 第 1 個指令讀取 C 磁碟 R 資料夾的 cfa.csv 資料檔，並存入 pls.data 物件。
2. 第 2 個指令載入 plspm 程式套件，載入前要先安裝 plspm 程式套件，如果未安裝，應先執行 install.packages("plspm")。
3. 第 3 個指令以 plspm() 函數進行分析，分析結果存入 pls.fita 物件。括號中選項分別代表：
   (1) 資料來自 pls.data；
   (2) 內部模型為 pls.inner；
   (3) 外部模型為 pls.outer；
   (4) 測量模型來自 pls.modea；
   (5) 改用 path 加權法，內定為 centroid。

4. 如果要使用形成性測量模型，則把 pls.modea 改為 pls.modeb，結果存在 pls.fitb，此為第 4 列。
5. 第 5 個指令輸入 pls.fita 列出分析結果中各項數據的名稱。pls.fitb 的內容標題相同。

命令稿 14-3 估計參數

```
> pls.data <- read.csv("C:/R/cfa.csv")
> library(plspm)
> pls.fita <- plspm(pls.data, pls.inner, pls.outer, modes = pls.modea, scheme ="path")
> pls.fitb <- plspm(pls.data, pls.inner, pls.outer, modes = pls.modeb, scheme ="path")
> pls.fita
## Partial Least Squares Path Modeling (PLS-PM)
## ---------------------------------------------
##    NAME              DESCRIPTION
## 1  $outer_model      outer model
## 2  $inner_model      inner model
## 3  $path_coefs       path coefficients matrix
## 4  $scores           latent variable scores
## 5  $crossloadings    cross-loadings
## 6  $inner_summary    summary inner model
## 7  $effects          total effects
## 8  $unidim           unidimensionality
## 9  $gof              goodness-of-fit
## 10 $boot             bootstrap results
## 11 $data             data matrix
## ---------------------------------------------
## You can also use the function 'summary'
```

14.3.4 評鑑測量模型

與 CB-SEM 相同，測量模型是 SEM 的基礎，因此應先評鑑測量（內部）模型是否適當，再評鑑結構（外部）模型。評鑑測量模型會視反映性測量或形成性測量而有不同，以下分節說明之。

14.3.4.1 反映測量模型的評鑑

如果是反映性測量可以從以下四方面著手。

❑ 內部一致性

首先，內部一致性要高。傳統分析量表的內部一致性信度會使用 Cronbach 的 α 係數，不過，α 係數通常是信度的下限，會低估真正的信度，因此在 SEM 中，多數使用 Wert 等人發展的組成信度（composite reliability, CR），它比較接近母群參數（Chin, 1998）。組成信度公式為：

$$\rho_c = \frac{(\text{因素負荷量總和})^2}{(\text{因素負荷量總和})^2 + (\text{測量誤差變異量總和})}$$

$$= \frac{\left(\sum_{i=1}^{M} l_i\right)^2}{\left(\sum_{i=1}^{M} l_i\right)^2 + \sum_{i=1}^{M} var(e_i)} = \frac{\left(\sum_{i=1}^{M} l_i\right)^2}{\left(\sum_{i=1}^{M} l_i\right)^2 + \sum_{i=1}^{M} \left(1 - l_i^2\right)}$$

公式 14-1

組成信度值介於 0 至 1 之間，數據愈大代表信度愈高。如果是探索性的研究，組成信度在 0.60 ~ 0.70 之間就可以接受；如果是後續階段的研究，最好在 0.70 ~ 0.90 之間；如果高於 0.90 甚至 0.95，表示所有指標測量到的都是同樣的現象，反而不是該構念的有效測量指標（Hair et al., 2017）。

使用 R 進行分析

在 plspm 程式套件中，並未提供組成信度，而改用 Dillon-Goldstein 的 rho（ρ），ρ 會比 ρ_c 稍高。命令稿 14-4 列出 plspm 中的$unidim 的各種統計量。四個構念的組成信度 Dillon-Goldstein ρ 分別為 0.8991、0.8828、0.9218、0.9383，都高於 0.70，但構念 A 與 B 的 ρ 都超過 0.90，應再留意是否題目太相似了。Cronbach α 分別為 0.8315、0.8003、0.8727、0.9012，都比 ρ 小。Eig.1st 這一欄代表使用指標的相關矩陣解出的第 1 個特徵值，如果指標間有高的相關，則第 1 個特徵值會接近指標數（在此都為 3），分別為 2.2442、2.1465、2.3915、2.5057，除以 3 後分別為 0.7481、0.7155、0.7972、0.8352，在因素分析中代表因素的解釋量，它們非常接近後面的 AVE。

如果使用 matrixpls 程式套件，可以用 cr(分析所得物件) 列出 CR 值，數值分別是 0.8976、0.8827、0.9217、0.9382，與 Dillon-Goldstein ρ 非常接近。

命令稿 14-4 內部一致性

```
> pls.fita$unidim
##    Mode MVs   C.alpha    DG.rho  eig.1st   eig.2nd
## E     A   3 0.8315109 0.8990570 2.244221 0.4147844
## U     A   3 0.8002436 0.8828034 2.146500 0.5299972
## A     A   3 0.8727144 0.9218107 2.391522 0.3372343
## B     A   3 0.9011558 0.9382758 2.505681 0.3093493
```

❑ 指標信度

第二，指標的信度最好大於 0.5。因素負荷量的平方，代表指標被潛在變數解釋的變異量，是共同性也是指標的信度。指標信度常見的標準是 0.5，代表有 50%的變異量被潛在變數解釋，而 $\sqrt{0.5} \approx 0.707$ ，因此因素負荷量應大於 0.708 比較理想。然而，如果介於 0.40 ~ 0.70 之間，也不一定要刪除題項，除非可以提高組合信度或 AVE。

使用 R 進行分析

命令稿 14-5 第 1 個指令在 pls.fita 之後加上$outer_model，列出外部模型的結果。Weight 這一欄是指標對潛在變數的加權係數，把指標標準化為 Z 分數後，乘上各自的加權係數，加總就等於潛在變數，在反映性測量時可不看。Loading（負荷量）這一欄，平方後就是 communality（共同性），也是指標的信度。由結果來看，負荷量最小為 U→U3 的 0.8182，共同性為 0.6695，所有指標均符合大於 0.708 的標準。Redundancy 這一欄代表的是指標受到潛在自變數解釋的百分比。例如：U→U1 的負荷量是 0.8949，平方後的共同性是 0.8008，而 E→U 的 R^2 是 0.224（見命令稿 14-8），因此 $0.8008 \times 0.224 = 0.180$。換言之，E→U1 的解釋量為 0.1795，就是 U1 的這一列的 redundancy 值。

第 2 個指令以 outerplot() 函數將外部模型結果以黑白兩色繪出，係數及箭頭設定在線段的 70%位置，內定顯示 loading（如 363 頁圖 14-6）。由因素負荷量來看，與 337 頁（第 13 章圖 13-5）的標準化因素負荷相比，PLS-SEM 的係數都較大，是 CB-SEM 的 1.02 ~ 1.15 倍之間。

如果要使用 weight 繪製模型圖，則改用第 3 個指令。不過，它比較常用在形成性測量，在反映性測量中較少使用。

命令稿 14-5　因素負荷量

```
> pls.fita$outer_model
##      name block    weight   loading communality redundancy
## 1     E1      E 0.4416725 0.8817240   0.7774372  0.0000000
## 2     E2      E 0.2993989 0.8202776   0.6728554  0.0000000
## 3     E3      E 0.4116816 0.8865506   0.7859719  0.0000000
## 4     U1      U 0.4263636 0.8948579   0.8007707  0.1795940
## 5     U2      U 0.3659436 0.8220320   0.6757367  0.1515518
## 6     U3      U 0.3882220 0.8182118   0.6694705  0.1501465
## 7     A1      A 0.3697380 0.8972108   0.8049871  0.3563378
## 8     A2      A 0.3595132 0.8946456   0.8003907  0.3543031
## 9     A3      A 0.3910970 0.8863024   0.7855319  0.3477257
## 10    B1      B 0.3867826 0.9182838   0.8432451  0.4927328
## 11    B2      B 0.3623250 0.8926076   0.7967483  0.4655633
## 12    B3      B 0.3455554 0.9301251   0.8651328  0.5055224
> outerplot(pls.fita, arr.pos = 0.7, lcol = "black", box.col = "white", colpos = "black", txt.col = "black")
> outerplot(pls.fita, arr.pos = 0.4, lcol = "black", box.col = "white", colpos = "black", txt.col = "black",
  colneg="grey", what = "weights")
```

❑ 聚斂效度

第三，潛在變數對指標的平均抽取變異量（AVE）應大於 0.50，小於 0.95。AVE 可以代表構念的聚斂效度，它的計算方法是把潛在變數對指標的負荷量取平方後再除以指標數，也就是潛在變數對所有指標的平均解釋量。

使用 R 進行分析

命令稿 14-6 直接列出 pls.fita 中的$inner_summary，最右一欄的 AVE（使用修正公式）分別為 0.7454、0.7153、0.7970、0.8350，都超過 0.50，因此四個構念有高的聚斂效度。AVE 與命令稿 14-6 中的第 1 個特徵值有很高的相關。報表中的 Block_Communality 是平均的共同性，也就是原始公式的 AVE。Mean_Redundancy 等於 AVE 乘上 R^2，它代表外顯變數被潛在因素的平均解釋變異量。

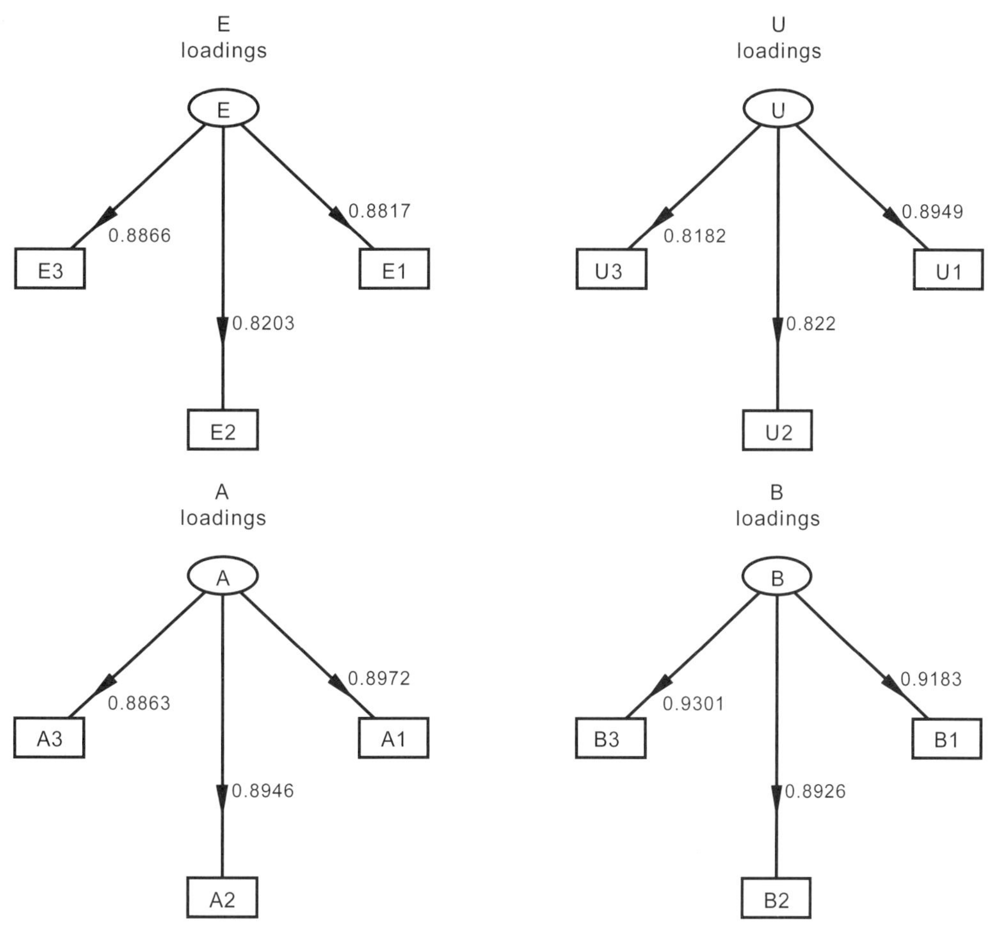

圖 14-6　外部模型負荷量——反映性測量

命令稿 14-6　計算 AVE

```
> pls.fita$inner_summary
##            Type        R2 Block_Communality Mean_Redundancy       AVE
## E    Exogenous 0.0000000         0.7454215       0.0000000 0.7454215
## U  Endogenous 0.2242764         0.7153260       0.1604308 0.7153260
## A  Endogenous 0.4426627         0.7969699       0.3527889 0.7969699
## B  Endogenous 0.5843292         0.8350421       0.4879395 0.8350421
```

❑ 區別效度

第四，因素間應具有區別性。第一個方法可以檢視構念與指標的交叉負荷量（cross-loadings），也就是指標與不同構念間的負荷量要小於所屬構念的負荷量，不過，這是比較寬鬆的標準。

使用 R 進行分析

命令稿 14-7 列出 pls.fita 中的 crossloadings（交叉負荷量）。非交叉負荷量部分，筆者加上粗體，在同一列或同一行中都是最大的。交叉負荷量最大者為 A→B1 的 0.6898，平方後為 0.4757，未超過 0.5；與 A 因素指標負荷量最小的 0.8863（A→A3）相較，相差約 0.2，符合 Hair 等人（2019）所提的標準。整體而言，構念間具有區別性。

命令稿 14-7　交叉負荷量

```
> pls.fita$crossloadings
##      name block         E         U         A         B
## 1      E1     E 0.8817240 0.4725005 0.5128485 0.4865343
## 2      E2     E 0.8202776 0.2993648 0.3660646 0.4035752
## 3      E3     E 0.8865506 0.4257135 0.4909612 0.4400010
## 4      U1     U 0.4036375 0.8948579 0.5592521 0.6090116
## 5      U2     U 0.3998579 0.8220320 0.4724345 0.4909803
## 6      U3     U 0.3996594 0.8182118 0.4843630 0.5540478
## 7      A1     A 0.4804537 0.5354817 0.8972108 0.6187403
## 8      A2     A 0.4476946 0.4863807 0.8946456 0.6321378
## 9      A3     A 0.5104514 0.5791946 0.8863024 0.6454356
## 10     B1     B 0.5341619 0.6252174 0.6897363 0.9182838
## 11     B2     B 0.4477419 0.5795392 0.6505865 0.8926076
## 12     B3     B 0.4283727 0.5863612 0.5960254 0.9301251
```

第二個方法是因素間的相關要小於因素的 AVE 平方根。

使用 R 進行分析

命令稿 14-8 列出 pls.fita 的摘要，筆者刪除不必要的部分，只保留四個潛在變數的相關及 AVE。

命令稿 14-8 潛在變數間的相關

```
> summary(pls.fita)
## CORRELATIONS BETWEEN LVs
##        E      U      A      B
## E  1.000  0.474  0.538  0.517
## U  0.474  1.000  0.599  0.654
## A  0.538  0.599  1.000  0.709
## B  0.517  0.654  0.709  1.000
## ---------------------------------------------------------
## SUMMARY INNER MODEL
##          Type     R2  Block_Communality  Mean_Redundancy    AVE
## E   Exogenous  0.000              0.745            0.000  0.745
## U  Endogenous  0.224              0.715            0.160  0.715
## A  Endogenous  0.443              0.797            0.353  0.797
## B  Endogenous  0.584              0.835            0.488  0.835
```

上面的結果可以整理成表 14-2，表中對角線上是每個因素 AVE 的平方根，對角線外為因素間的相關。以 U 因素為例，它的 AVE 是 0.715，取平方根後為 0.846。U 因素與其他因素的相關分別是 0.474、0.599、0.654，都比 0.846 小，因此 U 因素與其他三個因素具有不錯的區別效度。E 因素這行的其他三個相關係數都比 0.863 小，B 因素這列的其他三個相關係數也都比 0.914 小。整體而言，四個因素間都具有區別性。

表 14-2 區別效度分析*

	E 因素（認知易用性）	U 因素（認知有用性）	A 因素（使用態度）	B 因素（行為意圖）
E 因素（認知易用性）	0.863			
U 因素（認知有用性）	0.474	0.846		
A 因素（使用態度）	0.538	0.599	0.893	
B 因素（行為意圖）	0.517	0.654	0.709	0.914

* 對角線上為 AVE 的平方根，對角線外為變數間的相關係數

14.3.4.2 形成測量模型的評鑑

如果是形成性測量，可以從以下三方面著手。

❑ 聚斂效度

首先，評鑑聚斂效度。此處所指聚斂效度是同一構念之指標間的正相關程度。它的分析方法是計算同一個構念的形成性指標與反映性指標間的相關，也稱為**重複分析**（redundancy analysis），圖示如圖 14-7。例如：在本章範例中「認知易用性」構念，其反映性指標是：1.智慧型手機的操作方法簡單易學；2.我不需要別人協助，就可以學會使用智慧型手機；3.智慧型手機所提供的加值功能，對我而言是容易操作的。而形成性指標可以是：1.使用界面友善；2.有詳細的說明；3.各 APP 間操作方法一致。分析時以三個形成性指標組合成「認知易用性」得分，同時也以另外三個反映性指標計算另一個「認知易用性」得分，並計算兩個「認知易用性」得分的相關（也是徑路係數）。相關係數最好在 0.80 以上，也就是 R^2 應大於 0.64。

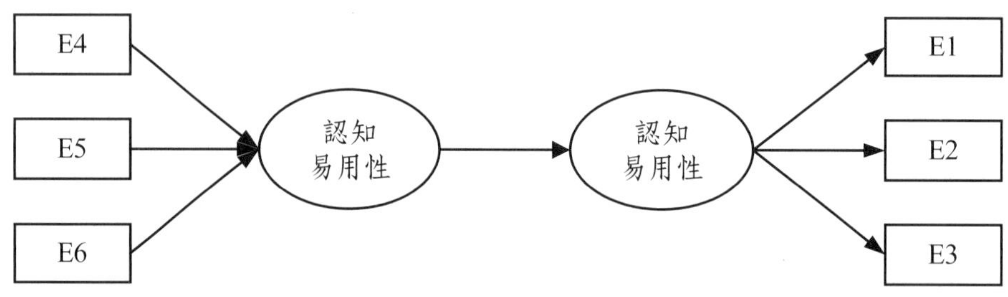

圖 14-7　重複分析

使用 R 進行分析

命令稿 14-9 在執行重複分析，有 12 個指令，分別說明如下：

1. 第 1 個指令讀入 tamall.csv 的 csv 形式資料檔，資料中有 24 個變數，分屬 4 個構念，各構念的前 3 題為反映性指標，後 3 題為形成性指標。
2. 第 2～5 個指令設定內部模型，徑路為 FE→RE。其他說明請見命令稿 14-1。
3. 第 6～7 個指令設定外部模型，FE 的指標來自資料集 4～6 行，RE 的指標來自 1～3 行。FE 是模型 B（形成性模型），RE 是模型 A（反映性指標）。

4. 第 8 ~ 9 個指令載入 plspm 程式套件，以 plspm() 函數分析並將結果存入 tam.fita。
5. tam.fita 中的$outer_model 存有外部模型的結果，以第 9 個指令列出。由於 E4 ~ E6 為形成性指標，應使用 weight 的係數，而 E1 ~ E3 為反映性指標，應使用 loading 係數（粗體為筆者所加）。
6. 第 10 個指令列出 tam.fita 中的$path_coefs，得到徑路係數為 0.876；
7. 第 11 個指令列出 tam.fita 中$inner_summary，得到 R^2 為 0.767。

命令稿 14-9　重複分析

```
> tam.data<-read.csv("C:/R/tamall.csv")
> FE <- c(0, 0)
> RE <- c(1, 0)
> tam.innera <- rbind(FE, RE)
> colnames(tam.innera) <- rownames(tam.innera)
> tam.outera <- list(4:6, 1:3)
> tam.modes <- c("B", "A")
> library(plspm)
> tam.fita <- plspm(tam.data, tam.innera, tam.outera, modes = tam.modes, scheme = "path" )
> tam.fita$outer_model
##    name block    weight   loading communality redundancy
## 1    E4    FE 0.4630596 0.9401463   0.8838751  0.0000000
## 2    E5    FE 0.4990947 0.9466230   0.8960952  0.0000000
## 3    E6    FE 0.1376421 0.6698655   0.4487198  0.0000000
## 4    E1    RE 0.4563088 0.8855686   0.7842318  0.6018934
## 5    E2    RE 0.3521415 0.8403087   0.7061186  0.5419420
## 6    E3    RE 0.3469027 0.8647950   0.7478704  0.5739862
> tam.fita$path_coefs
##           FE RE
## FE 0.0000000  0
## RE 0.8760675  0
> tam.fita$inner_summary
##          Type        R2 Block_Communality Mean_Redundancy       AVE
## FE  Exogenous 0.0000000         0.7428967       0.0000000 0.0000000
## RE Endogenous 0.7674943         0.7460736       0.5726072 0.7460736
```

分析結果如圖 14-8 所示，由於 R^2=0.767，大於 0.64，因此 E4 ~ E6 作為認知易用性的形成性指標，具有高的聚斂效度。

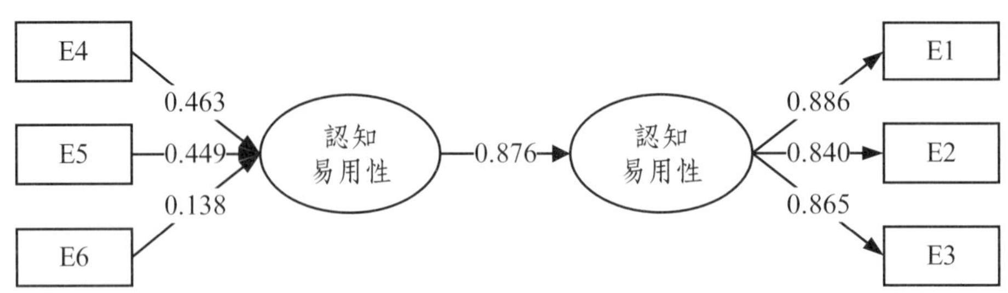

圖 14-8　重複分析結果

❑ 共線性檢查

其次，檢視測量指標間的多元共線性（簡稱共線性）。形成性指標間不應有高的相關，如果指標間有共線性，就會使得係數的標準誤增大，檢定不顯著，也可能使得係數的正負相反。

使用 R 進行分析

命令稿 14-10 中仍以 E4 ~ E6 為認知易用性的形成性指標，但改用 U1 ~ U3 為認知有用性的反映性指標。由圖 14-9 可看出，E4 ~ E6 對認知易用性的加權係數分別為 1.033、0.094、−0.226，其中 E4 的標準化加權係數大於 1，E5 的加權係數接近 0，而 E6 的加權係數更為負數。然而，這三個指標與潛在分數的相關係數（loading，筆者加上底線）分別為 0.983、0.799、0.400，都為正數，可見有共線性問題。主要原因應是 E4 與 E5 的相關較高，為 0.803。

命令稿 14-10　共線性分析

```
> FE <- c(0, 0)
> RU <- c(1, 0)
> tam.innerb <- rbind(FE, RU)
> colnames(tam.innerb) <- rownames(tam.innerb)
> tam.outerb <- list(4:6, 7:9)
> tam.fitb <- plspm(tam.data, tam.innerb, tam.outerb, modes = tam.modes, scheme = "path" )
> tam.fitb$outer_model
```

```
##    name block      weight   loading communality redundancy
## 1   E4    FE  1.03277009 0.9828237   0.9659424  0.0000000
## 2   E5    FE  0.09432744 0.7987042   0.6379283  0.0000000
## 3   E6    FE -0.22619699 0.3995218   0.1596177  0.0000000
## 4   U1    RU  0.40006050 0.8866932   0.7862248  0.1935260
## 5   U2    RU  0.39522531 0.8340078   0.6955689  0.1712114
## 6   U3    RU  0.38722321 0.8151581   0.6644827  0.1635596
> tam.fitb$path_coefs
##           FE RU
## FE 0.0000000  0
## RU 0.4961309  0
> cor(tam.data[4:6])
##           E4        E5        E6
## E4 1.0000000 0.8026942 0.5555444
## E5 0.8026942 1.0000000 0.5509440
## E6 0.5555444 0.5509440 1.0000000
```

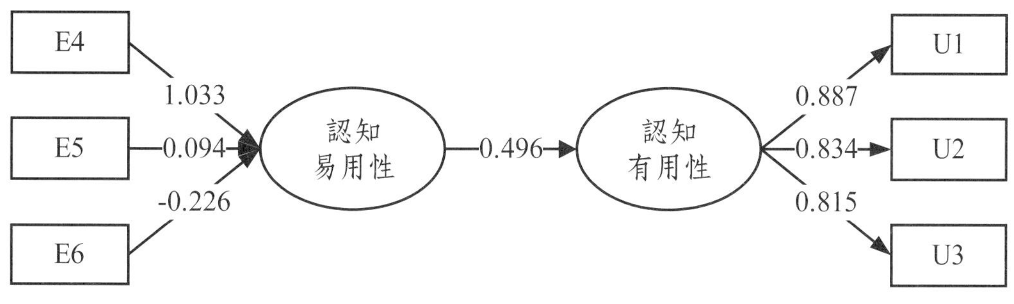

圖 14-9　共線性分析

❑ 指標顯著性與負荷量

第三，檢視指標的顯著性與負荷量（相關係數）。形成性測量模型的顯著性，須使用**拔靴法**（bootstrapping，或譯為**自助抽樣法**）。它運用取出放回法反覆抽樣計算加權係數的標準誤，再將加權係數除以標準誤得到 z 值，或計算加權係數的信賴區間，以檢定加權係數是否顯著。如果某個指標的加權係數不顯著，表示與其他指標相比，它的相對貢獻較少。此時，仍應再檢視外部模型的負荷量，如果該指標與構念的外部負荷量大於 0.5，表示它仍有絕對貢獻，不應刪除該指標。

使用 R 進行分析

命令稿 14-11 是以命令稿 14-10 中的形成性模型 pls.modeb 進行拔靴法顯著性檢定，有 5 個指令，分別說明如下：

第 1 個指令中加入 boot.val = TRUE 及 br = 5000，表示進行 5000 次反覆抽樣，分析結果存在 tam.bootb 物件中。

第 2 個指令 tam.bootb$boot$weights 列出檢定結果中的$weights。

第 3 個指令 tam.bootb$boot$loadings 可以列出$loadings。

第 4 個指令以 outerplot 繪出外部模型之加權係數，負號以灰色表示，結果如圖 14-10 左。

第 5 個指令改用負荷量繪出外部模型，結果如圖 14-10 右（只顯示 FE 因素，隱藏 RU 因素）。

由結果可看出，E5→FE（形成性測量的構念 E）的加權係數為 0.0943，95%信賴區間為 [−0.3831, 0.5111]，中間包含 0，因此係數不顯著，表示與指標 E4 相比，指標 E5 對構念 E 的相對貢獻極小，不顯著。不過，E5 與 E 的相關係數（$loadings 部分）為 0.7987，大於 0.5，因此仍有絕對貢獻，不宜輕易刪除。另一方面，E6 與 E 的相關 0.3995 為正數，但小於 0.5，而且其加權係數為負，表示 E6 與 E4 和 E5 有共線性，建議重新檢視題目，以決定是否刪除該指標。提醒讀者，如果刪除 E6 後，構念 E 的內涵已與原先不同。

命令稿 14-11　形成性測量的顯著性檢定

```
> tam.bootb <- plspm(tam.data, tam.innerb, tam.outerb, modes = tam.modes, boot.val = TRUE, br =
  5000, scheme = "path")
> tam.bootb$boot$weights
##            Original   Mean.Boot  Std.Error   perc.025   perc.975
##   FE-E4  1.03277009  1.02243362 0.17175554  0.6796038 1.35230485
##   FE-E5  0.09432744  0.08949139 0.22988566 -0.3831081 0.51116416
##   FE-E6 -0.22619699 -0.22080200 0.12460107 -0.4598106 0.02708267
##   RU-U1  0.40006050  0.39860084 0.02623452  0.3455570 0.45009145
##   RU-U2  0.39522531  0.39592846 0.03268709  0.3319408 0.46116862
##   RU-U3  0.38722321  0.38758086 0.03433452  0.3269336 0.46112423
> tam.bootb$boot$loadings
```

```
##          Original Mean.Boot  Std.Error  perc.025  perc.975
## FE-E4 0.9828237 0.9689971 0.02458179 0.9066880 0.9984023
## FE-E5 0.7987042 0.7889711 0.07478469 0.6291770 0.9137815
## FE-E6 0.3995218 0.3941272 0.10519250 0.1834716 0.5978702
## RU-U1 0.8866932 0.8856279 0.01698158 0.8482195 0.9136939
## RU-U2 0.8340078 0.8337883 0.02443764 0.7802423 0.8756096
## RU-U3 0.8151581 0.8149264 0.02928189 0.7513046 0.8663331
> outerplot(tam.bootb, arr.pos = 0.35, lcol = "black", box.col = "white", colpos = "black", txt.col =
  "black", colneg = "grey", what = "weights")
> outerplot(tam.bootb, arr.pos = 0.35, lcol = "black", box.col = "white", colpos = "black", txt.col =
  "black", colneg = "grey", what = "loadings")
```

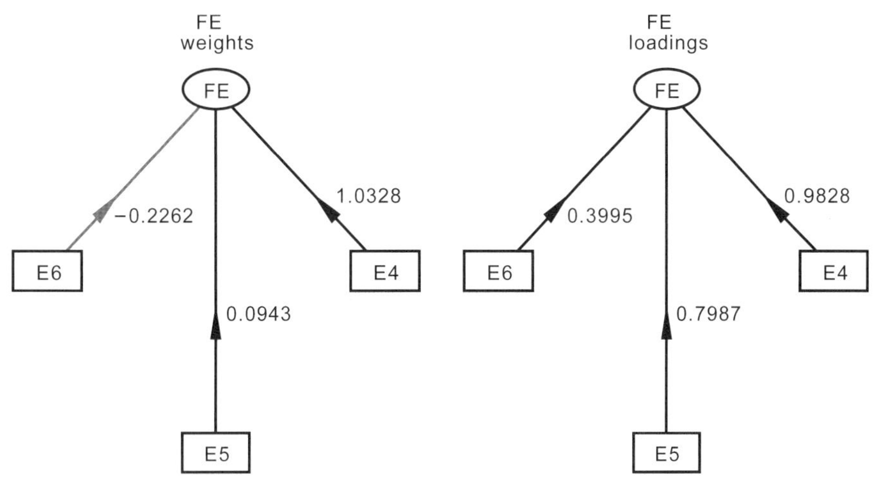

圖 14-10　外部模型加權係數與負荷量——形成性測量

整體而言，使用 E4 ~ E6 作為形成性測量的 E 構念，對使用 U1 ~ U3 作為反映測量的 U 構念所做的迴歸分析，指標 E4 ~ E6 會受到共線性影響，產生三個問題：

1. E4 的標準化加權係數大於 1，違反理論。
2. E5 與構念 E 相關為 0.7987，但加權係數接近 0。
3. E6 與構念 E 相關為 0.3995，但加權係數為−0.2262。

14.3.5　評鑑結構模型

結構模型的評鑑只說明四部分，由於 plspm 程式套件沒有盲解法（blindfolding），因此 Q^2 請見 Hair 等人（2017）與 Hair 等人（2021）的專書介紹。

❑ 徑路係數顯著性

首先，是結構徑路係數的顯著性檢定。Plspm 提供兩種迴歸係數的顯著性檢定，一是使用 OLS 法計算係數標準誤的檢定，一是使用拔靴法計算標準誤的檢定。

使用 R 進行分析

命令稿 14-12 中第 1 個指令使用命令稿 14-1 至命令稿 14-3 的反映性測量模型進行 plspm 分析，其中 boot.val = TRUE 設定執行拔靴法反覆抽樣，br = 5000 設定次數為 5000 次。

第 2 個指令列出 pls.boota 中內部模型$inner_model 的結果，包括估計值（Estimate）、標準誤（Std. Error）、t 值（t value）、p 值（Pr(>|t|)）。此處是以科學記號表示，E→U 的係數是 4.735783e-01，就是 4.735783×10^{-1}，也就是 0.4735783；t 值是估計值除以標準誤，p 值都小於 0.05，因此 5 個徑路係數都達 0.05 顯著水準。各徑路係數分別是：E→U 為 0.4736，E→A 為 0.3279，U→A 為 0.4441，U→B 為 0.3586，A→B 為 0.4935。與 337 頁（第 13 章圖 13-5）的標準化徑路係數相比，PLS-SEM 的徑路係數都較小，是 CB-SEM 的 0.84 ~ 0.95 倍之間。

第 3 個指令列出 pls.boota 中$boot$paths 裡以拔靴法估計所得的 5 個徑路係數的 95%信賴區間，都不包含 0，因此在 $\alpha = 0.05$ 的顯著水準下，都不等於 0。

第 4 個指令以 innerplot 繪出內部模型之徑路圖，結果如圖 14-11。

命令稿 14-12　徑路係數顯著性檢定

```
> pls.boota <- plspm(pls.data, pls.inner, pls.outer, modes = pls.modea, boot.val = TRUE, br = 5000,
  scheme = "path")
> pls.boota$inner_model
## $U
##               Estimate Std. Error      t value     Pr(>|t|)
## Intercept 7.819481e-16 0.05207994 1.501438e-14 1.000000e+00
## E         4.735783e-01 0.05207994 9.093296e+00 1.663473e-17
##
## $A
##                Estimate Std. Error       t value     Pr(>|t|)
## Intercept -1.675831e-16 0.04422182 -3.789603e-15 1.000000e+00
## E          3.279283e-01 0.05020918  6.531242e+00 2.987891e-10
```

```
## U          4.440697e-01 0.05020918  8.844394e+00 9.836638e-17
##
## $B
##                Estimate Std. Error      t value     Pr(>|t|)
## Intercept 9.908637e-17 0.03819023 2.594547e-15 1.000000e+00
## U         3.586306e-01 0.04770961 7.516946e+00 7.309270e-13
## A         4.935094e-01 0.04770961 1.034402e+01 1.676726e-21
##
> pls.boota$boot$paths
##          Original Mean.Boot  Std.Error  perc.025  perc.975
## E -> U 0.4735783 0.4778720 0.04758756 0.3829193 0.5686019
## E -> A 0.3279283 0.3280793 0.06543678 0.1988957 0.4524622
## U -> A 0.4440697 0.4457270 0.05268189 0.3417855 0.5470805
## U -> B 0.3586306 0.3581874 0.05640109 0.2442888 0.4704009
## A -> B 0.4935094 0.4954272 0.05393541 0.3891380 0.6011204
> innerplot(pls.boota, arr.pos = 0.7, lcol = "black", box.col = "white", colpos = "black", txt.col = "black")
```

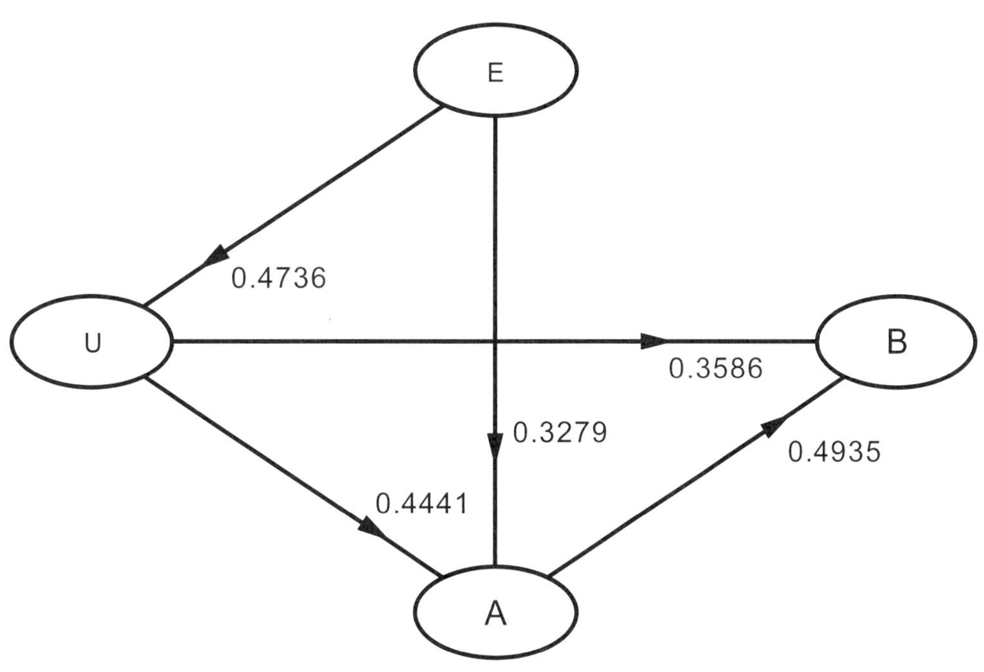

圖 14-11　內部模型徑路係數

❑ 決定係數 R^2

其次，檢視決定係數 R^2。R^2 是潛在自變數對潛在依變數的解釋量，詳細概念請見本書第 2 章。

使用 R 進行分析

命令稿 14-13 中第 1 個指令列出 pls.boota 中$inner_summary 裡的統計量。其中內因變數 U、A、B 被模型解釋的變異量 R^2 分別為 0.224、0.443、0.584。第 13 章的 CB-SEM，三者分別是 0.317、0.578、0.707，PLS-SEM 對結構關係的估計比 CB-SEM 低。R^2 乘以 Block_Communality 就是 Mean_Redundancy，代表指標被其他自變數的平均解釋變異量。第 2 個指令列出 pls.boota 中$boot$rsq 裡的 R^2 檢定結果，3 個 R^2 的 95%信賴區間都不含 0，因此 3 個內因變數被解釋的變異量顯著不等於 0。

除了統計上達顯著外，也要留意 R^2 的實質顯著性。依據 Cohen（1988）的建議推算，R^2 的小中大標準分別為 0.02、0.13、0.26；而 Chin（1998）的標準則是 0.19、0.33、0.67。本研究的 R^2 約為中度的效果量。不過，Hair 等人（2017）則主張，在行銷領域，R^2 的小中大標準應為 0.25、0.50、075，則本章範例為小至中的效果量。

命令稿 14-13　決定係數檢驗

```
> pls.boota$inner_summary
##           Type        R2 Block_Communality Mean_Redundancy       AVE
## E   Exogenous 0.0000000         0.7454215       0.0000000 0.7454215
## U  Endogenous 0.2242764         0.7153260       0.1604308 0.7153260
## A  Endogenous 0.4426627         0.7969699       0.3527889 0.7969699
## B  Endogenous 0.5843292         0.8350421       0.4879395 0.8350421
> pls.boota$boot$rsq
##    Original Mean.Boot  Std.Error  perc.025  perc.975
## U 0.2242764 0.2306258 0.04538325 0.1466272 0.3233081
## A 0.4426627 0.4505614 0.05324591 0.3445626 0.5510110
## B 0.5843292 0.5901276 0.03808663 0.5118273 0.6615109
```

❑ 直接、間接、總效果分析

第三，說明間接效果與總效果。間接效果的計算方法在第 11 章已有說明，此處僅說明分析結果。

使用 R 進行分析

命令稿 14-14 的第 1 個指令列出 pls.boota 中$effects 裡的直接、間接、總效果。第 2 個指令列出 pls.boota 中$boot 裡的$total.efs，所有的總效果都顯著不為 0。結果可以整理成表 14-3，分別說明如下：

1. 認知易用性影響認知有用性，直接效果為 0.474。
2. 認知易用性與認知有用性影響使用態度，直接效果分別為 0.328 與 0.444；認知易用性對使用態度的間接效果為 0.210。
3. 認知有用性與使用態度影響行為意圖，徑路係數分別為 0.359 與 0.494；認知有用性對行為意圖的間接效果為 0.219；認知易用性對行為意圖的間接效果為 0.435。

命令稿 14-14　各效果檢驗

```
> pls.boota$effects
##    relationships    direct  indirect     total
## 1         E -> U 0.4735783 0.0000000 0.4735783
## 2         E -> A 0.3279283 0.2103018 0.5382301
## 3         E -> B 0.0000000 0.4354613 0.4354613
## 4         U -> A 0.4440697 0.0000000 0.4440697
## 5         U -> B 0.3586306 0.2191526 0.5777831
## 6         A -> B 0.4935094 0.0000000 0.4935094
> pls.boota$boot$total.efs
##          Original Mean.Boot  Std.Error  perc.025  perc.975
## E -> U 0.4735783 0.4778720 0.04758756 0.3829193 0.5686019
## E -> A 0.5382301 0.5416007 0.05188873 0.4368461 0.6365180
## E -> B 0.4354613 0.4411330 0.03855201 0.3647557 0.5153130
## U -> A 0.4440697 0.4457270 0.05268189 0.3417855 0.5470805
## U -> B 0.5777831 0.5788251 0.04521623 0.4901630 0.6662439
## A -> B 0.4935094 0.4954272 0.05393541 0.3891380 0.6011204
```

表 14-3　各標準化效果摘要表

效果	自變數	依變數		
		U（有用性）	A（使用態度）	B（行為意圖）
直接效果	E（易用性）	0.474	0.328	
	U（有用性）		0.444	0.359
	A（使用態度）			0.494
間接效果	E（易用性）		0.210	0.435
	U（有用性）			0.219
	A（使用態度）			
總效果	E（易用性）	0.474	0.538	0.435
	U（有用性）		0.444	0.578
	A（使用態度）			0.494

❑ f^2 效果量

除了內因變數 R^2 之外，刪除模型中特定外因變數所造成的 R^2 改變值，也可以用來檢定被刪除的變數是否對內因變數有顯著的影響，此稱為 f^2 效果量，它的公式是：

$$f^2 = \frac{R^2_{\text{包含某外因變數}} - R^2_{\text{刪除某外因變數}}}{1 - R^2_{\text{包含某外因變數}}}$$ 公式 14-2

使用 R 進行分析

命令稿 14-15 中第 1 個指令先將 pls.boota 中的潛在變數分數$scores 轉成資料架構，存在 la 物件。第 2 個指令用 lm() 函數以 E 對 U 進行迴歸分析（U~E），再用 summary() 列出$r.squared（$R^2$），得到 0.224。第 3 個指令不含 E，只保留常數項，寫為 U~1，R^2 為 0。第 4 個指令直接計算 f^2，結果為：

$$f^2 = \frac{0.224 - 0}{1 - 0.224} = 0.289$$

再以 E 與 U 對 A 的迴歸分析為例，E 與 U 對 A 的 R^2 為 0.443，刪除 E 後，U 對 A 的 R^2 為 0.359，因此 E 對 A 的 f^2 為：

$$f^2 = \frac{0.443 - 0.359}{1 - 0.443} = 0.150$$

而刪除 U 後，E 對 A 的 R^2 為 0.290，因此 U 對 A 的 f^2 為：

$$f^2 = \frac{0.443 - 0.290}{1 - 0.443} = 0.274$$

所有 f^2 可以整理成表 14-4。依 Cohen（1988）的建議，f^2 的小中大標準分別為 0.02、0.15、0.35，本研究除了 A 對 B 的 f^2 為大的效果量外，其餘均為小的效果量。

命令稿 14-15　計算 f^2

```
> la <- as.data.frame(pls.boota$scores)
> summary(lm(U~E, la))$r.squared
##   [1] 0. 2242764
> summary(lm(U~1, la))$r.squared
##   [1] 0
> (summary(lm(U~E, la))$r.squared-summary(lm(U~1, la))$r.squared)/
   (1-summary(lm(U~E, la))$r.squared)
##   [1] 0. 289119
> summary(lm(A~E+U, la))$r.squared
##   [1] 0. 4426627
> summary(lm(A~U, la))$r.squared
##   [1] 0. 3592438
> summary(lm(A~E, la))$r.squared
##   [1] 0. 2896916
> (summary(lm(A~E+U, la))$r.squared-summary(lm(A~U, la))$r.squared)/
   (1-summary(lm(A~E+U, la))$r.squared)
##   [1] 0. 1496741
> (summary(lm(A~E+U, la))$r.squared-summary(lm(A~E, la))$r.squared)/
   (1-summary(lm(A~E+U, la))$r.squared)
##   [1] 0. 2744677
> summary(lm(B~U+A, la))$r.squared
##   [1] 0. 5843292
> summary(lm(B~A, la))$r.squared
##   [1] 0. 5019178
> summary(lm(B~U, la))$r.squared
##   [1] 0. 4282721
```

```
> (summary(lm(B~U+A, la))$r.squared-summary(lm(B~A, la))$r.squared)/
  (1-summary(lm(B~U+A, la))$r.squared)
##  [1] 0.1982613
> (summary(lm(B~U+A, la))$r.squared-summary(lm(B~U, la))$r.squared)/
  (1-summary(lm(B~U+A, la))$r.squared)
##  [1] 0.3754345
```

表 14-4 f^2 效果量

自變數	依變數		
	U（有用性）	A（使用態度）	B（行為意圖）
E（易用性）	0.289	0.150	
U（有用性）		0.274	0.198
A（使用態度）			0.375

14.4 使用 seminr 程式套件

接著以目前仍持續更新的 seminr 程式套件示範圖 14-12 之分析過程。seminr 的詳細使用方法，可參考 Hair 等人（2021）的專書。命令稿 14-16 各指令及結果說明如下：

1. 第 1 個指令先載入 seminr 程式套件。
2. 第 2 個指令以 constructs() 函數設定外部模型 om.pls。潛在變數分別是 E、U、A、B，各有 3 個指標（E1 ~ E3、U1 ~ U3、A1 ~ A3、B1 ~ B3），均為 mode_A（反映性指標）。如果是形成性指標，則改為 mode_B。
3. 第 3 個指令以 relationships() 函數設定內部模型 im.pls。徑路關係分別是 E→U、A；U→A、B；A→B。
4. 第 4 個指令以 estimate_pls() 函數進行分析，括號中有 3 個引數，分別是資料集(為 pls.data)、測量模型(外部模型 om.pls)、結構模型(內部模型 im.pls)，分析結果存於 pls.fit 物件。

5. 第 5 個指令以 summary() 函數再將 pls.fit 物件的摘要結果存入另一物件，此處選擇存入同樣名稱的 pls.fit 物件。此指令也可以在第 4 個指令最外面加入 summary() 替代。
6. 第 6 個指令列出 pls.fit 物件中的外部模型負荷量$loadings，結果與命令稿 14-5 相同。如果要列出加權係數，則使用 pls.fit$weights 指令。
7. 第 7 個指令列出 pls.fit 物件中的潛在變數的信度$reliability，其 AVE 與命令稿 14-6 相同。
8. 第 8 個指令列出 pls.fit 物件中的徑路係數$path，同時也包含潛在自變數對潛在依變數的解釋量 R^2，結果與命令稿 14-12 及命令稿 14-13 相同。
9. 第 9 個指令列出 pls.fit 物件中的徑路係數 f^2 效果量$fSquare，結果與表 14-4 相近。表 14-4 與 SmartPLS 3.3.2 版分析結果相同。
10. 如果有需要，可用第 10 個指令列出交叉負荷量$cross_loadings。

命令稿 14-16　使用 seminr 分析模型

```
> library(seminr)
> om.pls <- constructs(
+ composite("E", multi_items("E", 1:3), weights = mode_A),
+ composite("U", multi_items("U", 1:3), weights = mode_A),
+ composite("A", multi_items("A", 1:3), weights = mode_A),
+ composite("B", multi_items("B", 1:3), weights = mode_A)
+ )
> im.pls <- relationships(
+ paths(from = "E", to = c("U", "A")),
+ paths(from = "U", to = c("A", "B")),
+ paths(from = "A", to = c("B"))
+ )
> pls.fit <- estimate_pls(data = pls.data, measurement_model=om.pls, structural_model=im.pls)
> pls.fit<-summary(pls.fit)
> pls.fit$loadings
##             E         U         A         B
##  E1 0.8817240 0.0000000 0.0000000 0.0000000
##  E2 0.8202776 0.0000000 0.0000000 0.0000000
##  E3 0.8865506 0.0000000 0.0000000 0.0000000
##  U1 0.0000000 0.8948579 0.0000000 0.0000000
```

```
##  U2 0.0000000 0.8220320 0.0000000 0.0000000
##  U3 0.0000000 0.8182118 0.0000000 0.0000000
##  A1 0.0000000 0.0000000 0.8972108 0.0000000
##  A2 0.0000000 0.0000000 0.8946456 0.0000000
##  A3 0.0000000 0.0000000 0.8863024 0.0000000
##  B1 0.0000000 0.0000000 0.0000000 0.9182838
##  B2 0.0000000 0.0000000 0.0000000 0.8926076
##  B3 0.0000000 0.0000000 0.0000000 0.9301251
> pls.fit$reliability
##          rhoC       AVE rhoA
##  E 0.8976821 0.7454215    1
##  U 0.8827016 0.7153260    1
##  A 0.9217271 0.7969699    1
##  B 0.9382029 0.8350421    1
> pls.fit$path
##              U     A     B
##  R^2     0.224 0.443 0.584
##  AdjR^2  0.222 0.439 0.581
##  E       0.474 0.328     .
##  U           . 0.444 0.359
##  A           .     . 0.494
> pls.fit$fSquare
##    E        U         A         B
##  E 0 0.289119 0.1496695 0.0000000
##  U 0 0.000000 0.2750262 0.1956820
##  A 0 0.000000 0.0000000 0.3766129
##  B 0 0.000000 0.0000000 0.0000000
> pls.fit$cross_loadings
```

14.5 使用 matrixpls 程式套件

Matrixpls 程式套件可以使用 lavaan 的模型表徵方式，使用共變數矩陣分析，相較於 plspm 更是方便。以下示範同時使用反映性與形成性測量作為外部模型，命令稿 14-17 各指令說明如下：

1. 第 1 個指令先以 read.csv 讀入 cfa.csv 到 pls.data 物件。

2. 第 2 個指令設定 pls.model 模型，外部模型中如果是反映性測量，以 =~ 表示，=~ 前為潛在變數，=~ 後為反映性指標，如果是形成性測量，以 <~ 表示，<~ 前為潛在變數，<~ 後為形成性指標。在此例中，潛在變數 E 與 B 為反映性測量，潛在變數 U 與 A 為形成性測量。內部模型以 ~ 表示，~ 前為依變數，~ 後為自變數。
3. 第 3 個指令以 cov() 函數計算 pls.data 的共變數矩陣，存入 pls.cov 物件。
4. 第 4 個指令載入 matrixpls 程式套件，要在 https://cran.r-project.org/src/contrib/Archive/matrixpls 中下載 matrixpls_1.0.13.tar.gz，再「用本機的檔案來安裝程式套件」。
5. 第 5 個指令以 matrixpls() 函數執行分析，括號中先指定共變數矩陣為 pls.cov，再指定分析模型為 pls.model，分析結果存入 pls.res 物件。
6. 第 6 個指令以 summary() 函數列出 pls.res 物件的摘要。

命令稿 14-17　使用 matrixpls 分析兩種測量模型

```
> pls.data <- read.csv("C:/R/cfa.csv")
> pls.model <- '
+              E =~ E1 + E2 + E3
+              U <~ U1 + U2 + U3
+              A <~ A1 + A2 + A3
+              B =~ B1 + B2 + B3
+              U ~ E
+              A ~ E + U
+              B ~ U + A
+              '
> pls.cov <- cov(pls.data)
> library(matrixpls)
> pls.res <- matrixpls(pls.cov, pls.model)
> summary(pls.res)
```

輸出結果 14-1 僅列出部分結果。第一部分是參數估計值，如果是反映性測量，顯示的是負荷量，如果是形成性測量，則顯示加權係數，結果可以繪成圖 14-13，內部模型之徑路係數與圖 14-12 相差不多。第二部分是全體、直接，及間接效果，直行是自變數，橫列是依變數，結果不再贅述。第三部分是內部模型的 R^2，潛在內因變數 U、A、B 被解釋的 R^2 分別為 0.221、0.458、0.583。潛在變數 E 與 B 是反映性測量，組成信度 ρ_c 分別是 0.897 及 0.938，AVE 分別是 0.745 及 0.835。

輸出結果 14-1　結果摘要

```
## matrixpls parameter estimates
##             Est.
## U~E    0.4703294
## A~E    0.3298433
## B~U    0.3614664
## A~U    0.4555830
## B~A    0.4868071
## E=~E1  0.8815767
## E=~E2  0.8192859
## E=~E3  0.8874238
## B=~B1  0.9182136
## B=~B2  0.8926090
## B=~B3  0.9302021
## U<~U1  0.4983366
## U<~U2  0.2774586
## U<~U3  0.3953906
## A<~A1  0.3373036
## A<~A2  0.2436981
## A<~A3  0.5342879
##
## Total Effects (column on row)
##           E         U         A
## B 0.4348885 0.5832474 0.4868071
## U 0.4703294 0.0000000 0.0000000
## A 0.5441174 0.4555830 0.0000000
##
##  Direct Effects
##           E         U         A
## B 0.0000000 0.3614664 0.4868071
## U 0.4703294 0.0000000 0.0000000
## A 0.3298433 0.4555830 0.0000000
##
```

```
##   Indirect Effects
##            E        U A
## B 0.4348885 0.221781 0
## U 0.0000000 0.000000 0
## A 0.2142741 0.000000 0
##
##   Inner model squared multiple correlations (R2)
##          E         B         U         A
## 0.0000000 0.5825683 0.2212098 0.4577062
##
## Composite Reliability indices
##          E         B         U         A
## 0.8976227 0.9382052
##
##  Average Variance Extracted indices
##          E         B         U         A
## 0.7453093 0.8350477
```

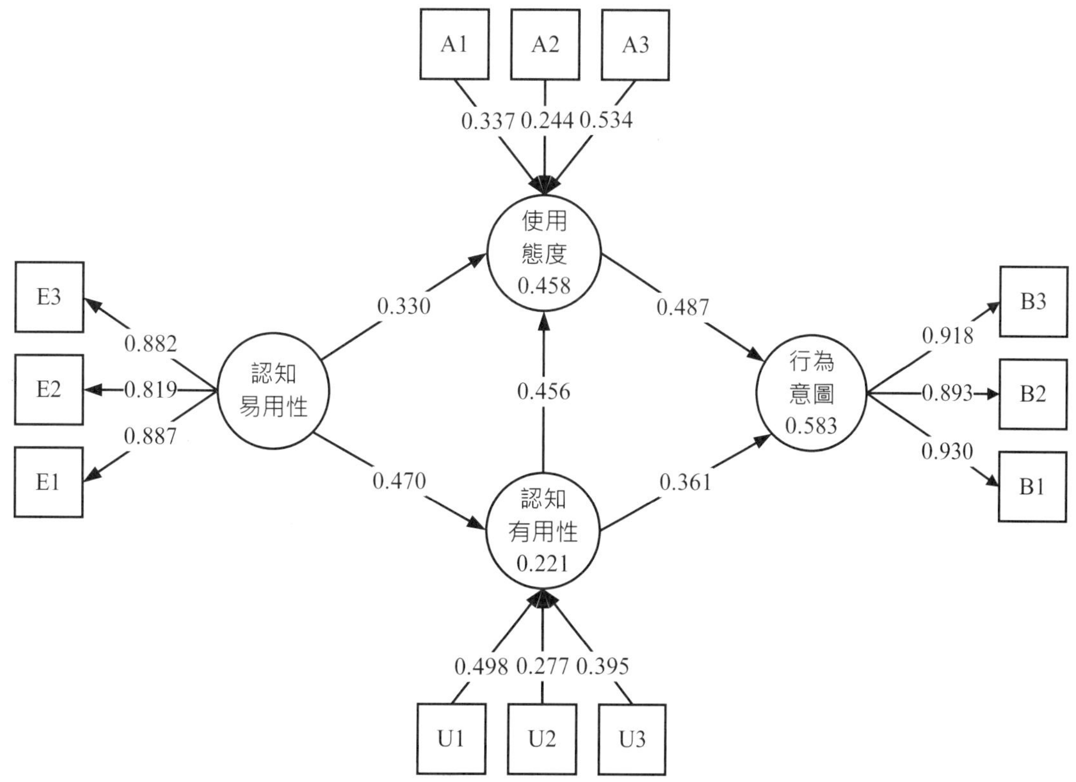

圖 14-12　智慧型手機之科技接受模型-2

14.6 使用 JASP 分析

在 JASP 中，讀入 cfa.csv 資料檔後，在 SEM（結構方程模型）中選擇 Partial Least Squares SEM（偏最小平方結構方程模型）。接著，輸入以下的指令，並按 Ctrl + Enter 執行分析（圖 14-13）。

```
# Outer Model
E=~E1+E2+E3
U=~U1+U2+U3
A=~A1+A2+A3
B=~B1+B2+B3

# Inner Model
U~E
A~E+U
B~U+A
```

如果是形成性測量，則外部模型改為：

```
# Outer Model
E<~E1+E2+E3
U<~U1+U2+U3
A<~A1+A2+A3
B<~B1+B2+B3
```

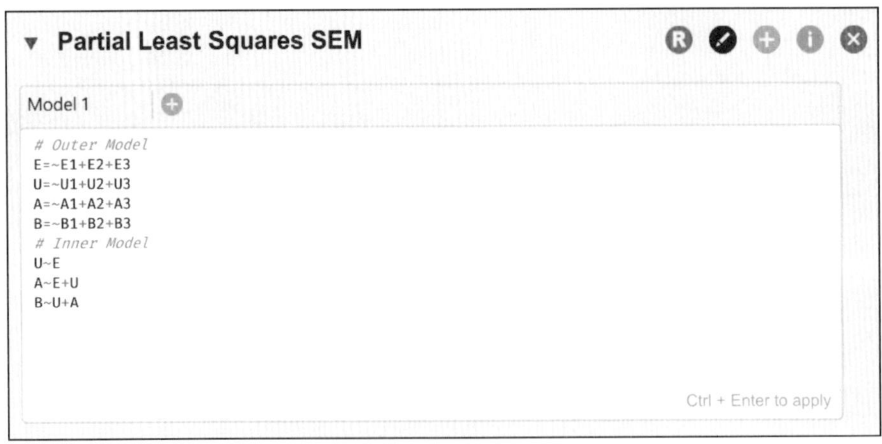

圖 14-13　設定模型——JASP

此時，要在 Model 中將 Disattenuate composite correlation 取消勾選（圖 14-14），接著，按 Ctrl + Enter 鍵即可進行分析。

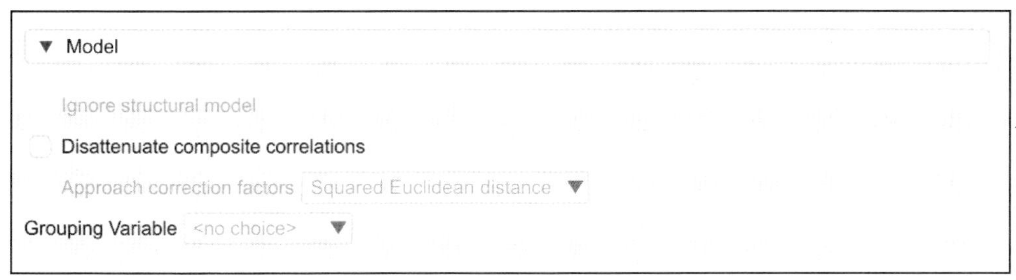

圖 14-14　模型選項——JASP

如果要進行顯著檢定，可以在 Estimation（估計）中設定 Bootstrap（拔靴法或自助法），樣本數一般建議為 5000（圖 14-15）。

▼ Estimation
Error calculation method
None
Robust
Bootstrap
Samples 5000
Jackknife
Confidence intervals 95.0 %
Repeatability
Set seed: 1
Weighting approach PLS-PM
Inner weighting scheme Path
Convergence criterion Absolute difference
Correlation matrix
Pearson
Spearman
Handling of inadmissibles
Replace
Ignore
Drop
Handling of flipped signs None

圖 14-15　估計選項——JASP

分析後可以得到 5 個報表，此處僅呈現 4 個主要的報表。報表 14-1 是 Weights（外部加權係數），如果是形成性測量，應使用此處的係數（要修改外部模型後再分析）。

報表 14-1 Weights

Latent	Indicator	Estimate
E	E1	0.442
	E2	0.299
	E3	0.412
U	U1	0.426
	U2	0.366
	U3	0.388
A	A1	0.370
	A2	0.360
	A3	0.391
B	B1	0.387
	B2	0.362
	B3	0.346

報表 14-2 是 Factor Loadings（因素負荷量），為外部負荷量，如果是反映性測量，應使用此處的係數。

報表 14-2 Factor Loadings

Latent	Indicator	Estimate
E	E1	0.882
	E2	0.820
	E3	0.887
U	U1	0.895
	U2	0.822
	U3	0.818
A	A1	0.897
	A2	0.895
	A3	0.886
B	B1	0.918
	B2	0.893
	B3	0.930

報表 14-3 是內部模型的迴歸係數（直接效果），也是研究者主要關心的研究假設。如果使用 Bootstrap 法進行檢定，則所有係數的 z 值均大於 3.29，p 都小於 .001，應拒絕 H_0，所有研究假設獲得支持。

報表 14-3　Regression Coefficients

Outcome	Predictor	Estimate	f^2
U	E	0.474	0.289
A	E	0.328	0.150
	U	0.444	0.274
B	U	0.359	0.198
	A	0.494	0.375

報表 14-4 是整體的效果，減去報表 14-3 的直接效果，即為間接效果。以 E ⇒ A 為例，整體的效果是 0.538，直接效果是 0.328，因此間接效果是：

$$0.538 - 0.328 = 0.210$$

它是 E ⇒ U 及 U ⇒ A 兩個直接效果的乘積：

$$0.474 \times 0.444 = 0.210$$

E ⇒ B 沒有直接效果，整體效果 0.435，都是間接效果。

報表 14-4　Total effects

Outcome	Predictor	Estimate
U	E	0.474
A	E	0.538
	U	0.444
B	E	0.435
	U	0.578
	A	0.494

14.7 分析結論

研究者自編 12 題 Likert 六點量表，以測量使用者對智慧型手機的看法。本量表共有 4 個分量表，各有 3 個題目，分別在測量認知有用性、認知易用性、使用態度，及行為意圖。以 R 之 plspm 程式套件 0.5.1 版，進行 PLS-SEM 分析。外部模型部分，四個潛在構念的信度 ρ 分別為 0.899、0.883、0.922、0.938，AVE 分別為 0.745、0.715、0.797、0.835，各分量表具有良好的聚斂效度。各構念間相關均小於 AVE 平方根，具有良好的區別效度。標準化估計值如圖 14-16，構念下方為 R^2，因素負荷量都在 0.708 以上，五個研究假設均獲得支持：

1. 認知易用性正向影響認知有用性，徑路係數為 0.474，$f^2 = 0.289$。
2. 認知易用性正向影響使用態度，徑路係數為 0.328，$f^2 = 0.150$。
3. 認知有用性正向影響使用態度，徑路係數 0.444，$f^2 = 0.274$。
4. 認知有用性正向影響行為意圖，徑路係數為 0.359，$f^2 = 0.198$。
5. 使用態度正向影響行為意圖，徑路係數為 0.494，$f^2 = 0.375$。

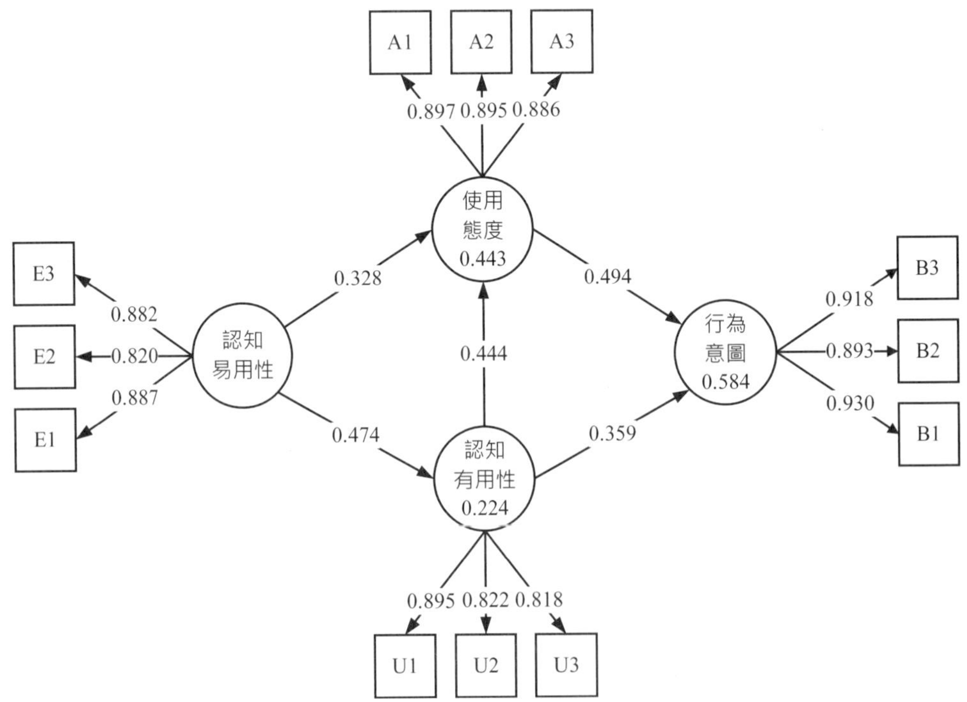

圖 14-16　智慧型手機之科技接受模型

第 15 章

多層次模型

多層次模型（multilevel modeling 或 multilevel models, MLM）在不同學術領域中有不同的名稱，在社會學中稱為**多層次線性模型**（multilevel linear models），在生物學中稱為**混合效果模型**（mixed-effects models）或**隨機效果模型**（random-effects models），在計量經濟相關領域中稱為**隨機係數迴歸模型**（random-coefficient regression models），在統計學領域則稱為**共變數成分模型**（covariance components models）（Raudenbush & Bryk, 2002），而 Raudenbush 及 Bryk（2002）則稱之為**階層線性模型**（hierarchical linear models, HLM）。不過因為 HLM 同時是統計軟體名稱（目前為 8.1 版），而此類方法也不僅限於線性模型，且目前多數論文使用**多層次模型**，所以本章將以多層次模型統稱之。

理論上，多層次模型可以擴展到許多層次，不過，實務上 2 ~ 3 層次是最常見的模型。本章僅說明 2 個層次的 MLM，有了這個基礎，相信讀者很快就可以遷移到 3 個層次以上的分析。

本章中「模型」與「模式」都是指 "model" 或 "modeling"。部分書籍會將 "modeling" 譯為「建模」，本章並未將 "model" 與 "modeling" 嚴格區分。而「層次」（level）、「階層」（hierarchy）、「層級」（class）也交互使用。

15.1 多層次資料適用時機

在許多學術領域，常會有多層次的資料。例如：30 名學生共同受到一位導師的教導；而 20 位老師同屬一校，受同一位校長領導；100 所學校又受到同一個縣市教育局處的法規影響；20 個縣市的教育局處，也受到中央的教育政策影響。在此例子中，如果想了解「教育經費」、「校長領導風格」、「教師教學效能」對學生「學業成績」的影響，此時，如果使用傳統的迴歸分析，不管是以個人層次為分析單位，或是以縣市為分析單位，都會發生問題。而以個體或群體分析的結論，也不能互相推論，否則就會發生原子謬誤（atomistic fallacy）或生態謬誤（ecological fallacy）。此時，使用多層次模型，是較恰當的方法。

又如：一所醫院中有 10 位醫師，他們各有 30 名患者，每人各接受 5 次治療。在此例子，各次的治療巢套於（nested）同一患者，而患者又被同一位醫師治療，因此資料也具有多層次性質。現實上，患者可能同時被幾位醫師診治，此時，就更應使用多層次模型。

15.2 簡單迴歸分析

簡單迴歸分析是以一個變數（自變數、預測變數、解釋變數）來預測另一個變數（依變數、效標變數、被解釋變數），公式如下：

$$Y_i = \beta_0 + \beta_1 X_i + e_i$$

其中，

Y_i 第 i 個觀察體在 Y 變數的值，Y 是一個隨機變數；

X_i 第 i 個觀察體在 X 變數的值，它的值是已知的，不是隨機變數；

β_0 與 β_1 是模型的參數，其中 β_0 稱為截距（intercept），是 $X=0$ 時，Y 的平均數；β_1 稱為斜率（slope），是 X 每增加一個單位時，Y 的相對改變量。

e 是隨機誤差，是由模型預測所得的預測值 $\hat{Y}$ 與 Y 的殘差，r 也是隨機變數，服從平均數為 0，變異數為 σ^2 的常態分配，也就是 $e \sim N(0, \sigma^2)$。

迴歸分析的目的較常在使殘差的平方和 Σe^2 達到最小（另一種方法是使 $\Sigma|e|$ 達到最小），此時所用的方法稱為一般最小平方法（ordinary least squares, OLS），求解後，

$$b_1 = \frac{\sum(X-\bar{X})(Y-\bar{Y})}{\sum(X-\bar{X})^2}$$

$$b_0 = \bar{Y} - \beta_1 \bar{X}$$

使用 R 進行分析

接下來說明簡單迴歸分析指令與結果。命令稿 15-1 有 4 個指令，分別說明如下：

第 1 個指令先讀取 C 磁碟 R 資料夾中的 mlm.csv 檔，檔案中共有 2015 年及 2017 年共 2529 位受訪者，依其 15 歲前居住最久的地方分屬 20 個縣市（city），資料中包含由受訪者的 ISCO-88 國際職業標準分類碼轉換後的 ISEI-88 國際社經指標分數（isei），受訪者父親的國際社經指標分數（fisei），以及 1988 年該縣市的一級產業人

口比例（ind1）。

第 2 個指令選取 city 變數等於 6 及 10 縣市（新竹縣及南投縣）的樣本，存入 mlm.610 物件。

第 3 個指令以 mlm.610 物件的資料，使用 lm() 函數建立線性模型，依變數為 isei，自變數為 fisei，模型名稱為 m.610。

第 4 個指令列出 m.610 的摘要。

命令稿 15-1　簡單迴歸分析-1

```
> mlm<-read.csv("C:/R/mlm.csv")
> mlm.610 <- mlm[mlm$city %in% c(6, 10), ]
> m.610<-lm(isei~fisei, mlm.610)
> summary(m.610)
```

輸出結果 15-1 中顯示，以 104 個受訪者的資料進行迴歸分析，得到估計值 b_0 = 22.546（標準誤為 3.946），b_1 = 0.544（標準誤為 0.123），p 值都小於 0.001，兩個估計值都顯著不等於 0。R^2 =0.160，$\tilde{R}^2$ =0.152。

輸出結果 15-1　簡單迴歸分析摘要-1

```
## Call:
## lm(formula = isei ~ fisei, data = mlm.610)
##
## Residuals:
##     Min      1Q  Median      3Q     Max
## -34.604 -11.036  -5.051  11.019  33.949
##
## Coefficients:
##             Estimate Std. Error t value Pr(>|t|)
## (Intercept)  22.5464     3.9462   5.714 1.10e-07 ***
## fisei         0.5437     0.1232   4.414 2.53e-05 ***
## ---
## Signif. codes:  0 '***' 0.001 '**' 0.01 '*' 0.05 '.' 0.1 ' ' 1
##
## Residual standard error: 13.82 on 102 degrees of freedom
## Multiple R-squared:  0.1604,    Adjusted R-squared:  0.1521
## F-statistic: 19.48 on 1 and 102 DF,  p-value: 2.531e-05
```

命令稿 15-2 改用 nlme（linear and nonlinear mixed effects models）程式套件的 gls() 函數（generalized least squares，廣義最小平方法）指令進行相同模型的分析。

命令稿 15-2　簡單迴歸分析-2

```
> library(nlme)
> m.610.2<-(gls(isei~fisei, mlm.610))
> summary(m.610.2)
```

輸出結果 15-2 中同樣顯示，以 104 個受訪者的資料進行迴歸分析，估計值 b_0 = 22.546（標準誤為 3.946），b_1 = 0.544（標準誤為 0.123），p 值都小於 0.001，兩個估計值都顯著不等於 0。

輸出結果 15-2　簡單迴歸分析摘要-2

```
## Generalized least squares fit by REML
##   Model: isei ~ fisei
##   Data: mlm.610
##        AIC      BIC    logLik
##   845.2734 853.1483 -419.6367
##
## Coefficients:
##                 Value Std.Error  t-value p-value
## (Intercept) 22.546424  3.946164 5.713504       0
## fisei        0.543679  0.123184 4.413549       0
##
##  Correlation:
##       (Intr)
## fisei -0.939
##
## Standardized residuals:
##        Min         Q1        Med         Q3        Max
## -2.5039373 -0.7985919 -0.3654927  0.7973590  2.4565413
##
## Residual standard error: 13.81982
## Degrees of freedom: 104 total; 102 residual
```

命令稿 15-3 將上述的迴歸模型以圖呈現。第 1 個指令先以 plot 繪出散布圖，括號中引數設定 X 軸為 mlm.610 物件中的 fisei 變數，名稱為「fisei」，Y 軸為 isei，名稱為「isei」，X 軸數值範圍為 0 ~ 80，Y 軸為 0 ~ 20，pch = 13 表示以 ⊗ 符號代表觀察體。第 2 個指令以 abline 在圖上加上迴歸線，lty = 1 為實線，lwd = 1.5 設定線寬為 1.5。

命令稿 15-3　簡單迴歸分析圖

```
> plot(mlm.610$fisei, mlm.610$isei, xlab="fisei", ylab="isei", xlim=c(0,80), ylim=c(0,80) ,pch=13)
> abline(m.610, lty=1, lwd=1.5)
```

繪製所得圖形如圖 15-1，此時，假定兩個縣市的 β_0 及 β_1 都相等，因此可以用一條迴歸線代表。

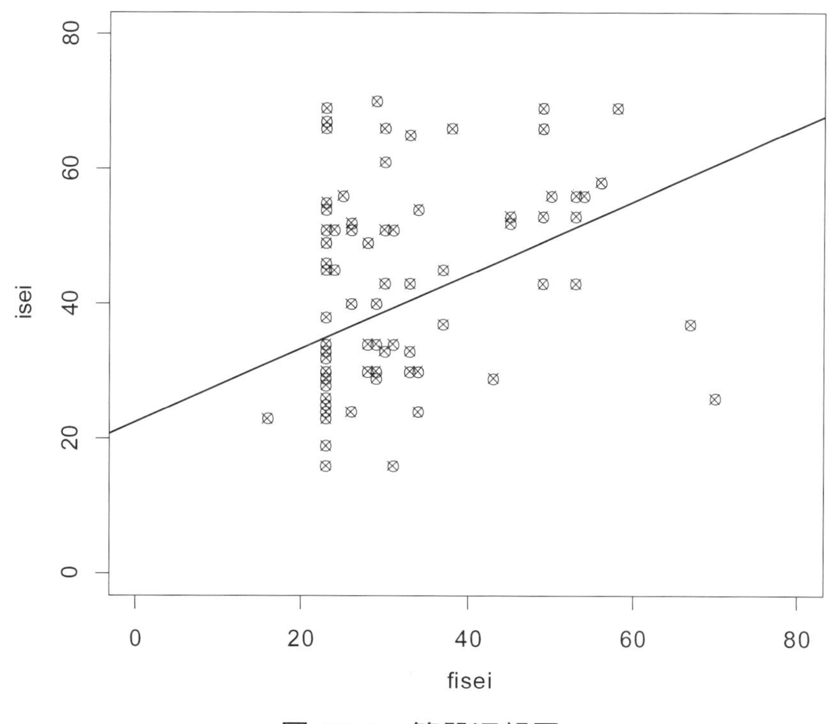

圖 15-1　簡單迴歸圖

15.3　兩個縣市之簡單迴歸分析

許多時候，不同縣市中，父親 ISEI 分數對其子女的 isei 有不同的作用。如果我們假定第 6、10 兩縣市的迴歸模型不同，可以另加一個下標，代表不同縣市的 β_0 及 β_1，公式如下：

第 6 個縣市：$Y_{i6} = \beta_{06} + \beta_{16} X_{i6} + e_{i6}$

第 10 個縣市：$Y_{i10} = \beta_{010} + \beta_{110} X_{i10} + e_{i10}$

使用 R 進行分析

命令稿 15-4 先將 city 代碼 6、10 的縣市資料存入 mlm.6 及 mlm.10 物件，再以 nlme 程式套件的 gls 函數設定模型，分別存入 m.6 及 m.10 物件。

命令稿 15-4　新竹縣與南投縣之簡單迴歸分析

```
> mlm.6 <- subset(mlm, city==6)
> mlm.10 <- subset(mlm, city==10)
> m.6 <- gls(isei~fisei, mlm.6)
> m.10 <- gls(isei~fisei, mlm.10)
```

命令稿 15-5 列出模型 mlm.6 之摘要，$b_{06} = 37.17$，$b_{16} = 0.25$，當父親的 isei 為 0 時（此為不合理數值，因此應針對 fisei 加以平移），則新竹縣民平均的 isei 為 37.17 分，父親的 isei 每增加 1 分，其子女的 isei 增加 0.25 分。由於 fisei 不會等於 0，因此模型中的截距 37.17 並沒有意義，此時可以將它減去平均數（平移，centering），使得截距有意義。

命令稿 15-5　新竹縣之模型摘要

```
> summary(m.6)
## Generalized least squares fit by REML
##   Model: isei ~ fisei
##   Data: mlm.6
##          AIC      BIC    logLik
##   254.1719 258.2738 -124.086
```

```
##
## Coefficients:
##                Value Std.Error  t-value p-value
## (Intercept) 37.16639  7.636594 4.866880  0.0000
## fisei        0.24577  0.226639 1.084433  0.2871
##
##  Correlation:
##       (Intr)
## fisei -0.942
##
## Standardized residuals:
##        Min          Q1         Med          Q3         Max
## -1.3893078 -0.9336637  0.1356436  0.5137592  1.8352504
##
## Residual standard error: 14.26552
## Degrees of freedom: 31 total; 29 residual
```

命令稿 15-6 為模型 mlm.10 之摘要，$b_{010} = 17.58$，$b_{110} = 0.64$，當父親的 isei 為 0 時，則南投縣民平均的 isei 為 17.58 分，父親的 isei 每增加 1 分，其子女的 isei 增加 0.64 分。

命令稿 15-6　南投縣之模型摘要

```
> summary(m.10)
## Generalized least squares fit by REML
##   Model: isei ~ fisei
##   Data: mlm.10
##        AIC      BIC    logLik
##   584.9026 591.6907 -289.4513
##
## Coefficients:
##                 Value Std.Error  t-value p-value
## (Intercept) 17.579586  4.408424 3.987726   2e-04
## fisei        0.638084  0.140831 4.530856   0e+00
##
##  Correlation:
##       (Intr)
## fisei -0.939
##
```

```
## Standardized residuals:
##        Min         Q1        Med         Q3        Max
## -2.7910223 -0.7127059 -0.2506858  0.4834188  2.6754414
##
## Residual standard error: 12.98645
## Degrees of freedom: 73 total; 71 residual
```

命令稿 15-7 中先以 plot 指令繪出新竹縣的散布圖，符號為 ○，再以 point 加上南投縣的觀察體，符號為 ×，最後再加上兩個縣市的迴歸線，其中新竹縣為實線，南投縣為虛線。結果如圖 15-2。

命令稿 15-7　新竹縣與南投縣之簡單迴歸分析圖

```
> plot(mlm.6$fisei, mlm.6$isei, xlab="fisei", ylab="isei", xlim=c(0,80), ylim=c(0,80), pch=4)
> points(mlm.10$fisei, mlm.10$isei, pch=1)
> abline(m.6, lty=1, lwd=1.5)
> abline(m.10, lty=2, lwd=1.5)
```

由圖 15-2 及命令稿 15-6 與命令稿 15-7 可看出，$b_{06} > b_{010}$，$b_{110} < b_{16}$，新竹縣民的平均 isei 分數較南投縣高，而父親 isei 對子女 isei 的影響較小。由圖中也可以看出，兩條迴歸有交叉，代表縣市（city）與 fisei 對 isei 有交互作用。

15.4　二十個縣市之簡單迴歸分析

如果納入 20 個縣市的所有觀察體，並以 j 代表縣市別，則公式改為：

$$Yi_j = \beta_{0j} + \beta_{1j} + e_{ij}$$
$$e_{ij} \sim N(0,\sigma^2)$$

圖 15-3 是 20 個縣市的迴歸線，有 20 組 b_{0j} 及 b_{1j}，此時可以計算它們的平均數及變異數，其中 b_{0j} 的平均數為 26.97，變異數為 88.05，b_{1j} 的平均數為 0.43，變異數為 0.08。因此，平均而言，如果父親的 isei 為 0，則子女的平均 isei 為 26.97 分，父親 isei 每多 1 分，子女的 isei 分數就提高 0.43 分。20 個縣市的平均 R^2 為 0.16。

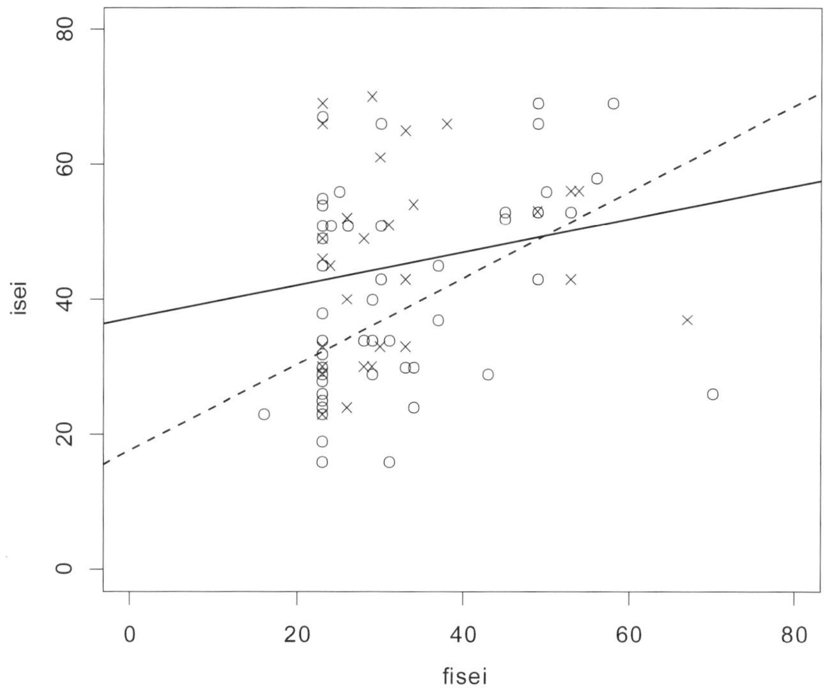

圖 15-2　新竹縣與南投縣簡單迴歸圖

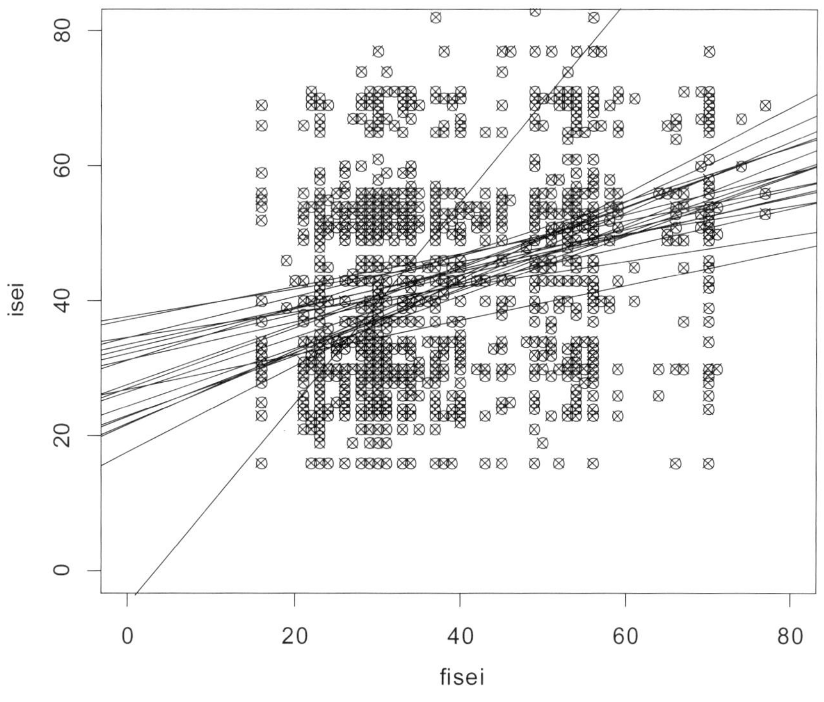

圖 15-3　二十個縣市之迴歸線

b_{0j} 與 b_{1j} 的散布圖如圖 15-4，呈左上到右下分布，相關係數為−0.96，表示 isei 平均數較大的縣市，父親 isei 對子女 isei 的作用較小，或是 isei 平均數較小的縣市，父親 isei 對子女 isei 的作用較大。圖中左上角是澎湖縣，平均 isei 較低，而父親 isei 對子女 isei 作用較大；右下角是新竹市，平均 isei 較高，父親 isei 對子女 isei 作用較小。由散布圖可看出：澎湖縣與其他 19 個縣市相距甚遠。不過，即使刪除澎湖縣資料，相關係數仍為−0.91，也非常高。

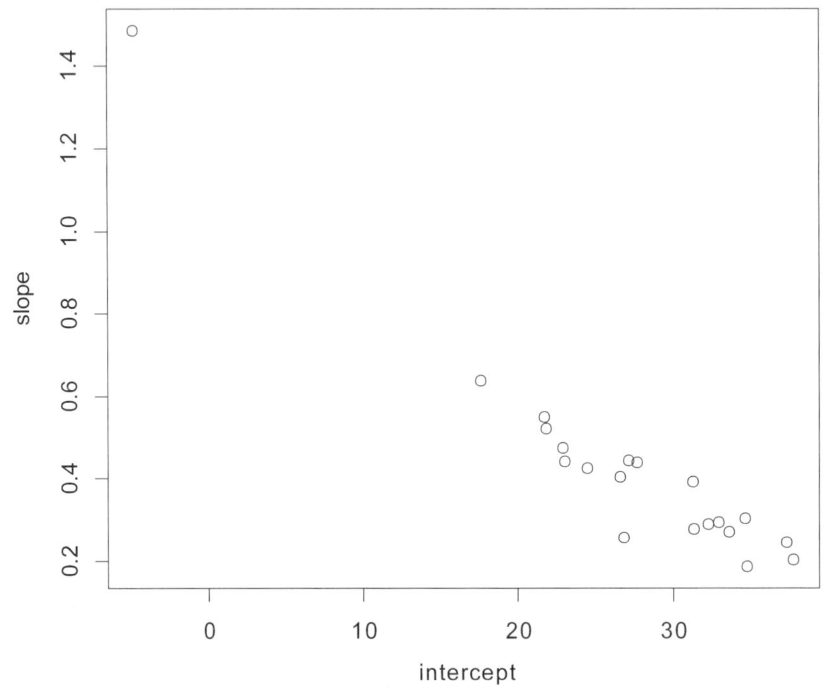

圖 15-4　二十個縣市之截距與斜率散布圖

15.5　二層次模型

上述 20 個縣市的簡單迴歸分析雖然考量到每個縣市內 X 變數對 Y 變數的 β_{0j} 與 β_{1j} 不同，但是並未考量縣市層次的變數 W 對兩者的作用。如果同時考量兩個層次的變數，則完整的二層次模型為：

層次一 $L_1 : Y_{ij} = \beta_{0j} + \beta_{1j} X_{ij} + e_{ij}$

層次二 $L_2 : \beta_{0j} = \gamma_{00} + \gamma_{01} W_j + u_{0j}$

層次二 $L_2 : \beta_{1j} = \gamma_{10} + \gamma_{11} W_j + u_{1j}$

層次一是一般的迴歸模型，層次二的 W 變數是透過 β_{0j} 與 β_{1j} 對 Y 變數產生影響。模型中的隨機效果包含兩部分，分別為層次一的 e_{ij} 及層次二的 u_{0j} 和 u_{1j}。其中假定 $e_{ij} \sim N(0, \sigma^2)$，同時假定：

$$E(u) = E\begin{bmatrix} u_{0j} \\ u_{1j} \end{bmatrix} = \begin{bmatrix} 0 \\ 0 \end{bmatrix}$$

$$Var(u) = Var\begin{bmatrix} u_{0j} \\ u_{1j} \end{bmatrix} = \begin{bmatrix} \tau_{00} & \tau_{01} \\ \tau_{10} & \tau_{11} \end{bmatrix}$$

此即表示層次一的誤差項 e_{ij} 符合平均數是 0，變異數為 σ^2 的常態分配；層次二的誤差項 u_{0j} 和 u_{1j} 的平均數為 0，變異數分別為 τ_{00} 和 τ_{11}（或寫成 τ_0^2 和 τ_1^2）（謝雨生，2012）。層次一的 e_{ij} 與層次二的 u_{0j} 或 u_{1j} 相關都為 0。u_{0j} 與 u_{1j} 的共變數為：

$$Cov(u_{0j}, u_{1j}) = \tau_{01} = \tau_{10}$$

它們的相關係數為：

$$\rho(u_{0j}, u_{1j}) = \tau_{01} \Big/ \sqrt{\tau_{00}\tau_{11}}$$

把層次二的兩個公式代入層次一，就可以得到混合模型（mixed model）：

$$\text{混合模型：} Y_{ij} = \underbrace{\gamma_{00} + \gamma_{01} W_j + u_{0j}}_{\beta_{0j}} + \underbrace{\left(\gamma_{10} + \gamma_{11} W_j + u_{1j}\right)}_{\beta_{1j}} X_{ij} + e_{ij}$$

$$= \underbrace{\gamma_{00} + \gamma_{01} W_j + \gamma_{10} X_{ij} + \gamma_{11} W_j X_{ij}}_{\text{固定效果}} + \underbrace{u_{0j} + u_{1j} X_{ij} + e_{ij}}_{\text{隨機效果}}$$

由於常數項要在 X 及 W 都為 0 時才有意義，許多時候，為了方便解釋，常會將 X_{ij} 減去總平均數 $\bar{X}_{..}$ 或各組的平均數 $\bar{X}_{.j}$，W_j 減去總平均 $\bar{W}_{.}$，混合模型便為：

$$Y_{ij} = \underbrace{\gamma_{00} + \gamma_{01}(W_j - \bar{W}_.) + \gamma_{10}(X_{ij} - \bar{X}_{..}) + \gamma_{11}(W_j - \bar{W}_.)(X_{ij} - \bar{X}_{..})}_{\text{固定效果}}$$

$$\underbrace{+u_{0j} + u_{1j}(X_{ij} - \bar{X}_{..}) + r_{ij}}_{\text{隨機效果}}$$

由於減去組平均數會得到不同的參數及其變異數之估計值，因此，除非有較強的理論基礎，否則儘量不要用層次一的組平均數進行中心化處理（溫福星、邱皓政，2011；謝雨生，2012）。

15.6 二層次模型及其次模型

除了完整的模型外，為了因應不同的待答問題及分析需求，二層次模型常使用以下各種次模型。

15.6.1 隨機效果單因子變異數分析——零模型

此模型雖然有層次一、二之分，但是只有依變數，而沒有自變數，一般當做零模型（empty model）或基準線模型（baseline model），其公式為：

層次一 $L_1 : Y_{ij} = \beta_{0j} + e_{ij}$

層次二 $L_2 : \beta_{0j} = \gamma_{00} + u_{0j}$

混合模型：$Y_{ij} = [\gamma_{00}] + (u_{0j} + e_{ij})$
（為便於辨識，固定效果以中括號標示，隨機效果以小括號標示）

在此模型中 $Var(Y_{ij}) = Var(\gamma_{00} + u_{0j} + r_{ij}) = Var(u_{0j}) + Var(r_{ij})$（因為 γ_{00} 為常數，所以變異數為 0）。$Var(u_{0j}) = \tau_{00}$ 是層次二的誤差變異，是縣市間的變異數，類似變異數分析的組間變異量；$Var(r_{ij}) = \sigma^2$ 是層次一的誤差變異，是縣市內的變異數，類似變異數分析的組內變異量。縣市間變異占所有變異的比例，公式為：

$$\eta^2 = \frac{\tau_{00}}{\sigma^2 + \tau_{00}}$$

上式也是 ICC（Intraclass Correlation Coefficient，組內相關係數 ρ），代表觀察體的依變數在群體內的關聯，一般會介於 0.05 至 0.20 之間（Peugh, 2010）。如果 ICC 小於 0.059，代表群體內依變數的相關很小（也代表層次二的變異很小），此時只要使用一般迴歸分析即可。

使用 R 進行分析

命令稿 15-8 的第 1 個指令從 C 磁碟的 R 資料夾中讀入 mlm.csv 檔。第 2 個指令載入 nlme 程式套件。第 3 個指令使用 nlme 下的 lme() 函數設定模型，括號中有 3 個引數：第 1 個 fixed 引數設定固定效果，其中 fixed 可省略，~ 前為依變數 isei（受訪者的 ISEI88 分數），~ 後為常數 1；第 2 個引數 random 設定隨機效果，1 代表常數，|city 表示巢套於縣市之下；第 3 個引數使用 mlm 物件中的資料。

多層次模型也可以使用較新的 lme4 程式套件之 lmer 進行分析。第 4 個指令載入 lme4 程式套件。第 5 個指令使用 lmer() 函數設定模型，括號中有 2 個引數：第 1 個引數設定模型，~ 前為依變數 isei，~ 後為固定效果及隨機效果，其中隨機效果寫在 ( ) 中，各效果以 + 號分隔；第 2 個引數使用 mlm 物件中的資料。

命令稿 15-8　設定零模型

```
> mlm <- read.csv("C:/R/mlm.csv")
> library(nlme)
> m0 <- lme(fixed=isei~1, random=~1|city, data=mlm)
> library(lme4)
> m0.1<-lmer(isei~1+(1|city), data=mlm)
```

分析後可以使用 summary() 函數列出模型摘要，如輸出結果 15-3，如果以 lme 建立模型，可以使用 VarCorr 列出隨機效果的變異數。結果中，層次二的誤差變異數為 10.09（標準差為 3.18），層次一的誤差變異數為 205.00（標準差為 14.32），因此 10.09 / (10.09 + 205.00) = 0.047，代表受訪者的 isei 分數的差異，有 4.7%可以由縣市間的差異解釋，並不高，實務上使用一般迴歸分析即可。

輸出結果 15-3　列出零模型結果

```
> summary(m0)
```

```
## Linear mixed-effects model fit by REML
##  Data: mlm
##        AIC      BIC    logLik
##   20676.82 20694.32 -10335.41
##
## Random effects:
##  Formula: ~1 | city
##         (Intercept) Residual
## StdDev:    3.176356 14.31785
##
## Fixed effects: isei ~ 1
##                Value Std.Error   DF  t-value p-value
## (Intercept) 41.35198 0.8115338 2509 50.95535       0
##
## Standardized Within-Group Residuals:
##         Min          Q1         Med          Q3         Max
## -2.23248855 -0.80533899 -0.07847298  0.74928097  3.48566580
##
## Number of Observations: 2529
## Number of Groups: 20
> VarCorr(m0)
## city = pdLogChol(1)
##             Variance  StdDev
## (Intercept)  10.08924  3.176356
## Residual    205.00086 14.317851
> 10.08924/(10.08924+205.00086)
[1] 0.04690704
```

15.6.2 隨機效果單因子共變數分析

此模型設定層次一有平移後的預測變數，且斜率為固定效果（沒有誤差項），公式為：

層次一 $L_1: Y_{ij} = \beta_{0j} + \beta_{1j}\left(X_{ij} - \bar{X}_{..}\right) + e_{ij}$

層次二 $L_2: \beta_{0j} = \gamma_{00} + u_{0j}$

層次二 $L_2: \beta_{1j} = \gamma_{10}$

混合模型：$Y_{ij} = [\gamma_{00} + \gamma_{10}(X_{ij} - \bar{X}_{..})] + (u_{0j} + e_{ij})$

使用 R 進行分析

分析語法如命令稿 15-9，報表省略。

命令稿 15-9 設定隨機效果單因子共變數分析模型

```
> lme(isei~1+fisei, random=~1|city, mlm)        # 不平移
> lme(isei~1+fiseic, random=~1|city, mlm)       # 以總平均平移
```

命令中固定效果設定自變數為常數 1 及 fisei（父親 ISEI 分數，平移後為 fiseic），隨機效果只有常數 1，表示截距 β_{0j} 含誤差項，斜率 β_{1j} 不含誤差項為固定效果。如果要得到比較詳細的結果，可以將上述指令加在 summary() 函數的括號中。

15.6.3 隨機係數迴歸模型

此模型設定層次一有預測變數，且截距與斜率為隨機效果，公式為：

層次一 $L_1 : Y_{ij} = \beta_{0j} + \beta_{1j} X_{ij} + e_{ij}$

層次二 $L_2 : \beta_{0j} = \gamma_{00} + u_{0j}$

層次二 $L_2 : \beta_{1j} = \gamma_{10} + u_{1j}$

混合模型： $Y_{ij} = [\gamma_{00} + \gamma_{10} X_{ij}] + (u_{0j} + u_{1j} X_{ij} + e_{ij})$

在層次二兩個模型中，γ_{00} 為平均截距，γ_{10} 為平均斜率，而

$$Var(u_{0j}) = \tau_{00} = Var(\beta_{0j} - \gamma_{00}) = Var(\beta_{0j})$$

$$Var(u_{1j}) = \tau_{11} = Var(\beta_{1j} - \gamma_{10}) = Var(\beta_{1j})$$

經由計算層次二誤差項 u_{0j} 與 u_{1j} 的變異數，也可以得到 β_{0j} 與 β_{1j} 的變異數，因此可以了解各縣市間迴歸模型的截距及斜率是否有差異。

使用 R 進行分析

分析語法如命令稿 15-10，報表省略。

命令稿 15-10　設定隨機係數迴歸模型

```
> model <- lme(isei~1+fisei, random=~1+fisei|city, mlm)
> summary(model)
> VarCorr(model)
> intervals(model)
```

命令中，隨機效果除了常數 1，另外加入 fisei，表示斜率 β_{1j} 含誤差項為隨機效果。VarCorr 函數可以列出誤差項（隨機效果）的變異數、標準差，及彼此間的相關係數；intervals 則列出誤差項標準差的信賴區間，如果區間中不含 0，則表示標準差不為 0，也代表各縣市間迴歸模型的截距或斜率不相等，不能只用一個迴歸模型代表。

15.6.4　截距模型

此模型設定層次一只有常數沒有預測變數，層次二有預測變數及誤差項，公式為：

層次一 $L_1 : Y_{ij} = \beta_{0j} + e_{ij}$

層次二 $L_2 : \beta_{0j} = \gamma_{00} + \gamma_{01}W_j + u_{0j}$

混合模型：$Y_{ij} = [\gamma_{00} + \gamma_{01}W_j] + (u_{0j} + e_{ij})$

經由比較此模型與零模型之層次二誤差項 u_{0j} 變異數的差異，可以計算層次二預測變數的效果。

使用 R 進行分析

分析語法如命令稿 15-11，報表省略。

命令稿 15-11　設定截距模型

```
> lme(isei~1+ind1, random=~1|city, mlm)
```

15.6.5　脈絡模型

此模型設定層次一有預測變數，層次二是層次一預測變數的平均數，層次一之截距為層次二之結果變數且為隨機效果，層次一的斜率則設定為固定效果，公式為：

$$層次一\ L_1: Y_{ij} = \beta_{0j} + \beta_{1j}X_{ij} + e_{ij}$$

$$層次二\ L_2: \beta_{0j} = \gamma_{00} + \gamma_{01}\bar{X}_{j} + u_{0j}$$

$$層次二\ L_2: \beta_{1j} = \gamma_{10}$$

$$混合模型：Y_{ij} = [\gamma_{00} + \gamma_{01}\bar{X}_{.j} + \gamma_{10}X_{ij}] + (u_{0j} + e_{ij})$$

使用 R 進行分析

分析語法如命令稿 15-12，報表省略。

命令稿 15-12　設定脈絡模型

```
> lme(isei~1+fisei+fiseim, random=~1|city, mlm)
```

15.6.6　完整模型

完整模型設定層次一及層次二均加入預測變數，而且層次一之截距及斜率均為層次二之結果變數，並且將層次一的斜率設定為隨機效果，公式為：

$$層次一\ L_1: Y_{ij} = \beta_{0j} + \beta_{1j}X_{ij} + e_{ij}$$

$$層次二\ L_2: \beta_{0j} = \gamma_{00} + \gamma_{01}W_{j} + u_{0j}$$

$$層次二\ L_2: \beta_{1j} = \gamma_{10} + \gamma_{11}W_{j} + u_{1j}$$

$$混合模型：Y_{ij} = [\gamma_{00} + \gamma_{01}W_{j} + \gamma_{10}X_{ij} + \gamma_{11}W_{j}X_{ij}] + (u_{0j} + u_{1j}X_{ij} + e_{ij})$$

使用 R 進行分析

分析語法如命令稿 15-13，報表省略。

命令稿 15-13　設定完整模型

```
> lme(isei~1+ind1+fisei+ind1*fisei, random=~1+fisei|city, mlm)
> lme(isei~1+ind1*fisei, random=~1+fisei|city, mlm)            #也可以省略為只寫交互作用即可
> lmer(isei~1+ind1*fisei+(1+fisei|city), mlm)
```

命令中固定效果設定自變數為常數 1、ind1、fisei，及兩者的交互作用項，隨機效果有常數 1 及層次一的預測變數 fisei，表示截距及斜率都含誤差項。

15.6.7 非隨機變化斜率模型

Bryk 及 Raudenbush（1992）指出：完整模型所估計的結果，$\hat{u}_{1j}$ 常常很接近 0，為了顧及統計上的效率及計算上的穩定性，建議以帶有非隨機變化之斜率的模型來取代，公式為：

層次一 $L_1: Y_{ij} = \beta_{0j} + \beta_{1j} X_{ij} + e_{ij}$

層次二 $L_2: \beta_{0j} = \gamma_{00} + \gamma_{01} W_j + u_{0j}$

層次二 $L_2: \beta_{1j} = \gamma_{10} + \gamma_{11} W_j$

混合模型：$Y_{ij} = [\gamma_{00} + \gamma_{01} W_j + \gamma_{10} X_{ij} + \gamma_{11} W_j X_{ij}] + (u_{0j} + e_{ij})$

使用 R 進行分析

分析語法如命令稿 15-14，報表省略。

命令稿 15-14　設定非隨機變化斜率模型

```
> lme(isei~1+ind1*fisei, random=~1|city, mlm)
> lmer(isei~1+ind1*fisei+(1|city), mlm)
```

命令中隨機效果只有常數 1，不含層次一的預測變數 fisei，表示斜率不含誤差項。

15.7 多層次模型的估計

多層次模型的參數估計方法，常見的有最大概似估計法（ML）及限制最大概似估計法（restricted maximum likelihood, REML），兩者最大的不同是隨機效果變異數估計的程序不同，對固定效果的估計則完全相同（謝雨生，2012）。ML 在估計隨機效果變異數時，假設固定效果為已知，沒有誤差；REML 則假定固定效果未知，是估計而得。當樣本數夠大，而層次二有許多組時（大於 30），ML 法可以得到不偏的估計值，不過，如果不能符合前述的條件，則估計所得的變異數會有偏誤，此時，最好採用 REML 法（Boedeker, 2017）。REML 的估計方法大略為：(1)使用 OLS 法估計固定效果，計算整體誤差；(2)由整體誤差估計隨機效果的變異數及共變數；(3)估計過程須反覆疊代，直到聚斂為止（溫福星、邱皓政，2011；Boedeker, 2017）。REML 的估計值，有較小的偏誤，因此多數統計軟體都內定使用 REML 法估計參數。

ML 的離異數（deviance）代表迴歸係數點估計（固定效果）及其變異數（隨機效果）與觀察資料的適配度，REML 僅代表變異數與觀察資料的適配度。如果研究者要比較兩個巢套模型的迴歸係數及其變異數的差異，應使用 ML 法；反之，如果只想比較迴歸係數的變異數（隨機效果），則可以使用 REML 法（McCoach & Black, 2008；Peugh, 2010）。

15.8 模型的評估

整體模型的評估主要包含適配度評估與解釋變異量 R^2（效果量）。

15.8.1 模型的適配度

多層次模型的適配度評估，是透過兩個模型間的比較而得。常用的模型適配度指標有三（溫福星、邱皓政，2011；謝雨生，2012）：

1. 離異數。它是負 2 倍的對數概似值，寫為$-2LL$。$-2LL$ 愈大表示模型的適配度愈不好，因此是缺適度指標（badness of fit index）。兩個模型間離異數的差值呈 χ^2 分配，自由度為兩模型參數個數的差值。假設較精簡的模型 A（$-2LL$ 較大）包含於較複雜的模型 B（$-2LL$ 較小），Δ 代表兩模型離異數的差值，p 是模型的參數個數，則：

   $$\Delta = -2LL_A - (-2LL_B) \sim \chi^2_{p_B - p_A}$$

   經由 χ^2 檢定，如果 Δ 顯著，則模型 B 的適配度較佳；反之，如果 Δ 不顯著，則模型 A 的適配度較佳。不過，通常參數個數愈多，模型的離異數愈小，而且離異數的比較僅適合於有階層（巢套）關係的模型，因此最好配合其他適配指標。

2. AIC 指標（Akaike Information Criterion）。AIC = $-2LL + 2p$，p 是模型中要估計的參數個數。AIC 愈小，代表模型愈精簡。

3. BIC 指標（Bayesian Information Criterion）。BIC = $-2LL + \ln(N^*)*p$，N 可以是總樣本數，也可以是層次二的組數，R 軟體以總樣本數計算 BIC。BIC 愈小，代表模型愈精簡。

15.8.2 效果量

傳統迴歸分析的效果量 R^2 代表誤差比例縮減（Proportional Reduction in Error, PRE）：

$$R^2 = \frac{SS_t - SS_e}{S_t} = 1 - \frac{SS_e}{S_t}$$

由於自變數愈多 R^2 就愈大，因此以自由度加以校正，得到調整後 $\tilde{R}^2$ ：

$$\tilde{R}^2 = \frac{\frac{SS_t}{N-1} - \frac{SS_e}{N-p-1}}{\frac{S_t}{N-1}} = \frac{S_t^2 - S_e^2}{S_t^2} = 1 - \frac{S_e^2}{S_t^2}$$

其中，p 是自變數個數，N 是樣本數

依此思維，在多層次模型中，可以透過與零模型的比較，計算擬似 R^2（pseudo R^2）。我們可以設定以下的模型（以截距當結果，Intercept as Outcomes，以下稱為 M_1）：

層次一 $L_1: Y_{ij} = \beta_{0j} + \beta_{1j}X_{ij} + r_{ij}$

層次二 $L_2: \beta_{0j} = \gamma_{00} + \gamma_{01}W_j + u_{0j}$

層次二 $L_2: \beta_{1j} = \gamma_{10}$

混合模型：$Y_{ij} = [\gamma_{00} + \gamma_{01}W_{ij} + \gamma_{10}X_{ij}] + (u_{0j} + r_{ij})$

與零模型（以下稱為 M_0）的混合模型相比，多了 $\gamma_{01}W_j$ 與 $\gamma_{10}X_{ij}$。當增加了層次

一的自變數 X_{ij} 後，通常會使 r_{ij} 減少（它的變異數為 σ^2，估計值為 $\hat{\sigma}^2$），增加層次二自變數 W_j 後會使 u_{0j} 減少（它的變異數為 τ_{00} 或 τ_0^2，估計值為 $\hat{\tau}_{00}$ 或 $\hat{\tau}_0^2$），比較兩模型的 $\hat{\sigma}^2$ 與 $\hat{\tau}_{00}$ 就可以計算兩個層次的效果量。

$$R_1^2 = \frac{\hat{\sigma}_{M_0}^2 - \hat{\sigma}_{M_i}^2}{\hat{\sigma}_{M_0}^2} = 1 - \frac{\hat{\sigma}_{M_i}^2}{\hat{\sigma}_{M_0}^2}$$

$$R_2^2 = \frac{\hat{\tau}_{00\,M_0} - \hat{\tau}_{00\,M_i}}{\hat{\tau}_{00\,M_i}} = 1 - \frac{\hat{\tau}_{00\,M_i}}{\hat{\tau}_{00\,M_0}}$$

不過，上面的公式有時會得到負值，因此可以改用 Snijders 及 Bosker（2012）所發展的公式：

$$R_1^2 = 1 - \frac{\hat{\sigma}_{M_i}^2 + \hat{\tau}_{00\,M_i}}{\hat{\sigma}_{M_0}^2 + \hat{\tau}_{00\,M_0}}$$

$$R_2^2 = 1 - \frac{\hat{\sigma}_{M_i}^2 / n + \hat{\tau}_{00\,M_i}}{\hat{\sigma}_{M_0}^2 / n + \hat{\tau}_{00\,M_0}}$$

如果層次二中各組的樣本數不相等，可以使用調和平均數計算 n

傳統迴歸分析的 R^2，是依變數實際值與預測值相關係數的平方。在多層次模型中，模型的整體效果，也可以使用相同的方法，計算原始資料當中的依變數與模型中適配值（fitted）之 Pearson r 平方，得到擬似 R^2。

使用 R 進行分析

命令稿 15-15 中有 9 個指令，分別說明如下：

第 1 個指令使用 nlme 下的 lme() 函數設定模型 m0，括號中有 3 個引數：第 1 個引數 fixed 設定固定效果（fixed= 可省略），~ 前為依變數 isei（受訪者的 ISEI88 分數），~ 後為常數 1。第 2 個引數 random 設定隨機效果，1 代表常數，|city 表示巢套於縣市之下。第 3 個引數 data 使用 mlm 物件中的資料（data 可省略）。

第 2 個指令設模型 mi，固定效果包含常數 1（可以不寫）、層次二的自變數 ind1（該縣市一級產業人口比例）、fisei（父親 ISEI 分數），隨機效果只有常數 1。

第 3、4 個指令以 VarCorr() 函數列出兩個模型之隨機效果的變異數及相關。零模型中層次一的隨機誤差變異數為 10.09，層次二的隨機誤差變異數為 205.00；Mi 模型中兩個誤差分別是 0.65 及 183.24。

第 5 個指令計算各 city 下的樣本數存入 n 物件。

第 6 個指令以 n 計算調和平均數。

第 7、8 個指令使用前述公式，計算之後兩層次的效果量分別為：

$$R_1^2 = 1 - \frac{183.24 + 0.65}{205.00 + 10.09} = 0.145 = 14.5\%$$

$$R_2^2 = 1 - \frac{183.24 / 44.60 + 0.65}{205.00 / 44.60 + 10.09} = 0.676 = 67.6\%$$

因此，在個人層次，父親的 ISEI 分數可以解釋子女職業地位分數 14.5%的變異。在縣市層次，縣市的一級產業人口比例可以解釋平均職業地位分數 67.6%的變異。如果分別使用層次一及層次二的資料進行一般迴歸分析，R^2 分別為 12.8%及 67.9%，與前述的數值相差不多。

在 mi 物件中包含兩種預測值（fitted 及 city），其中 fixed 僅根據固定效果加以預測，city 則包含隨機效果。

第 9 個指令以 cor() 函數計算 mlm 資料集當中的 isei 變數與 mi 中兩個 fitted 值的相關，並取平方，得到 R^2 分別為 0.141 及 0.145。須留意：擬似 R^2 不能比較，而且在多層次模型中，個別層次的效果量有可能超過整體的效果量（Peugh, 2010）。

命令稿 15-15　兩模型比較

```
> m0<-lme(fixed=isei~1,random=~1|city, data=mlm)
> mi<-lme(fixed=isei~1+fisei+ind1, random=~1|city, data=mlm)
> VarCorr(m0)
##  city = pdLogChol(1)
##              Variance  StdDev
##  (Intercept)  10.08924  3.176356
##  Residual    205.00086 14.317851
> VarCorr(mi)
```

```
##  city = pdLogChol(1)
##               Variance    StdDev
##  (Intercept)    0.6491764  0.8057149
##  Residual     183.2356206 13.5364552
> n <- table(mlm$city)
> 1/mean(1/n)
##  [1] 44.59784
> 1-(183.2356206+0.6491764)/(205.00086+10.08924)
##  [1] 0.1450801
> 1-(183.2356206/44.59784+0.6491764)/(205.00086/44.59784+10.08924)
##  0.6760294
> cor(mlm$isei, mi$fitted)^2
##          fixed      city
##  [1,] 0.1401538 0.1444359
```

15.9 估計值檢定

估計的檢定分為固定效果及隨機效果。在 R 中，固定效果是以估計值除以標準誤進行 t 檢定，如果 p 值小於研究者設定的 α 值，表示估計值顯著不等於 0。其中層次二自變數的自由度為：

層次二組數 － 層次二自變數個數 － 1

層次一自變數的自由度為：

總樣本數 － 層次一自變數個數 － 層次一二交互作用個數

使用 R 進行分析

隨機效果的檢定，HLM 軟體使用 χ^2 檢定，SAS 及 SPSS 則使用 Z 檢定，但是 R 並未提供檢定結果。如果使用 lme() 函數設定模型，可以使用 intervals 列出估計值之信賴區間；如果使用 lmer() 函數設定模型，則使用 confint。指令如命令稿 15-16。

命令稿 15-16　估計值信賴區間

```
> intervals(lme.model, level=95)
> confint(lmer.model, level=95)
```

依據學者（Ployhart, 2005; Singer, 1998）的說法，最好避免隨機效果的檢定，因為它們經常是錯的。此時，可透過兩個巢套模型之$-2LL$（離異數）的比較，檢定隨機效果。一個參數較多的模型，其離異數會較小，而兩模型間離異數的差值，會呈參數個數差值之自由度的 χ^2 分配。如果兩模型相比達顯著，表示增加的估計值達統計上顯著。語法如命令稿 15-17，估計方法使用 REML 法。

第 1 個指令設定依變數為 isei，層次一自變數為 fisei，隨機效果中只有常數(β_0)，也就是假定 fisei 對 isei 的影響（ β_1 ）不會因為縣市而有差異。第 2 個指令另外設定 fisei 為隨機效果，也就是假定各縣市間 fisei 對 isei 的影響會有差異。第 3 個指令以 anova() 函數檢定後得到兩模型的離異數差值為 3.70，$p = 0.16$。不過，報表中的 p 值是較保守的估計，而且差值是符合自由度為 1 的 χ^2 分布及自由度為 2 的 χ^2 分布的混合分布，加上此時對立假設 $H_1 : \tau_{11} > 0$ 是右尾檢定，因此使用下列指令計算 p 值：

0.5*((1-pchisq(3.704442, 1))+(1-pchisq(3.704442, 2)))

計算後得到 $p = 0.11$，未小於 0.05，不拒絕 $H_0 : \tau_{11} = 0$，因此 fisei 對 isei 的影響不會因為縣市而有所差異。

命令稿 15-17　計算離異數

```
> m1f <-lme(fixed=isei~1+fisei, random=~1|city, data=mlm, method="REML")
> m1r <-lme(fixed=isei~1+fisei, random=~1+fisei|city, data=mlm, method="REML")
> anova(m1f, m1r)
##      Model df      AIC      BIC    logLik   Test  L.Ratio p-value
## m1f      1  4 20390.47 20413.81 -10191.23
## m1r      2  6 20390.76 20425.77 -10189.38 1 vs 2 3.704442  0.1569
> 0.5*((1-pchisq(3.704442, 1))+(1-pchisq(3.704442, 2)))
## [1] 0.1055781
```

15.10 樣本數的決定

與一般迴歸模型相比，多層次模型需要更大的樣本數，而增加每個層次的樣本數，所得的估計值及其標準誤也會比較精確。一般最常見的建議是 Kreft（1996）的 30/30 經驗法則（引自 McNeish & Stapleton, 2014），也就是階層二至少要有 30 個群組，階層一每組至少 30 個個體。如果有特定的研究興趣，則應修正 30/30 法則。假使對跨層級的交互作用比較有興趣，則群組的數量要多些，此時可採 50/20 法則。假使對隨機效果部分的變異數－共變數及其標準誤有興趣，則應採 100/10 法則（Hox, 2010）。

Snijders 及 Bosker（2012）認為，考量精確性及統計考驗力，大量的群組數比每組要有大的樣本數來得重要，而 Maas 及 Hox（2005）的模擬研究也發現，至少要有 50 個群組才能避免參數估計偏誤。不過，收集較多群組數所花費的成本，會比每組收集較多個體來得高，此時就有賴研究者的取捨了。

15.11 分析步驟

多層次模型的分析步驟，學者有不同見解，Hox（2010）主張在零模型後先加入階層一的預測變數，而 Singer（1998）則認為應先加入階層二預測變數（Wang, Xie, & Fisher, 2011）。根據 Peugh（2010）建議，可以依照七個主要步驟進行：1.界定研究問題。2.選擇適當的參數估計方法。3.評估使用多層次模型的必要性。4.建立層次一模型。5.建立層次二模型。6.計算效果量。7.進行模型概似比檢定。

以下配合實例前述「臺灣社會變遷資料」分點說明之，其中階層一為受訪者及其父親的 ISEI 分數，父親的 ISEI 以全體平均數加以平移（變數名稱為 fisei，平移後為 fiseic），階層二為該縣市一級產業人口比例，以總平均平移（變數名稱為 ind1，平移後為 ind1c）。分析過程中部分估計值並不顯著，基於示範需要，仍納入模型。

15.11.1 界定研究問題

研究問題臚列如下：

1. 父親的 ISEI 分數是否能預測其子女的 ISEI 分數。
2. 上述迴歸方程式，二十個縣市的截距及斜率之平均數各是多少。
3. 上述迴歸方程式，二十個縣市的截距及斜率之變異數是否大於 0。
4. 各縣市之一級產業人口比例是否能預測受訪者的 ISEI 分數。
5. 各縣市之一級產業人口比例是否對階層一的迴歸方程式有調節效果。

15.11.2 選擇適當的參數估計方法

如果隨機效果相同，需要進行固定效果的比較，最好使用 ML 法；反之，如果固定效果相同，需要進行隨機效果的比較，最好使用 REML 法（Wang, Xie, & Fisher, 2011），而 REML 也是 lme 及 lmer 的內定方法。以下多數對隨機效果的檢定，均使用 REML，只有在比較最後模型與零模型時，改用 ML 法。

15.11.3 評估使用多層次模型的必要性

要評估是否需要使用多層次模型，一般會設定零模型，計算 ICC。零模型公式為：

$$\text{階層一 } L_1 : ISEI_{ij} = \beta_{0j} + e_{ij}$$

$$\text{階層二 } L_2 : \beta_{0j} = \gamma_{00} + u_{0j}$$

$$\text{混合模型} : ISEI_{ij} = [\gamma_{00}] + (u_{0j} + e_{ij})$$

使用 R 進行分析

命令稿 15-18 有 10 個指令，分別說明如下：

第 1 個指令讀入資料到 mlm 物件。

第 2 個指令載入 nlme 程式套件。

第 3 個指令以 lme() 函數設定模型存入 m0 物件，括號中有 4 個引數：

1. isei~1 是固定效果，只有常數項；
2. random=~1|city 是隨機效果，同樣只有常數項，而階層二代號為 city；

3. mlm 代表 data=mlm 的簡寫，表示使用 mlm 物件中的資料；
4. method="REML" 表示使用 REML 法估計參數，這也是內定的方法，因此可以省略不寫。

第 4 個指令以 VarCorr() 函數列出隨機效果的變異數及相關。

第 5 個指令以 summary() 函數列出模型的詳細結果。

第 6 個指令代入數值計算 ICC，結果為 0.04690704。

第 7、8 個指令使用 lme4 程式套件，以 lmer() 函數設定 m0.1 模型，隨機效果以括號表示。REML=F 表示不使用內定 REML 法，改用 ML 法估計參數。由於本範例的資料較不理想，經常無法聚斂，因此後續均不列出分析結果。

如果使用 lmer 設定模型，可以載入 sjstats 程式套件直接計算 ICC（第 9 個指令）。

最後，第 10 個指令以 performance::icc() 函數計算模型 m0.1 的 ICC，結果為 0.047，與自行計算結果相同。

命令稿 15-18　零模型

```
> mlm<-read.csv("c:/R/mlm.csv")
> library(nlme)
> m0<-lme(isei~1, random=~1|city, mlm, method="REML")
> VarCorr(m0)
##  city = pdLogChol(1)
##              Variance  StdDev
##  (Intercept)  10.08924  3.176356
##  Residual    205.00086 14.317851
> summary(m0)
##  Linear mixed-effects model fit by REML
##   Data: mlm
##         AIC      BIC    logLik
##    20676.82 20694.32 -10335.41
##
##  Random effects:
##   Formula: ~1 | city
##          (Intercept) Residual
##  StdDev:    3.176356 14.31785
```

```
##
## Fixed effects: isei ~ 1
##                  Value Std.Error   DF  t-value p-value
## (Intercept) 41.35198 0.8115338 2509 50.95535       0
##
## Standardized Within-Group Residuals:
##          Min          Q1         Med          Q3         Max
## -2.23248855 -0.80533899 -0.07847298  0.74928097  3.48566580
##
## Number of Observations: 2529
## Number of Groups: 20
> 10.08924/(205.00086+10.08924)
## [1] 0.04690704
> library(lme4)
> m0.1<-lmer(isei~1+(1|city), mlm, REML=T)
> library(sjstats)
> performance::icc(m0.1)
## Intraclass Correlation Coefficient
##
##    Adjusted ICC: 0.047
##  Unadjusted ICC: 0.047
```

上述分析後得到階層一殘差 e_{ij} 變異數 σ^2 為 205.00，階層二殘差 u_{0j} 變異數 τ_{00} 為 10.09，ICC 為 0.047，代表受訪者 ISEI 分數可以由縣市差異解釋的比例為 0.047，小於 0.059，因此並不需要使用多層次模型，僅使用一般迴歸模型即可。不過，為了示範需要，以下仍繼續使用 MLM。

模型中固定效果截距項為 41.35，是 20 個縣市居民的 ISEI 平均數估計值。

15.11.4 建立層次一模型

在層次一中，設定三個模型。m1a 是一般迴歸模型，預測變數是以總平均平移的父親 ISEI 分數（名稱為 FISEIC）及常數 1，截距及斜率不因縣市而有差異，也就是沒有隨機效果，公式為：

$$ISEI_i = \beta_0 + \beta_1 * FISEIC + e_i$$

模型 m1b 有層次一預測變數 FISEIC，層次二僅設定截距項為隨機效果（有殘差項），斜率為固定效果（沒有殘差項），公式為：

$$\text{階層一 } L_1: ISEI_{ij} = \beta_{0j} + \beta_{1j} FISEIC + e_{ij}$$

$$\text{階層二 } L_2: \beta_{0j} = \gamma_{00} + u_{0j}$$

$$\text{階層二 } L_2: \beta_{1j} = \gamma_{10}$$

$$\text{混合模型}: ISEI_{ij} = [\gamma_{00} + \gamma_{10} * FISEIC] + (u_{0j} + e_{ij})$$

模型 m1c 設定截距及斜率都是隨機效果，公式為：

$$\text{階層二 } L_2: \beta_{0j} = \gamma_{00} + u_{0j}$$

$$\text{階層二 } L_2: \beta_{1j} = \gamma_{10} + u_{1j}$$

$$\text{混合模型}: ISEI_{ij} = [\gamma_{00} + \gamma_{10} * FISEIC] + (u_{0j} + u_{1j} * FISEIC + e_{ij})$$

由混合模型可以看出：1.模型 m1b 比模型 m1a 多了層次二的殘差 u_{0j}，透過兩模型的比較，可以檢定截距項的變異數是否不為 0。2.模型 m1c 比模型 m1b 多了 $u_{1j}FISEIC$ 隨機效果，透過兩模型的比較，可以檢定斜率的變異數是否不為 0。

使用 R 進行分析

命令稿 15-19 中先以 gls() 函數設定 m1a 一般迴歸模型。再以 lme() 函數設定 m1b 模型，模型中隨機效果只有常數項 1（截距）。最後，設定 m1c 模型，將截距及斜率都設為隨機效果。

命令稿 15-19　層次一模型

```
> m1a<-gls(isei~1+fiseic, mlm, method="REML")
> m1b<-lme(isei~1+fiseic, random=~1|city, mlm, method="REML")
> m1c<-lme(isei~1+fiseic, random=~1+fiseic|city, mlm, method="REML")
```

輸出結果 15-4 是模型 m1a 的摘要，迴歸模型為：

$$ISEI_i = 41.83 + 0.38 * FISEIC + e_i$$

二十個縣市居民的平均 ISEI 為 41.83，與零模型的 41.35 相差不多。受訪者父親的 ISEI 每增加 1 分，受訪者的 ISEI 就提高 0.38 分，為正向的影響效果。截距及斜率都顯著不為 0（$p < 0.001$）。

輸出結果 15-4　模型 m1a 結果

```
> summary(m1a)
## Generalized least squares fit by REML
##   Model: isei ~ 1 + fiseic
##   Data: mlm
##     AIC      BIC logLik
##   20408 20425.5 -10201
##
## Coefficients:
##                 Value  Std.Error   t-value p-value
## (Intercept) 41.83234 0.27142651 154.12033       0
## fiseic       0.38061 0.01975681  19.26487       0
##
##  Correlation:
##        (Intr)
## fiseic 0
##
## Standardized residuals:
##        Min         Q1        Med         Q3        Max
## -2.8436511 -0.7862854 -0.1269356  0.7625885  3.7171033
##
## Residual standard error: 13.64981
## Degrees of freedom: 2529 total; 2527 residual
```

輸出結果 15-5 是模型 m1c 的摘要。截距的平均數為 41.71，與模型 m0 及 m1a 估計結果相差不多；斜率的平均數為 0.37，與模型 m1a 的 0.38 差不多。截距的變異數 τ_{00} 為 3.0803，斜率的變異數 τ_{11} 為 0.0053，兩者的相關係數為−0.42。

輸出結果 15-5　模型 m1c 結果

```
> summary(m1c)
```

```
## Linear mixed-effects model fit by REML
##  Data: mlm
##        AIC      BIC    logLik
##   20390.76 20425.77 -10189.38
##
## Random effects:
##  Formula: ~1 + fiseic | city
##  Structure: General positive-definite, Log-Cholesky parametrization
##             StdDev      Corr
## (Intercept)  1.75508259 (Intr)
## fiseic       0.07276013 -0.42
## Residual    13.51637753
##
## Fixed effects: isei ~ 1 + fiseic
##                Value Std.Error   DF  t-value p-value
## (Intercept) 41.71304 0.5174947 2508 80.60572       0
## fiseic       0.37286 0.0278718 2508 13.37768       0
##  Correlation:
##        (Intr)
## fiseic -0.185
##
## Standardized Within-Group Residuals:
##        Min         Q1        Med         Q3        Max
## -2.7568606 -0.7870927 -0.1099692  0.7261959  3.7018464
##
## Number of Observations: 2529
## Number of Groups: 20
> VarCorr(m1c)
## city = pdLogChol(1 + fiseic)
##             Variance     StdDev      Corr
## (Intercept) 3.080315e+00  1.75508259 (Intr)
## fiseic      5.294036e-03  0.07276013 -0.42
## Residual    1.826925e+02 13.51637753
```

輸出結果 15-6 中分別進行模型 m1b 與 m1a 以及 m1c 與 m1b 的比較。模型 m1b 比模型 m1a 多了截距的隨機效果，$-2LL$ 相差 19.528399，但是由於對立假設是截距的變異數 $\tau_{00} > 0$，為右側檢定，此時會符合 $0.5 \times \chi_1^2$ 的分配，以 R 計算：

0.5 * (1 - pchisq(19.528399, 1))

得到 p 值為 4.955758e-06，也就是 4.955758×10^{-6}，等於 0.000004955758，$p <$ 0.001，拒絕 $\tau_{00} = 0$ 的虛無假設，因此截距的變異數顯著不等於 0，也就是各縣市間迴歸的截距（平均 ISEI）不相等。模型 m1c 比模型 m1b 多了斜率的隨機效果（還有截距及斜率隨機效果的相關係數），$-2LL$ 相差 3.703845，此時會符合 $0.5 \times (\chi_1^2 + \chi_2^2)$ 的卡方混合分配，以 R 計算：

0.5 * ((1 - pchisq(3.703845, 1)) + (1 - pchisq(3.703845, 2)))

得到 p 值為 0.1056112，未小於 0.05，不拒絕 $\tau_{11} = 0$ 的虛無假設，因此斜率的變異數並未顯著不等於 0，也就是各縣市間迴歸的斜率（父親 ISEI 對子女 ISEI 影響）並無顯著差異。

模型 m1b 的 AIC 及 BIC 都比模型 m1a 及 m1c 小，可見，要建立階層一模型時，截距可以為隨機效果，但斜率只有固定效果。

輸出結果 15-6　隨機效果檢定

```
> anova(m1a, m1b, m1c)
##       Model df      AIC      BIC    logLik   Test   L.Ratio p-value
##  m1a      1  3 20408.00 20425.50 -10201.00
##  m1b      2  4 20390.47 20413.81 -10191.23 1 vs 2 19.528399  <.0001
##  m1c      3  6 20390.76 20425.77 -10189.38 2 vs 3  3.703845  0.1569
> 0.5*(1-pchisq(19.528399,1))
##   [1] 4.955758e-06
> 0.5*((1-pchisq(3.703845, 1))+(1-pchisq(3.703845, 2)))
##   [1] 0.1056112
> AIC(m1a, m1b, m1c)
##        df      AIC
##  m1a  3 20408.00
##  m1b  4 20390.47
##  m1c  6 20390.76
> BIC(m1a, m1b, m1c)
##        df      BIC
##  m1a  3 20425.50
##  m1b  4 20413.81
##  m1c  6 20425.77
```

15.11.5 建立層次二模型

在層次二模型中，預測變數加入平移後各縣市的一級產業人口比例（IND1C），設定它與 FISEIC 有交互作用，但模型中只有固定效果，沒有隨機效果，用來當隨機效果檢定的基準模型，模型 m2a 為：

階層一 $L_1 : ISEI_{ij} = \beta_{0j} + \beta_{1j} * FISEIC + e_{ij}$

階層二 $L_2 : \beta_{0j} = \gamma_{00} + \gamma_{01} * IND1C$

階層二 $L_2 : \beta_{1j} = \gamma_{10} + \gamma_{11} * IND1C$

混合模型: $ISEI_{ij} = [\gamma_{00} + \gamma_{01} * IND1C + \gamma_{10} * FISEIC + \gamma_{11} * IND1C * FISEIC] + (e_{ij})$

它就等同一般迴歸模型：

$$ISEI_i = \beta_0 + \beta_1 * IND1C + \beta_2 * FISEIC + \beta_3 * IND1C * FISEIC + e_i$$

接著，將截距設定為隨機效果，模型 m2b 改為：

階層一 $L_1 : ISEI_{ij} = \beta_{0j} + \beta_{1j} * FISEIC + e_{ij}$

階層二 $L_2 : \beta_{0j} = \gamma_{00} + \gamma_{01} * IND1C + u_{0j}$

階層二 $L_2 : \beta_{1j} = \gamma_{10} + \gamma_{11} * IND1C$

混合模型: $ISEI_{ij} = [\gamma_{00} + \gamma_{01} * IND1C + \gamma_{10} * FISEIC + \gamma_{11} * IND1C * FISEIC] + (u_{0j} + e_{ij})$

如果把截距及斜率都設定為隨機效果，便是完整模型 m2c：

階層一 $L_1 : ISEI_{ij} = \beta_{0j} + \beta_{1j} FISEIC + e_{ij}$

階層二 $L_2 : \beta_{0j} = \gamma_{00} + \gamma_{01} * IND1C + u_{0j}$

階層二 $L_2 : \beta_{1j} = \gamma_{10} + \gamma_{11} * IND1C + u_{1j}$

混合模型: $ISEI_{ij} = [\gamma_{00} + \gamma_{01} * IND1C + \gamma_{10} * FISEIC + \gamma_{11} * IND1C * FISEIC] + (u_{0j} + u_{0j} * FISEIC + e_{ij})$

使用 R 進行分析

命令稿 15-20 中先以 gls() 函數設定一般迴歸模型 m2a，預測變數包含常數 1（可省略）及 fiseic 及 ind1c 的交互作用（也包含兩個主要效果）。第 2、3 個指令以 lme() 函數分別設定模型 m2b 及 m2c，隨機效果分別加入常數 1 及階層一預測變數 fiseic，代表分別計算截距及斜率的變異數。第 4 個指令以 anova() 比較 3 個模式的$-2LL$ 值。由第 4、5 個指令的 χ^2 檢定來看：階層一誤差變異數 $\sigma^2>0$，$p = 0.04$，階層二誤差變異數 $\tau_{00} = 0$，$p = 0.18$。

命令稿 15-20　層次二模型

```
> m2a<-gls(isei~1+fiseic*ind1c, mlm, method="REML")
> m2b<-lme(isei~1+fiseic*ind1c, random=~1|city, mlm, method="REML")
> m2c<-lme(isei~1+fiseic*ind1c, random=~1+fiseic|city, mlm, method="REML")
> anova(m2a, m2b, m2c)
##       Model df      AIC      BIC    logLik   Test  L.Ratio p-value
##  m2a      1  5 20390.06 20419.23 -10190.03
##  m2b      2  6 20389.07 20424.07 -10188.53 1 vs 2 2.988768  0.0838
##  m2c      3  8 20390.38 20437.06 -10187.19 2 vs 3 2.686095  0.2610
> 0.5*(1-pchisq(2.988768, 1))
##  [1] 0.04192197
> 0.5*((1-pchisq(2.686095, 1))+(1-pchisq(2.686095, 2)))
##  [1] 0.1811383
```

輸出結果 15-7 顯示模型 m2a 摘要，從結果可以看出：

1. 截距為 41.48，代表各縣市居民平均 ISEI 分數為 41.91，與其他模型估計結果差不多。
2. 層次一預測變數 FISEIC 對 ISEI 的效果為 0.36，父親的 ISEI 分數每增加 1 分，子女的 ISEI 增加 0.36 分。
3. 層次二預測變數 IND1C 對 ISEI 的效果為−0.18，縣市的一級產業人口比例每增加 1%，居民的 ISEI 減少 0.18 分。
4. 兩個預測變數的交互作用為 0.0034，一級產業人口比例較高的縣市，父親 ISEI 對子女 ISEI 的影響較大，不過，$p = 0.1565$，未達統計上顯著。

輸出結果 15-7　模型 m2a 摘要

```
> summary(m2a)
## Generalized least squares fit by REML
##   Model: isei ~ 1 + fiseic * ind1c
##   Data: mlm
##        AIC      BIC    logLik
##   20390.06 20419.23 -10190.03
##
## Coefficients:
##                   Value Std.Error   t-value p-value
## (Intercept)    41.91236 0.27539157 152.19187  0.0000
## fiseic          0.36052 0.02014136  17.89947  0.0000
## ind1c          -0.17585 0.03151968  -5.57895  0.0000
## fiseic:ind1c    0.00335 0.00236060   1.41731  0.1565
##
##  Correlation:
##              (Intr) fiseic ind1c
## fiseic       0.024
## ind1c        0.039  0.213
## fiseic:ind1c 0.205  0.115  0.192
##
## Standardized residuals:
##        Min         Q1        Med         Q3        Max
## -2.7567279 -0.7879878 -0.1120443  0.7368762  3.7616946
##
## Residual standard error: 13.55477
## Degrees of freedom: 2529 total; 2525 residual
```

由模型 m2a、m2b、m2c 的比較，發現隨機效果只含截距。由 m2a 發現層次二預測變數 IND1C 對層次一預測變數 FISEIC 並沒有調節效果。因此命令稿 15-21 中模型 m2d 不加入兩變數的交互作用，隨機效果只有常數項。模型公式為：

$$階層一\ L_1 : ISEI_{ij} = \beta_{0j} + \beta_{1j} FISEIC + e_{ij}$$

$$階層二\ L_2 : \beta_{0j} = \gamma_{00} + \gamma_{01} * IND1C + u_{0j}$$

$$階層二\ L_2 : \beta_{1j} = \gamma_{10}$$

$$混合模型 : ISEI_{ij} = [\gamma_{00} + \gamma_{01} * IND1C + \gamma_{10} * FISEIC] + (u_{0j} + e_{ij})$$

結果顯示：三個固定效果的估計值分別為 41.92、0.35、-0.19，與模型 m2a 相差不多。最後一列也使用 lme4 程式套件的 lmer() 函數設定同樣的模型，分析結果不再印出。

命令稿 15-21　最後設定模型

```
> m2d<-lme(isei~1+fiseic+ind1c, random=~1|city, mlm, method="REML")
> summary(m2d)
## Linear mixed-effects model fit by REML
##  Data: mlm
##         AIC      BIC    logLik
##   20379.87 20409.04 -10184.93
##
## Random effects:
##  Formula: ~1 | city
##         (Intercept) Residual
## StdDev:   0.8057148 13.53646
##
## Fixed effects:  isei ~ 1 + fiseic + ind1c
##                Value Std.Error   DF   t-value p-value
## (Intercept) 41.92246 0.3498914 2508 119.81565   0e+00
## fiseic       0.35360 0.0200913 2508  17.59963   0e+00
## ind1c       -0.18567 0.0373103   18  -4.97625   1e-04
##  Correlation:
##        (Intr) fiseic
## fiseic  0.001
## ind1c  -0.120  0.162
##
## Standardized Within-Group Residuals:
##        Min         Q1        Med         Q3        Max
## -2.811311 -0.787978 -0.108661  0.736229  3.714029
##
## Number of Observations: 2529
## Number of Groups: 20
> m2d.1<-lmer(isei~1+fiseic+ind1c+(1|city), mlm, REML=T)
> m2d.1
```

15.11.6　計算效果量

要計算兩個層級的效果量，可以透過 m0 零模型與 m2d 模型的比較來計算。兩個模型的混合模型分別為：

$$\text{M0 混合模型}: ISEI_{ij} = [\gamma_{00}] + (u_{0j} + e_{ij})$$

$$\text{M2d 混合模型}: ISEI_{ij} = [\gamma_{00} + \gamma_{01} * IND1C + \gamma_{10} * FISEIC] + (u_{0j} + e_{ij})$$

M2d 比 m0 多了 IND1C 與 FISEIC 兩個固定效果。由於要比較固定效果，因此改採 ML 法估計參數。由輸出結果 15-8 可看出，層次一效果量 R_1^2 為：

$$R_1^2 = 1 - \frac{183.24 + 0.65}{205.00 + 10.09} = 0.145$$

層次二效果 R_2^2 為：

$$R_2^2 = 1 - \frac{183.24 / 44.60 + 0.65}{205.00 / 44.60 + 10.09} = 0.676$$

因此，在層次一中，FISEI 對 ISEI 的效果量為 0.145，在層次二中，縣市 IND1 對平均 ISEI 的效果量為 0.676。FISEI 與 IND1 對 ISEI 的整體效果量為 0.140 及 0.144。

輸出結果 15-8　計算效果量

```
> VarCorr(m0)
##  city = pdLogChol(1)
##              Variance   StdDev
##  (Intercept)  10.08924   3.176356
##  Residual    205.00086  14.317851
> VarCorr(m2d)
##  city = pdLogChol(1)
             Variance    StdDev
(Intercept)    0.6491764  0.8057148
Residual     183.2356206 13.5364552
> n <- table(mlm$city)
> 1/mean(1/n)
##  [1] 44.59784
> 1-(183.2356206+0.6491764)/(205.00086+10.08924)
##  [1] 0.1450801
```

```
> 1-(183.2356206/44.59784+0.6491764)/(205.00086/44.59784+10.08924)
##   [1] 0.6760294
> cor(mlm$isei, m2d$fitted)^2
##             fixed       city
##   [1,] 0.1401538 0.1444359
> cor(mlm$isei,(fitted(m2d)))^2
## [1] 0.1444359
```

15.11.7 進行模型概似比檢定

透過模型的$-2LL$、AIC、BIC，可以檢定哪一個模型較佳；而透過巢套模型的$-2LL$比較，也可以檢定隨機效果是否顯著。固定效果的檢定同樣可以透過概似比檢定進行，不過，由於 R 統計軟體已提供固定效果的 t 檢定，因此不需再重複分析。

如果要進行最後模型與零模型的比較，由於兩模型的差異包含了固定效果，不適宜使用 REML 法，因此改用 ML 估計參數，模型設為 m0.2 及 m2d.2。在輸出結果 15-9 中，m0.2 模型估計參數數目為 3，$-2LL$ 為：

$$-10336.10 * -2 = 20672.2$$

M2d.2 模型估計參數數目為 5，$-2LL$ 為：

$$-10179.36 * -2 = 20358.72$$

兩模型的$-2LL$ 差值為：

$$20672.2 - 20358.72 = 313.48$$

在自由度為 2 的 χ^2 分配中，$p < 0.0001$，有顯著差異。再對照 AIC 及 BIC，m2d.2 模型均比零模型 m0.2 小，因此模型 m2d.2 比 m0.2 適配。

輸出結果 15-9　模型概似比檢定

```
> m0.2<-lme(isei~1, random=~1|city, mlm, method="ML")
> m2d.2<-lme(isei~1+fiseic+ind1c,random=~1|city, mlm, method="ML")
> anova(m0.2, m2d.2)
##        Model df      AIC      BIC    logLik   Test  L.Ratio p-value
##  m0.2      1  3 20678.21 20695.72 -10336.10
##  m2d.2     2  5 20368.73 20397.90 -10179.36 1 vs 2 313.4842  <.0001
```

15.11.8 做成結論

根據前述各項分析，最後採用模型 m2d，預測變數包含階層一的 FISEI 及階層二的 IND1，不含兩變數的交互作用（IND1 對 FISEI 的調節效果）及階層二誤差項。

1. 依據模型 m1c，父親的 ISEI 分數可以預測其子女的 ISEI 分數。
2. 上述迴歸方程式，二十個縣市的截距及斜率之平均數分別為 41.71 及 0.37。
3. 上述迴歸方程式，二十個縣市的截距及斜率之變異數並未顯著大於 0。
4. 各縣市之一級產業人口比例可以預測受訪者的 ISEI 分數，控制受訪者父親之 ISEI 分數後，縣市一級產業人口比例每增加 1%，居民的 ISEI 分數下降 0.19 分。
5. 各縣市之一級產業人口比例對階層一的迴歸方程式並沒有顯著的調節效果。

15.12 使用 jamovi 分析

由於 jamovi 分析多層次模型的功能較強大，因此，先以 jamovi 為例，後面再簡要介紹 JASP。要在 jamovi 中執行多層次分析，須先安裝 jamlj（General Analysis for Linear Models in jamovi）2.6.6 版或 GAMLj3（General Analysis for Linear Models v3）3.3.1 版。讀入 mlm.csv 資料檔後，在 Linear Models（線性模型）中選擇 Linear Mixed Model（線性混合模型）。接著，進行後續的各種分析。

15.12.1 零模型

首先說明零模型的分析，將 isei 選擇到 Dependent Variable（依變數）中，Cluster variables（集群變數）為 city，不設定 Covariates（共變量，在線性模型中即為預測變數）。Jamovi 預設使用 REML 法估計參數，如果要使用 ML 法，可將 REML 的選項取消勾選（圖 15-5）。

在 Fixed Effects（固定效果）中，沒有可選擇的變數，下方即有 Fixed intercept（固定截距），此時是估計截距的固定效果（圖 15-6）。

圖 15-5　設定變數——jamovi

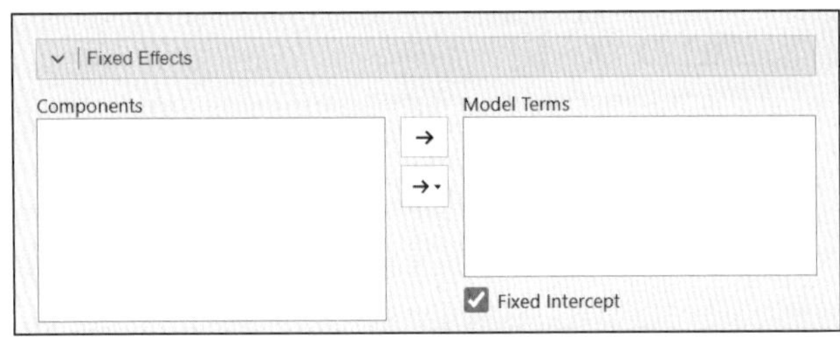

圖 15-6　固定效果——jamovi

在 Random Effects（隨機效果）中，設定 Random Coefficient（隨機係數）為 Intercept | city，也就是估計截距的變異數（圖 15-7）。

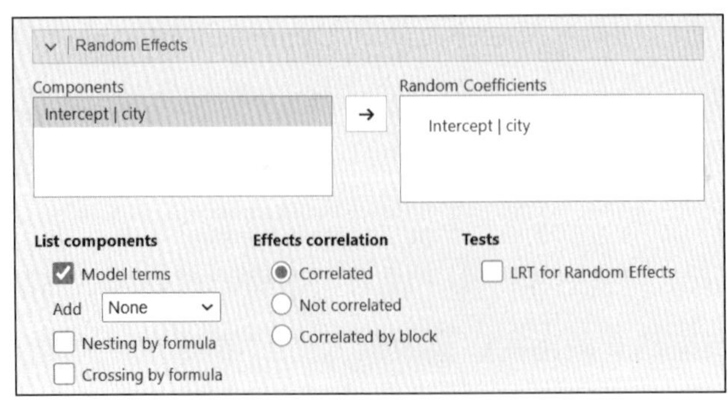

圖 15-7　隨機效果——jamovi

報表 15-1 中固定效果截距項為 41.352，是 20 個縣市居民的 isei 平均數估計值。

報表 15-1 Parameter Estimates (Fixed coefficients)

			95% Confidence Intervals				
Names	Estimate	SE	Lower	Upper	df	t	p
(Intercept)	41.352	0.812	39.761	42.943	17.689	50.955	<.001

報表 15-2 中層次二的誤差變異數為 10.089（標準差為 3.176），層次一的誤差變異數為 205.001（標準差為 14.318），10.089 / (10.089 + 205.001) = 0.047，代表受訪者的 isei 分數的差異，有 4.7%可以由縣市間的差異解釋。

報表 15-2 Random Components

Groups	Name	Variance	SD	ICC
city	(Intercept)	10.089	3.176	0.047
Residual		205.001	14.318	

Note. Number of Obs: 2529 , Number of groups: city 20

15.12.2 完整模型

接著，說明完整模型的分析。此時，將層次一的 fisei 及層次二的 ind1 都納入 Covariates（共變量）中（圖 15-8）。

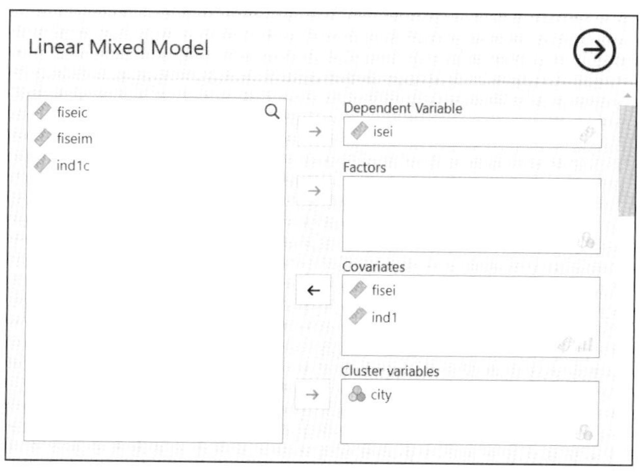

圖 15-8 設定共變量——jamovi

Jamovi 在 Covariates Scaling（共變量量尺化）中可設定平移的方式，內定為 Centered（以各變數的平均數平移）（圖 15-9）。

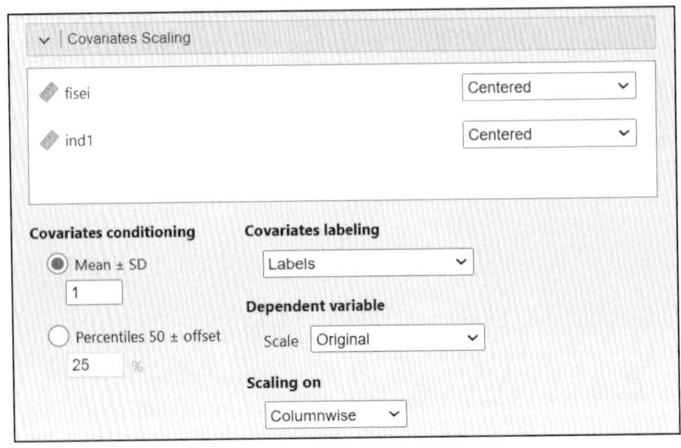

圖 15-9　共變量量尺化——jamovi

固定效果中，除了 2 個變數的主要效果外，還要加上交互作用（調節效果）（圖 15-10）。

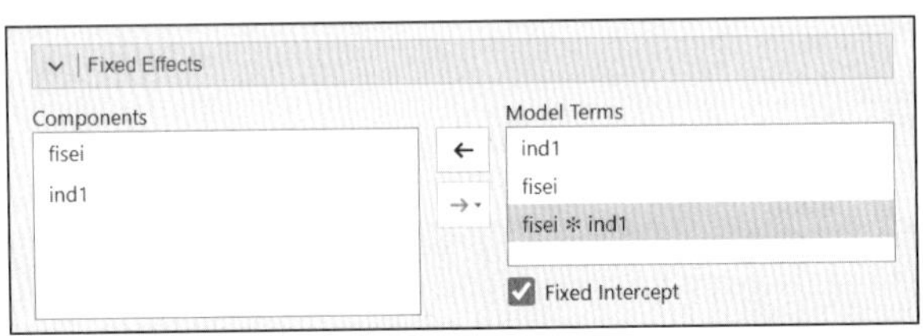

圖 15-10　固定效果——jamovi

隨機效果包含截距及層次一的 fisei 變數，層次二變數不納入（圖 15-11）。

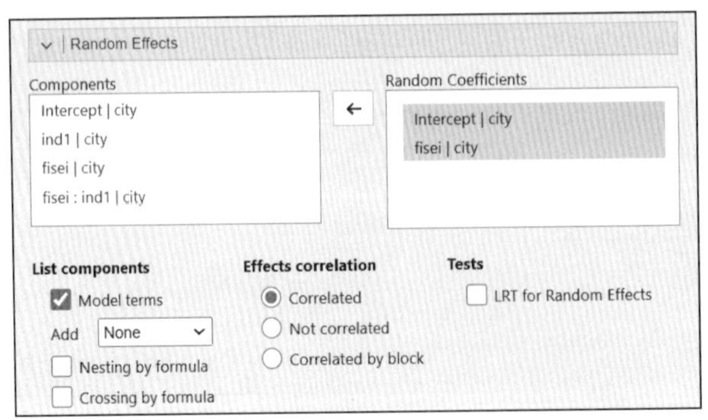

圖 15-11　隨機效果——jamovi

要繪製簡單斜率圖，在 Plots（圖形）中，將層級一 fisei 變數設定到 Horizontal axis（水平軸）中，層次二 ind1 變數設定到 Separate lines（個別線）中，並勾選 Varying line types（改變直線樣式）（圖 15-12）。

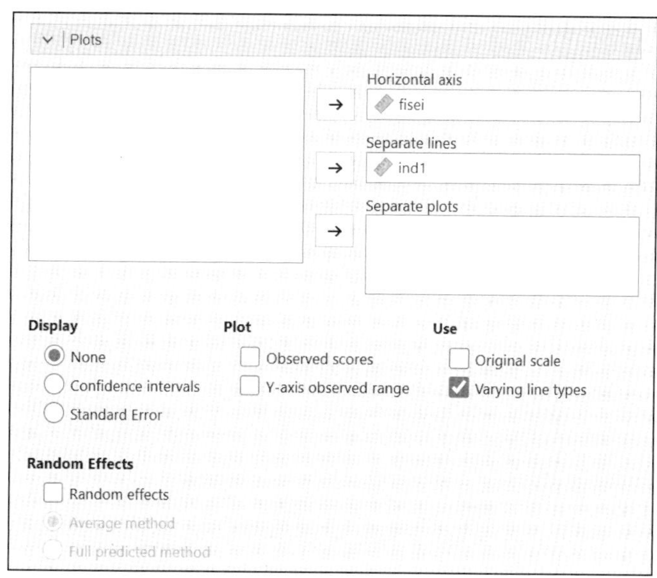

圖 15-12　設定圖形——jamovi

要分析調節效果，在 Simple Effects（簡單效果）中，將層次一 fisei 變數設定到 Simple effects variable（簡單效果變數）中，層次二 ind1 變數為 Moderators（調節變數）（圖 15-13）。

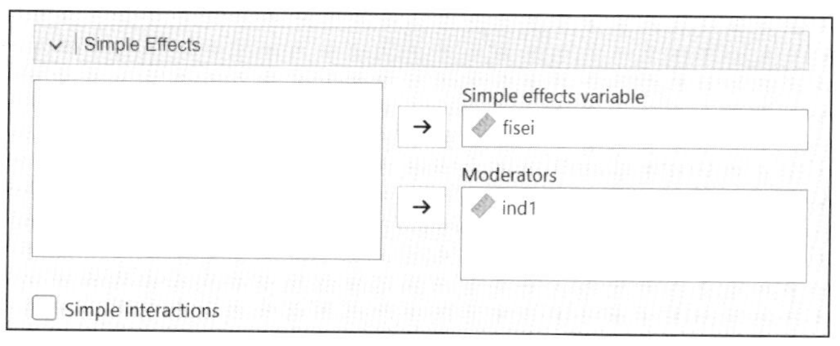

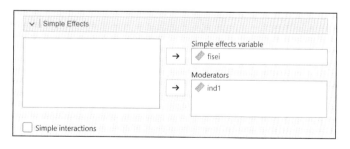

圖 15-13　簡單效果——jamovi

報表 15-3 是固定效果的係數。fisei 係數為 0.362，表示父親的社經指標分數每增加 1 分，則受訪者的社經指標分數可以增加 0.362 分。ind1 係數為−0.164，表示居住縣市的一級產業人口比例每增加 1%，則受訪者的社經指標分數就會減少 0.164 分。兩個變數的主要效果都顯著。兩變數的交互效果（調節效果）為 0.005，為正數，代表一級產業人口較多的縣市，父親的社經指標分數對受訪者的社經指標分數影響較大（斜率較大），不過，$p = 0.091$，並不顯著。

報表 15-3　Parameter Estimates (Fixed coefficients)

Names	Estimate	SE	95% Confidence Intervals Lower	95% Confidence Intervals Upper	df	t	p
(Intercept)	42.019	0.355	41.322	42.716	12.296	118.236	<.001
ind1	-0.164	0.038	-0.239	-0.089	21.021	-4.275	<.001
fisei	0.362	0.026	0.311	0.412	15.206	13.932	<.001
ind1 * fisei	0.005	0.003	-0.001	0.011	27.146	1.751	0.091

報表 15-4 是簡單效果分析。在 ind1 中，平均數減 1 個標準的縣市（一級產業人口較少），父親社經指標分數對受訪者社經指標分數的迴歸係數為 0.317，效果較小；平均數加 1 個標準的縣市（一級產業人口較多），父親社經指標分數對受訪者社經指標分數的迴歸係數為 0.406，效果較大。因此，縣市的一級產業人口率正向增強了父親社經指標分數對受訪者社經指標分數的影響。

報表 15-4　Parameter Estimates for simple effects of fisei

Moderator ind1	Effect	Estimate	SE	95% Confidence Intervals Lower	95% Confidence Intervals Upper	df	t	p
Mean-1·SD	fisei	0.317	0.037	0.237	0.397	12.582	8.553	<.001
Mean	fisei	0.362	0.026	0.306	0.417	15.206	13.932	<.001
Mean+1·SD	fisei	0.406	0.036	0.334	0.478	37.640	11.402	<.001

報表 15-5 是簡單斜率圖。由圖中可看出：ind1 較低的縣市（平均數減 1 個標準差），斜率較小（0.317，實線），ind1 較高的縣市（平均數減 1 個標準差），斜率較大（0.406）。

報表 15-5　fisei * ind1

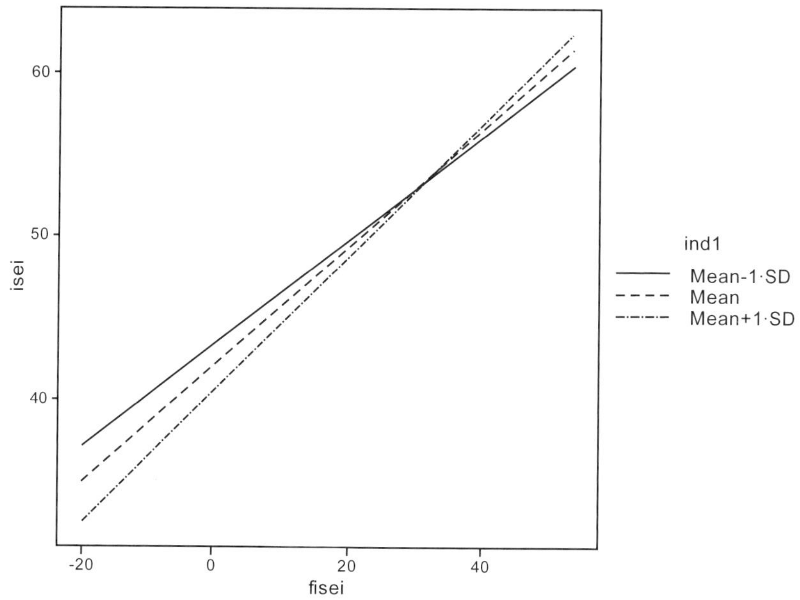

15.12.3　最後模型

由於兩個預測變數的交互作用不顯著，因此，固定效果中只保留 2 個變數的主要效果（圖 15-14）。

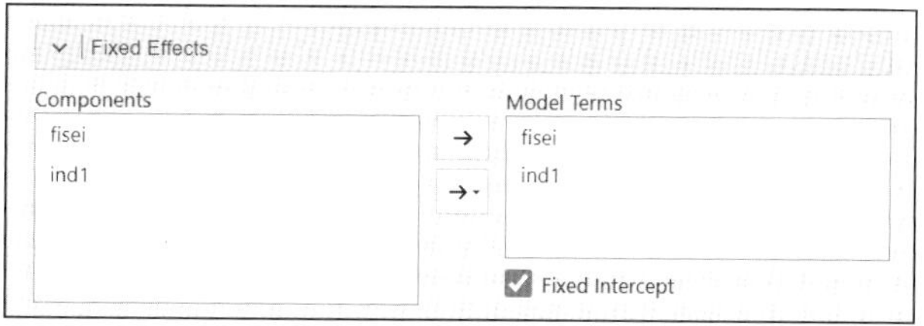

圖 15-14　固定效果──jamovi

隨機效果只保留隨機截距，不含隨機斜率（ind1 | city）（圖 15-15）。

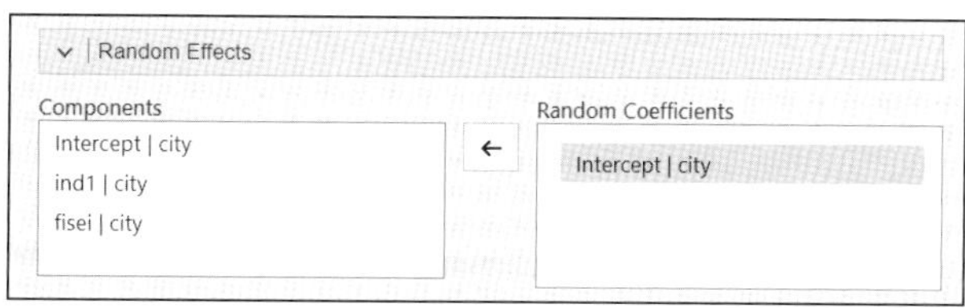

圖 15-15　隨機效果──jamovi

報表 15-6 是固定效果的參數估計值。截距項為 41.923，大約等於 2529 名受訪者的平均社經指標分數 41.83。fisei 的係數為 0.354，父親的社經指標分數每增加 1 分，受訪者的社經指標分數增加 0.354 分。ind1 的係數為−0.186，縣市的一級產業人口比例每增加 1%，受訪者的社經指標分數減少 0.186 分。

報表 15-6　Parameter Estimates (Fixed coefficients)

			95% Confidence Intervals				
Names	Estimate	SE	Lower	Upper	df	t	p
(Intercept)	41.923	0.350	41.236	42.609	12.667	119.816	< .001
ind1	-0.186	0.037	-0.259	-0.113	21.060	-4.976	< .001
fisei	0.354	0.020	0.314	0.393	2463.910	17.600	< .001

15.13　使用 JASP 分析

JASP 中 Mixed Models（混合模型）的 Linear Mixed Models（線性混合模型）與 jamovi 功能差不多，只是前者的繪圖中只能是類別變數，無法像後者可以設定為連續變數。以下僅示範完整模型的分析。

在 JASP 中，讀入 mlm.csv 資料後，分別設定依變數、固定效果變數、隨機效果分組因子如圖 15-16。由於 JASP 沒有自動平移的功能，因此先將變數中心化，變數後加上 c。

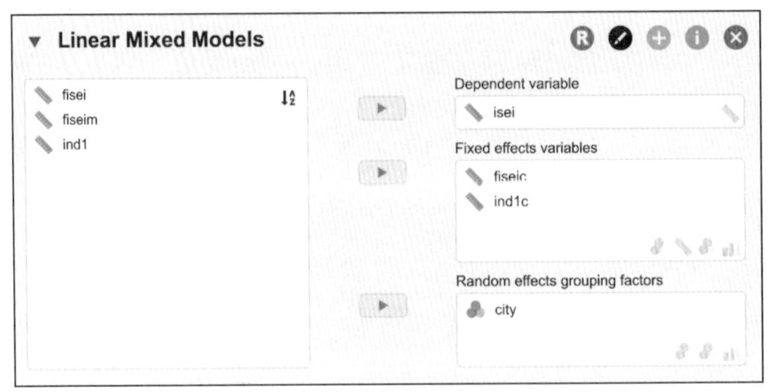

圖 15-16　設定變數——JASP

在 Model（模型）中，設定固定效果為 2 個變數的主要效果加上交互作用，隨機效果則有隨機截距及層次一變數（fiseic）的隨機斜率（圖 15-17）。

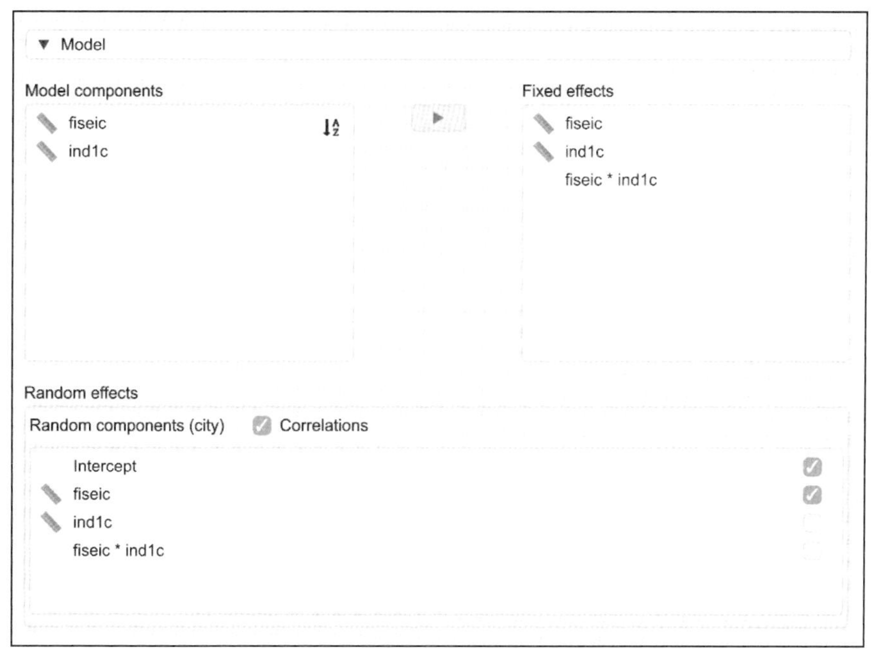

圖 15-17　設定模型——JASP

在 Options（選項）下，依研究需要勾選所需統計量，在此為 Model summary（模型摘要）、Fixed effects estimates（固定效果估計值）、Variance/correlation estimates（估計值的共變數及相關）、Random effects estimates（隨機效果估計值）（圖 15-18）。

Options
Type II III
Test intercept
Test method Satterthwaite
No. samples 500
Model summary
Fixed effects estimates
Variance/correlation estimates
Random effects estimates
Repeatability
Set seed: 1
Vovk-Sellke maximum p-ratio

圖 15-18　設定選項——JASP

報表 15-7 為固定效果估計值，與報表 15-3 一致。

報表 15-7　Fixed Effects Estimates

Term	Estimate	SE	df	t	p
Intercept	42.019	0.355	12.288	118.271	3.706×10^{-20}
fiseic	0.362	0.026	15.195	13.93	4.629×10^{-10}
ind1c	-0.164	0.038	21.015	-4.276	3.356×10^{-4}
fiseic ✻ ind1c	0.005	0.003	27.116	1.751	0.091

Note. The intercept corresponds to the (unweighted) grand mean; for each factor with k levels, k - 1 parameters are estimated with sum contrast coding. Consequently, the estimates cannot be directly mapped to factor levels. Use estimated marginal means for obtaining estimates for each factor level/design cell or their differences.

15.14 總結

本章僅以臺灣社會變遷資料簡要說明兩層次線性模型，如果讀者對使用 R 軟體進行多層次模型分析有更進一步的興趣，可以再研讀 Finch 等人（2014）及 Zuur 等人（2009）的專書。

另外，R 統計軟體只提供原始（未標準化）迴歸係數，如果要計算標準化迴歸係數，可以在分析前先將所有變數轉換為 Z 分數，或是將原始係數乘以預測變數的標準差再除以依變數的標準差。

Jamovi 的線性混合模型既不用撰寫指令，又可以繪製簡單斜率圖，使用相當方便，是進行多層次分析時極好的選擇。

由於最後模型並未包含隨機效果，ICC = 0.047，因此也可以直接使用線性迴歸分析。指令為：summary(lm(isei~fiseic+ind1c, data=mlm))，方程式為：isei = 0.357 * fiseic − 0.184 * ind1c + 41.832，與報表 15-6 相差無幾。R^2 = 14%。

參考書目

王濟川、王小倩、姜寶法（2011）。**結構方程模型：方法與應用**。高等教育出版社。

王濟川、郭志剛（2003）。**Logistic 迴歸模型——方法與應用**。五南。

余民寧（2000）。徑路分析。輯於**教育大辭書**。http://163.28.84.216/Entry/Detail/?title=徑路分析

吳明隆、涂金堂（2006）。**SPSS 與統計應用分析（二版）**。五南。

吳萬益（2011）。**企業研究方法（四版）**。華泰文化。

林邦傑（1981）。集群分析及其應用。**教育與心理研究，4**，31-57。

林清山（1988）。**多變項分析統計法**。東華。

林震岩（2008）。**多變量分析：SPSS 的操作與應用**。智勝。

邱皓政（2006）。**統計原理與分析技術**。雙葉書廊。

邱皓政（2008）。**潛在類別模式：原理與技術**。五南。

邱皓政（2011a）。**量化研究與統計分析（五版）**。五南。

邱皓政（2011b）。當 PLS 遇上 SEM：議題與對話。***αβγ* 量化研究學刊，3**（1），20-53。

陳正昌（2011a）。多元迴歸分析。輯於陳正昌、程炳林、陳新豐、劉子鍵（合著），**多變量分析方法**（六版）（頁 27-92）。五南。

陳正昌（2011b）。平均數之假設考驗。輯於陳正昌、程炳林、陳新豐、劉子鍵（合著），**多變量分析方法**（六版）（頁 257-315）。五南。

陳正昌、賈俊平（2019）。**統計分析與 R（二版）**。五南。

陳順宇（2000）。**迴歸分析**。華泰文化。

程炳林、陳正昌（2011）。多變量變異數分析。輯於陳正昌、程炳林、陳新豐、劉子鍵（合著），**多變量分析方法**（六版）（頁 317-368）。五南。

程炳林、陳正昌、陳新豐（2011）。結構方程模式。輯於陳正昌、程炳林、陳新豐、劉子鍵（合著），**多變量分析方法**（六版）（頁 539-704）。五南。

楊秋月、陳耀茂（2017）。**醫護研究與資料分析：SPSS 的應用**。五南。

溫福星、邱皓政（2011）。**多層次模式方法論：階層線性模式的關鍵議題與試解**。新亞測驗評量暨技術發展中心。

葉啟政（1978）。因徑分析。輯於楊國樞、文崇一、吳聰賢、李亦園（合編），**社會及行為科學研究法**（頁 859-905）。東華。

賈俊平（2017）。**統計學——基於 R**。五南。

蕭文龍（2009）。**多變量分析最佳入門實用書-SPSS+LISREL**。碁峰資訊。

謝宇（2013）。**迴歸分析**。五南。

謝雨生（2012）。多層次分析。輯於瞿海源、畢恆達、劉長萱、楊國樞（合編），**行為及社會科學研究法（三）：資料分析**（頁 171-212）。東華。

Anderson, J. C., & Gerbing, D. W. (1988). Structural equation modeling in practice: A review and recommends two-step approach. *Psychological Bulletin, 103*(3), 411-423.

Bagozzi, R. P., & Yi, Y. (1988). On the evaluation of structural equation models. *Journal of the Academic of Marketing Science*, *16*(1), 76-94.

Betz, N. E. (1987). *Use of discriminant analysis in counseling psychology research. Journal of Counseling Psychology*, *34*(4), 393-403.

Blunch, N. (2013). *Introduction to structural equation modeling using IBM SPSS Statistics and Amos*. Sage.

Boedeker, P. (2017). Hierarchical linear modeling with maximum likelihood, restricted maximum likelihood, and fully Bayesian. *Practical Assessment, Research & Evaluation*, *22*(2), Available online: http://pareonline.net/getvn.asp?v=22&n=2

Bray, J. H., & Maxwell, S. E. (1985). *Multivariate analysis of variance*. Sage.

Brown, T. A. (2015). *Confirmatory factor analysis for applied research* (2nd ed.). The Guilford Press.

Bryk, A. S., & Raudenbush, S. W. (1992). *Hierarchical linear models: Application and data analysis methods*. Sage.

Buras, A. (1996). *Descriptive versus predictive discriminant analysis: A comparison and contrast of the two techniques*. Retrieved from ERIC database. (ED395981)

Cheung, G. W., Cooper-Thomas, H. D., Lau, R.S., & Wang, L. C. (2023). Reporting reliability, convergent and discriminant validity with structural equation modeling: A review and best-practice recommendations. *Asia Pacific Journal of Management*. DOI: 10.1007/s10490-023-09871-y

Chin, W. W. (1998). The partial least squares approach for structural equation modeling. In: G. A. Marcoulides, (Ed.), *Modern methods for business research* (pp. 295-336). Lawrence Erlbaum Associates.

Cohen, J. (1988). *Statistical power analysis for the behavioral science* (2nd ed.). Lawrence Erlbaum Associate.

Davis, F. D. (1989). Perceived usefulness, perceived ease of use, and user acceptance of information technology. *MIS Quarterly, 13*(3), 319-340.

Davis, F. D., Bagozzi, R. P., & Warshaw, P. R. (1989). User acceptance of computer technology: A comparison of two theoretical models. *Management Science, 35*, 982-1003.

Dolenz, B. (1993). *Descriptive discriminant analysis: An application*. Retrieved from ERIC database. (ED355274)

Dunteman, G. H. (1994). Principal components analysis. In M. S. Lewis-Beck (ed.), *Factor analysis and related techniques* (pp. 157-245). Sage.

Edirisooriya, G. (1995). *Stepwise regression is a problem, not a solution*. Paper presented at the Annual Meeting of the Mid-South Educational Research Association (Biloxi, MS, November 8-10, 1995).

Finch, W. H., Bolin, J. E., & Kelley, K. (2014). *Multilevel modeling using R*. CRC Press.

Fornell, C., & Larcker, D. (1987). A second generation of multivariate analysis: Classification of methods and implications for marketing research. *Review of marketing*, *51*, 407-450.

Gao, S., Mokhtarian, P., & Johnston, R. (2008, Jen). *Non-normality of data in structural equation models*. Paper present at the Transportation Research Board's 87th Annual Meeting, Washington, DC.

Gorsuch, R. L. (1983). *Factor analysis*(2nd ed.). Lawrence Erlbaum.

Hair Jr., J. F., Tomas, G., Hult, Ringle, C. M., Sarstedt, M. Danks, N. P., & Ray, S. (2021). *Partial least squares structural equation modeling (PLS-SEM) using R*. Spring.

Hair, J. F. Jr., Babin, B. J., Anderson, R. E., & Black, W. C. (2019). *Multivariate data analysis* (8th ed.). Pearson.

Hair, J. F., Ringle, C. M., & Sarstedt, M. (2011). PLS-SEM: Indeed a silver bullet. *Journal of Marketing Theory and Practice*, *19*(2), 139-151.

Hair, Jr. J. F., Black, W. C., Babin, B. J., & Anderson, R. E. (2009). *Multivariate Data Analysis* (7th Ed.). Prentice Hall.

Hair, Jr. J. F., Hult, G. T. M., Ringle, C. M., & Sarstedt, M. (2017). *A primer on partial least squares structural equation modeling (PLS-SEM)* (2nd ed.). Sage.

Hayton, J. C., Allen, D. G., & Scarpello, V. (2004). Factor retention decisions in exploratory factor analysis: A tutorial on parallel analysis. *Organizational research methods*, *7*(2), 191-205.

Henington, C. (1994). *A primer on the use of predictive discriminant analysis*. Retrieved from ERIC database. (ED367705)

Hermida, R. (2015). The problem of allowing correlated errors in structural equation modeling: Concerns and considerations. *Computational Methods in Social Sciences*, *3*(1), 5-17.

Hooper, D., Coughlan, J., & Mullen, M. R. (2008). Structural equation modelling: Guidelines for determining model fit. *The Electronic Journal of Business Research Methods, 6*(1), 53-60.

Hosmer, W. W., & Lemeshow, S. (2013). *Applied logistic regression* (2nd ed.). John Willy & Sons.

Hu, L.T., & Bentler, P. M. (1999). Cutoff criteria for fit indexes in covariance structure analysis: Conventional criteria versus new alternatives. *Structural Equation Modeling, 6*(1), 1-55.

Huberty, C. J. (1994). *Applied discriminant analysis*. John Willy.

Huberty, C. J., & Olejnik, S. (2006). *Applied MANOVA and discriminant analysis* (2nd ed.). John Wiley.

Johnson, D. E. (1998). *Applied multivariate methods for data analysts*. Duxbury Press.

Johnson, R. D., & Wichern, D. W. (2007). *Applied multivariate statistical analysis* (6th ed.). Pearson Prentice Hall.

Jolliffe, I. L. (2002). *Principal component analysis* (2nd ed.). Springer.

Jöreskog, K. (2015). *50 Years of SEM in 50 Minutes??* https://modeling.uconn.edu/wp-content/uploads/sites/1188/2015/12/50-years-of-SEM-in-50-minutes.pdf

Klecka, W. R. (1980) *Discriminant analysis*. Sage.

Klemmer, C. D. (2000). *Stepwise descriptive or predictive discriminant analysis: Don't even think about using it!* Retrieved from ERIC database. (ED438321)

Lattin, J., Carroll, J. D., & Green, P. E. (2003). *Analyzing multivariate data*. Thomson.

Maas, C. J. M., & Hox, J. J. (2005). Sufficient sample sizes for multilevel modelling. *Methodology: European Journal of Research Methods for the Behavioral and Social Sciences, 1*(3), 86-92.

McCoach, D. B., & Black, A. C. (2008). Evaluation of model fit and adequacy. In: A. A. O'Connell & D. B. McCoach (Eds.), *Multilevel modeling of educational data* (pp. 245-272). Information Age Publishing.

McNeish, D. M., & Stapleton, L. M. (2014). The effect of small sample size on two-level model estimates: A review and illustration. *Educational Psychology Review*, DOI 10.1007/s10648-014-9287-x .

O'Rourke, N., & Hatcher, L. (2013). *A step-by-step approach to using SAS for factor analysis and structural equation modeling* (2nd Ed.). SAS Press.

Pampel, F. C. (2000). *Logistic regression: A Primer*. Sage.

Pedhazur, E. J. (1997). *Multiple regression in behavioral research: Explanation and prediction* (3rd ed.). Harcourt Brace College Publishers.

Peugh, J. L. (2010). A practical guide to multilevel modeling. *Journal of School Psychology, 48*(1), 85-112.

Ployhart, R. E. (2005). Hierarchical models. In B. S. Everitt & D.C. Howell (Eds.), *The encyclopedia of statistics in behavioral science* (pp. 810-816). Wiley.

Ringle, C. M., Sarstedt, M., & Straub, D. W. (2012). A critical look at the use of PLS-SEM in MIS Quarterly. *MIS Quarterly, 36*(1), iii-S8.

SAS Inc. (1990). *SAS/STAT user's guide* (4th ed.). Editor.

Schumacker, R. E. (2016). *Using R with multivariate statistics*. Sage.

Sharma, S. (1996). *Applied multivariate techniques*. John Wiley.

Singer, J. D. (1998). Using SAS PROC MIXED to fit multilevel models, hierarchical models, and individual growth models. *Journal of Educational and Behavioral Statistics*, *23*(4), 323-355.

Snijders, T. A. B., & Bosker, R. J. (2012). *Multilevel analysis: An introduction to basic and advanced multilevel modeling* (2nd ed.). Sage.

Stata (2019). *Stata multivariate statistics reference manual release 16*. Editor.

Stevens, J. (2009). *Applied multivariate statistics for the social science* (5th ed.). Routledge.

Tabachnick, B. G., & Fidell, L. S. (2007). *Using multivariate statistics* (5th ed.). Pearson.

Thompson, B. (1995a). Review of applied discriminant analysis by C. J. Huberty. *Educational and Psychological Measurement*, *55*, 340-350.

Thompson, B. (1995b). Stepwise regression and stepwise discriminant analysis need not apply here: A guidelines editorial. *Educational and Psychological Measurement*, *55*(4), 525-534.

Wang, Jichuan, Xie, Haiyi, & Fisher, J. H. (2011). *Multilevel models: Applications using SAS*. De Gruyter.

Whitaker, J. S. (1997). *Use of stepwise methodology in discriminant analysis*. Retrieved from ERIC database. (ED406447)

Wilkinson, L. et al. (1999). Statistical Methods in Psychology Journals Guidelines and Explanations. *American Psychologist, 54*(8), 594-604.

Wright, S. S. (1921). Correlation and causation. *Journal of Agricultural Research*, 20, 557-585.

Zuur, A. F., Ieno, E. N., Walker, N. J., Saveliev, A. A., & Smith, G. M. (2009). *Mixed effects models and extensions in ecology with R*. Springer.

國家圖書館出版品預行編目(CIP)資料

R統計軟體與多變量分析 : 含JASP與jamovi/
陳正昌, 林曉芳著. -- 二版. -- 臺北市 :
五南圖書出版股份有限公司, 2024.06
面 ; 公分
ISBN 978-626-393-420-7(平裝)

1.CST: 統計套裝軟體 2.CST: 統計分析

512.4 113007758

1HAL

R統計軟體與多變量分析：
含JASP與jamovi

作　　者：陳正昌、林曉芳
發 行 人：楊榮川
總 經 理：楊士清
總 編 輯：楊秀麗
副總編輯：侯家嵐
責任編輯：吳瑀芳
文字校對：鐘秀雲
封面設計：姚孝慈
出 版 者：五南圖書出版股份有限公司
地　　址：106臺北市大安區和平東路二段339號4樓
電　　話：(02)2705-5066　　傳　　真：(02)2706-6100
網　　址：https://www.wunan.com.tw
電子郵件：wunan@wunan.com.tw
劃撥帳號：01068953
戶　　名：五南圖書出版股份有限公司

法律顧問：林勝安律師

出版日期：2020年 8 月初版一刷
　　　　　2024年 6 月二版一刷
定　　價：新臺幣550元